本书为湖南省社会科学规划重大委托项目
“王船山对中华民族精神的继承创新研究”（17WTA11）结题成果

王船山对中华民族精神的继承与创新研究

朱迪光◎著

湘潭大学出版社

图书在版编目（CIP）数据

王船山对中华民族精神的继承与创新研究 / 朱迪光著. -- 湘潭 : 湘潭大学出版社, 2020.12
ISBN 978-7-5687-0495-3

Ⅰ. ①王… Ⅱ. ①朱… Ⅲ. ①中华民族－民族精神－研究 Ⅳ. ①C955.2

中国版本图书馆 CIP 数据核字（2020）第 227571 号

王船山对中华民族精神的继承与创新研究

WANG CHUANSHAN DUI ZHONGHUA MINZU JINGSHEN DE JICHENG YU CHUANGXIN YANJIU

朱迪光 著

责任编辑：李志红
封面设计：李 平
出版发行：湘潭大学出版社
社　　址：湖南省湘潭大学工程训练大楼
电　　话：0731-58298960 0731-58298966（传真）
邮　　编：411105
网　　址：http://press.xtu.edu.cn/
印　　刷：长沙鸿和印务有限公司
经　　销：湖南省新华书店
开　　本：710 mm×1000 mm 1/16
印　　张：22
字　　数：383 千字
版　　次：2020年12月第1版
印　　次：2022年3月第1次印刷
书　　号：ISBN 978-7-5687-0495-3
定　　价：78.00 元

前　言

关于王船山对中华民族精神的继承与创新的直接研究在国内外学术界还未见到，但学术界在与此相关的两个方面作了比较多的探讨：一是关于王船山学术思想的渊源，二是探讨王船山的民族主义、爱国主义思想。关于王船山学术思想的渊源，有两种探讨路向。一种是传统探讨路向。王船山之子王敔、潘家洛、余廷灿、邓显鹤等均认为其学深博无涯涘，以汉儒为门户，以宋五子为堂奥，神契《正蒙》。但唐鉴、曾国藩等认为“其为学也，由关而洛而闽，力砥殊途，归宿正轨”，这一论断后来为刘仁熙、蒋维乔等所继承。钱穆、熊十力承其说而有所深化，钱穆称王船山归宗宋学，熊十力则谓“晚明有王船山，作《易内外传》，宗主横渠，而和会于濂溪伊川朱子之间，独不满于邵氏。其学尊生以箴寂灭，明有以反空无，主动以起颓废，率性以一情欲，论益恢宏，浸与西洋思想接近矣。然其骨子里，自是宋学精神，非明者不辨也；其于汉师，固一切排斥，不遗余力也”。另一种是由梁启超开启的现当代的探讨路向。梁启超认为王船山思想是反理学的，是哲学的，这一论点被冯友兰、侯外庐等所继承并发展为用唯物论方法研究船山思想。关于其学术思想来源，侯外庐称：“船山之学，涵掩六经，传注无遗，会通心理，批判朱王（对朱熹为否定式修正，对王阳明为肯定的扬弃），中国传统学术，皆通过了他的思维活动而有所发展。”嵇文甫称：“若船山，则反对陆王，修正程朱，而别宗横渠以创立一个新学派者也。”萧萐父称：“在学脉渊源上，绝非‘本朱子而黜异端'，而是精研易理，反刍儒经，镕铸老庄，吸纳佛道，出入程朱陆王而在更高的思想层面上复归张载，驰骋古今，自为经纬，别开生面。"

关于王船山民族主义、爱国主义思想的探讨，始于清末民初的章士钊、章太炎等辛亥革命先驱。章士钊说："船山之史说，宏论精义，可以振起吾国之国魂者极多。"章太炎说："王而农著书，壹意以攘胡为本。"至杨昌济、熊十力而有所变化，将王船山民族思想作了新的诠释。杨昌济将王船山攘夷扩展为反列强，熊十力则云："中国汉以后儒者不通《春秋》之义，而民族思想日益式微。南宋之儒尝持《春秋》以呼号复仇。复仇者，复赵氏一姓之仇也，于民族何与？故民志终不振，则胡人又起而乘之矣。若乃明圣挺生，独知民族思想之可贵，而以哀号于族类者，其唯衡阳王子。"其后张西堂、嵇文甫等对王船山民族主义有所探讨。新中国成立后，王船山的民族主义、爱国主义思想成了研究的热点，研究者均认为王船山是一个热烈的爱国主义者，他的爱国主义是和民族思想相联系的，但对其民族思想的评价有不同意见。第一种意见是在肯定船山民族思想具有爱国和进步意义的同时，较多地指出了他的偏见和谬误。认为船山竭力强调"夷夏之防"，提倡"汉族正统观点"和"民族孤立发展观点"，不利于民族间的往来和同化，是一种封建糟粕。且船山尝丑诋少数民族为犬豕，说是"殄之不为不仁，夺之不为不义，欺之不为不信"，寓有浓厚的大汉族主义色彩。第二种意见是较多的表彰和阐扬了船山的民族思想，认为船山强调"夷夏之防"和所谓"殄之、夺之、欺之"的说法，是针对清兵压境、民族危亡的情况而发的，体现了我国各族人民不愿遭受奴役、反抗民族压迫的革命传统，是他的爱国主义的起点。由此而产生船山的民族利益高于一切的思想，把民族大义放在第一位，君臣之义放在第二位。第三种意见认为，船山的民族思想是十七世纪的产物，是明朝腐朽和清兵入关蹂躏人民的时代的产物。船山严别夷夏，奋起反抗，并意识到联合反抗民族压迫的主力军——农民进行抗清斗争。这正是那个历史范畴内可能有的爱国主义的具体内容。离开那个历史范畴，把他的民族思想抽出来，和现在我们无产阶级的国际主义和爱国主义相结合的思想相比，而说它是大汉族主义，是不够恰当的。也不能因为我们今天民族友好团结，就连历史上存在过的民族压迫也不承认，从而忽略船山坚决反抗清朝民族压迫、清兵残酷屠戮的爱国热忱和民族气节。

关于中华民族精神，梁启超、梁漱溟、熊十力、钱穆、唐君毅等文化保守主义者均进行了深入的探讨，努力挖掘中华传统文化的精粹，提出了中华民族文化本位的主张，在中西文化交流与碰撞中确定中华文化的地位及其发展空间，以期复兴中华文化。新时期以来，这一问题已成为热点，张岱年、方立天等著名学者探讨了何为中华文化精神，何为中华民族精神，二者的关系如何，以及如何继承与创新。在新民主主义革命、社会主义革命和建设时期，中国共产党人通过将马克思主义与中国实际相结合的方法，在批判封建文化的基础上提出了要创造大众的民族的新文化，提出了“批判继承”“古为今用”等重大的理论主张，为中华民族精神的继承与创新探寻了一条新路。其中以习近平同志关于中华优秀传统文化继承与创新的理论研究与决策布署尤为系统，提出了中国共产党是中华优秀传统文化的忠实传承者、弘扬者，实施了一系列的继承与弘扬中华优秀传统文化的重要决策。

由学术界对王船山学术思想的渊源的探讨可知，一方面，大致触及了王船山对中华民族精神的继承与创新的研究，无论是程朱理学、陆王心学，还是老庄、佛学均是中华文化重要代表，在某一方面对中华民族精神的形成均起着重要的作用，对它们的继承与批判乃至会通就是对中华民族精神的继承与创新；另一方面，毕竟是局限于王船山学术思想渊源的探讨，对王船山如何认识并继承和创新中华民族精神没有作深入的研究。由对王船山民族思想和爱国主义思想的研究可知，学术界探讨了王船山民族思想、爱国主义的内涵、历史意义以及局限，但没有深入探讨王船山确定的民族精神是什么，在当代以爱国主义为核心的民族精神的确定中有何作用。由对中华民族精神的研究可知，虽然这方面理论探讨和决策布署已相当完备，但还需要个案研究提供更深更多的理论支撑。

本书的完成用了三年左右的时间。第一年，主要是收集资料，展开初步研究，完善研究大纲，具体阅读、分析王船山《黄书》《宋论》等著作，探讨王船山对历代兴亡的评述及其对兴亡原因的探讨，探讨其对儒学演变史的分析，探讨其在评说历史事件时联系到所处时代的具体史实或某种现象的评论所反映出的政治观念与政治活动。第二年，主要是研究王船山《俟解》《思问录》等哲学著作，探讨其所谓“正学”，揭示他所认识的所谓中华民族精神。第三年，进行归纳总结，揭示王船山基于“春秋大义”的民族精神新说。我们的研究是团队作战。具体来说，朱迪光负责全面规划、制定大纲及全书的撰写，彭巧燕研究《黄书》，邓胤龙研究《俟解》，林丽婧、朱弘毅以搜集资料为主并研究《宋论》《思问录》。本书还只能说起步性的成果，重点揭示王船山的民族精神在他的《黄书》《宋论》等重要著作中是如何呈现出来的，便于普通读者学习、理解，以推动王船山思想的传播与普及。

目　录

目 录

引　言　习近平总书记关于中华优秀传统文化的重要论述及其对中华民族精神研究的指引

中国共产党人历来重视对中华优秀传统文化的继承与弘扬，尤其党的十八大以来，以习近平同志为核心的党中央把中华优秀传统文化的继承与弘扬提到前所未有的高度。习近平同志在多次会议的讲话中强调继承与弘扬中华优秀传统文化的重要性及其与“四个自信”特别是与“文化自信”的密切关系。习近平同志的这些讲话对我国政治、文化、学术等方面的发展都有着极为重要的指导意义。学习和研究习近平同志的这些讲话精神，有利于深入把握与领会习近平新时代中国特色社会主义思想，也必将推动中华优秀传统文化的研究的深入，推动新时代中国特色社会主义文化建设，对中华民族精神的研究更是一种不可或缺的指引。

习近平同志在各种讲话中，由于着重点不同，表述上也有所不同：“中华民族的优良传统”“中华优秀文化传统”“中华优秀传统文化”“中国文化的基因”“中华民族最基本的文化基因”“中华优秀传统文化的基因”“中华民族的基因”“民族精神”“中华民族的精神命脉”等。这些的内涵是什么，它们之间有什么样的联系，下面试析之。

“中华民族的优良传统”这一提法出现得比较早，最早见于习近平同志2011年在中央党校的讲话。习近平同志说：

我们要学习和发扬中华民族的优良传统。在漫长的历史发展进程中，中华民族曾受过无数来自内部的矛盾与冲突和来自外部的挑战与威胁，如自然灾害、社会动荡、王朝更替、外部入侵等等，但中华民族却一次次战胜灾难，一次次渡过难关，使统一的多民族国家得以不断巩固和发展。究其内在原因，就在于中华民族产生和形成了为整个民族共同认可、普遍接受而富有强大生命力的优良传统。①

关于“中华优秀文化传统”，习近平同志说：“中华优秀文化传统已经成为中国文化的基因，根植在中国人内心，潜移默化影响着中国人的行为方式。”② 关于“中华优秀传统文化”的提法，习近平同志用得比较多：“培育和弘扬社会主义核心价值观必须立足中华优秀传统文化”③ “要重视中华传统文化研究，继承和发扬中华优秀传统文化”④ “中华优秀传统文化中很多思想理念和道德规范，不论过去还是现在，都有其永不褪色的价值”⑤ 等。关于“中国文化的基因”，习近平同志说：“中华优秀文化传统已经成为中国文化的基因，根植在中国人内心，潜移默化影响着中国人的行为方式。”⑥ 关于“中华民族最基本的文化基因”，习近平同志说：“中华传统文化源远流长、博大精深，中华民族形成和发展过程中产生的各种思想文化，记载了中华民族在长期奋斗中开展的精神活动、进行的理性思维、创造的文化成果，反映了中华民族的精神追求，其中最核心的内容已经成为中华民族最基本的文化基因。”⑦关于“中华优秀传统文化的基因”，习近平同志说：“富强、民主、文明、和谐，自由、平等、公正、法治，爱国、敬业、诚信、友善，传承着中国优秀传统文化的基因，寄托着近代以来中国人民上下求索、历经千辛万苦确立的理想和信念，也承载着我们每个人的美好愿景。”⑧ 关于“中华民族的

---

① 习近平：《领导干部要读一点历史——在中央党校秋季学期开学典礼上的讲话》，《学习时报》2011 年 9 月 5 日。

② 习近平：《在德国科尔基金会的演讲》，《人民日报》2014 年 3 月 30 日。

③ 习近平：《2014 年 2 月 24 日在中共中央政治局第十三次集体学习时的讲话》，《人民日报》2014 年 2 月 26 日。

④ 习近平：《2014 年 10 月 14 日在中共中央政治局第十八次集体学习时讲话》，2014 年 10 月 14 日（人民网）。

⑤ 习近平：《在文艺工作座谈会上的讲话》，2014 年 10 月 15 日，新华社 2015 年 10 月 14 日发布。

⑥ 习近平：《在德国科尔基金会的演讲》，《人民日报》2014 年 3 月 30 日。

⑦ 习近平：《2014 年 10 月 14 日在中共中央政治局第十八次集体学习时讲话》，2014 年 10 月 14 日（人民网）。

⑧ 习近平：《在北京大学师生座谈会上的讲话》，《人民日报》2014 年 5 月 5 日。

基因”，习近平说：“中华优秀传统文化已经成为中华民族的基因，植根在中国人内心，潜移默化影响着中国人的思想方式和行为方式。”① “民族精神”，习近平同志在许多讲话中均提到，如说“一个民族最深沉的精神追求，一定要在其薪火相传的民族精神中来进行基因测序”②，如说“大力弘扬以爱国主义为核心的民族精神和以改革创新为核心的时代精神”③ 等。

习近平同志关于中华文化的论断主要牵涉两类问题：一是关于中华文化的表述的问题，二是中华文化的基本精神、中华民族精神是什么。

关于中华文化，在习近平同志的讲话中所用的表述比较多。据不完全统计，有“中国文化”“中华文化”“中华传统文化”“中华文明”等多种表述，但用得最多的是“中华优秀传统文化”。“中国文化”是从国别的角度来说的，是“中国的文化”，包括中国古代与现代的文化，涵义比较泛一点。“中华文化”与“中华传统文化”，指的中华各民族的文化，其中“中华传统文化”指的中国古代中华民族创造的文化，包括汉族与其他少数民族在内。“中华优秀传统文化”是指中华民族创造的优秀传统文化，这是继承与弘扬的对象。习近平同志说：“传统文化在其形成和发展过程中，不可避免会受到当时人们的认识水平、时代条件、社会制度的局限性的制约和影响，因而也不可避免会存在陈旧过时或已成为糟粕性的东西。……这就要求人们在学习、研究、应用传统文化时坚持古为今用、推陈出新，结合新的实践和时代要求进行正确取舍，而不能一股脑儿都拿到今天来照套照用。……要坚持古为今用、以古鉴今，坚持有鉴别的对待、有扬弃的继承，而不能搞厚古薄今、以古非今，努力实现传统文化的创造性转化、创新性发展，使之与现实文化相融相通，共同服务以文化人的时代任务。”④ 因此，在习近平同志关于中华文化的论断中多用“中华优秀传统文化”一语。

“中华文化的基本精神”，习近平同志关于中华优秀传统文化论断中没有用这样的提法。较早的提法是“中华优秀文化传统”，具体提到了中华传统美

---

① 习近平：《在北京大学师生座谈会上的讲话》，《人民日报》2014 年 5 月 5 日。

② 习近平：《在德国科尔基金会的演讲》，《人民日报》2014 年 3 月 30 日。

③ 习近平：《2014 年 2 月 24 日在中共中央政治局第十三次集体学习时的讲话》，《人民日报》2014 年 2 月 26 日。

④ 习近平：《在纪念孔子诞辰 2565 周年国际学术研讨会暨国际儒学联合会第五届会员大会开幕会上的讲话》，《人民日报》2014 年 9 月 25 日。

德，习近平同志说："中华传统美德是中华文化精髓，蕴含着丰富的思想道德资源。"① 显然，中华传统美德是中华文化基本精神的重要组成部分。习近平同志又用"基因"一词来指中华文化基本精神，他说："富强、民主、文明、和谐，自由、平等、公正、法治，爱国、敬业、诚信、友善，传承着中国优秀传统文化的基因，寄托着近代以来中国人民上下求索、历经千辛万苦确立的理想和信念，也承载着我们每个人的美好愿景。"② 又说："中华优秀传统文化已经成为中华民族的基因，植根在中国人内心，潜移默化影响着中国人的思想方式和行为方式。"③ 又说："中华文明有着5000多年的悠久历史，是中华民族自强不息、发展壮大的强大精神力量。我们的同胞无论生活在哪里，身上都有鲜明的中华文化烙印，中华文化是中华儿女共同的精神基因。"④ 具体来说，中华文化的基本精神包括哪些内容呢？对此，习近平同志在许多讲话中都有所论及。习近平说：

> 比如，中华文化强调"民惟邦本"、"天人合一"、"和而不同"，强调"天行健，君子以自强不息"、"大道之行也，天下为公"；强调"天下兴亡，匹夫有责"，主张以德治国、以文化人；强调"君子喻于义"、"君子坦荡荡"、"君子义以为质"；强调"言必信，行必果"、"人而无信，不知其可也"；强调"德不孤，必有邻"、"仁者爱人"、"与人为善"、"己所不欲，勿施于人"、"出入相友，守望相助"、"老吾老以及人之老，幼吾幼以及人之幼"、"扶贫济困"、"不患寡而患不均"，等等。……像这样的思想和理念，不论过去还是现在，都有其鲜明的民族特色，都有其永不褪色的时代价值。……这些思想和理念，既随着时间推移和时代变迁而不断与时俱进，又有其自身的连续性和稳定性。⑤

习近平同志又说：

---

① 习近平：《2014年2月24日在中共中央政治局第十三次集体学习时的讲话》，《人民日报》2014年2月26日。

② 习近平：《在北京大学师生座谈会上的讲话》，《人民日报》2014年5月5日。

③ 习近平：《在北京大学师生座谈会上的讲话》，《人民日报》2014年5月5日。

④ 习近平：《在会见第七届世界华侨华人社团联谊大会代表时的讲话》，《人民日报》2014年6月7日。

⑤ 习近平：《在北京大学师生座谈会上的讲话》，《人民日报》2014年5月5日。

> 世界上一些有识之士认为，包括儒家思想在内的中国优秀传统文化中蕴藏着解决当代人类面临的难题的重要启示，比如，关于道法自然、天人合一的思想，关于天下为公、大同世界的思想，关于自强不息、厚德载物的思想，关于以民为本、安民富民乐民的思想，关于为政以德、政者正也的思想，关于苟日新日日新又日新、革故鼎新、与时俱进的思想，关于脚踏实地、实事求是的思想，关于经世致用、知行合一、躬行实践的思想，关于集思广益、博施众利、群策群力的思想，关于仁者爱人、以德立人的思想，关于以诚待人、讲信修睦的思想，关于清廉从政、勤勉奉公的思想，关于俭约自守、力戒奢华的思想，关于中和、泰和、求同存异、和而不同、和谐相处的思想，关于安不忘危、存不忘亡、治不忘乱、居安思危的思想，等等。……中国优秀传统文化的丰富哲学思想、人文精神、教化思想、道德理念等，可以为人们认识和改造世界提供有益启迪，可以为治国理政提供有益启示，也可以为道德建设提供有益启发。①

习近平同志在讲话中表面上是以举例的方式提出了中华优秀传统文化的基本精神，实际是比较全面的，涵盖了哲学思想、人文精神、教化思想、道德理念等许多方面，比当代许多学者概括的更为全面和精到。

对于“中华民族精神”，习近平同志较早的时候用的是“中华民族的优良传统”，他说：

> 在漫长的历史发展进程中，中华民族曾受过无数来自内部的矛盾与冲突和来自外部的挑战与威胁，如自然灾害、社会动荡、王朝更替、外部入侵等等，但中华民族却一次次战胜灾难，一次次渡过难关，使统一的多民族国家得以不断巩固和发展。究其内在原因，就在于中华民族产生和形成了为整个民族共同认可、普遍接受而富有强大生命力的优良传统。比如崇尚民族团结的优良传统。自古以来，中国先贤在对待民族、邦国的关系上，倡导以“协和万邦”即和平共处为邦交原则，以“天下大同”即共同社会理想为追求目标。在中华民族大家庭的形成过程中，

① 习近平：《在纪念孔子诞辰2565周年国际学术研讨会暨国际儒学联合会第五届会员大会开幕会上的讲话》，《人民日报》2014年9月25日。

> 各民族之间有矛盾冲突更有交流融合，在冲突和融合中关系越来越密切，成为民族关系的主流。从先秦到秦汉，经魏晋南北朝、隋唐五代到宋元明清，千百年的交流融合，使得各民族难分难解，终于形成56个民族共同组成的血脉相连、休戚与共、团结进步的中华民族大家庭。又比如维护国家统一的优良传统。历代中国人民维护国家统一的思想源远流长、根深蒂固。春秋时期，孔子修订《春秋》，包含“大一统”思想。到了秦汉时期，“大一统”已成为当时政治思想领域中的主流。基于这种认识，各族人民都把维护国家统一看作天经地义、义不容辞的神圣使命与责任。尽管在一些历史时期也曾出现过分裂局面，但统一始终是主流。而且不论分裂的时间有多长、分裂的局面有多严重，最终都会重新走向统一。再比如自强不息的优良传统。我们的先哲很早就提出“天行健，君子以自强不息”的思想，这是中华民族积极进取、刚健有为、勇往直前的内在动力。古代神话中流传的“精卫填海”、“女娲补天”、“愚公移山”，孔子倡导的“学道不倦、诲人不厌”，“发愤忘食、乐以忘忧”，越王勾践的卧薪尝胆，汉使苏武的饮雪吞毡，以及文王拘而演《周易》、屈原逐而赋《离骚》、司马迁忍辱而作《史记》等等，无不体现出中华民族刚强坚毅、自强不息的优良传统和积极进取的人生态度。①

在此，习近平同志概括中华民族的优良传统有：崇尚民族团结、自强不息、刚强坚毅等。在论述中华民族精神时，习近平同志特别强调了中华优秀传统文化对于中华民族的影响，并构成中华民族精神的核心内容，他说：“中华优秀传统文化已经成为中华民族的基因，植根在中国人内心，潜移默化影响着中国人的思想方式和行为方式。”② 又说：“中华文明有着5000多年的悠久历史，是中华民族自强不息、发展壮大的强大精神力量。我们的同胞无论生活在哪里，身上都有鲜明的中华文化烙印，中华文化是中华儿女共同的精神基因。”③ 又说：“虽然后来儒家思想在中国思想文化领域长期取得了主导

---

① 习近平：《领导干部要读一点历史——在中央党校秋季学期开学典礼上的讲话》，《学习时报》2011年9月5日。

② 习近平：《在北京大学师生座谈会上的讲话》，《人民日报》2014年5月5日。

③ 习近平：《在会见第七届世界华侨华人社团联谊大会代表时的讲话》，《人民日报》2014年6月7日。

地位，但中国思想文化依然是多向多元发展的。这些思想文化体现着中华民族世世代代在生产生活中形成和传承的世界观、人生观、价值观、审美观等，其中最核心的内容已经成为中华民族最基本的文化基因。这些最基本的文化基因，是中华民族和中国人民在修齐治平、尊时守位、知常达变、开物成务、建功立业过程中逐渐形成的有别于其他民族的独特标识。”① “中华民族最基本的文化基因”“逐渐形成的有别于其他民族的独特标识”不是“中华民族精神”又是什么呢？由此我们可知，习近平同志认为中华优秀传统文化的最核心的内容构成了中华民族精神。这样就将中华文化的基本精神与中华民族精神之间的关系进行了明确的界定，显然是形成了一种严密的理论体系。

中华民族精神包涵了多方面的内容，如习近平同志概括中华民族的优良传统时就提出了崇尚民族团结、自强不息、刚强坚毅等方面的内容，但其中最核心的是爱国主义，即习近平同志所说的“大力弘扬以爱国主义为核心的民族精神”。我们对王船山民族思想的探讨，就是在这种背景下进行的。

---

① 习近平：《在纪念孔子诞辰2565周年国际学术研讨会暨国际儒学联合会第五届会员大会开幕会上的讲话》，《人民日报》2014年9月25日。

第一章　循公摒私、尊黄固族、革新政治

——《黄书》注释与导读

一、王夫之生平事迹与《黄书》的写作

（一）王夫之生平与著述

王船山，名夫之，字而农，别号姜斋；中年称一瓠道人，更名壶；晚年仍用旧名。因住在湘江之西岸、蒸水之左岸的石船山，从学之人称其为船山先生。又称夕堂先生。据王夫之《家世节录》、王敔《大行府君行述》等材料记载，王氏系出太原，元至正以前，失谱不详。王夫之，生于明万历四十七年，即公元 1619 年，卒于清康熙三十一年，即公元 1692 年，终年七十四岁。[①] 有的学者将王夫之的一生划分为三个时期，有的划分为五个时期。曾昭旭《王船山哲学》将王夫之一生划分为三个时期：一、二十四岁前受父兄教训成材时期，二、二十四岁至三十五岁为国事奔走时期，三、三十五岁至七十四岁归隐著述时期。[②] 邓潭洲《王船山传论》将王夫之一生主要划分为五个时期：一、不平凡的青年时代，二、关心和支持两湖的抗清斗争，三、献身永历政权，四、在流亡生活中，五、隐居荒山勤著述。衷尔钜《王夫之》

① 有称王夫之卒时七十三或七十五岁的。这主要是由于年岁的计算方法有别有而造成的差异。

② 曾昭旭：《王船山哲学》，台湾：台湾远景图书出版事业公司 1983 年版，第 8—18 页。又章启辉：《旷世大儒——王夫之》（河北人民出版社 2001 年出版）将王夫之一生划分为三个时期：一、求学与举业；二、遭逢国变，愤起抗清；三、屏迹居幽，著述以终。又胡发贵：《王夫之与中国文化》（贵州人民出版社 2000 年 10 月出版）将王夫之一生划分为三个时期：第一个时期是求学和博取功名，第二个时期是抗清与抗清失败后的流离播迁，第三个时期是隐居著述，大约是从 1660 年到 1692 年。

也将王夫之一生划分为五个时期，即一、“立志匡扶社稷——成长过程和交友活动”，二、“冷看沓血化醍醐——抗拒薙发易服”，三、“力与天吴争横流——武装抗清”，四、“精卫欲填填不得——投身永历政权”，五、“随地托迹，笔耕不辍——从患难流亡到船山定居”。[①] 我们认为将王夫之一生划分为三个时期是比较妥当的。

1. 学习成长时期

这一时期始于王夫之出生，迄于王夫之中举。明万历四十七年（1619）九月一日子时，王夫之降生于衡州府城南回雁峰王衙坪，其父王朝聘五十岁，其母谭夫人四十七岁。明天启二年（1622），四岁，从伯兄王介之开蒙。明天启五年（1625），七岁，从伯兄王介之读十三经。明崇祯五年（1632），十四岁，中秀才，入衡阳县学。次年，从伯兄、仲兄首赴武昌应乡试。明崇祯七年（1634），十六岁，始学作诗。明崇祯十年（1637），十九岁，与同县陶万梧处士之女结婚。这一年从叔父王廷聘学史与诗。明崇祯十一年（1638），游学岳麓书院。与邝鹏升等结“行社”。明崇祯十二年（1639），二十一岁，与伯兄、仲兄三赴武昌应乡试。与郭凤跹、管嗣裘、文之勇等结“匡社”。明崇祯十五年（1642），二十四岁，与伯兄、仲兄四赴武昌应乡试，以《春秋》魁中式第五名。伯兄王介之中式第四十名。奉父命北上会试。明崇祯十六年（1643），二十五岁，会试因道路不通和战局不利未能举行，王夫之返湘。出《漧涛园诗集》，不久毁于战乱。自刺伤救父于张献忠部队，隐南岳黑沙潭，作《九砺》九章。从这一时期的经历可以看出，王夫之走的是古代知识分子共同走的读书求仕的道路，一方面是为了光宗耀祖，另一方面也是为了治国平天下。

2. 抗清斗争时期

这一时期始于明亡的明崇祯十七年（1644），迄于清顺治十七年（1660）定居于衡阳县金兰乡高节里。在这一时期，王夫之一面积极参加抗清斗争，另一面也开始了四处避难的生活。明亡之前，为避张献忠而隐居南岳。明亡之后，积极参加抗清斗争。清顺治五年（1648），王夫之三十岁，与管嗣裘、僧性翰、夏汝弼等策划举义衡山，未举事而败，管嗣裘全家遇害，王夫之亡命南奔肇庆，投奔南明。其后，王夫之返湘省母。清顺治七年（1650），王夫

① 衷尔钜：《王夫之》，长春：吉林文史出版社 1997 年版，第 39—104 页。

之三十二岁，奉母命，再赴肇庆，守制终，至桂林娶襄阳郑仪珂之女，至梧州就行人司行人介子。参劾王化澄结奸误国，因忠贞营高必正营救才免遭迫害。时清军攻桂林，留守瞿式耜、总督张同敞殉难。清顺治八年（1651），王夫之三十三岁，间道归湘。其后，为躲避清军迫害，四处逃亡。王敔云："自此随地托迹，或在梧，或在郴，或在耒，或在晋宁，或在涟邵，所寓之处，人士俱极依慕。府君不久留，辄辞去。"①

3. 隐居著述时期

这一时期始于清顺治十七年（1660）定居衡阳县金兰乡高节里，迄于王夫之之卒年清康熙三十一年（1692）。此一时期，虽然是以隐居著述为主，但仍然存在一些危险。清康熙六年（1667），王夫之四十九岁，"是年因避横逆，暂到湘乡"。② 康熙十七年（1678），王夫之六十岁，"吴逆谋僭号于衡州，其党有知先生名者，属为劝进表。先生力拒，遂逃之深山，作《袚禊赋》"。③ 王夫之在流亡中未忘著述，但大部分著作是定居以后完成的，如《五十自定稿》《六十自定稿》《周易大象》《礼记章句》《庄子通》《说文广义》《周易内传》《周易内传发例》《读通鉴论》《噩梦》《四书笺解》《读四书大全说》《思问录》《张子正蒙注》《诗广传》《尚书引义》《春秋家说》《南窗漫记》《宋论》《读通鉴论》《诗经稗疏》《夕堂永日绪论》《识小录》《七十自定稿》《诗绎》《楚辞通释》《相宗络索》等。

王夫之一生著述，据邓显鹤统计，经类二十二部，已见二十部，共一百六十四卷，未见二部，无卷数；史类三部，已见二部，共四十五卷，未见一部，无卷数；子类十七部，已见十二部，共五十一卷，未见五部，无卷数；集类十部，已见六部，共六十三卷，未见四部，无卷数。邓显鹤称："右衡阳王先生著书五十二种。已见三十八种，共三百二十三卷。"④ 清同治四年（1865）曾氏兄弟所刻的《船山遗书》，是较早较全的船山著述的汇聚，共刻经类二十部、史类四部、子类十部、集类二十四部，共二百八十卷。迄今为止，收录船山著述最全的是20世纪90年代岳麓书社出版的《船山全书》。第

① 王敔：《大行府君行述》，《船山全书》第十六册，长沙：岳麓书社1996年版，第73页。

② 刘毓崧：《王船山先生年谱》康熙六年条，《船山全书》第十六册，长沙：岳麓书社1996年版。

③ 刘毓崧：《王船山先生年谱》康熙十七年条，《船山全书》第十六册，长沙：岳麓书社1996年版。

④ 邓显鹤：《船山著述目录》，《船山全书》第十六册，长沙：岳麓书社1996年版，第408—409页。

一册收录王船山经部著作四种（旧称六种）二十卷；第二册收录其经部著作《尚书稗疏》四卷，《尚书引义》六卷；第三册收录经部著作《诗经稗疏》四卷，附《考异》一卷，《叶韵辩》一卷，《诗广传》五卷；第四册收录经部著作《礼记章句》四十九卷；第五册收录经部著作《春秋稗疏》二卷，《春秋家说》三卷，《春秋世论》五卷，《续春秋左氏传博议》二卷；第六册收录经部四书类著作《四书稗疏》一卷，《四书考异》一卷，《四书笺解》十一卷，《读四书大全说》十卷；第七册收录经部四书类著作《四书训义》的第一卷至第二十四卷；第八册收录经部四书类著作《四书训义》十四卷；第九册收录经部小学类著作《说文广义》三卷；第十册收录王船山史部著作《读通鉴论》三十一卷；第十一册收录史部著作《宋论》十五卷，《永历实录》二十六卷，《箨史》一卷，《莲峰志》五卷；第十二册收录王船山子部著作《张子正蒙注》九卷，《思问录内外篇》二卷，《俟解》一卷，《黄书》一卷，《噩梦》一卷，《识小录》一卷，《搔首问》一卷，《龙源夜话》一卷；第十三册收录子部《老子衍》一卷，《庄子通》一卷，《庄子解》三十三卷，《相宗络索》一卷，《愚鼓词》一卷，《船山经义》一卷，计六种三十八卷；第十四册收录《楚辞通释》十四卷，《古诗评选》六卷，《唐诗评选》四卷，《明诗评选》八卷；第十五册收录王船山集部著作《姜斋文集》《姜斋诗集》《姜斋词集》《姜斋诗话》《龙舟会杂剧》《拾遗》等二十五种。

（二）《黄书》的写作时间、背景及其主要内容

1.《黄书》的写作时间

王夫之《黄书》写于明永历十年，清顺治十三年（1656）。此时，王夫之正处于他的人生的第二个时期即武装反抗清朝时期。王之春《王夫之年谱》载：

> 国朝顺治十三年丙申（一六五六），明桂王永历十年，公三十八岁。居西庄源。去年至兴宁，流寓久暂不可考。本年有《新秋看洋山雨过》诗，故以为居西庄源。
>
> 二月明桂王奔南宁。
>
> 三月，《黄书》成。

创作的具体时间，王夫之在《黄书·后序》中交代得非常清楚，他说：

"岁德在丙，火运宣也。斗建维辰，春气全也。文明以应，窃承天也。太原之系，世胄緐也。为汉大行，忠效捐也。悲懑穷愁，退论旃也。明明我后，逖播迁也。俟之方将，须永年也。黄书之所以传也。"①

2.《黄书》的写作背景

完成《黄书》时，王夫之38岁，已有了比较丰富的人生经历。24岁，参加乡试，中举人。25岁，遭遇张献忠农民军占领衡阳，因其父被扣而冒死救父。29岁，赴武冈追随南明桂王遇雨不止而未达心愿。30岁，受父命与管嗣裘等在衡山方广寺发动反清起义。31岁，至岭外在南明桂王朝廷为官。32岁，因参与桂王朝廷内部斗争，遭受迫害，经人援手后才给假放归。34岁，与妻郑氏经永福返衡，路上遇雨四十日，几死。此后至42岁在湖南南部各地流亡。有了亲身参与朝廷的政治实践以及不断地对各种现实政治问题的探讨，王夫之将他的思考汇聚为《黄书》。

在此有三个重要之点要揭示。一是在写作《黄书》时，王夫之遭受了远比常人更多的家国之痛，他的情感也比一般人来得更加猛烈。他的数位亲人在此期间直接或间接死于亡国之难。他的发妻陶氏病死，长子无药病死，父亲王朝聘、母亲谭氏死于此时，侄儿王敉死于乱兵。既痛又恨的情感在他的诗歌中常有暴发。《放杜少陵、文文山作七歌》云：

一歌

我生万历四七秋，显皇膏雨方寸留。圣孙龙翔翔桂海，力与天吴争横流。峒烟蛮雨困龙气，我欲从之道阻修。呜呼一歌兮向南哭，草中求活如猬缩。

二歌

风霾蔽天白日昏，今春别父而分奔。临行忍泪相劝勉，虽死不辱犹生存。前年抗贼受羁困，今者托足望何门。呜呼二歌兮肠寸断，白发扶杖苦惊窜。

① 王之春：《王夫之年谱》，北京：中华书局1989年版，第54—55页。

三歌

吾母鞠我过母长，辛苦免我于羸尪。去年哭妇泪不燥，菜羹谁煮药谁尝。况闻饿贼恣掠夺，行采草根充糇粮。呜呼三歌兮吾食粟，难寄一粒供母粥。

四歌

有兄有兄伯与仲，时人误拟等三凤。伯兮南奔仲潜伏，化为醯鸡营醋瓮。君亲恩重报不得，天涯生死如春梦。呜呼四歌兮音问绝，独向湘山听鸣鴂。

五歌

有妻有妻哭父死，匆匆稿葬垤如蚁。寒食谁浇一碗浆，墓木难留片枫紫。翻令妒汝去此速，不饮湘江腥血水。呜呼五歌兮思前冬，岳潭随我狎蛟龙。

六歌

有子有子头如拳，母死不哭痴笑喧。天崩地裂不汝恤，其生其死如飘烟。古人刀头觅决绝，我不能然付汝天。呜呼六歌兮幸不死，他日定知谁氏子。

七歌

洞庭翻波鼋鼍吼，倒驾天风独西走。回首人间镜影非，下自黄童上白叟。铁网罩空飞不得，修罗一丝蟠泥藕。呜呼七歌兮孤身孤，父母生我此发肤。

二是流亡期间的调查研究为《黄书》的写作提供了坚实的基础。王夫之之子王敔在《大行府君行述》中说王夫之“自此，随地托迹，或在梧，或在郴，或在耒，或在晋宁，或在涟邵”① 到处流亡，在流亡中也一定进行了一些

① 王敔：《大行府君行述》，《船山全书》第十六册，长沙：岳麓书社 1996 年版，第 73 页。

调查了解："盖亡考自少喜从人间问四方事，至于江山险要，士马食货，典制沿革，皆极意研究。"①

三是这本书的完成，既着眼于未来，也着眼于现实。说《黄书》着眼于未来，这有王夫之自己所言的"俟之方将，须永年也"为证。说着眼于现实，是指王夫之有将此书献给远在云南的永历帝的想法。

3.《黄书》的主要内容

《黄书》是由遇到问题而起，以解决问题为终。在《后序》中王夫之以"客"问的方式提出了三个问题：一是《黄书》为何异于孔子《春秋》之作，二是未来大明以何地而兴起，三是《黄书》为事后之作是否有用。王夫之对第一个问题的回答是阐明了《黄书》的独创性和针对性：仁以自爱其类，义以自制其伦，强干自辅，所以凝黄中之细缊，固族最为重要，因此要功力以为固，法禁以为措，穷诸理，衍而论其数。王夫之对第二个问题的回答是解决中国人自信问题："今燕蓟之宅，受命而兴者，女直、鞑靼曾不足于称数。"② 王夫之对第三个问题的回答表明自己的使命是为救亡图存寻找了一条出路。《黄书》七篇是一个完整的体系。首篇《原极》为全书之纲，由天、地、人三极而论严华夷之辨是效法天则；第二篇《古义》是说古圣王遵守天则而形成家法流传，后代君王背其古训家法而致天下乱亡；其余五篇是讨论具体问题提出具体对策。《宰制》讲军区设置及其资源配置与使用，《慎选》讨论选举的原则、问题及其对策，《任官》讨论任官的原则、问题及其对策，《大正》讨论国家败亡腐败风气的关系并提出解决此问题的对策，《离合》讨论治乱、分合的必然及其对策。七篇相合，既是政治宣言，强化国人自信，又是政治改革纲要，提出一套完整的政治改革措施。

二、《黄书》注释与导读

原极第一

夫观初始于天地者，岂不大哉！洋洋乎金以铣[1]之，木以干之，土以敦之，火烜风挠水裹以烝化之，彼滋此孕以繁之，脉脉门门，泮涣抟翕[2]以离

① 王敔：《大行府君行述》，《船山全书》第十六册，长沙：岳麓书社 1996 年版，第 73 页。

② 王夫之：《黄书》，《船山全书》第十二册，长沙：岳麓书社 1996 年版，第 529 页。

合之，故盛德行于无疆而不知其届也。然而清其族，绝其畛[3]，建其位，各归其屏者，则函舆[4]之功所以为虑至防以切。是故山禽趾疏，泽禽趾幂[5]，乘禽力横，耕禽力纵，水耕宜南，霜耕宜北，是非忍于其泮散而使析其大宗也，亦势之不能相救而绝其祸也。是故圣人审物之皆然而自畛其类，尸天下而为之君长。区其灵冥[6]，湔[7]其疑似，乘其蛊坏[8]，峻其墉廓[9]，所以绝其祸而使之相救，故曰“圣人与天地合德[10]”者，岂虚构哉！

【注释】：

［1］铣：富有光泽的金属，此处应指使金属富有光泽。

［2］泮涣抟翕：分散与聚拢。

［3］畛：《广雅》：“畛，界也。”

［4］函舆：指车轿类乘坐之具，亦泛指天之所覆、地之所载。

［5］幂：密。

［6］灵冥：幽暗的神灵。

［7］湔：濯也。

［8］蛊坏：惑乱败坏。

［9］墉廓：城廓。

［10］圣人与天地合德：指圣人与天地同德。语出《周易·文言》：“夫大人者，与天地合其德，与日月合其明，与四时合其序，与鬼神合其凶吉，先天而天弗违，后天而奉天时。”

【导读】：

此处指出天地孕育万物，而为人之君长的使命就是要保护族类。这就是圣人与天地同德的原因。

五行化育万物的观念来源很古。“五行”一词，最早出现在《尚书》的《甘誓》与《洪范》中。《甘誓》：“有扈氏威侮五行，怠弃三正，天用剿绝其命。”《洪范》云：“鲧堙洪水，汩陈其五行。帝乃震怒，不畀‘洪范’九畴……鲧则殛死，禹乃嗣兴，天乃锡禹‘洪范’九畴，彝伦攸叙……。五行：一曰水，二曰火，三曰木，四曰金，五曰土。水曰润下，火曰炎上，木曰曲直，金曰从革，土曰稼穑。润下作咸，炎上作苦，曲直作酸，从革作辛，稼穑作甘。”又《孔子家语》之五帝第二十四云：季康子问于孔子曰：“旧闻五帝之名，而不知其实，请问何谓五帝？”孔子曰：“昔丘也闻诸老聃曰：‘天有五行，水火金木土，分时化育，以成万物，其神谓之五帝。’古之王者，易代而改号，取法五行。五行更王，终始相生，亦象其义。故其为明王者，而死配五行。是以太皞配木，炎帝配火，黄帝配土，少皞配金，颛顼配水。”

又周敦颐《太极图说》云：

> 阳变阴合而生水火木金土，五气顺布，四时行焉。五行一阴阳也，阴阳一太极也，太极本无极也。
>
> 五行之生也，各一其性，无极之真，二五之精，妙合而凝。“乾道成男，坤道成女”。二气交感，化生万物。万物生生而变化无穷焉。惟人也得其秀而最灵。形既生矣，神发知矣，五性感动而善恶分、万事出矣。圣人定之以中正仁义，而主静，立人极焉。故圣人与天地合其德，日月合其明，四时合其序，鬼神合其吉凶。君子修之吉，小人悖之凶。故曰：“立天之道，曰阴与阳。立地之道，曰柔与刚。立人之道，曰仁与义。”又曰：“原始反终，故知死生之说。”大哉《易》也，斯其至矣。

王夫之可能直接继承周敦颐的一些思想。他在《南窗漫记》中说：“尝读《太极图说》至三百巡，隔夕而忘。”① 一次诵《太极图说》三百遍，证明王船山对《太极图说》下过苦功。

夫人之于物，阴阳均也，食息[1]均也，而不能绝乎物。华夏之于夷狄，骸窍[2]均也，聚析[3]均也，而不能绝乎夷狄。所以然者何也？人不自畛[4]以绝物[5]，则天维裂矣。华夏不自畛以绝夷，则地维[6]裂矣。天地制人以畛，人不能自畛以绝其党，则人维裂矣。是故三维者，三极[7]之大司也。

【注释】：

［1］食息：饮食和呼吸。《庄子·应帝王》：“人皆有七窍，以视听食息。”

［2］骸窍：指百骸九窍，整个躯体和所有器官。《庄子·齐物论》：“百骸、九窍、六藏，赅而存焉，吾谁与为亲？”

［3］聚析：集合与分开。

［4］自畛：划界自守。

［5］绝物：谓断绝人事交往。《孟子·离娄上》：“既不能令，又不受命，

① 王夫之：《南窗漫记》，《船山全书》第十五册，长沙：岳麓书社 1996 年版，第 873 页。

是绝物也。”赵岐注：“言诸侯既不能令告邻国，使之进退，又不能事大国往受教命，是所以自绝于物。物，事也；大国不与之通朝聘之事也。”

［6］地维：维系大地的绳子。古人以为天圆地方，天有九柱支持，地有四维系缀。故亦指地的四角。《列子·汤问》：“其后共工氏与颛顼争为帝，怒而触不周之山，折天柱，绝地维。”又引申为纲纪，纲常，指社会的准则。

［7］三极：指天、地、人三极。天极、地极之说法似乎在王夫之之前未见，但有人极之说，南朝梁沈约《梁明堂登歌·歌黑帝》：“祚我无疆，永隆人极。”唐白居易《立制度策》：“夫制度者，先王所以下均地财、中立人极、上法天道者也。”有天道、人道、地道的说法。《易传·系辞下》：“有天道焉，有人道焉，有地道焉。兼三才而两之，故六。六者非它也，三才之道也。”《易·说卦》：“是以立天之道，曰阴与阳；立地之道，曰柔与刚；立人之道，曰仁与义；兼三才而两之，故《易》六画而成卦。”

【导读】：

这一段指出人与物、夏与夷有其相同之处，是不易区隔的，但不加以区隔，不划界自守，就危害无穷，因此必须建立天地人三维而将天地人三极管理好。

王夫之绝物之说也有其源。《尚书·吕刑》：“乃命重黎，绝地天通，罔有降格。”孔传：“重即羲，黎即和。尧命羲和世掌天地四时之官，使人神不扰，各得其序，是谓绝地天通。言天神无有降地，地只不至于天，明不相干。”又《国语·楚语下》云：

昭王问于观射父，曰：“《周书》所谓重、黎寔使天地不通者，何也？若无然，民将能登天乎？”

对曰：“非此之谓也。古者民神不杂。民之精爽不携贰者，而又能齐肃衷正，其智能上下比义，其圣能光远宣朗，其明能光照之，其聪能听彻之，如是则明神降之，在男曰觋，在女曰巫。是使制神之处位次主，而为之牲器时服，而后使先圣之后之有光烈，而能知山川之号、高祖之主、宗庙之事、昭穆之世、齐敬之勤、礼节之宜、威仪之则、容貌之崇、忠信之质、禋洁之服，而敬恭明神者，以为之祝。使名姓之后，能知四时之生、牺牲之物、玉帛之类、采服之仪、彝器之量、次主之度、屏摄之位、坛场之所、上下之神、氏姓之出，而心率旧典者为之宗。于是乎有天地神民类物之官，是谓五官，各司其序，不相乱也。民是以能有忠信，神是以能有明德，民神异业，敬而不渎，故神降之嘉生，民以物享，祸灾不至，求用不匮。

及少皞之衰也，九黎乱德，民神杂糅，不可方物。夫人作享，家为巫史，无有要质。民匮于祀，而不知其福。烝享无度，民神同位。民渎齐盟，无有严威。神狎民则，不蠲其为。嘉生不降，无物以享。祸灾荐臻，莫尽其气。颛顼受之，乃命南正重司天以属神，命火正黎司地以属民，使复旧常，无相侵渎，是谓绝地天通。……"

自畛以绝夷来源亦古。《左转》定公十年云："圣人知礼而有勇，裔不谋夏，夷不乱华，俘不干盟，兵不逼好。"

昔者周之衰也，誓诰[1]替，刺雅[2]兴。镐京[3]沦，东都徙。号祭存，纲纽[4]佚。诅盟[5]屡私，数圻日兼[6]。故抱器服[7]而思烹溉者，日恻恻然移玉[8]之为忧。而圣人之所深长思者，或不在此。作《春秋》，明王道。内中夏，外戎狄。疑号者，正其辜而终徕之。外会者，斥其贱而等摈之。夫周之衰，非有匈奴、吐蕃、契丹、鞑靼，以为之外逼也。陆浑、吾离、允姓、侨如之族种，不能配中国之一名都也。燕之北鄙，秦之西陲，未尝晨夕于奔命也。葵邱束牲而小白求三脊之茅[9]。城濮馆穀而重耳干隧道之请[10]。周之玉步[11]将上逼之为兢兢。而圣人终不以彼忧易此恤者，则其故何也？

【注释】:

［1］誓诰：誓和诰的并称。《尚书》中誓有《甘誓》《泰誓》，诰有汤诰》《召诰》等。

［2］刺雅：变雅。美刺是中国古代关于诗歌社会功能的一种说法。"美"即歌颂，"刺"即讽刺。前者如《毛诗序》论述《诗经》中的《颂》诗时所说"美盛德之形容，以其成功告于神明者也"；后者如《毛诗序》论述《诗经》中的《国风》时所说"下以风刺上"。《毛诗序》在谈到"美刺"时，还谈到所谓"正变"，以美诗为"正"，以刺诗为"变"，可见在汉儒的心目中，是把美诗作为正宗，把刺诗作为变调的。所谓刺雅应指那种着重于"刺"的雅诗——变雅。

［3］镐京：在今西安市长安区西北，是西周时代的首都、京城，也是中国古代最早称京的都城，作为西周首都沿用近三百年，又称宗周（前 1046—前 771）。周武王即位后，由丰迁都镐京。西周末年，犬戎攻破镐京，标志着西周的灭亡。

［4］纲纽：犹纲纪，法度。

［5］诅盟：誓约。《尚书・吕刑》："民兴胥渐，泯泯棼棼，罔中于信，以覆诅盟。"孔颖达疏："虽有要约，皆违背之。"

［6］数圻日兼：土地疆域日益增大。《左传・昭公三十三年》："今土数圻。"圻，方千里之地。

［7］抱器服：《易・系辞下》："君子藏器于身，待时而动，何不利之有。"抱器服意谓身抱才华。

［8］移玉：意为请人前来或前往的敬语。

［9］葵邱束牲而小白求三脊之茅：葵邱为齐桓公会诸侯处。《史记・封禅书》云："管仲谓桓公曰：'江淮之间，一茅三脊，所以为藉也。"葵丘会盟台，据《左传》《史记》等史书记载，春秋五霸之一齐桓公于公元前651年曾两次在葵丘与鲁、宋、卫、郑、许、曹等国相会结盟。小白，齐桓公，春秋时齐国君，姜姓，名小白。

［10］城濮馆榖而重耳干隧道之请：春秋中期，晋文公趁周室内乱，定襄王于郏，于是"请隧"。晋文公"请隧"一事，史书记载语焉不详，诸家作注所据各异。贾谊认为是请葬礼之隧道，韦昭认为是请乡遂之六遂。重耳，晋文公，春秋时晋国君，名重耳。

［11］玉步：《国语・周语中》："改玉改行。"韦昭注："玉，佩玉，所以节步行也。"后因称合乎礼法的行步为"玉步"。古代礼制以佩玉节制步伐，玉的品类及步伐的快慢因君臣尊卑而有不同。见《左传・定公五年》。

【导读】：

此处指出西周末年天下崩坏，孔子作《春秋》而正天下的秩序，特别强调夷夏之防。

关于孔子《春秋》之作，《孟子・滕文公下》云："世衰道微，邪说暴行有作，臣弑其君者有之，子弑其父者有之。孔子惧，作《春秋》。《春秋》，天子之事也。是故孔子曰：'知我者其惟《春秋》乎！罪我者其惟《春秋》乎！'……昔者禹抑洪水而天下平，周公兼夷狄，驱猛兽而百姓宁，孔子成《春秋》而乱臣贼子惧。"司马迁在《史记・孔子世家》中说："夫《春秋》，上明三王之道，下辨人事之纪，别嫌疑，明是非，定犹豫，善善恶恶，贤贤贱不肖，存亡国，继绝世，补敝起废，王道之大者也。"王夫之对以上两者均有所承袭，而"内中夏，外夷狄"的思想源于《春秋公羊传》。《公羊传・成公十五年》云："《春秋》内其国而外诸夏，内诸夏而外夷狄。王者欲一乎天下，曷为以外内之辞言之？言自近者始也。"汉代公羊学家谓《春秋》书法有三科九旨。即于三段中寓九种旨意。有何休，宋衷二说。《公羊传·隐公元年》"隐公第一"唐徐彦疏："问曰：'《春秋说》云：《春秋》设三科九旨，其义如何？'答曰：'何氏之意，以为三科九旨正是一物。若总言之，谓之三科。科者，段也。若析而言之，谓之九旨。旨者，意也。言三个科段之内有此九种之意。故何氏作《文谥例》云：三科九旨者，新周、故宋，以《春秋》当新王，此一科三旨也。又云：所见异辞，所闻异辞，所传闻异辞，二科六旨也。又内其国而外诸夏、内诸夏而外夷狄，是三科九旨也。'"又《书·周官》："六服群辟，罔不承德。"又《左传·文公十八年》："流四凶族，浑敦、穷奇、寿杌、饕餮，投诸四裔，以御螭魅。"又《周礼·秋官·大行人》："邦畿方千里，其外方五百里，谓之侯服，岁壹见，其贡祀物；又其外方五百里，谓之甸服，二岁壹见，其贡嫔物；又其外方五百里，谓之男服，三岁壹见，其贡器物；又其外方五百里，谓之采服，四岁壹见，其贡服物；又其外方五百里，谓之卫服，五岁壹见，其贡材物；又其外方五百里，谓之要服，六岁壹见，其贡货物。"孔颖达疏："要服，蛮服也者，《职方》云'蛮服'，要、蛮义一也。"又班固在《汉书·匈奴传》中说："夷狄之人贪而好利，被发左衽，人而兽心，其与中国殊章服，异习俗，饮食不同，言语不通，辟居北垂寒露之野，逐草随畜，射猎为生，隔以山谷，雍以沙幕，天地所以绝外内地。……来则惩而御之，去则备而守之。其慕义而贡献，则接之以礼让，羁縻不绝，使曲在彼，盖圣王制御蛮夷之常道也。"《后汉书·鲁恭传》载鲁恭之疏谏曰："夫戎狄者，四方之异气也。蹲夷踞肆，与鸟兽无别。若杂居中国，则错乱天气，污辱善人，是以圣王之制，羁縻不绝而已。今边境幸无事，宜当修仁行义，尚于无为，令家给人足，安业乐产。"又江统《徙戎论》云：

夫夷蛮戎狄，谓之四夷，九服之制，地在要荒。《春秋》之义，内诸夏而外夷狄。以其言语不通，贽币不同，法俗诡异，种类乖殊；或居绝域之外，山河之表，崎岖川谷阻险之地，与中国壤断土隔，不相侵涉，赋役不及，正朔不加，故曰："天子有道，守在四夷。"禹平九土，而西戎即叙。其性气贪婪，凶悍不仁，四夷之中，戎狄为甚。弱则畏服，强则侵叛。虽有贤圣之世，大德之君，咸未能以通化率导，而以恩德柔怀也。当其强也，以殷之高宗而惫于鬼方，有周文王而患昆夷、猃狁，高祖困于白登，孝文军于霸上。及其弱也，周公来九译之贡，中宗纳单于之朝，以元成之微，而犹四夷宾服。此其已然之效也。故匈奴求守边塞，而侯应陈其不可，单于屈膝未央，望之议以不臣。是以有道之君牧夷狄也，惟以待之有备，御之有常，虽稽颡执贽，而边城不弛固守；为寇贼强暴，而兵甲不加远征，期令境内获安，疆场不侵而已。

及至周室失统，诸侯专征，以大兼小，转相残灭，封疆不固，而利害异心。戎狄乘间，得入中国。或招诱安抚，以为已用。故申、缯之祸，颠覆宗周；襄公要秦，遽兴姜戎。当春秋时，义渠、大荔居秦、晋之域，陆浑、阴戎处伊、洛之间，鄋瞒之属害及济东，侵入齐、宋，陵虐邢、卫，南夷与北狄交侵，中国不绝若线。齐桓攘之，存亡继绝，北伐山戎，以开燕路。故仲尼称管仲之力，嘉左衽之功。逮至春秋之末，战国方盛，楚吞蛮氏，晋翦陆浑，赵武胡服，开榆中之地，秦雄咸阳，灭义渠之等。始皇之并天下也，南兼百越，北走匈奴，五岭长城，戎卒亿计。虽师役烦殷，寇贼横暴，然一世之功，戎虏奔却，当时中国无复四夷也。

汉兴而都长安，关中之郡号曰三辅，《禹贡》雍州，宗周丰、镐之旧也。及至王莽之败，赤眉因之，西都荒毁，百姓流亡。建武中，以马援领陇西太守，讨叛羌，徙其余种于关中，居冯翊、河东空地，而与华人杂处。

数岁之后，族类蕃息，既恃其肥强，且苦汉人侵之。永初之元，骑都尉王弘使西域，发调羌、氐，以为行卫。于是群羌奔骇，互相扇动，二州之戎，一时俱发，覆没将守，屠破城邑。邓骘之征，弃甲委兵，舆尸丧师，前后相继，诸戎遂炽，至于南入蜀汉，东掠赵、魏，唐突轵关，侵及河内。及遣北军中侯朱宠将五营士于孟津距羌，十年之中，夷夏俱毙，任尚、马贤仅乃克之。此所以为害深重、累年不定者，虽由御者之无方，将非其才，亦岂不以寇发心腹，害起肘腋，疢笃难疗，疮大迟愈之故哉！自此之后，余烬不尽，小有际会，辄复侵叛。马贤忸忲，终于覆败；段颎临冲，自西徂乐。雍州之戎，常为国患，中世之寇，惟此为大。汉末之乱，关中残灭。魏兴之初，与蜀分隔，疆场之戎，一彼一此。魏武皇帝令将军夏侯妙才讨叛氐阿贵、千万等，后因拔弃汉中，遂徙武都之种于秦川，欲以弱寇强国，捍御蜀虏。此盖权宜之计，一时之势，非所以为万世之利也。今者当之，已受其弊矣。

夫关中土沃物丰，厥田上上，加以泾、渭之流溉其舄卤，郑国、白渠灌浸相通，黍稷之饶，亩号一钟，百姓谣咏其殷实，帝王之都每以为居，未闻戎狄宜在此土也。非我族类，其心必异，戎狄志态，不与华同。而因其衰弊，迁之畿服，士庶玩习，侮其轻弱，使其怨恨之气毒于骨髓。至于蕃育众盛，则坐生其心。以贪悍之性，挟愤怒之情，候隙乘便，辄为横逆。而居封域之内，无障塞之隔，掩不备之人，收散野之积，故能为祸滋扰，暴害不测。此必然之势，已验之事也。当今之宜，宜及兵威方盛，众事未罢，徙冯翊、北地、新平、安定界内诸羌，著先零、罕并、析支之地；徙扶风、始平、京兆之氐，出还陇右，著阴平、武都之界。廪其道路之粮，令足自致，各附本种，反其旧土，使属国、抚夷就安集之。戎晋不杂，并得其所，上合往古即叙之义，下为盛世永久之规。纵有猾夏之心，风尘之警，则绝远中国，隔阂山河，虽为寇暴，所害不广。是以充国、子明能以数万之众制群羌之命，有征无战，全军独克，虽有谋谟深计，庙胜远图，岂不以华夷异处，戎夏区别，要塞易守之故，得成其功也哉！

难者曰：方今关中之祸，暴兵二载，征戍之劳，老师十万，水旱之害，荐饥累荒，疫疠之灾，札瘥夭昏。凶逆既戮，悔恶初附，且款且畏，咸怀危惧，百姓愁苦，异人同虑，望宁息之有期，若枯旱之思雨露，诚宜镇之以安豫。而子方欲作役起徒，兴功造事，使疲悴之众，徙自猜之寇，以无谷之人，迁乏食之虏，恐势尽力屈，绪业不卒，羌戎离散，心不可一，前害未及弭，而后变复横出矣。

答曰：羌戎狡猾，擅相号署，攻城野战，伤害牧守，连兵聚众，载离寒暑矣。而今异类瓦解，同种土崩，老幼系虏，丁壮降散，禽离兽迸，不能相一。子以此等为尚挟余资，悔恶反善，怀我德惠而来柔附乎？将势穷道尽，智力俱困，惧我兵诛以至于此乎？曰，无有余力，势穷道尽故也。然则我能制其短长之命，而令其进退由己矣。夫乐其业者不易事，安其居者无迁志。方其自疑危惧，畏怖促遽，故可制以兵威，使之左右无违也。迨其死亡散流，离逖未鸠，与关中之人，户皆为仇，故可遐迁远处，令其心不怀土也。夫圣贤之谋事也，为之于未有，理之于未乱，道不著而平，德不显而成。其次则能转祸为福，因败为功，值困必济，遇否能通。今子遭弊事之终而不图更制之始，爱易辙之勤而得覆车之轨，何哉？且关中之人百余万口，率其少多，戎狄居半，处之与迁，必须口实。若有穷乏糁粒不继者，故当倾关中之谷以全其生生之计，必无挤于沟壑而不为侵掠之害也。今我迁之，传食而至，附其种族，自使相赡，而秦地之人得其半谷，此为济行者以廪粮，遗居者以积仓，宽关中之逼，去盗贼之原，除旦夕之损，建终年之益。若惮暂举之小劳，而忘永逸之弘策；惜日月之烦苦，而遗累世之寇敌，非所谓能开物成务，创业垂统，崇其拓迹，谋及子孙者也。

并州之胡，本实匈奴桀恶之寇也。汉宣之世，冻馁残破，国内五裂，后合为二，呼韩邪遂衰弱孤危，不能自存，依阻塞下，委质柔服。建武中，南单于复来降附，遂令入塞，居于漠南，数世之后，亦辄叛戾，故何熙、梁槿戎车屡征。中平中，以黄巾贼起，发调其兵，部众不从，而杀羌渠。由是于弥扶罗求助于汉，以讨其贼。仍值世丧乱，遂乘衅而作，卤掠赵、魏，寇至河南。建安中，又使右贤王去卑诱质呼厨泉，听其部落散居六郡。咸熙之际，以一部太强，分为三率。泰始之初，又增为四。于是刘猛内叛，连结外虏。近者郝散之变，发于谷远。今五部之众，户至数万，人口之盛，过于西戎。然其天性骁勇，弓马便利，倍于氐、羌。若有不虞风尘之虑，则并州之域可为寒心。荥阳句骊本居辽东塞外，正始中，幽州刺史毌丘俭伐其叛者，徙其余种。始徙之时，户落百数，子孙孳息，今以千计，数世之后，必至殷炽。今百姓失职，犹或亡叛，犬马肥充，则有噬啮，况于夷狄，能不为变！但顾其微弱势力不陈耳。

夫为邦者，患不在贫而在不均，忧不在寡而在不安。以四海之广，士庶之富，岂须夷虏在内，然后取足哉！此等皆可申谕发遣，还其本域，慰彼羁旅怀土之思，释我华夏纤介之忧。惠此中国，以绥四方，德施永世，于计为长。

文武之兴，昕履牧率[1]，夕步天衸[2]。滥唐沿虞，服夏褐商，承建列侯，各君分长。山河塞阨，际蛮戎夷貊者，昔之天下也。既规规然惴其旁午，复鼎鼎然虞其上下。诸侯或僻介荒小，用寡捍强，以小藩大。势诎于所守，力仅于所争，固未尝不纠回蜿蜒于圣王之心。夫廷万国，一君长，挟尺棰[3]而奔役四宇，功施铁钺，烂然开于共主，而天下弗分其功名。圣人岂异人情而不欲此哉！然而山、河以西，师旦分牧。函崟[4]以东，召奭代理。五侯九伯，州长连率，经纬缝紩，割制员幅者，使之控大扶小，连营载魄。是故偏方远服，不受孤警。连城通国，若运揽臂。则周之盛王所以维系神皋，摈拒夷类者，意未有所弛，而权不可得而衰。夷、厉而降，牧长无命，纲维溃破。锋矢寻于同仇，牖户薄于外御。是故孤竹蹙燕[5]，淮夷病杞[6]。郯瞒、义渠侮齐[7]，宋而窥河、渭[8]，然而天子不能命伯。列侯之强大者，矫激奋起，北斥南征。故斩令支[9]，轹卑耳[10]，拓西戎，刈潞氏[11]者，犹赫赫然震矜其功，以张赤县之帜。彼其左旋右携，夸武辟疆者，虽不足以与圣王权衡三维，裘领八极之盛心，而圣人犹将登进之。为稍持其祸，而异于澌灭也。是以周之天子，赐肵俎[12]、锡彤弓、命随会[13]、放戳冕、贺任好[14]、播金鼓，而不见讥于《春秋》。故曰："其事则齐桓、晋文，其义则某窃取之矣。[15]"盖进之也。

【注释】：

［1］昕履牧率：意指早上还是地方长官。昕，指太阳将要出来的时候，黎明；牧率，地方长官。

［2］夕步天祚：意指晚上登帝位。天祚，皇位，天子。

［3］尺捶：尺棰；一尺之棰。棰，木杖。

［4］函崟：指函谷关。

［5］孤竹蹙燕：公元前664年，山戎出兵伐燕国，燕向齐国求援，齐桓公为救燕出兵伐山戎。《国语·齐语》："遂北伐山戎，刜令支、斩孤竹而南归。"韦昭注："二国，山戎之与也。令支，今为县，属辽西，孤竹之城存焉。"

［6］淮夷病杞：《左传·僖公十三年》载僖公与齐、宋、陈、卫、郑、许、曹"会于咸，淮夷病杞故"。

［7］鄋瞒、义渠侮齐：《左传·文公十一年》："鄋瞒侵齐，遂伐我。"杨伯峻注："陶正靖《春秋说》谓'鄋瞒者，狄之种名，犹后世之部落云尔'……鄋瞒国土，据《方舆纪要》谓在今山东省境。"义渠，古代国名，位于西部。古义渠国之都即在今甘肃庆阳西南，即宁县。义渠以西为古西戎之国，或称义渠之戎。商时有存，周初义渠君曾入朝周王。春秋战国时期，他们在这里建立了强大的郡国，与秦国、魏国抗衡，并曾参与中原纵横争夺之战，成为当时雄踞一方的同源异族强国。后被秦灭掉，融入中原华夏族。

［8］宋而窥河、渭：疑指宋襄公称霸。

［9］斩令支：《国语·齐语》："遂北伐山戎，刜令支、斩孤竹而南归。"韦昭注："二国，山戎之与也。刜，击也；斩，伐也。令支，今为县，属辽西。"《逸周书·王会》作"不令支"，《管子·小匡》作"泠支"，又《轻重戊》作"离支"，《吕氏春秋·有始》作"令疵"，《史记·齐太公世家》作"离枝"。

［10］轹卑耳：《史记·齐太公世家》："齐桓公曰：寡人'束马悬车，登

太行，至卑耳山而返’。”

［11］刘潞氏：《左传·宣公十五年》：“六月癸卯，晋师灭赤狄潞氏。”杜预注：“潞，赤狄之别种。潞氏，国，故称氏。”

［12］肵俎：敬尸之俎。古代祭祀时用以盛牲体心舌之器。《仪礼·特牲馈食礼》：“佐食升肵俎，鼏之，设于阼阶西。”郑玄注：“肵，谓心、舌之俎也。《郊特牲》曰：‘肵之为言敬也。’言主人之所以敬尸之俎。”

［13］随会：祁姓，随氏、范氏，讳会，谥武，其名随会（采邑于随）或范会（采邑于范），又因随氏出于士氏，故史料中多称其士会，史称范武子、随武子，士蔿之孙，士缺幼子。杰出的政治家，先秦时代贤良的典范。

［14］任好：秦缪公，嬴姓，赵氏，名任好，秦德公少子，春秋时期秦国国君，在位三十九年（前659—前621），谥号穆。秦穆公对戎人的胜利，周王特加祝贺，并赐金鼓，希望他擂鼓继续向戎人进攻；秦穆公于周襄王时出兵攻打蜀国和其他位于函谷关以西的国家，开辟国土千余里，因而周襄王任命他为西方诸侯之伯，遂称霸西戎，为日后秦统一中国奠定了基石。

［15］其事则齐桓、晋文，其义则某窃取之矣：《孟子·离娄下》云：孟子曰：“王者之迹熄，而《诗》亡，《诗》亡然后《春秋》作。晋之《乘》，楚之《梼杌》，鲁之《春秋》，一也。其事则齐桓、晋文，其文则史。孔子曰：‘其义则丘窃取之矣。’”

【导读】：

此处指出周之强盛时能管治好天下，其力弱时诸侯霸主能维持天下秩序，得到《春秋》的肯定。

夫奠三极、长中区[1]，智周乎四皇，心尽乎来许[2]。清露零柯，而场圃[3]入保。片云合岱，而金堤[4]戒滥。吴呼好冠，而晋视命圭[5]，杞用夷礼，而胄绌神禹。莫不逆警萌甲[6]而先靖宫庭。是故智小一身，力举天下，保其类者为之长，卫其群者为之邱。故圣人先号万姓而示之以独贵。保其所贵，匡其终乱，施于孙子，须于后圣。可禅、可继、可革，而不可使夷类间之。然后植其弱，掖其僵。扬其洁，倾其滓。冠昏饮射以文之，哭踊虞祔以哀之，堂廉级次以序之，刑杀征伐以整之。清气疏曜，血脉强固。物不干人，沴不侵祥。黄钟以节之，唱叹以浏之。故礼乐兴，神人和，四灵集，而朱草、醴泉，相踵而奔其灵也。

【注释】：

［1］中区：中原地区，还可指中国。

［2］来许：后进；后辈。

［3］场圃：指收获等农事。

［4］金堤：西汉末期，黄河下游决溢。王景治河后，又在新河道两岸修筑堤防，自汴口以东沿河积石垒堤，统称金堤。据《后汉书·治河略》记载："后汉明帝永平二年（59），使王景修金堤，自荥阳东至千乘海口千余里。"自汉代以后，也多用"金堤"泛指其他修筑坚固的堤防。

［5］命圭：天子赐给王公大臣的玉圭。

［6］萌甲：植物初生的芽。

【导读】：

能够处理好天地人的关系，保卫族群者被授予君长之位。这种君长之位只能由华夏之人或承或革，不能为异族所乱。有了君长之位还必须以文明治之。

今夫玄驹[1]之有君也，长其穴壤，而赤蚍、飞螱[2]之窥其门者，必部其族以噬杀之，终远其垤，无相干杂，则役众蠢者，必有以护之也。若夫无百祀[3]之忧，鲜九垓[4]之辨，尊以其身于天下，愤盈俦侣，畛畔同气[5]，猜割牵役[6]，弱靡中区，乃霍霍然保尊贵，偷豫尸功，患至而无以敌[7]，物逼而无以固，子孙之所不能私，种类之所不能覆，盖王道泯绝，而《春秋》之所大愁[8]也。

【注释】：

［1］玄驹：亦作"玄蚼"，蚁的别名。《方言》第十一："蚍蜉，齐鲁之间谓之蚼蟓，西南梁益之间谓之玄蚼，燕谓之蛾蛘。"《大戴礼记·夏小正》："玄驹贲。玄驹也者，蚁也。贲者何也，走于地中也。"

［2］赤蚍、飞螱：两种蚂蚁二种类别。蚍，蚍蜉。蚍蜉，大蚁。螱，"白蚁"，昆虫的一类，形状像蚂蚁，吃木材，破坏性很大。

［3］百祀：指极长或相当长的年月。

［4］九垓：亦作"九畡""九陔"。中央至八极之地。《国语·郑语》："王者居九畡之田，收经入以食兆民。"韦昭注："九畡，九州之极数。"

［5］畛畔同气：在同伴中划分界限。

［6］猜割牵役：猜疑牵连。

［7］敔：禁止，囚禁。

［8］大憖：大忧。

【导读】：

以蚂蚁作比，指出蚂蚁能卫其族而人不能保护种类，这是《春秋》最痛恨的。

王夫之以蚁比国事似有所本。唐人李公佐《南柯太守传》云：

又穷一穴：东去丈余，古根盘屈，若龙虺之状。中有小土壤，高尺余，即生所葬妻盘龙冈之墓也。追想前事，感叹于怀，披阅穷迹，皆符所梦。不欲二客坏之，遽令掩塞如旧。是夕，风雨暴发。旦视其穴，遂失群蚁，莫知所去。故先言“国有大恐，都邑迁徙”，此其验矣。复念檀萝征代之事，又请二客访迹于外。宅东一里有古涸涧，侧有大檀树一株，藤萝拥织，上不见日。旁有小穴，亦有群蚁隐聚其间。檀萝之国，岂非此耶？嗟呼！蚁之灵异，犹不可穷，况山藏木伏之大者所变化乎？时生酒徒周弁、田子华并居六合县，不与生过从旬日矣。生遽遣家僮疾往候之。周生暴疾已逝，田子华亦寝疾于床。生感南柯之浮虚，悟人世之倏忽，遂栖心道门，绝弃酒色。后三年，岁在丁丑，亦终于家。时年四十六，将符宿契之限矣。公佐贞元十八年秋八月，自吴之洛，暂泊淮浦，偶觌淳于生梦，询访遗迹，翻覆再三，事皆摭实，辄编录成传，以资好事。虽稽神语怪，事涉非经，而窃位著生，冀将为戒。后之君子，幸以南柯为偶然，无以名位骄于天壤间云。

前华州参军李肇赞曰：

贵极禄位，权倾国都，达人视此，蚁聚何殊。

古仪第二

自昔炎裔德衰，轩辕肇纪[1]，闵阽危，铸五兵，诛铜额，涤飞沙，弭刃于涿鹿之野，垂文鼓弦，巡瑞定鼎，来鸥梦弼，建屏万邦，而神明之胄骈武以登天位者，迄于刘汉，五姓百十有七后，岂不伟与！是岂有私神器以贻曾玄之心[2]哉！而天贶[3]不舍，灵光来集者，盖建美意以垂家法，传流云昆[4]，不丧初旨，群甿蒸蒸，必以得此而后足于凭依，故屡濒播弃，而卒不能舍去以外求宗主。迹其所以焘冒[5]天下者，树屏中区，闲摈殊类而止。若乃天命去留，即彼舍此之际，无庸置心。要以衣冠舄带之伦[6]，自相统役，奠维措命，长远丑孽者，实以为符，得人而遂授之。然而帝眷民怀，丝游胶液，纷纷延延，弥保云系者，则贸于相求而隐于相报[7]也。

【注释】：

［1］炎裔德衰，轩辕肇纪：《史记》之《五帝本纪》云："黄帝者，少典之子，姓公孙，名曰轩辕。生而神灵，弱而能言，幼而徇齐，长而敦敏，成而聪明。轩辕之时，神农氏世衰。诸侯相侵伐，暴虐百姓，而神农氏弗能征。于是轩辕乃习用干戈，以征不享，诸侯咸来宾从。而蚩尤最为暴，莫能伐。炎帝欲侵陵诸侯，诸侯咸归轩辕。轩辕乃修德振兵，治五气，艺五种，抚万民，度四方，教熊罴貔貅驱虎，以与炎帝战于阪泉之野。三战，然后得其志。蚩尤作乱，不用帝命。于是黄帝乃征师诸侯，与蚩尤战于涿鹿之野，遂禽杀蚩尤。而诸侯咸尊轩辕为天子，代神农氏，是为黄帝。天下有不顺者，黄帝从而征之，平者去之，披山通道，未尝宁居。东至于海，登丸山，及岱宗。西至于空桐，登鸡头。南至于江，登熊、湘。北逐荤粥，合符釜山，而邑于涿鹿之阿。迁徙往来无常处，以师兵为营卫。官名皆以云命，为云师。置左右大监，监于万国。万国和，而鬼神山川封禅与为多焉。获宝鼎，迎日推筴。举风后、力牧、常先、大鸿以治民。顺天地之纪，幽明之占，死生之说，存亡之难。时播百谷草木，淳化鸟兽虫蛾，旁罗日月星辰水波土石金玉，劳勤心力耳目，节用水火材物。有土德之瑞，故号黄帝。"

［2］贻曾玄之心：曾玄，曾孙和玄孙。亦泛指后代。贻曾玄之心意指将神器传给后代子孙。

［3］天贶：上天的恩赐。

［4］云昆：子孙，后嗣。

［5］焘冒：荫庇。

［6］衣冠舄带之伦：着华夏服饰的人，指华夏之人。

［7］贸于相求而隐于相报：急切地追求而隐微地回应。

【导读】：

自古以来，拥神器登帝位者是为了"树屏中区，闲摒殊类"，不是为了一家之私。

迄于孤秦，家法[1]沦坠，胶胶然固天下于揽握，顾盼惊猜[2]，恐强有力者旦夕崛起，效己而劫其藏。故翼者翦之，机者撞之，腴者割之，贰人主者不能藉尺土，长亭邑者不能橐寸金。欲以凝固鸿业[3]，长久一姓，而偾败[4]旋趾[5]。由此言之，詹詹[6]凿陋[7]，未尝回轸[8]神区而援立[9]灵族[10]，岂不左[11]与！

【注释】：

［1］家法：治家的礼法。此处指黄帝传下来的“树屏中区，闲摒殊类”之法。

［2］惊猜：惊恐猜疑。

［3］鸿业：指帝王之业。

［4］偾败：覆没。

［5］旋趾：犹旋踵，不久。

［6］詹詹：言词烦琐、喋喋不休的样子。

［7］凿陋：见识浅陋不堪。

［8］回轸：回车。

［9］援立：指扶立。

［10］灵族：指华夏之族。

［11］左：《增韵》：“左，人道尚右，以右为尊，故非正之术曰左道。”

【导读】：

在此指出秦皇猜疑他人会谋其帝业故与天下所有人为敌，反而加速了秦的覆没。

汉承其敝，古型秦轨，白黑兼半，而强干植条为数百年之计者，亦自创异意，冥合十九。侯王封君，兼城占籍，铸兵支粟，不为禁戒。故长沙可以支三粤之侵叛，而燕旦受封制册之中，所以防遏獯鬻氏者，三致意焉。景、武以还，推恩少力，酎金夺侯[1]。虽犄辅弱助，而命大将，遣单使，得以意行消息，权制士马。而且金虎铜竹[2]，虽握禁闼[3]，军民部署，尤隆刺、守。故元、成运替，安、顺爽凌，然而楼兰、郅支，绝亢悬首；乌桓、羌部，蹶驾伏尸。虽莽僭西都，丕夺许鼎[4]，而南阳[5]、益部[6]连衍而接坠绪者，犹此枌榆之苗裔也。

【注释】：

［1］酎金夺侯：酎金夺爵是汉武帝采取的一项打击王侯势力的措施。元

鼎五年（前 112），汉武帝以诸侯王所献助祭的“酎金”成色不好或斤两不足为借口而夺爵，被夺爵者达 106 人，占当时列侯的半数。《史记·平准书》：“至酎，少府省金，而列侯坐酎金失侯者百余人。”裴骃集解曰：“《汉仪注》：王子为侯，侯岁以户口。”

［2］金虎铜竹：古代发兵或表明身份的凭证。《文选·潘勗〈册魏公九锡文〉》：“授君印绶、册书，金虎符第一至第九。”吕向注：“金虎、竹使符，汉家符名。”

［3］禁闼：宫廷门户。亦宫廷、朝廷。

［4］丕夺许鼎：指曹魏篡汉。

［5］南阳：指刘秀。

［6］益部：指刘备。

【导读】：

此处指出汉虽然承袭了秦朝的一些弊端，但也有一些创新，前期有诸侯分封，后期重地方军政建设，故仍能有后继者中兴。

晋氏失计，延非族以召祸乱[1]，中国陨陨[2]，非无自致，而州牧分土，长其君，子其民，措施不拔[3]，琅琊以延。向使泮散消弱，守牧无资，十六国之戎马精悍，非江东之所能敌也。六代文羸[4]，漫不足纪，遗法余力，仅支江介者二百七十年。使彼孱主孤邦，日斤斤[5]焉以孤寡陵迟倒柄藩牧为虑，曾不足以建十年，而石、苻、拓拔已褰裳而绝安流矣。

【注释】：

［1］延非族以召祸乱：早在东汉末年，南匈奴诸部就因黄巾之乱内迁河内郡，曹操分匈奴为五部时，各部人亦都聚居在并州一带，直至晋朝。匈奴族人刘渊在八王之乱中与成都王联结，并借此联结匈奴诸部，壮大实力。成都王被王浚等击败后，刘渊就乘时而起，建立汉国，更是日后灭亡西晋的力量。魏晋年间，除匈奴外其他外族亦有内迁，而八王之乱期间及后续亦屡见外族参与中原战事，如并州刺史刘琨曾多次与代王拓跋猗卢联结对抗汉国的进攻；王浚与司马腾亦曾与乌桓人及段部鲜卑联手对抗成都王。这些促成五胡乱华及十六国时代。

［2］陨陨：崩坏貌，柔顺貌。

［3］不拔：不可拔除，不可动摇。形容牢固。

［4］文羸：温和瘦弱。

［5］斤斤：过分着意。

【导读】：

此处指出西晋、东晋决策失误，致使中国祸乱覆亡。

是故天下之势，有合者，有分者，有张者，有翕[1]者，有纵而随者，强彼而固此者。故曰“大制不割[2]”，乐天下之成而成之，选天下之利而利之。今夫柔鸷击，辑纵横，驱合于农，则实去；要愿朴，建脆弱，驱合于兵，则名存。名存实去，则自忘其弱而丧其畛。方且割万有[3]，专己私，侈身臂，矜总持，不纵以权，不强其辅，则所以善役天下而救其祸者，荡然无所利赖。此仁者之悲膺疾頞[4]，而俗儒之利以为名也。

【注释】：

［1］翕：合，聚，和顺。

［2］大制不割：意指完善的制度是不会伤害老百姓的。《老子》第二十八章曰：“知其雄，守其雌，为天下溪。为天下溪，常德不离，复归于婴儿。知其白，守其黑，为天下式。为天下式，常德不忒，复归于无极。知其荣，守其辱，为天下谷。为天下谷，常德乃足，复归于朴。朴散则为器，圣人用之则为官长，故，大制不割。”

［3］万有：犹万物。

［4］頞：鼻梁 、鼻根、眉心。

【导读】：

此处指出兵农合一之害，要重视地方军政建设。

唐无三代牧伯帅长之援，无深仁大计[1]，建民、固本、清族类、拒外侮之谋。窃尸寓农之遗号，强合兵农，分制府兵[2]，征发宿戎，壹听于京师。此其法，足以数世速亡，而迄于天宝祸发始尅者，岂府兵之败轨特迟哉！溯其仅存，寻其利赖[3]，自西州沿北庭迄辽左，置督护、都督者，不随腹里，得专措置。故一时大勋名将若李勣、薛仁贵、王忠嗣、郭元振之流，进止刑赏，不受中覆[4]。选士马，审机宜，滂沛[5]椎酤[6]，奴隶偏裨，下至乾没[7]，犹无所问。极重不返，而节度[8]逆行，干天历以成五季者，事势澜流洄漩，激而反倒其归也。然且更迭闰位[9]，图录弈改，石晋北倾，恃怙蠢丑，而并阳不拔，胡马北首，数阅而仍归中国，内强之效亦可睹焉。

【注释】：

［1］深仁大计：深厚的仁爱和恩惠之政策。深仁，指深仁厚泽。

［2］府兵：从魏晋以至隋唐，府兵泛指某将军府、某都督府或某某军府的兵而言，这是府兵的通称，也就是府兵发展成为专称的来源。六镇之乱后北魏内乱，分为东魏与西魏，西魏大统八年（542）权臣宇文泰将关中地区的六镇军人编成六军，宇文泰为全军统帅。后经过不断编整、扩充，直到大统十六年（550），已建立起八柱国、十二大将军、二十四开府的组织。北周改府兵军士为“侍官”，成为皇帝的亲军，一人充员府兵，全家皆编入军籍。隋文帝杨坚开皇十年（590）下诏：“凡是军人可悉属州县，垦田籍帐，一与民同，军府统领，宜依旧式。”成为“兵农合一”的制度。唐初承袭隋制，初置十二军。

［3］利赖：依傍；依靠。

［4］中覆：指朝廷的批复。

［5］滂沛：波澜壮阔；气势盛大貌。

［6］榷酤：指榷酤之法。自汉武帝制定榷酤之法，官府自造酒曲，设店专卖，民间不得私自酿造，若有私自酿制者罪至弃市。直到唐代，甚至“一人违犯，连累数家”。

［7］乾没：投机图利，侵吞公家或别人的财物。

［8］节度：指节度使，古代总揽地方军政大权的官职。唐初沿北周及隋旧制，于重要地区设总管，后改称都督，总揽数州军事。唐睿宗景云二年（711），贺拔延嗣为凉州都督，充河西节度使，自此始有节度使之号。其初，仅于边地有之，安史之乱后遍设于国内。一节度使统管一道或数州，总揽军、民、财政。

［9］闰位：非正统的帝位。

【导读】：

指出唐代府兵制不好，改设节度使之制后造成地方尾大不掉，但仍保持对夷狄的强大。

宋以藩臣，暴兴鼎祚[1]，意表所授，不寐而惊。赵普斗筲菲姿[2]，负乘铉器[3]，贡谋苟且，肘枕生猜[4]。于是假杯酒以固欢，托孔云[5]而媚下，削节镇，领宿卫，改易藩武，建置文弱，收总禁军，衰老填籍，孤立于强虏之侧，亭亭然[6]无十世之谋。纵佚文吏，拘法牵执，一传而弱，再传而靡。赵保吉[7]之去来，刘六符[8]之恫喝，玩在廷于偶线之中而莫之或省。城下受盟，金缯[9]岁益，偷息[10]视肉[11]，崇以将阶，推毂建牙，遗风澌灭。狄青以枢副之任，稍自掀举，苟异一切，而密席未温，嫌疑指斥，是以英流屏足，巨室寒心。降及南渡，犹祖前谋，蕲、循[12]仅存于货酒，岳氏遽陨于风波，挠栋触藩，莫斯为甚！夫无为与者，伤之致也；交自疑者，殊俗之听乘也。卒使中区趋靡，形势解散，一折而入于女直，再折而入于鞑靼，以三、五、汉、唐之区宇，尽辫发负笠，澌丧残剐，以溃无穷之防，生民以来未有之祸，秦开之而宋成之也。是故秦私天下而力克举，宋私天下而力自诎。祸速者绝其胄，祸畏者丧其维，非独自丧也，抑丧天地分建之极。呜呼！岂不哀哉！

【注释】:

［1］鼎祚：指国祚，国运。

［2］斗筲菲姿：指气量小无风度。

［3］负乘铉器：指担任朝廷重臣。铉器，比喻三公之类重臣。

［4］肘枕生猜：指猜疑关系密切的身边人。

［5］孔云：关系和美。典出《诗经·小雅·正月》："彼有旨酒，又有嘉肴。洽比其邻，昏姻孔云。念我独兮，忧心殷殷。"

［6］亭亭然：高耸直立的样子 。

［7］赵保吉：夏太祖李继迁（963—1004），本姓拓跋氏，银州（今陕西榆林米脂县）人，出身党项族平夏部，银州防御使李光俨之子，李继捧族弟，出生地被称为李继迁寨，宋朝曾赐名赵保吉。史书载李继迁幼年时即以勇敢果断，以"擅骑射，饶智数"而闻名乡里。975 年，定难军节度使李光睿（继迁族叔）爱其才，授年仅十二岁的李继迁为管内都知蕃落使。982 年，李继迁得知族兄李继捧迫于族内压力入朝，并交出夏、绥、银、宥、静五州地后，与弟李继冲、亲信张浦等人组织党项各部叛宋。后来李继迁派张浦带着重币到辽国，向辽圣宗表示愿意归附，取得辽的支持。河西素来为北宋重地，辽圣宗为了削弱北宋在河西的控制力，授继迁为定难节度使、夏银绥宥静五州观察使、特进检校太师，都督夏州诸军事。990 年，李继迁即位为夏国王。依靠辽的支持，李继迁实力日强，不仅收复了故地，还夺取了西北重镇灵州。

［8］刘六符：辽河间（今属河北）人。举进士。辽兴宗时任翰林学士。重熙十一年（1042）赴宋，索取周世宗时攻取的十县土地。宋遣人许增岁币。他又再度赴宋，要求在岁币文书上称“贡”，争论久之始定议用“纳”字（《辽史》谓用“贡”字）。返辽后加至同中书门下平章事。被弹劾受宋贿赂，出为长宁军节度使。

［9］金缯：黄金和丝织品。泛指金银财物。

［10］偷息：偷生。

［11］视肉：《庄子》曰：“人而不学，譬之视肉而食。”扬子《法言》曰：“人而不学，如禽何异？”言不能游说取荣贵，即如禽兽，徒有人面而能强行者耳。后因以借指禽兽。

［12］蕲、循：蕲，指南宋名将韩世忠，宋孝宗时追封蕲王。循，指南宋名将张俊，卒后被追封循王。

【导读】：

此处指出宋代对武臣猜疑尽削其兵权，弱化军事力量，致使在边境军事冲突中一再失利，最后亡国，中华文化之统差点由此断绝，即丧其维、丧天地分建之极。

夫石守信[1]、高怀德[2]之流，非有韩、彭[3]倔强之质也。分节旄，拥镇牙，非有齐秦百二，剖土君民之厚实也。谈笑尊豆，兵符立释，非有田承嗣、王武俊、李纳[4]之跋扈而不可革也。使宋能优全故将，别建英贤，颠倒奔奏，星罗牙错，充实内地，树结边隅，一方溃茂，声援谷响，虽逮陵迟，取资百足，亦何至延息海滨，乞灵潮水，皋亭纳玺，硐岛沈渊，终使奇渥吞舟，乾坤霾塞，滨百年而需远复哉！惟其涂蔽万民，偷锢大器，瓦缶之量，得盈为欢；婴儿护饵，偃鼠贪河，愚夫之惑，智者哂焉。

【注释】：

［1］石守信：字守信，开封浚仪（今河南开封市）人。初仕后周时，参与高平之战、淮南之战，累迁殿前都指挥使、义成军节度使，与赵匡胤结为异姓兄弟，成为“义社十兄弟”的成员。北宋建立后，率军讨平李筠、李重进叛乱，出任马步军副侍卫都指挥使、侍卫亲军马步都指挥使等职。自杯酒释兵权后，专事聚敛，积财巨万。宋太宗时期，随征辽国，迁镇安军节度使、守中书令，封卫国公。

[2] 高怀德：字藏用，常山真定（今河北正定）人，后唐中军都指挥使高思继之孙，后周天平节度使、齐王高行周之子，宋太祖赵匡胤的妹夫，以拥戴有功，宋初为殿前副都点检，曾参与平定李筠、李重进之乱。后与石守信等秉宋太祖意图自请解除兵权。宋太宗时官武胜军节度使兼侍中。死后追封渤海郡王，谥号“武穆”。

[3] 韩、彭：指西汉初名将韩信、彭信，两人均因谋反被诛。

[4] 田承嗣、王武俊、李纳：皆为唐代藩镇首领。

【导读】：

此处指出宋代因其私心不能重用武将整顿武备致使亡国。

《易》曰：“其亡其亡，系于苞桑。[1]”苟有系也，足以固矣，而必于苞桑焉，秦、宋之系于苕枝[2]而不知其根之拔也。故曰“前事之失，后事之师[3]”，其来兹之谓与！

【注释】：

[1] 其亡其亡，系于苞桑：《易·否·九五》：“其亡其亡，系于苞桑。”唐代孔颖达释“苞”为本，“苞桑”即桑树之根，喻指牢固。

[2] 苕枝：意指柔软的枝条。《说文》：“苕，艸也。从艸，召声。”《荀子·劝学》云：“南方有鸟焉，名曰蒙鸠，以羽为巢，而编之以发，系之苇苕，风至苕折，卵破子死。巢非不完也，所系者然也。”

[3] 前事之失，后事之师：语出《战国策·赵策一》：“前事之不忘，后事之师。君若弗图，则臣力不足。”表达稍有不同，但意思相似，意在提醒人们记住过去的教训，以作后来的借鉴。

【导读】：

指出应究历代之失，尤其是秦与宋代，统治者不能因私而自毁长城。

宰制第三

今欲取天下而宰制[1]之，有圣人，反三维，起在位，度不十数传，复有□□□□之等夷，狡焉思裂维而盗神器，如□所为，彼固狃[2]以为故常，无足难也。而天下亦恬不知所怪，天地之气相干凌矣，亦或羸槁[3]不能为人救。圣人坚揽定趾以救天地之祸，非大反孤秦、陋宋之为不得延，固以天下为神器，毋凝滞而尽私之。故《易》曰：“圣人之大宝曰位，何以守位曰人，何以聚人曰财”，非与于贞观之道者，亦安足以穷其辞哉！天地之产，聪明材勇，物力丰犀，势足资中区而给其卫。圣人官府之，公天下而私存，因天下用而用天下。故曰“天无私覆，地无私载[4]，王者无私以一人治天下[5]”，此之谓也。今欲宰制之，莫若分兵民而专其治，散列藩辅而制其用。

【注释】：

［1］宰制：统辖，控制。《史记·礼书》：“宰制万物，役使群众。”

［2］狃：因袭，拘泥。

［3］羸槁：瘦干。

［4］天无私覆，地无私载：《礼记·孔子闲居》：“天无私覆，地无私载，日月无私照。”

［5］王者无私以一人治天下：语出魏晋李康的《运命论》，原文云：

夫治乱，运也；穷达，命也；贵贱，时也。故运之将隆，必生圣明之君。圣明之君，必有忠贤之臣。其所以相遇也，不求而自合；其所以相亲也，不介而自亲。唱之而必和，谋之而必从，道德玄同，曲折合符，得失不能疑其志，谗构不能离其交，然后得成功也。其所以得然者，岂徒人事哉？授之者天也，告之者神也，成之者运也。

夫黄河清而圣人生，里社鸣而圣人出，群龙见而圣人用。故伊尹，有莘氏之媵臣也，而阿衡于商。太公，渭滨之贱老也，而尚父于周。百里奚在虞而虞亡，在秦而秦霸，非不才于虞而才于秦也。张良受黄石之符，诵三略之说，以游于群雄，其言也，如以水投石，莫之受也；及其遭汉祖，其言也，如以石投水，莫之逆也。非张良之拙说于陈项，而巧言于沛公也。然则张良之言一也，不识其所以合离；合离之由，神明之道也。故彼四贤者，名载于箓图，事应乎天人，其可格之贤愚哉？孔子曰：“清明在躬，气志如神。嗜欲将至，有开必先。天降时雨，山川出云。”《诗》云：“惟岳降神，生甫及申；惟申及甫，惟周之翰。”运命之谓也。

岂惟兴主，乱亡者亦如之焉。幽王之惑褒女也，祆始于夏庭。曹伯阳之获公孙强也，征发于社宫。叔孙豹之昵竖牛也，祸成于庚宗。吉凶成败，各以数至。咸皆不求而自合，不介而自亲矣。昔者圣人受命《河》《洛》曰：以文命者，七九而衰；以武兴者，六八而谋。及成王定鼎于郏鄏，卜世三十，卜年七百，天所命也。故自幽厉之间，周道大坏，二霸之后，礼乐陵迟。文薄之弊，渐于灵景；辩诈之伪，成于七国。酷烈之极，积于亡秦；文章之贵，弃于汉祖。虽仲尼至圣，颜冉大贤，揖让于规矩之内，訚訚于洙、泗之上，不能遏其端；孟轲、孙卿体二希圣，从容正道，不能维其末，天下卒至于溺而不可援。

夫以仲尼之才也，而器不周于鲁卫；以仲尼之辩也，而言不行于定哀；以仲尼之谦也，而见忌于子西；以仲尼之仁也，而取仇于桓魋；以仲尼之智也，而屈厄于陈蔡；以仲尼之行也，而招毁于叔孙。夫道足以济天下，而不得贵于人；言足以经万世，而不见信于时；行足以应神明，而不能弥纶于俗；应聘七十国，而不一获其主；驱骤于蛮夏之域，屈辱于公卿之门，其不遇也如此。及其孙子思，希圣备体，而未之至，封己养高，势动人主。其所游历诸侯，莫不结驷而造门；虽造门犹有不得宾者焉。其徒子夏，升堂而未入于室者也。退老于家，魏文侯师之，西河之人肃然归德，比之于夫子而莫敢间其言。故曰：治乱，运也；穷达，命也；贵贱，时也。而后之君子，区区于一主，叹息于一朝。屈原以之沈湘，贾谊以之发愤，不亦过乎！

然则圣人所以为圣者，盖在乎乐天知命矣。故遇之而不怨，居之而不疑也。其身可抑，而道不可屈；其位可排，而名不可夺。譬如水也，通之斯为川焉，塞之斯为渊焉，升之于云则雨施，沈之于地则土润。体清以洗物，不乱于浊；受浊以济物，不伤于清。是以圣人处穷达如一也。夫忠直之迕于主，独立之负于俗，理势然也。故木秀于林，风必摧之；堆出于岸，流必湍之；行高于人，众必非之。前监不远，覆车继轨。然而志士仁人，犹蹈之而弗悔，操之而弗失，何哉？将以遂志而成名也。求遂其志，而冒风波于险途；求成其名，而历谤议于当时。彼所以处之，盖有算矣。子夏曰："死生有命，富贵在天。"故道之将行也，命之将贵也，则伊尹吕尚之兴于商周，百里子房之用于秦汉，不求而自得，不徼而自遇矣。道之将废也，命之将贱也，岂独君子耻之而弗为乎？盖亦知为之而弗得矣。

凡希世苟合之士，蘧蒢戚施之人，俛仰尊贵之颜，逶迤势利之间，意无是非，赞之如流；言无可否，应之如响。以窥看为精神，以向背为变通。势之所集，从之如归市；势之所去，弃之如脱遗。其言曰：名与身孰亲也？得与失孰贤也？荣与辱孰珍也？故遂絜其衣服，矜其车徒，冒其货贿，淫其声色，脉脉然自以为得矣。盖见龙逢、比干之亡其身，而不惟飞廉、恶来之灭其族也。盖知伍子胥之属镂于吴，而不戒费无忌之诛夷于楚也。盖讥汲黯之白首于主爵，而不惩张汤牛车之祸也。盖笑萧望之跋踬于前，而不惧石显之绞缢于后也。故夫达者之筭也，亦各有尽矣。

曰：凡人之所以奔竞于富贵，何为者哉？若夫立德，必须贵乎？则幽厉之为天子，不如仲尼之为陪臣也。必须势乎？则王莽、董贤之为三公，不如扬雄、仲舒之阒其门也。必须富乎？则齐景之千驷，不如颜回、原宪之约其身也。其为实乎？则执杓而饮河者，不过满腹；弃室而洒雨者，不过濡身；过此以往，弗能受也。其为名乎？则善恶书于史册，毁誉流于千载；赏罚悬于天道，吉凶灼乎鬼神，固可畏也。将以娱耳目、乐心意乎？譬命驾而游五都之市，则天下之货毕陈矣。褰裳而涉汶阳之丘，则天下之稼如云矣。椎紒而守敖庾、海陵之仓，则山坻之积在前矣。扱衽而登钟山、蓝田之上，则夜光玙璠之珍可观矣。夫如是也，为物甚众，为己甚寡，不爱其身，而啬其神。风惊尘起，散而不止。六疾待其前，五刑随其后。利害生其左，攻夺出其右。而自以为见身名之亲疏，分荣辱之客主哉！

天地之大德曰生，圣人之大宝曰位，何以守位曰仁，何以正人曰义。故古之王者，盖以一人治天下，不以天下奉一人也。古之仕者，盖以官行其义，不以利冒其官也。古之君子，盖耻得之而弗能治也，不耻能治而弗得也。原乎天人之性，核乎邪正之分，权乎祸福之门，终乎荣辱之算，其昭然矣。故君子舍彼取此。若夫出处不违其时，默语不失其人，天动星回而辰极犹居其所，玑旋轮转而衡轴犹执其中。既明且哲，以保其身。贻厥孙谋，以燕翼子者，昔吾先友，尝从事于斯矣。

【导读】：

此处先从总的方面强调王者无私因天下用而用天下，然后提出宰制的具体措施：分兵民而专其治，散列藩辅而制其用。

今之自县以上，三进而及布政使司[1]，凡以治民者，自秦而下不能易也。县隶府，府隶司，司受命于天子，足以呼响，无关格之疢[2]矣。府治其属，既不能专，其有事，旁挠于同[3]、判[4]、推官[5]，而巡守兵备安坐其上以扼郡邑之呼吸，则分司[6]之建可革也。山东府六而分司者十六，山西府五而分司者十三，陕西府八而分司者二十四，四川府九而分司者十七，或倍之，或叁倍之。其佐倅遇府设焉，或稍浮于府，未有一道而兼制数府者也。所以束湿缠系于知府者，可谓急矣。而一郡数邑，不得以制其短长之命，旦夕不测，其民视牧长，如逸兔之于惊�也。况其为天子守疆圉，取必而与城共命乎！

魏尚之于云中，李广之于陇西，以一郡捍匈奴之名王者，事权重而战守专也。

【注释】：

［1］布政使司：指承宣布政使司，为明清两朝的地方行政机关，前身为元朝的行中书省。其意取自“朝廷有德泽、禁令、承流宣播，以下于有司”。明朝时承宣布政使的辖区是国家一级行政区，简称“布政使司”“布政司”“藩司”，不称“行省”。在正式的文件中，避免使用元朝的“行省”一词，所以在地名下加“等处”。布政使司设左、右承宣布政使各一人，即一级行政区最高行政长官。而一省之刑名、军事则分别由提刑按察使司与都指挥使司管辖。布政司、按察司、都司合称为“三司”，皆为省级行政区最高机关；三司首长同秩同阶从二品。

［2］关格之疾：犹谓关格之病，关格是一个中医的病名，它是指以脾肾虚衰、气化不利、浊邪壅塞三焦而导致小便不通与呕吐，同时出现危重病症。分而言之，小便不通谓之关，呕吐时作谓之格，通常见于水肿、癃闭、淋证等病的晚期。

［3］同：同知，明清时期的官名。同知为知府的副职，正五品，因事而设，每府设一二人，无定员。同知负责分掌地方盐、粮、捕盗、江防、海疆、河工、水利以及清理军籍、抚绥民夷等事务，同知办事衙署称“厅”。另有知州的副职称为州同知，从六品，无定员，分掌本州内诸事务。

［4］判：古代辅助地方长官处理公事的人员。

［5］推官：明朝为各府的佐贰官，属顺天府、应天府的推官为从六品，其他府的推官为正七品，掌理刑名、赞计典。

［6］分司：原指唐宋制度，中央之官有分在陪都（洛阳）执行任务者，称为“分司”，此处应指府之下有许多分设机构。

【导读】：

此处指出地方官尤其是府官下设机构太多不好，应该重事权专战守。

故革分司，重府权，尽治其郡，设推官以赞其吏治，立武监以简其兵赋，兵赋所讲，受成于府，有所征发，府受台计而遣之。刑名[1]、钱馕[2]、驿置、屯田、水利，奏最[3]于两司足矣。夫挠郡权而临其上者，不过治府绪之余，而形隔势碍，推委以积其坏。是庞睫[4]儋耳[5]，无益于视听而益损其官也。自郡上之，为民之治者受于司，为兵之治者请仍巡抚使之任，而去其京衔[6]，定其镇地，制其厄塞，重其威令，佥其劲锐，闲其文武，假其利资。七者具修以置藩辅，各战其境，互战其边，行之百年，以意消息，中国可反汉、唐之疆，而绝孤秦、陋宋之丰祸也。

【注释】：

［1］刑名：古时指刑律，刑罚的名称，如死刑、徒刑等。

［2］钱馕：应为“钱谷”，钱币、谷物。常借指赋税。

［3］奏最：向朝廷上报。

［4］庞睫：眉毛长而杂。

［5］儋耳：一种古代西南方少数民族的风俗。雕镂其颊，皮连耳廓，分为数支，下垂至肩，作为妆饰。

［6］京衔：中央朝廷任职的职衔。

【导读】：

此处指出地方府权的事权要专，而府之上的治的“司”、治军的“巡抚使”亦要专，才能如汉、唐那样强大。

中区之地，四战[1]用文，河山用武，沙衍[2]耐骑，箐峒耐步，江海耐舟，麦食耐勇，稻食耐智，杂食耐劳，广土坟争，崟崎[3]壁守，卤国给鹾[4]，泽国给积，涝乡给鱼，赭山给铸，林阜给辀，边徼互马，般道课关；其它连锡、丝枲、筋鳔、皮革、蒲条、硝黄、翎毛、杉柟、冈桐、栟榈、漆林、苎絮之所产者，可相输而各奏其利。大司农[5]不登[6]之书，非中监[7]渔采，则豪猾墨吏兼并闾右之所攘也，一切取足，其瘠疲不耐给者，百之四五。故曰利资可假，劲锐可佥，厄塞可制也。

【注释】：

［1］四战：犹言四面受敌。《商君书·兵守》：“四战之国贵守战，负海之国贵攻战。四战之国，好举兴兵以距四邻者，国危。四邻之国一兴事，而己四兴军，故曰国危。”

［2］沙衍：沙漠。

［3］崟崎：高峻奇特。亦指高峻奇特的山石。

［4］卤国给鹾：产盐之地供给食盐。天然生成的盐也称为“卤”。鹾，盐的别名。

［5］大司农：是汉朝廷管理国家财政的官职。秦及汉初，设治粟内使管

理国家财政，汉景帝改治粟内使为大农令，武帝又改为大司农。大司农下辖太仓、均输、平准、都内、籍田五令丞，分别负责掌理粮食库藏、物资供应、物价调节、国库出纳、皇帝亲耕田等事务。此外盐铁专卖业务亦属大司农主管。元代也在朝廷设大司农，但其职权仅负责农桑水利事。清代俗称户部尚书为大司农。

［6］不登：不用。《左传·隐公五年》："鸟兽之肉不登于俎，皮革、齿牙、骨角、毛羽不登于器。"杨伯峻注："不登于器，犹言不用于制成军国之重要器物。"

［7］中监：疑指中人、太监。

【导读】：

此处指中国各个地域地利形势不同、出产有异，所采用的战争方式有所不同，政府征收要根据情况不同加以区分以保障政府有财可用、有兵可聚、有险可守。

请置河北、山东为一使，江北、济南为一使，河南、荆北为一使，燕南、河东为一使，关陕、秦、陇为一使，荆南、江右为一使，江南、福、浙为一使，巴西、泸南为一使，南赣、岭海为一使，岭西、桂、象为一使，滇、黔、洱海为一使。此十一区者，用武地六，用文地四，兼错犬牙，率得险者或十六七，或十三四。因舒蜿[1]，随原隰[2]，各固其圉[3]，取材其产，搜其军实[4]，以听边关之不时。畿辅[5]为一使，左辅[6]为一使，右辅[7]为一使，大同为一使，延绥为一使，宁夏为一使，河西为一使。此七区者，战地十九，内地十一，大司农因漕委输，转十五司之粟米以灌注之。

【注释】：

［1］舒蜿：展开曲折延伸。

［2］原隰：广平与低湿之地。

［3］各固其圉：各守其境。

［4］搜其军实：准备军用器械和粮饷。

［5］畿辅：国都所在的地方，泛指京城附近的地区。

［6］左辅：汉三辅之一左冯翊的别称。因在京兆尹之左（东）而得名。后世亦称京东之地为"左辅"。

［7］右辅：汉三辅之一右扶风的别称。因在京兆尹之西，故称。泛指京

西之地。

【导读】：

此处指出在全国设十一个区以管理，自取其财，准备军用物资，以备边关不时之需。然后在七地设专使，政府给予粮草，加强战备。

滑州[1]襟带[2]黄河，右腋太行，左腋巨野[3]，临制河南之膺膈[4]，一要区[5]也，河北、山东行台[6]治之。其地起大名[7]，北有广平、顺德，南有彰德、卫辉、封邱、延津、阳武、原武；东得东昌、济南，东传于海，得益都、临淄、泰安、博兴、寿光、昌乐、临朐、高苑；又东得登、莱，极于海；西得怀庆、潞安、泽、沁，扼太行，窥冀、晋，传于山。

【注释】：

［1］滑州：隋置，治白马，即古滑台城。明初撤销白马县，又改州为县。今县治在旧治西，原为道口镇。现在的滑县，为河南省直管县。中唐以后曾为郑滑节度使理所。

［2］襟带：指衣襟和腰带。亦谓山川屏障环绕，如襟似带。比喻险要的地理形势。

［3］巨野：古湖泽名。在今山东省巨野县北五里。《史记·孔子世家》："鲁哀公十四年春，狩大野。"裴骃集解引汉服虔曰："大野，薮名，鲁田圃之常处，盖今巨野是也。"

［4］膺膈：此处指胸部。

［5］要区：要害地区。

［6］行台：魏晋始有之，为出征时随其所驻之地设立的代表中央的政务机构，北朝后期，称尚书大行台，设置官属无异于中央，自成行政系统。唐贞观以后渐废。金、元时，因辖境辽阔，又按中央制度分设于各地区，有行中书省（行省）、行枢密院（行院）、行御史台（行台），分别执掌行政、军事及监察权。

［7］大名：在历史上曾为府、路、州、道、郡治所在地。

【导读】：

此处指出滑州的地理范围及其重要地位，连山通海。

洛阳[1]据土中，左京索[2]，右潼关，三涂[3]、岳鄗[4]，神明之区也，河南、荆北行台治之。其地起河南，东北得汝州、开封、许、禹、郑之属邑，穷于荥泽[5]；东南得南、汝，南得襄、郧、承德；西南得兴安、平利、石泉、洵阳、紫阳、白河、汉阴；滨汉、沔，间滍、淯，承楚脊，控关南，东固汝水，放于淮。

【注释】:

［1］洛阳：洛阳古称雒阳、豫州，位于河南西部、黄河中游，因地处洛河之阳而得名，洛阳自古被华夏先民认为是“天下之中”。周武王甫定江山即“迁宅于成周，宅兹中国”；汉魏以后，洛阳逐渐成为大都城。

［2］京索：秦汉时期地域名。在今河南荥阳市南部，东起豫龙镇京襄城，西至索河一带。汉刘邦二年（前205）败项羽兵于此。《史记·高祖本纪》“是以（汉）兵大振荥阳，破楚京索间”即指此地。

［3］三涂：山名。在河南嵩县西南，伊水之北，亦称崖口，又称水门。《左传·昭公四年》：“四岳、三涂、阳城、大室、荆山、中南，九州之险也。”

［4］岳鄙：接近山岳的边鄙城邑。《史记·周本纪》：“我南望三涂，北望岳鄙。”张守节正义：“《括地志》云：‘太行、恒山连延，东北接碣石，西北接岳山。言北望太行、恒山之边鄙都邑也。又，‘晋州霍山一名太岳。’”司马贞索隐引杜预云：“岳，盖河北太行山 。”

［5］荥泽：《禹贡》所讲“荥波既潴”，说的是黄河水沿古济水溢出后聚积为荥泽。荥泽与济水如连体弟兄、息息相连，“济水出王屋，其源来不穷”，“朝宗未到海，千里不能休”。

【导读】:

此处指出洛阳的地理形势。

徐州[1]凭黄流，睨大江，披带长淮，东枕瑯琊[2]，咽鬲南北，一要区也，江北、济南[3]行台治之。其地起徐州，东南得凤阳、淮安，南得庐州、安庆、黄州、滁、和，尽于江；东北得兖州、安邱、诸城、蒙阴、莒州、沂水、日照；北阻大岘；东傅于海；西得归德、太康、陈州、商水、西华、项城、沈邱，穷于汝、颍之交。

【注释】:

［1］徐州：古称“彭城”，春秋战国时，彭城属宋，后归楚，秦统一后

设彭城县。楚汉时，西楚霸王建都彭城。西汉时属楚国，东汉属彭城国。三国时，曹操迁徐州刺史部于彭城，彭城自始称徐州。魏晋南北朝各代曾设彭城国或徐州，都城或治所多在彭城。隋时设徐州，后改彭城增添郡，治彭城。唐初，徐州与彭城郡名称多次互易，中后期为节度使驻地。五代时各朝置有徐州，治彭城，领7县。宋、元两朝都置徐州，属归德府。隶属和辖领变化较频。明初徐州曾属凤阳府，直隶京师，后属南直隶。

［2］瑯琊：是山东东南部的古地名，秦在此置琅邪县，并以之为琅邪郡治所，郡境为山东半岛东南部。有山亦称“琅邪”。《史记·秦始皇本纪》：“南登琅邪，大乐之，留三月。”《史记·孝武本纪》：“浮江，自寻阳出枞阳，过彭蠡，祀其名山川。北至琅邪，并海上。”

［3］济南：因地处古四渎之一“济水”（故道为今黄河所据）之南而得名。设立济南郡，此为“济南”一名出现之始。元初改为济南路，属元王朝的“腹里”地区，直隶于中书省，领历城、章丘、邹平、济阳4县及棣、滨2州，棣州治厌次（今惠民县），辖厌次、商河、阳信、无棣4县；滨州治渤海（今滨州市），辖渤海、利津、沾化3县。明初仍为济南府，属山东布政使司，洪武九年（1376）省治由青州移治济南，济南遂成为山东首府，是山东布政使司、都指挥使司及按察使司驻地。

【导读】：

此处指出徐州的地理形势。

太原[1]以故晋之墟，左山右河，北阻忻、代，士马劲疾，险障重沓，一要区也，燕南、河东[2]行台治之。别治晋阳，别嫌藩司[3]，形势无相互格。其地起阳曲、太原、榆次、太谷、祁、徐沟、清源、交城、文水、寿阳、盂、静乐、平定，割雁塞以为大同守；西南得汾州、平阳、辽州；西画河；南不尽太行，以壮泽、潞；东出土门，历常山，得真定，弥亘络绎，以承右辅之或羸。

【注释】：

［1］太原：别称并州，古称晋阳，也称龙城。周威烈王二十三年（前376），韩、赵、魏废晋静公，将晋公室剩余土地全部瓜分。因此韩、赵、魏三国又称为“三晋”。赵国定都晋阳（太原）。明初，朱元璋封其三子朱棡为晋王于太原，遂因此扩建太原城，成为明代九边重镇之首。

［2］河东：在古代指山西西南部，位于秦晋大峡谷中黄河段乾坤湾，壶口瀑布及禹门口（古龙门）至鹳雀楼以东的地区，是华夏文明的摇篮。黄河由北向南流经山西省的西南境，因在黄河以东，故这块地方古称河东。周朝时晋国的都城也在这一地区。秦汉时指河东郡地，在今山西运城、临汾一带。唐代以后泛指山西。顾炎武《日知录》第三十一卷称："河东，山西一地也，唐之京师在关中，而其东则河，故谓之河东；元之京师在蓟门，而其西则山，故谓之山西，各自其畿甸之所近而言之也。"

［3］藩司：承宣布政使司为明清两朝的地方行政机关，前身为元朝的行中书省。明朝时承宣布政使的辖区是国家一级行政区，简称"布政使司""布政司""藩司"，不称"行省"。

【导读】：

此处指出太原的地理形势。

咸阳[1]居渭流之北，与长安相望，秦川八百，关河沃衍[2]之区也，关陕、秦陇行台治之。别治渭北，别嫌藩司，形势无相互格。其地起西安，北尽北洛[3]，界梁山；西南得凤翔、汉中、宁羌之属，割兴安界河南为右腋；西得巩昌，阻阴平，锁蜀汉；北得平凉、华亭、镇原、崇信、泾州、灵台、安化、合水、宁州、真宁、狄道、渭源、庆、洮、平凉诸边之剧邑[4]，割实边藩，为所保守，有秦川供三边之奔命；又西得岷、洮；北阻萧关；西戒河、湟，以司茶马之居僦[5]；又西不尽于生番[6]。

【注释】：

［1］咸阳：公元前221年，秦始皇统一中国，设郡县，在咸阳周边京畿要地置内史，统辖关中各县，定都咸阳。以后历代皆有变化。

［2］沃衍：土地肥美平坦。

［3］北洛：北洛河，也称洛河，古称洛水或北洛水。洛河是一条古籍记载较多而又混淆较多的河流。一是与南洛河相混淆。《广韵·铎韵》说："《尚书·禹贡》在'导洛自熊耳'，《汉书》洛，本作雒。"清王筠《说文句读补正》说："许君但说陕西、甘肃之洛，是河南之雒本不从水也。段玉裁《小笺》说：自魏黄初以前，雍州渭洛字作'洛'，豫州伊雒字作'雒'，绝无混淆，黄初以后乃乱矣。"《魏略》说："魏以行次为土，水之壮也，水得土而乃流，土得水而柔，故除'隹'加'水'，变'雒'为'洛'。"已将渭

洛的洛河改称北洛河，以别于伊洛的南洛河。二是与石川河（漆沮水）相混淆。还有把雍州漆沮水（即武功漆水河）与石川河、洛河互相混同。

［4］剧邑：政务繁剧的郡县。

［5］居僦：寄居。

［6］生番：在中国历史上，封建统治集团把四周未开化、半开化地区称为“化外之地”，当地的居民也被称为“番”，文明程度低与汉族联系少的称生番。

【导读】：

此处指出咸阳的地理形势及其在边塞的重要性。

武昌[1]，长江东下，清汉南来，雄挽中流，掎蛮中，引江外，一要区也，荆南[2]、江右[3]行台治之。治故鄂城，别嫌藩司，形势无相互格。其地起武昌，逾江得汉阳，阻溳水；南得岳州、长沙、衡阳、安仁、衡山、酃县、耒阳、常宁，讫南条；西南逾洞庭，得荆州、辰、常，泝于沅，有黎平、平溪、清浪，迄于偏镇，中括施、撒、永定、永顺、保靖，兼汉土西；又南得邵阳、新化，分资水为南塞；东得南昌、瑞州、九江、袁、临、饶、广、南康，包彭蠡，有江右之衍区；诸挟岭为闽、广脊，受无赖者，割以为南赣守。

【注释】：

［1］武昌：武昌最早有城，始于三国时期东吴黄武二年（223）。是年吴主孙权在江夏山（今蛇山）东北筑土石城，取名夏口城。该城方圆仅二三里，实为地形险要的军事堡垒。武昌自古而今都是县、州、府、郡和省治所在地。历史上的古夏口城亦几经变迁。汉代设有沙羡（音夷）县，治涂口（今江夏区金口）。至晋武帝以后，沙羡县治移至夏口城，故武昌一度称为沙羡县。后来因辖区扩大又改称汝南县。南朝宋孝建元年（454），孝武帝在夏口设置郢州，并在夏口城的基础上进行城垣的修葺和扩建，这就是古郢州城，至今遗址尚存。武昌在那时又称为郢城。齐梁时期，梁将曹景宗（后任郢州刺史）攻打郢城，在紫金山与小龟山北筑土石城堡，此堡北临沙湖，南距郢城约二里，后世称为“曹公城”。隋开皇九年（589），隋文帝改郢州称鄂州，改汝南县为江夏县。州、县治所均设于城内。自此武昌又有鄂州、江夏县之称。唐敬宗宝历元年（825），牛僧孺为武昌军节度使，改建鄂州城，原来的夯土结构改成甓砖结构。武昌城第二次大规模的改建并基本定型是在明洪武四年

(1371)。时任江夏侯的周德兴增拓武昌府城，周围二十余里，墙体为陶砖砌就，墙高二至三丈余不等。据《湖广图经志书》载，明代的武昌城，里巷阡陌，衙署丛集，府学、贡院、文庙等文化建筑遍布，文人学士荟聚，俨然是一座政治中心的城市景观，为当时南方的重要城垣。

［2］荆南：指荆南地区。荆南节度使，唐朝在今湖北省中部设立的节度使，治所在荆州。后来荆南以高季兴为节度使，成为五代十国的南平国。宋以后又有所谓荆湖北路、荆湖南路的划分。荆湖北路为赵宋王朝荆州湖北路的简称，是中国赵氏宋朝（960—1279）的十五路（相当于现在的省）之一，治所在江陵府（今荆州市荆州区）。由于大部分土地在洞庭湖以北，故而民间也称呼其为湖北路；宋朝灭亡后，元朝以大江为界，江南大部划入湖广行省，江北除汉阳军、归州外皆并入河南江北行省。宋分全国为十五路，湖北有三十多县属荆湖北路，湖北之名始于此；有十九县属京西南路，另数县分属淮南西路、夔州路。荆湖南路，宋至道三年（997）置，治潭州（长沙市），领州七：潭，衡，道，永，邵，郴，全。军一：武冈。监一：桂阳。县三十七。

［3］江右：古时在地理上以西为右，江西以此得名，指长江下游以西的地区。《晋书·文苑传序》："至于吉甫、太冲，江右之才杰；曹毗、庾阐，中兴之时秀。"

【导读】：

此处指出武昌地区的地理形势。

镇江[1]，因京[2]、岘，缘扬子，西接汉、岷，北拒淮、泗，漕守山东，俯拾建业，一要区也，江南、福、浙行台治之。其地起镇江，得苏、松、常州、广德，西上夹辅应天[3]，沿江得宁国、池、太；东有徽州，倚三天子鄣[4]，沿渐江，东有全浙；循海而南，得福、泉、兴化，福宁；渡江北直海门狼山，锁大江，得扬州，尽淮东；罄折[5]江海，索腴赋，休士马，辉戈船[6]，根抵南国，以备倭盗，而资山东之奔命。

【注释】：

［1］镇江：位于江苏省西南部，中国东部沿海、江苏南部，古时称"润州"，民国时期为江苏省省会。

［2］京：指南京。

［3］应天：应天府，或称京师，是南京在明朝时期的名称，为明朝前期首都，后永乐时期迁都顺天府，应天府作为留都。应天府下辖上元、江宁、句容、溧阳、溧水、高淳、江浦、六合八县。

［4］三天子鄣：三天子都，古山名，或称三天子鄣、天子鄣。始见于《山海经·海内南经、海内东经》。所在地说法不一。晋郭璞注《山海经》说是新安郡（即徽州）歙县（今属黄山市）东的三王山。

［5］罄折：同“磬折”。罄，通“磬”。曲躬如磬，表示谦恭。犹屈从。

［6］戈船：古代战船的一种。出处《汉书·武帝纪》。

【导读】：

此处指出镇江地区的地理形势。

合州[1]，三江[2]所会，鱼复[3]、僰道[4]、褒骆、武都、严道、夜郎之所奏而会，一要区也，巴西[5]、泸南[6]行台治之。其地全有四川，自威、茂、杂谷、天全、黎、邛、昌，跨大渡，度相岭，右绕东川乌撒、乌蒙界水，西，尽辖土夷；南渡乌江，得平越；东北上，得清平、兴隆、思南、石仟、思州、铜仁，穷五塞，南尽于沅。

【注释】：

［1］合州：合州古名垫江，始设于公元前314年，治所在今合川。南朝元嘉年代升垫江县为宕渠郡，西魏恭帝三年（556）改为合州，隋开皇十八年（598），合州更名涪州，大业三年（607）又改名涪陵郡，唐武德元年（618）复名合州。民国二年（1913），合州改名合川县。1952年4月划出合川县城关区增设合川市。2006年10月撤销合川市，设立重庆市合川区。

［2］三江：应指嘉、涪二江于合州汇入长江故称三江。

［3］鱼复：古县名。春秋时庸国鱼邑，秦惠文王（前314年）置县。汉武帝元封五年（前106）于鱼复县设立江关都尉，与巴郡太守同级，管辖巴郡军事，治今重庆奉节东白帝城。三国蜀汉刘备为吴将陆逊所败，退居于此，改名永安。晋复旧名。西魏改民复，唐贞观间改名奉节。东汉建安后为巴东郡治所，南北朝、隋、唐又先后为三巴校尉、巴州、信州总管府、夔州都督府治所。

［4］僰道：古县名。汉置。治所在今四川宜宾县西南安边镇。北周保定间改外江，隋大业初复旧。唐贞观中移治今宜宾市。宋政和四年（1114）改

名宜宾。汉武帝时为健为郡治所，南朝梁后为戎州治所。

［5］巴西：巴州以西地区。

［6］泸南：泸州以南地区。

【导读】：

此处指出合州地区的地理形势。

赣州[1]咳颐梅关[2]，延纡[3]岭塞，注泻海峤，络引大帽、浰头、东乡之条纪，武备所向，楼船步卒之冲，一要区也，南赣[4]、岭海[5]行台治之。其地起赣州、南安，西得郴、桂、临、蓝、嘉禾，尽楚猺地；北得吉安；东北缘山，有建昌、抚州，故盗区薮；下杉关，得延平、邵武、建宁，南迤汀、漳，穷于海；次海滨，得惠、潮、广州，蔓引连阳，与临桂会，而西尽于漓水之交。

【注释】：

［1］赣州：简称“虔”，别称“虔城”，也称“赣南”，位于江西省南部，是江西省的南大门。

［2］梅关：古称秦关，又称横浦关。坐落在南雄县城约30公里梅岭顶部，两峰夹峙，虎踞梅岭，如同一道城门将广东、江西隔开。

［3］延纡：缓步。

［4］南赣：巡抚名。全衔为“巡抚南赣汀韶等处地方提督军务”。明弘治十年（1497）始置，驻赣州（治今江西赣州市）。辖境屡有增减。嘉靖四十五年（1566）定制。辖江西的南安、赣州，广东的韶州、南雄，湖广的郴州，福建的汀州。

［5］岭海：指两广地区。其地北倚五岭，南临南海，故名。

【导读】：

此处指出赣州地区的地理形势。

梧州[1]控肘楚峤[2]，垂臂琼海，是漓潭、牂牁[3]、灕江[4]之下游，逆邀其所趣，土、汉噤喉之要区也，岭西、桂、象行台治之。其地起梧州，东得肇庆，穷于漓口；东南得罗定、高州、雷、廉，南极交趾，滨于海，渡海得琼；西泝三江，全有广西；北越秦城，放湘源，得永州、武冈、城步、新宁、靖州，通西延、古泥之径；寻左江西上，得都匀，犬牙楚、黔，界于播夷。

【注释】：

［1］梧州：明朝时，梧州属广西布政使司梧州府，为府、县治。洪武元年（1368），改梧州路为梧州府。成化元年（1465）初，设两广总督驻梧州。至六年（1470）始立三总府（两广总督府）。梧州领苍梧、藤县、容县、岑溪、怀集、北流、博白、兴业、陆川9县，郁林1州。

［2］楚峤：楚山，此处指荆楚地区。

［3］牂牁：河川名。源出贵州惠水县西北乱山中，流经广西入广东为西江。

［4］灑江：欧阳祖经《王船山黄书注》云："灑江，疑丽江之误。郁江南源曰丽江，出广西靖西县内，南流入安南境，复流入本省。"

【导读】：

此处指出梧州地区的地理形势。

大理[1]，叶榆[2]所派，金、沧所维，北捍土蕃[3]，南覆挝[4]、甸[5]、六诏，上游之雄徼[6]，一要区也，滇、黔、洱海行台治之。其地全有云南，并夷部，东迳县度，出箐道[7]，得贵州西境；东有贵阳，讫乎新添；北缘陆广，赤水、乌撒而界于泸；南沿平伐、镇宁，顶营募役，凿初道以通乎泗城，而西南穷于交趾。

【注释】：

［1］大理：洪武十五年（1382），明军袭破大理城，朝廷改行省为云南等处承宣布政使司，领诸府州县司；置诸指挥使司，领诸卫所；置提刑按察司，分巡安普、临元、金沧、洱海四道，并察诸府州县司卫所，称为"三司"。今大理州地域分隶于大理府、鹤庆府、蒙化府、永昌府和楚雄府。

［2］叶榆：因叶榆泽（亦称昆明池，后称西洱河，今洱海）得名。汉代居有昆明人（古羌之一支），《史记·西南夷传》载："自同师以东，北至楪榆，名为嶲、昆明。"汉武帝时始置叶榆县，属益州郡。县治在楪榆泽西，一说在今大理喜洲有楪榆古城。

［3］土蕃：即吐蕃。《元史·世祖纪四》："夏四月己丑，诏于土蕃、西川界立宁河驿。"

［4］挝：老挝，国名，在东南亚。

［5］甸：疑指缅甸。

［6］雄徼：雄大的边境。

［7］箐道：丛林中的山路。《明史·吴复传》：“遂由关索岭开箐道，取广西。”

【导读】：

此处指出大理地区的地理形势。

于是登其甲乘，制其刑典，宅其赏罚，司其汰补[1]，宽其踪指，要其连系。盗贼踞山谷泛洋汛者，府自部讨之，闻于台。盗名城，躏旁邑，暨小夷之窃发，台部讨之，闻于司马[2]。边徼奔命，巨寇弥延，羽书驰于司马，下徼台使，因其形势，奔走疾呼，以应其邻左；劳逸腴瘠，抟隘劲脆，以视其往来。滑台涉巨鹿，通天津，以纡左辅。徐州沿淮、泗，下盱眙，以固江南，东放瑯琊以应登、莱之不逮。河南搜练腹里，开花园、党子，西南缀上庸瓯脱[3]，纡秦、蜀，制山南，北守黄河，犄角畿南而抚其怠。太原居西，补河曲，急则东纡右辅，或出雁塞以应大同。关陕阻关自保，声势山河，视其旁午，连川河以轸绥宁、河曲之恤。江、湖、赣、岭、巴、蜀、滇、黔，既随以蛮夷、海汛分其所守，就近参援而调置往来。泝大海，沿淮海，以纡山东；入武关，绕松、洮，以纡关外；或驰孔道，下冥阨，骋大梁，绝黄河，以卫京畿。因裹粻[4]兵，取给于十五使司[5]，登大司农而受裁于庙议[6]者，皆以流荡营魄[7]而振戴根本也。

【注释】：

［1］汰补：淘汰补充。

［2］司马：指大司马，古代官名。《周礼·夏官》记载，有大司马，掌邦政。汉承秦制，置丞相、御史大夫、太尉，汉武帝罢太尉置大司马。西汉一朝，常以授掌权的外戚，多与大将军、骠骑将军、车骑将军等联称，也有不兼将军号的。东汉初为三公之一，旋改太尉，东汉末年又别置大司马，位在三公之上。魏晋为上公之一，位在三公之上，第一品。南北朝或置或不置，北朝魏、齐的大司马与大将军并为“二大”，典武事，亦在三公之上。陈但为赠官。隋以后废。明清时用为兵部尚书的别称，统管全国军事行政长官，明代正二品，清代从一品。

［3］瓯脱：指古代少数民族屯戍或守望的土室，亦指边地，亦指两国分界的缓冲地带。

［4］ 粻：粮食。《书·费誓》："我惟征徐戎，峙乃糇粻，无敢不逮。"

［5］ 使司：指都指挥使司，属于行省三司之一，明代地方最高军事领导机构，负责管理所辖区内卫所，以及与军事有关的各项事务，是地方平时最高军事领导机构，分别隶属于中央的五军都督府，并听命于兵部。

［6］ 庙议：朝廷的谋议。

［7］ 营魄：魂魄。

【导读】：

此处一方面指出府、台、司各自职责，又强调各台及其相互之间的防守与联系。

台之所治，或千余里，或二三千里际荒陲[1]，容受不轨[2]，卒相摇动，禁制不时。河北则东登、莱，滨海线通海、盖；西泽、潞，太行伏戎。河南则襄阳受沔下游，制郧，西受夔、庸逋逃。江北则安庆以名城阻江、楚。江南则温州总海以须岛夷，芜湖对濡须[3]直江北之冲。荆南则沅州领苗夷，殷黔道。关陕则阶、文制生番，匡川北之不虞。巴西则马湖逼泸水，亢嗉南中，威州孤悬乌术，垂制江外。南赣则潮州承闽而分海汛；岭西则雷州障交夷，县穷发；庆远南扈田、泗，西系那丹，以通都泥。滇黔则贵阳总线道，飞系荒远；楚雄殷六诏之中，右哀牢，左特磨，直下车里，老挝以距南丑。凡各分司以镇之，而受其生死动静之数于台。武监[4]之治，请视兵赋之多寡。弱郡并之，劲郡专之，或嬴置之以登成于知府，而受其生死动静之数于台。故指臂相须，而批导形便也。诸行边领重镇者，地俭于腹里[5]，而刍粟士马，节制旌旄，秩等部从，不亚于中区。或覆增之，系其任。或卿尹出牧；或他台使以崇望右陟；或大将起裨校[6]，威信足恃赖，以大将军行使，系其人。

【注释】：

［1］ 荒陲：荒远边境。

［2］ 不轨：越出常轨，不合法度。指叛乱。

［3］ 濡须：三国时古城，现安徽省无为县城北边，东南孙权曾建有濡须口，为战时港口，吴太守朱然曾镇守此地。

［4］ 武监：武学，此应指军事力量。

［5］ 腹里：《元史，地理志》："中书省统山东西、河北之地，谓之腹里。"泛指历代王朝内地。

［6］裨校：副贰；辅佐。

【导读】：

此处指出各地治安应如何进行，各地武装力量应如何管理。

昌平[1]屏拥翠微[2]，衡盖辇下[3]，左古北[4]，右居庸，畿辅行台治之。起喜峰，出定州，西至延庆，为其守；北抵滦，西清兀良哈[5]之塞。

【注释】：

［1］昌平：指昌平镇，总兵驻昌平（今北京昌平区）。管辖的长城是从原蓟州镇防区划出的渤海所、黄花镇、居庸关、白羊口、长峪城、横岭口、镇边城诸城堡长城线，其东北起于慕田峪关东界，西至紫荆关，全长230公里。

［2］翠微：泛指青山。

［3］辇下："辇毂下"的省称。代指京师。

［4］古北：古北口地区素有京师锁钥之称，是历史上重要的屯兵驻扎之地。

［5］兀良哈：兀良哈三卫是明朝人对宁王的部属蒙古东部的称呼，又名朵颜三卫。洪武二十二年（1389），明太祖朱元璋置泰宁卫、朵颜卫、福余卫指挥使司，统称朵颜三卫。因朵颜卫地险而强，且为兀良哈人，故以兀良哈概括三卫。

【导读】：

此处指出昌平镇的重要性。

永平[1]东北极徼，环海循山，外邀三坌、白狼[2]之险，东丑之所出入也，左辅行台治之。接喜峰，画滦水[3]，东尽关门，沿海下天津为其守；东北出三卫[4]金源故地，穷兴中、大定，东捣开、铁，靖其庭穴。

【注释】：

［1］永平：指永平府，府治在今河北省卢龙县（今隶属于河北秦皇岛市），地域包括现唐山市大部地区、秦皇岛大部地区和辽宁西南部地区，从明朝起称为永平府，遗址在卢龙县城境内。殷商时期为孤竹国地，春秋属北燕，后为肥子国。秦汉至晋均属幽州辽西郡。隋开皇十八年（598）始设卢龙县，属北平郡。唐至辽、金时期属平州。辽、金时，将这里改称平州。元朝时，

这里是永平路的治所。

［2］白狼：范祖禹《读史方舆纪要》续十八卷云："白狼山在营州西南。《志》曰：近故凡城界，汉白狼县以此名。曹操伐乌桓，登白狼山，望柳城，卒与敌遇，操纵击，大败之。或谓之白鹿山。晋元兴三年，后燕主慕容熙游畋，北登白鹿山，东逾青岭，南临沧海而还。郦道元曰：白鹿山，即白狼山矣。魏收《志》：广都县有白狼山、白狼水。又云：建德郡石城县有白鹿山祠。"

［3］滦水：水名，古名"濡水"，在河北省东北部。发源于沽源县，上游北流入内蒙古，又折向东南流入河北省，始称"滦河"，经滦平、承德、迁西、滦县入渤海。

［4］三卫：洪武年初，元兵北遁，兀良哈屡受侵扰，当时的东蕃辽王、惠宁王、朵颜元帅府相率要求内附，朱元璋便割锦义、建利诸州隶属辽东，在古会州地设立大宁都司，管辖营州等二十余卫所。洪武十四年（1381），封皇子权为宁王镇守大宁。但鞑靼仍不断对其侵扰，于是在洪武二十二年（1389），诏分兀良哈之地，设立三卫都指挥使司，安置兀良哈降众，而以阿北失里等为三卫指挥使同知，使互相声援。这三卫是：自大宁前抵喜峰口，靠近宣府，为朵颜；自锦义经广宁，至辽河，为泰宁；自黄泥洼经沈阳、铁岭，接开原，为福余。三卫之中，以朵颜最强最险。为了防其反叛，贡路入自喜峰口，而在辽东设市交易。

【导读】：

此处指出永平的重要性。

宣府[1]有偏岭、飞狐之胜，繁饶悍鸷，直开平[2]之吭[3]，右辅行台治之。起怀来，阻桑干，西抵广昌为其守；北出兴和，扩亭障，斥地沙漠。

【注释】：

［1］宣府：即宣府镇，是明初设立的九边镇之一，因镇总兵驻宣化府得名，也有简称"宣镇"者。所辖边墙东起居庸关四海治，西达今山西东北隅阳高县的西洋河，长一千零二十三里。

［2］开平：开平自古为商贾重镇，素有"填不满的开平城"之说，被誉为"京东四大名镇"之首。

［3］吭：喉咙，嗓子。

【导读】：

此处指出宣府镇的重要性。

大同[1]平衍广野，内护句注[2]，散战之区也，大同行台治之。内连广昌，北出天城、阳和，绕黑河而西，尽东胜，遵浊河，下偏关，抵洒曲、保德，画大河为其守，渡黑水，击云内，奏集宁斥丰州之塞。

【注释】：

［1］大同：指大同镇，总兵驻大同府（今山西大同市），管辖的长城东起镇口台（今山西天镇县东北），西至鸦角山（今内蒙古清水河县口子村东山），全长330多公里。

［2］句注：山名。在今山西代县北，为古代九塞之一。

【导读】：

此处指出大同镇的重要性。

葭州[1]外控榆林，左拊西河，保甘泉之外障，延绥[2]行台治之。东起黄甫，际河而西；西抵花马池之右，怀抱环、庆为其守；直北清河，南修受降之遗地[3]。

【注释】：

［1］葭州：中国古代行政区划名，金大定二十二年（1182）改晋宁军为州，二十四年（1184）改为葭州，治今陕西省佳县，属河东北路。辖境相当今陕西省佳县、神木、吴堡等县地。元辖境扩大至今府谷县。

［2］延绥：指延绥镇，总兵初驻绥德州（今陕西绥德县），成化以后移治榆林卫（今陕西榆林市）。管辖长城东起黄甫川堡（今陕西府谷县黄甫乡），西至花马池（今宁夏盐池县），全长880多公里，在大边南侧另有“二边”，东起黄河西岸（今陕西府谷县墙头乡），曲折迂回，西至宁边营（今陕西省定边县）与大边墙相接。

［3］受降之遗地：洪武后期恢复设置的三座军事机构，“设东胜城于三（受）降城之东，与三（受）降城并。东联开平、独石、大宁、开元；西联贺兰山、甘肃北山，通为一边。地势直，则近而易守”。

【导读】：

此处指出大同镇的重要性。

宁夏[1]左省嵬[2]，右贺兰，赫连[3]、兀卒[4]之自雄其都也，灵武之所由收关、洛也，宁夏行台治之。修杨制使之遗塞，东起花马池[5]，东尽兰州为其守；北逾贺兰，驰燕支[6]之下。

【注释】：

［1］宁夏：指宁夏镇，总兵驻宁夏卫（今宁夏银川市）。管辖长城东起花马池，西至宁夏中卫喜鹊沟黄河北岸（今宁夏中卫市西南），全长约1000公里。宁夏镇长城遗迹大部分埋于流沙之中，仅贺兰山段石砌城垣有断续残存，并保存一段因断层地震活动而造成的错位现象。

［2］省嵬：省嵬城位于宁夏回族自治区石嘴山市庙台乡。据文献记载，宋天圣二年（1024），“德明作省嵬城于定州”，以控驭蕃族，屏蔽兴州。

［3］赫连：赫连姓，出自汉室刘姓，意思是赫赫与天连接。源于南匈奴，出自东晋十六国时期铁弗部，属于汉化改姓。赫连氏源出历史上的匈奴民族。因匈奴单于取汉室女子为妻，其后裔子孙有跟随刘氏者。至东汉末至两晋时期，我国北方少数民族匈奴族部首领叫右贤王刘去卑。根据《新唐书·宰相世系表》，去卑是汉光武帝之子沛献王刘辅六世孙度辽将军刘进伯的后代，刘进伯北伐匈奴被擒，生了尸利，尸利生乌利，乌利生去卑。到西晋时期，刘虎改为铁弗氏。东晋十六国时期，刘虎的曾孙（即刘去卑的五世孙）南匈奴铁弗部首领刘勃勃自号“大夏天王”，傲称自己“云赫连天”，改姓名为“赫连勃勃”。他建立了著名的夏国，追刘去卑为正皇帝。汉史称“胡夏”，其王族子孙遂以“赫连”为氏，世代相传。两晋时期，鲜卑吐谷浑部攻破并灭了大夏国（胡夏），俘虏赫连氏王族。后来，吐谷浑部自己部族中也有人以赫连为姓氏，成为鲜卑赫连氏一族。后逐渐融合入汉族，世代沿传至今。

［4］兀卒：是元昊在西夏国内的自称，汉语是“清天子”之意。在1044年，宋、夏议和内容中的称号有所提及：元昊在文书上称“男邦泥定国兀卒曩霄上书父大宋皇帝”。其中，“男”是以父子关系对称，“邦泥定国”是西夏自称白高国的党项语称。但最后，元昊还是用“夏国主”的名义向宋称臣，并随送“誓表”接议和。

［5］花马池：花马池营位于宁夏东部，东邻陕西定边，南依甘肃环州，北与内蒙古鄂托克前旗接壤，自古就有“灵夏肘腋，环庆襟喉”之称。明正统八年（1443）置花马池营，成化年间再筑花马池城（今盐池县城），弘治

六年（1493）改置为花马池守御千户所，正德二年（1507）又改为宁夏后卫，现在隶属宁夏管辖。

［6］燕支：山名，唐李白《王昭君》诗之一：“燕支长寒雪作花，蛾眉憔悴没胡沙。”王琦注引《元和郡县志》：“燕支山，一名删丹山，在丹州删丹县南五十里。东西百余里，南北二十里，水草茂美，与祁连同。”

【导读】：

此处指出宁夏镇的重要性。

甘州[1]绵缀新秦[2]，壤地数千里，孤峙以制西夷之生命，河西行台治之。东起庄浪，西极嘉峪，南绕西宁、归德，渡碛石，抵河州为其守；出酒泉，修瓜、沙之塞，横亘自保，以维西陲；余力蓄士马，奔他边之棘；相附郡邑，守隧所统，往来所奏，则分隶其台。

【注释】：

［1］甘州：应指甘肃镇，总兵驻甘州卫（今甘肃张掖市）。管辖长城东南起自今兰州黄河北岸，西北至嘉峪关讨赖河一带，全长约800公里。

［2］新秦：《魏土地记》曰：“（朔方）县有大盐池，……汉置典官。盐池去平地宫千二百里，在新秦之中。服虔曰：新秦，地名，在北，方千里。如淳曰：长安以北，朔方以南也。薛瓒曰：秦逐匈奴，收河南地，徙民以实之，谓新秦也。”

【导读】：

此处指出甘肃镇的重要性。

畿辅得保安、延庆、顺天，效上供[1]之余。左辅得永平、河间、天津；右辅得保定、万全；大同得大同、忻、代、岢岚[2]、保德之属。延绥得延安、环县。宁夏得六卫、中卫、靖虏、固原、静宁、庄浪、隆德、兰州、金县。河西得甘、凉、肃、庄浪、西宁、镇番、永昌、河州。以资其刍收、工匠、孳养、鼓铸之用，丁男挽运，城堡筑浚之役，征调游弈，视中区为费，司农宽赋役以休息之，疲者不赋于大官。藩司登计其人，移台用者十可三四给也；不足，仰于腹里。行漕开中，不尽于京师，便归其塞。胶、莱漕关东、汴渠、屯氏。沽、潞漕畿，分漕万全。桑干漕大同。淇、沁漕太行，浮于河。河漕延绥，浮渭抵陕，济宁夏。河西不足漕者，牛车橐驴之所任也。渠河流，润苦壤，修屯积粟，大农济其畚臿，稍给牛具金铁之资焉。

【注释】：

［1］上供：征赋税中解交朝廷。

［2］岢岚：现山西省忻州地区辖县，明洪武七年（1374）置岢岚县后复升州。

【导读】：

此处指出各地财赋征调及其通过漕运补充等事项。

凡军伍之佥[1]，中区之厚土烈风、山箐、水国之任为兵者，可数也。边徼[2]先其土著，阅其子弟，蕃其牧养，不足，请命逾台以调益之。中区各佥其治毋逾，十八而传[3]，六十而老，废疾而给，及身而放，不传子弟；子弟以丱角[4]从军，验其娴熟精慓者传之。榆关而西，极乎大同，其民小悍。延绥、灵、朔、环、庆之区，其民大悍。庄浪度河，甘、凉，洮、岷之间，其民小悍。皆家丁子弟之闻于天下者也。泽、潞、太行、河北、山东之弓马。登、莱海舟，死走盐利。南阳毛葫芦之桑弓、毒矢。郧阳杂五方，依老山，沿汉而上，南通庸、蜀流民之苗孽。庐、凤习江北，轻生乐祸。舒、皖、六安茶山射猎之徒，劲弩药镞，洞中沸糜。木陵、黄土、新市之脊，共争之区，依寨步斗者，以寡击众。太原、汾、辽、易、定之间，赵、代也，民小悍。京口慓锐[5]，沿江海者浙为下，义乌之步卒，青溪之亡命，其族故存。徽之行贾，便习剑击，宣、泾喜弩猎，在江表为强。福、广濒海习舟，依山习步，猿接猱跳，飞瓦攫樯。赣、抚、汀、建依山者嗜利喜死，抚、建为下。辰、沅而西，起永定、筸子，放乎云、贵、宋、蔡、犵狫[6]，西南之尤悍者也。蜀沿江有巴、渝之遗，汶、黎、松潘、相岭、冲天之徼，东绕马、泸，讫黔、酉土司，各以标枪、利弩、火器、革鞾之资，耐劳奔险，乐死好斗。南、太狼家尽泗城而西，不下数十万，顾保其区，不战散地。其他一邑一乡，颇有劲悍者。守监随多寡占募，不以额佥，如府兵、彍骑、禁厢，卫所之制，老死子孙而诛及疲劣，则上下数百年中区之材用，可因时消息[7]而登之用也。

【注释】：

［1］佥：指征集或聚集。

［2］边徼：边境。

［3］传：召，叫来。发出命令叫人来。

［4］丱角：头发束成两角形，旧时多为儿童或少年人的发式，亦指儿童或少年。

［5］慓锐：犹慓悍。

［6］犵狇：指仡佬。我国西南地区少数民族名。

［7］消息：消长，增减；生灭、盛衰。

【导读】：

此处指出各地民众勇悍程度，为国家军队征兵提出建议。

夫捐父老，犯零露，践伏尸，间熛火[1]，争死于百一者，涖以洁清[2]嚼白之率长[3]，使啖粝茹菽，穷年永岁，无酾酒、割鲜、蒲塞、驰射之欢，携修眉、听啭歌、靡滥柔暖、妖娈弦索之戏，则蛇惰麇散而不可止。故牛酒时作，金钱飞洒，所以贾桀骜之死心也。而况旗帜、帷幛、弓矢、刀矛、火器、马疋、鞍鞯之精铣，率不再岁而敝坏与！夫间谍、侦探、游宾、说客、死士之往来，国家不能括赀于经费之中，则假台使以权，宽其缮具。倘如昔者守司农听敚，率不得请，请不得报，报不得速，事机先失，守文吏[4]随持其后，此以约束庸愚而坐自弱其势矣。

【注释】：

［1］熛火：火焰。

［2］洁清：清洁，廉洁，清白。

［3］率长：官名。又称“卒帅”。春秋时齐国置。一卒之长官。《管子·小匡》：“制五家为轨，轨有长；六轨为邑，邑有司；十邑为率，率有长。”《国语·齐语》：“三十家为邑，邑有司；十邑为卒，卒有卒帅。”

［4］守文吏：墨守旧说；恪守成规之官员。

【导读】：

此处指出从军之士之艰难，必须予其便利，不然会自弱其势。

今夫中区之产，八谷[1]不与赋于大农，其滂溢横射，走天下全利者，鹾政[2]为上。淮安、通、泰隶两淮者，北食陈、汝，南食长沙，利参天下之一。长芦[3]领北海，食畿下。山东领胶东、滨、乐，并食徐、邳。解池[4]三场食两河，届泽、沁。陕西领灵州池、障西和井，食陇右。河西山丹红盐，居延白盐，稍食其地。浙江领许村、仁和、嘉兴、松江、宁、绍、温、台，食吴会。福建自食。广东食岭东南，海北兼食广西，北食衡、宝。云南黑白井自食。四川领成都、富顺、淯川、荣昌、大昌、开县、盐亭诸井，食其地。或因其产，或因其食，隶之台治。商引料价，批杂税，割太仓之半，分界台使。开中者听其自募牢盆[5]，稍食稍取给焉。川、湖、六、霍，茶荈之所出也，铅、铁、铜、锡炉、甘、苎、竹有所产，吴松原蚕，滨江芦荻鱼利，山后石煤，边番互市，福，广番舶，浒墅、临清、九江、芜湖、梅岭、钱塘以放关市，船棋布丝萦者，间饱渔侵，使台使诸得自领，会出其余，以佐他镇之歉迫[6]。台无上计，部无授程，悉俟九载以奏其出纳，而纳其奇羡[7]。于是因赢余，饬六师，精器备，广城堡，溢赏格，走死智勇于边徼杀戮之地，为天子使。

【注释】：

［1］八谷：八种谷物。指黍、稷、稻、粱、禾、麻、菽、麦。

［2］鹾政：盐务，指经管有关食盐的事务。

［3］长芦：长芦盐场是中国四大海盐产区之一，主要分布于河北省和天津市的渤海沿岸，其中以塘沽盐场规模最大。长芦盐历史悠久，自春秋时代开始盛产。

［4］解池：地名。以产盐著名。在山西西南部运城东南。

［5］牢盆：煮盐器具，借指盐政或盐业。

［6］歉迫：困厄，窘迫。此处指经费不足。

［7］奇羡：赢余，指积存的财物。

【导读】：

此处指出管好盐务，搞好各地所产的流通，用其所积财富“饬六师，精器备，广城堡，溢赏格”。

是故中国财足自亿[1]也，兵足自强也，智足自名也。不以一人疑天下，不以天下私一人，休养厉精、士佻[2]粟积，取威万方，濯秦愚，刷宋耻，此以保延千祀，博衣弁带[3]、仁育义植之士甿，足以固其族而无忧矣。

【注释】：

［1］亿：满。

［2］佻：愉。

［3］博衣弁带：犹“褒衣博带”，着宽袍，系阔带。指古代儒生的装束。

【导读】：

此处指出中国财富、兵力、智力等多方面无不充足，只要有自信并采取正确的措施，中国足以自强，民族足以自保。

慎选第四

万族蒸蒸，各保其命，各正其性，所以为之者，岂非天哉！饮食而有血气[1]，阴阳[2]而有生死，天之同人于物也。出尘舒光，漂轻存重，变不变以为信智，敢不敢以为仁勇，拔万类而授之人，拔人族而授之圣贤之族，天之异人于物、异圣贤于人也。同者为贱，异者为贵，以有尤贵滋性而统君之。无同则害命，无异则沦性。故圣王齐物[3]以为养，从天之同也；别物[4]以为教，宠天之异也。从者差养，宠者辨教，澂汰滓魄，濯洗清明，分万命，理万性，拣其粹白以珍之万族之上，所以助天而保合太和者，始于大公而终于至正也。

【注释】：

［1］血气：血液和气息，指人和动物体内维持生命活动的两种要素。《管子·禁藏》：“宫室足以避燥湿，食饮足以和血气。”

［2］阴阳：死生，生杀。《楚辞·九歌·大司命》：“乘清气兮御阴阳。”王逸注：“阴主杀，阳主生。言司命常乘天清明之气，御持万民死生之命也。”

［3］齐物：春秋、战国时老庄学派的一种哲学思想。认为宇宙间一切事物，如生死寿夭、是非得失、物我有无，都应当同等看待。这一思想集中反映在庄子的《齐物论》中。又指使万物生长齐整。

［4］别物：区别万物的不同类别。

【导读】：

此处指出万物有其同与不同之处，从其同者，在善待万物万族；从其异者，就要珍重那些特异者。做这些事始终要公正无私。

《虞书》曰：“日宣三德[1]，夙夜浚明有家，日严祗敬六德[2]，亮采有邦。”等而上之，知九德[3]之有天下明矣。家邦以给之。三六以别之，德以画之，使乂咸事，来章一人。天下之大，万民之众，审其所撰，忖其所藏，由臣之不虚贵也，知主之不虚王也。如此，则踞天位而长万邦者，彼何人哉！德未至不敢干，德已至不敢越。井井然犹墙堞阶圮之累上。故奇杰意消，聪明思返，卒以奠大宝而徕尊亲矣。故同、异、贵、贱、差、辨，此六数者，圣王所以正天下之性，效阴阳之位也，而一以胥天下之和平。尚其所尊而鼓钟以乐之，则和矣。量其不能而桑亩以安之，则平矣。故怨讟[4]不起，而奸宄[5]息也。

【注释】：

［1］三德：有三种说法，此处应该是《书·皋陶谟》九德中的三种。其一，《尚书·洪范》："三德：一曰正直，二曰刚克，三曰柔克。"其二，《礼记·中庸》："知、仁、勇三者，天下之达德也。"其三，《周礼·地官·师氏》："以三德教国子：一曰至德以为道本，二曰敏德以为行本，三曰孝德以知逆恶。"

［2］六德：谓人的六种美德。《书·皋陶谟》："日严祗敬六德，亮采有邦。"按，"六德"即"九德""宽而栗，柔而立，愿而恭，乱而敬，扰而毅，直而温，简而廉，刚而塞，强而义"中的六种。

［3］九德：九德有三种说法，此处应指第一种。其一《书·皋陶谟》："皋陶曰：'都，亦行有九德，亦言其人有德，乃言曰载采采。'禹曰：'何？'皋陶曰：'宽而栗、柔而立、愿而恭、乱而敬、扰而毅、直而温、简而廉、刚而塞、强而义，彰厥有常，吉哉！'"其二《左传·昭公二十八年》："心能制义曰度，德正应和曰莫，照临四方曰明，勤施无私曰类，教诲不倦曰长，赏庆刑威曰君，慈和遍服曰顺，择善而从之曰比，经纬天地曰文。九德不愆，作事无悔，故袭天禄，子孙赖之！"其三《逸周书·常训》：九德："忠、信、敬、刚、柔、和、固、贞、顺。"

［4］怨讟：亦作"怨黩"。怨恨，诽谤。

［5］奸宄：犯法作乱。

【导读】：

此处指出：同、异、贵、贱、差、辨，此六数者，圣王所以正天下之性，效阴阳之位也。通过种种手段使天下之人均明其位而安其心。

三代以降，汉之选举[1]以郡邑州将，曹魏六代以大小中正[2]。始于扬汰，终于浮滥，亵薄天宠，流觞偷竞者，往往弊自上开。而当其严整，犹有差别之足纪焉。隋承陈、梁之末造，宫体先吹，文争实长，其曼声、曳趾、挑绮、拾英之流习，滥于崇朝。科目之兴，寻远古则，然世会所争，不能逆流而泝之上矣。因缘其轨，欲以稍静天下者，固当心载大公，较隆天秩，则异非所异而宠殊所宠，犹可以徐俟和平，来附人心，而明贵贱之级。流及于宋，窃窃然唯恐天下之异心也；师武曌之智，开笼络之术，广进士、明经、学究之科[3]，下逮七科、乙等之目，推郊祀、任子、异姓甥婿、门客之恩，摇荡诱饵天下于堂陛嫌微之际。而当时桀黠者，亦微测上旨，倒持来去，以邀荣朊，不得则李巨川、张元、吴昊之流愤起而播其乱。其君臣之间，犹发箧行侩之相为禁持，故和平去心而粹白失性，胥中区而沦虐老兽心之俗者，非无所自开其源也。近世之思政者，踵而用之，增文学，益解额[4]，倍制科，升乙榜，推恩乡贡，职名不足，缀冗员、速资格以济之，而天下之怨亦由是而兴。夫天下，恩之不胜恩也，怨之不胜怨也，恩之所止，怨之所流。故曰"和大怨者必有余怨"。而窃天地之恩以鬻贩人民而胺饴其心，施天下以私而责其公报，犹假敌戈铤，望其稽伏，其不伤脰陷胸于彼者，盖亦鲜矣。

【注释】：

［1］汉之选举：汉王朝首先创立了察举制度。此制选官，先经官吏察访，然后推荐给中央予以任用；举荐的标准，主要看德行、才能，而非全靠家世。大体说来，汉武帝以前，是察举制产生、确立时期；其后则是此制的规范发展时期。

［2］大小中正：魏王曹丕采纳陈群的建议，实行九品中正制（又称九品官人法）。这实际上是一种发展了的察举制，它规定在地方州郡分别设立大小中正，负责以九个等级品评本地区的士人，作为授官的依据，并对已评定的品级定期予以升降。

［3］进士、明经、学究之科：隋文帝开皇年间首开科举，虽只偶一为之，但以"试策"取士，标志着古代科举制度的开始。到了唐朝，科举制度成为定制，得到了完善发展。唐代的科举选士有秀才、进士、明经、俊士、明法、明算等科，其中最为重要的是明经、进士两科。而一般录取的名额，明经科又远比进士为多，当时甚至有"三十老明经，五十少进士"的说法。所谓明经，指的是精通儒家经典中的五经，即《诗》《书》《礼》《易》《春秋》这

五种儒家典籍。故而这一科又分为五经、三经、二经和学究一经这几种。清代顾炎武《日知录·科目》云："唐制取士之科，有秀才，有明经，有进士，有俊士，有明法，有明字，有明算，有一史、有三史，有开元礼，有道举，有童子；而明经之别，有五经，有三经，有学究一经。"这"学究一经"，表示的是精通其中某一种经书的意思。

［4］解额：就是解试合格举送礼部参加省试的举人数额。宋代科举的常科考试分解试、省试、殿试三级。解试由各州（府、军）、转运司和国子监主持，分别考试，录取一定名额的举人，解送朝廷。

【导读】：

此处指出汉以来选拔制度的种种问题，尤到"近世"为甚：视选拔为商贾交易，致恩之不胜恩，怨之不胜怨。

《诗》曰："鸤鸠在桑，其子七兮。[1]"淑人君子，均平专一，而风流雏彀，无私之谓也。故孔子射于矍相之圃[2]，退者十九，早知不能而使退，故法严而怨不起。今广其科目于此，人倖得焉，而得者百一，则怨一矣。捷其资格于此，人倖速焉，而速者十一，则怨二矣。两者皆以恩天下也，而贸其怨。故士自授经成读，昧偏傍，盲语助，老死童子者，皆有怨心。其极则蹑六卿，登黄阁，皓发返林，赐镪驰驿，祖帐辉煌于传亭，而间语乘兴，犹戟髯把揽，呃塞而不得语。彼亲天子之侧者，乖沴横塞、奴虏驵贩如此，其他上逼下流，畜狡伺而幸翻覆，侵寻沈淖，尤不知其所届。是何也？始诱之以甚易，而后继之以极难也。弓之解也，胶液筋缓，则熯而张之。承今之敝，建小康之术，莫若先其甚难而后稍授以易。先其所难，则知不能者退矣，犹矍相之射也，废然而无妒媢之心矣。

【注释】：

［1］鸤鸠在桑，其子七兮：出《诗经·曹风·鸤鸠》，《荀子·劝学》引其文说："《诗》曰：'鸤鸠在桑，其子七兮。淑人君子，其仪一兮。其仪一兮，心如结兮！'故君子结于一也。"

［2］矍相之圃：其典出于《孔子家语》，文云：

于是退而与门人习射于矍相之圃，盖观者如墙堵焉。试射至于司马，使子路执弓矢，出列，延谓射之者曰："奔军之将，亡国之大夫，与为人后，不得入。其余皆入。"盖去者半。又使公罔之裘序点扬觯而语曰："幼壮孝悌，耆老好礼，不从流俗，修身以俟死者，在此位。”盖去者半。序点又扬觯而语曰：“好学不倦，好礼不变，耄期称道而不乱者，则在此位。”盖仅有存焉。射既阕，子路进曰：“由与二三子者之为司马，何如?”孔子曰：“能用命矣。”

【导读】：

此处指出选官制度的根本错误在诱人以得官甚易而为官很难，故只得其怨而未有恩报。

是故以贤者厕不肖[1]，不肖者忮[2]；以不肖者厕贤，贤者惭。惭发于贤者，故拾橡织絇，愤弃君父之忧；忮发于不肯，溃决奸宄，郁不可折之势以仇君父，长乱阶，不濒之亡而不止。坤之履霜[3]，不肖之忮也；括囊[4]，贤人之惭也。贤人隐，弑逆作，相乘之理，渐不知保，岂一朝一夕之故哉！

【注释】：

［1］不肖：不成材；不正派。《礼记·射义》：“发而不失正鹄者，其唯贤者乎？若夫不肖之人，则彼将安能以中。”孔颖达疏：“不肖，谓小人也。”

［2］忮：嫉妒；忌恨。

［3］坤之履霜：［坤卦］初六：履霜，坚冰至。《文言传》曰：“积善之家，必有余庆，积不善之家，必有余殃。臣弑其君，子弑其父，非一朝一夕之故，其所由来者渐矣。”

［4］括囊：《易·坤》：“括囊，无咎无誉。”孔颖达疏：“括，结也；囊，所以贮物，以譬心藏知也。闭其知而不用，故曰括囊。”

【导读】：

此处指出分不清贤人与不肖之人将会引发灭顶之灾。

是故顺异同，立差辨，以小人养君子，天之制也。观其所养，故养而不穷。今一邑之小，补生徒者养于民，成岁贡者养于民，偕乡计者养于民，登进士者养于民，授职官者养于民。五累而上，养之益丰。五降而下，养之益繁。而又无以观其所养，博泛丛阘[1]，登进苟且[2]，其一切所为，卒无以异于阛阓[3]拚除卒伍之行。籍起上流，尸避徭役，公私谒请，流连嬉燕，以操细民之生命。其不一旦得当，裂冠冕而泄其不堪者，寡矣。裁生徒，节贡举，省进士，谨资格，持之以难，择之以慎，天下乃晓然知上所尊尚之旨，其不容苟且如此，而抑欢然奉养于长吏孝秀而永谢其望心。况累是而上，享玉食[4]，蹈天位者，不愈震耀肌魄以推戴莫京哉！故差其所养，别其所教，执相成而功相倚也。

【注释】：

[1] 丛阘：杂而低下。

[2] 登进苟且：举用，进用只图眼前、得过且过之人。

[3] 阛阓：街市，街道；借指民间。

[4] 玉食：美食。此处指高级品质的生活。

【导读】：

此处指出士人与官员都由民众所养，必须要严格控制，让他们知道国家尊尚的意旨。

王者规天道，长万族，顺其所从，珍其所宠，则性命正矣。累上以为益尊，则天位凝矣。忘恩以远怨，则和平臻矣。节养以息民，返不率[1]以归农，则民志定矣。革陋宋鬻贩之私，则大公行矣。百年之内，乘千岁之弊，仍科目而减其额，核资格而难其选，则始基立矣。然后抑浮藻，登德行，立庠序，讲正学，厉廉耻，易科目，升孝秀，俟之必世之后而天气清，人维固，禽心息，□行泯。沄沄陶陶[2]，太和旋复。《诗》曰："文王在上，于昭于天。"[3]言其赞助清明，而扶光霄极，叶天道也。

【注释】：

[1] 不率：不服从，不遵循。《左传·宣公十二年》："今郑不率，寡君使群臣问诸郑，岂敢辱候人?"杜预注："率，遵也。"

[2] 沄沄陶陶：汉王逸《九思》："见兮溪涧，流水兮沄沄。鼋鼍兮欣欣，鳣鲇兮延延。群行兮上下，骈罗兮列陈。自恨兮无友，特处兮茕茕。冬夜兮陶陶，雨雪兮冥冥。"沄沄，水流汹涌貌。陶陶，漫长貌。

[3] 文王在上，于昭于天：《诗·大雅·文王之什》云："文王在上，于昭于天。周虽旧邦，其命维新。"

【导读】：

此处总结上文指出在人才培养、官吏选任方面应该采取的措施。

任官第五

董子曰："仁者人也，义者我也。"以仁爱人，以义制我。以仁爱人，不授以制而尽其私。以义制我，不私所爱而厚其疑。恶有为天下王者自爱而制人，可以宰九州，建千祀者乎！且诚非所以自爱。天有四时、五行、四方，各位其位，时其时。不疑冬之凄苦而间以燠；不疑夏之歊[1]暑而间以寒，不疑西北之有昆仑，崇堕崟崔[2]，隔己而陵夷[3]之；不疑东南之有尾闾[4]，淫浸沈没，泛己而堙燥之。四时、五行、四方各行其职，胥以归功，盖相报也。《诗》云："投我以木桃，报之以琼瑶。[5]"言齐桓推亡固存[6]，以诚信礼卫，毁于两河脰吻[7]之间而不相疑，故取似实果而赠美琼瑶也。

【注释】：

［1］歊：炎热。

［2］崟崔：高险。

［3］陵夷：山坡缓平。

［4］尾闾：《文选·嵇康〈养生论〉》注引司马彪云："尾闾，水之从海水出者也，一名沃燋，在东大海之中。尾者，在百川之下故称尾；闾者，聚也，水聚族之处，故称闾也。在扶桑之东，有一石方圆四万里，厚四万里，海水注者无不燋尽，故名沃燋。"

［5］投我以木桃，报之以琼瑶：这句诗出处自《诗经·卫风·木瓜》，成于汉代的《毛诗序》云："《木瓜》，美齐桓公也。卫国有狄人之败，出处于漕，齐桓公救而封之，遗之车马器物焉。卫人思之，欲厚报之，而作是诗也。"

［6］齐桓推亡固存：公元前 664 年，山戎侵燕，齐桓公率军北伐山戎，保卫了燕国。公元前 622 年，狄人侵邢（河北邢台），齐桓公又救邢，并把邢人迁到夷仪（今山东聊城），另筑新城以安置之。公元前 660 年，狄人又侵卫，杀卫懿公。齐桓公救卫，将卫的剩余人口迁到楚丘（今河南滑县），使卫存在下来。

［7］脰吻之间：脖子、嘴之间。

【导读】：

此处强调人尤其是王者不能只会自爱，而要爱天下之人而必得回报。

王者拜贶天醮，宅履中区，感河流光，承剑启珓[1]，以贻后世，得之丁宁，付之郑重，固其所也。然三、五之代，以历迭兴，或及身而授，或数十世而授，卒不越神明之胤。恶有如赵宋之削其援，弱其族，以□之□□者乎！彼耶律[2]、完颜[3]、奇渥温[4]之初始，亦尝分尺土，籍一民，伏莽啮堤，以为窥窃之资也哉！若晋、宋、梁、唐之末造，僭偪孤寡，权壅上流，彼畀受苟简，日刁而次垂之，此又无庸致怪也。流风沿递，疑积相仍，乃至论道之职，喉舌之司，六官之长，旬宣之使，下及郡邑，城不足百雉，户不满三千者，盈天下而无非疑地。以为不可疑也，是戈矛填心而黯皰[5]割腕也。以为可疑也，是授跻、跖以籥键而稍滞其户牡[6]也。以为疑在此而制以彼也，是忌狸窃雏而间之以狐也。

【注释】：

［1］启珓：占卜。珓，杯珓，占卜的用具，多用两个蚌壳或像蚌壳的竹、木片做成，掷在地上，看它的俯仰，以此占卜吉凶。

［2］耶律：耶律氏，源于契丹族鲜卑分支宇文部支，出自唐朝末年契丹迭剌部耶律家族，属于以家族名称为氏，此处指辽国开国之君耶律阿保机一族。

［3］完颜：女真人完颜旻（阿骨打）在东北建立了金朝，立国 120 年。因此，完颜为金朝国姓。

［4］奇渥温：奇渥温氏，成吉思汗一族蒙古人的姓氏。

［5］黯皰：皮肤上长的浅黑色的像水泡的小疙瘩。

［6］户牡：门钥。

【导读】：

此处指出宋皇得之不以正而多猜疑致“削其援，弱其族”，适得其反。

舜之命官也，禹陟司空，宅百揆[1]，弃为后稷，契作司徒，皋陶作士，伯作秩宗，夔典乐，教胄子，龙作纳言，各专其采。虽稽让从容，后心载俞，而旁任必咈[2]，其汝谐以往者，共工百度之薮，虞理名山大泽之长也。故劳谢专尸以体其爱，道孤独赞以去其制，则仁义立而天工亮矣。天地之气，刑德相召，祸喜相感。甘草兆熟，苦草兆饥。醴泉甘露，不流桀池。夹珥阴风，不凄尧宇。诚由诚往，疑用疑来。是故五臣、十乱、鄭、留、冯、邓之侣，布心洒血而不恤，彼有以召之也。李广之射石，非虎也而饮金没羽。诚以拔之，则小人革面；疑以任之，则君子寒心。是故豫生饮药于赵都，百里行哭于秦族，越石授命于并阳，袁、刘糜姓于台下，杨业介马以丧元，余阙凭城而溅血。此数子者，事二姓，弃旧君，比匪类，仕伪邦，非有皦日白水之畴昔也，而一旦甘死趋祸，大贸其夙夜之狂心者，岂非任服躬而难委，诚推心以必酬者乎！故专任者不期报而报臻，疑投者不期欺而欺应矣。

【注释】：

［1］百揆：总理国政之官。《书·舜典》：“纳于百揆，百揆时叙。”蔡沉集传：“百揆者，揆度庶政之官，惟唐虞有之，犹周之冢宰也。”

［2］咈：不。表示否定之词。

【导读】：

此处论述任官必专，所谓“各专其采”，这样就会“故专任者不期报而报臻，疑投者不期欺而欺应矣”。

今命官之制，在外者，一县之令，丞、簿不听命焉。一郡之守，同知、判、推不听命焉。一司之使，分以左右二参，副、佥不听命焉。文移印信，封掌押发，登于公座，唯恐长官之或偷也，而钳束[1]之如胥吏[2]。行未百年，法已圮坏[3]，犹使借口公座，脱独户之咎，疑制之患，已大可睹。又复分其屯田、水利、钱法、驿传、盐政，分为数道以制司。道立分司，督察巡守兵粮之务以制郡。巡按之使，络绎驰道，循环迭任，无隙日月以尽制之。所以制外者无遗力矣。在内者，取都督一府而五之，间以同、佥。六部卿贰，或七八员。都堂、大理、通政、太仆以放，虽有长贰之别，而事权散出，不受裁制。黄扉论道之席，至永刊极刑以废其官。其文移印信，封掌押法，公同朝参者犹外也，复使给谏御史巡视刷卷[4]以制之。卒有爰立大僚、边关盗贼、建置河漕、三礼疑似之事，所部不得决，又设会议、抄参、私揭以制之。所以制内者无遗力矣。以一人敌天下之力，以一代敌数百年之力，力穷法匮，私蠹蚀烂，乃使相委而谢之。非己之专也，则是开以滑避之径，而绝其功名之涂也，岂不拂与！

【注释】：

［1］钳束：控制约束。

［2］胥吏：旧时官府中办理文书的小官吏。

［3］圮坏：毁坏；废弛；坍塌。

［4］刷卷：元代由肃政廉访使清查所属各衙门处理狱讼案件有无拖延枉曲，称刷卷。

【导读】：

此处指出明代设官，无论地方还是中央，人员多，部门多，制约多，其本质是“以一人敌天下之力，以一代敌数百年之力”，其结果是“力穷法匮，私蠹蚀烂”。

夫一职而分官以领之，连衔以辖之，所以疑制不肖也。人材之数，曰贤，曰不肖，曰中人[1]。贤制不肖则不肖惧，不肖制贤则贤者忧；中人制不肖则恶不弭，中人制贤则善不长；贤制中人则疲于效命，不肖制中人则靡于朋淫；贤制贤则意见差，不肖制不肖则声气叶。不肖惧则裂而伤贤，贤者忧则引而逼不肖，恶不弭则忌惮益忘，善不长则登进无助，疲于效命则事会圮，靡于朋淫则媚术[2]张，意见差则乖左折衷，声气叶则胶固[3]两利。然则疑制[4]者，唯两不肖而后谐也，亦将大违其疑制之始心矣。

【注释】：

［1］中人：中等的人，常人。《论语·雍也》：“中人以上，可以语上也；中人以下，不可以语上也。”《汉书·食货志上》：“数石之重，中人弗胜。”颜师古注：“中人者，处强弱之中也。”又指宦官。《汉书·百官公卿表上》：“将行，秦官，景帝中六年更名大长秋，或用中人，或用士人。”颜师古注：“中人，奄人也。”

［2］媚术：媚惑人的方法。

［3］胶固：互结不解，指结成某种集团。

［4］疑制：因猜疑而采取控制措施。

【导读】：

此处指出“一职分官”本为疑制不肖之人，但实际上的效果很差。

天原道，君原天，相原君，百官原相，大哉滂沛万登而纲纽[1]尺握，乃以禁制朕兆[2]，膏泛群族也！今以天下之大，选贤简德之繁且久，不能得一二心膂[3]之臣，任以论思，乃靳然[4]果废其官。夫唯开业于风雨，英敏神灵者，括万几[5]，统一心，无所凝滞。过此以往，奏报日冗，陈案日仍，晏安日藉，声色玩好、禽马柔曼、淫音幻技日进于深宫，外劳内蛊，其不折而入于中奄[6]者，无几也。故胡惟庸[7]、汪广洋[8]之祸，消于纶扉，移于涓寺[9]；而万安[10]、焦芳[11]、黄立极[12]、丁绍轼[13]之徒，承颏颐，奉密教于北门者，且波溶瓦散而不可救。元气痿，大务阁，民愁闾左[14]，士叹十亩[15]，粻空于野，金蚀于藏，彼揖此让，晋狄戎而奉之大位，可不痛与！则仁义不立，而疑制深也。

【注释】：

［1］纲纽：犹纲纪，法度。

［2］朕兆：征兆；预兆。

［3］心膂：喻主要的辅佐人员。亦以喻亲信得力之人。

［4］靳然：惋惜。

［5］万几：《书·皋陶谟》："无教逸欲有邦，兢兢业业，一日二日万几。"孔传："几，微也，言当戒惧万事之微。"后以"万几"指帝王日常处理的纷繁的政务。

［6］中奄：宦官。

［7］胡惟庸：濠州定远（今属安徽）人，明朝开国功臣，最后一任中书省丞相。因被疑叛乱，爆发了胡惟庸案，后被朱元璋处死。"胡党"而受株连至死或已死而追夺爵位的开国功臣有李善长、南雄侯赵庸、荥阳侯郑遇春、永嘉侯朱亮祖、靖宁侯等一公二十一侯。胡惟庸被杀后，朱元璋遂罢丞相，革中书省，并严格规定嗣君不得再立丞相；臣下敢有奏请说立者，处以重刑。丞相废除后，其事由六部分理，皇帝拥有至高无上的权力，中央集权得到进一步加强。

［8］汪广洋：江苏高邮人，字朝宗，明朝初年宰相，年少时跟随太祖朱元璋起义反元，被朱元璋聘为元帅府令史、江南行省提控，受命参与常遇春军务。明朝建立后，先后担任山东行省、陕西参政、中书省左丞、广东行省参政、右丞相职务，受封忠勤伯。洪武十二年（1379），因受胡惟庸毒死刘基案牵连，被朱元璋赐死。

［9］涓寺：指太监所在的司礼监等官署。

［10］万安：字循吉。明代眉州人，正统十三年（1448）进士。明宪宗宠臣、外戚，后为明孝宗朱祐樘罢官。

［11］焦芳：字孟阳，明代泌阳人，明天顺八年（1464）进士。弘治初

年移霍州知府，擢四川提学副使，调湖广，又迁南京右通政，后又迁礼部右侍郎，正德元年（1506）十月迁吏部尚书兼文渊阁大学士，加太子太保武英吏部左侍郎大学士，正德四年（1509）晋少师兼太子太师华盖殿大学士，焦芳以阁臣之首辅佐朝纲。

［12］黄立极：万历三十二年（1604）进士，累官少詹事、礼部侍郎。明熹宗即位后，成为魏忠贤的亲信，天启五年（1625）擢礼部尚书，兼东阁大学士，入阁参预机务，不久晋升太子太保，文渊阁大学士，次年迁武英殿，建极殿大学士，为首辅，以“夜半片纸了当之”一语促魏忠贤于半夜诬杀熊廷弼。崇祯帝即位后，被罢职。

［13］丁绍轼：字文远，池州贵池人，万历三十五年（1607）进士，历官赞善、谕德、少詹事、礼部侍郎，天启五年（1625）为礼部尚书兼东阁大学士。丁绍轼与熊廷弼有过节，陷熊廷弼于死。天启六年（1626）改户部尚书，进武英殿大学士。是年四月二十三日卒，赠太傅，谥文恪。

［14］闾左：居于里门左边的平民百姓，也指贫苦人民，即平民。

［15］十亩：指《国风·魏风·十亩之间》。《毛诗序》云：“《十亩之间》，刺时也。言其国削小，民无所居焉。”除《毛诗序》的“刺时”说外，还有苏辙的“偕友归隐”说和与之相近的方玉润的“夫妇偕隐”说。此处应指士人希望隐居。

【导读】：

此处指出不设宰相的危害，疑制而导致仁与义无法树立。

《传》曰：“贱妨贵，新间旧，小加大，逆也。[1]”故王者制名，天下奉名，百官赴名。倒其所制，昧其所奉，贸其所赴，则将贱爵禄[2]而重事权。爵禄者，天之秩也，事权者，上之意也。菲天秩则士薄功名，尊上意则人丧廉耻。是以王者慎名，名正则任重，任重则责隆，责隆则政理矣。今夫学士之秩，五品也，使立于九卿之上。贱妨贵，小加大，背盭[3]凌迟[4]者，莫甚于此！则将使天下蜗膂蝇营以趋事权，而天秩之自然，荡然不可复稽。夫虚一品之置者，靳其爱以制物也。爱以我私，而制尽人族，与仁义背驰，而求治天下，亦难矣。给事、御史之秩，胥七品也，给事以巡视遣，御史以巡按遣，则操六卿、两司大臣之臧否以乱其掌故[5]。彼之愿职任，累岁时，登进崇阶，代天工，作民牧，其前效已可睹也。早知不能，废之而已。乃升新进，夸小臣[6]，翻戾趾肘，使黄发卿尹呵斥所辍者，屏息蹑踵，褫绣隅坐，以承其咳笑，不亦左与！

【注释】：

［1］贱妨贵，新间旧，小加大，逆也：《左传·隐公三年》："石碏谏曰：'臣闻爱子，教之以义方，弗纳于邪。骄奢淫泆，所自邪也。四者之来，宠禄过也。将立州吁，乃定之矣；若犹未也，阶之为祸。夫宠而不骄，骄而能降，降而不憾，憾而能眕者，鲜矣。且夫贱妨贵，少陵长，远间亲，新间旧，小加大，淫破义，所谓六逆也。君义，臣行，父慈，子孝，兄爱，弟敬，所谓六顺也。去顺效逆，所以速祸也。君人者，将祸是务去，而速之，无乃不可乎？'弗听。"

［2］爵禄：官爵和俸禄。

［3］背盭：相悖。

［4］凌迟：衰败，崩坏。

［5］掌故：旧制、旧例，指现成的制度。

［6］小臣：指职位低下的小吏。

【导读】：

此处指出明代不重官职名分而重事权，便于行私，即"爱以我私，而制尽人族"，与仁义背道而驰，难以求治天下。

故主贵其名，莫不贵之也；贱其名，莫不贱之也。制名以任贤能，疑名以尊意旨[1]，浮薄[2]长进，权藉[3]推委[4]，效著于偶然而垂为法制，故人纪贱而天维缺，非建国不拔之典矣。唯除疑制者不然。尊其尊，卑其卑，位其位，事其事，难其选举，易其防闲[5]，公其心，去其危，尽中区之智力，治轩辕之天下，族类强植，仁勇竞命，虽历百世而弱丧之祸消也。

【注释】：

［1］意旨：谓意之所在。多指尊者的意向。

［2］浮薄：轻薄，不朴实。

［3］权藉：犹权力，权柄。指握权柄的人。

［4］推委：谓推卸责任。

［5］防闲：防，堤也，用于制水；闲，圈栏也，用于制兽；引申为防备和禁阻。

【导读】:

此处分析了贵名与贱名的不同结果，提出了解决任官问题的措施：尊其尊，卑其卑，位其位，事其事，难其选举，易其防闲，公其心，去其危。

大正第六

昔者三、五之王也，推五德，承终始，其原本洒祓[1]嬗革[2]之际，如平旦[3]之受夜，虞渊[4]之受昼也。后世五德[5]失坠，治无主尚，以意为轻重，至于湔恶俗，拯民瘵[6]，创业中兴，莫不有彷彿之意焉。粤自成汤革夏配天，伊尹、仲虺以弼之，一德馨闻，廷野革面。不数十世，而故家大族盘枕膏腴[7]、湛溺财贿者，以乱阿衡[8]之治。故《盘庚之诰》曰："无总于货宝，生生自庸。"由是言之，凌迟乾没，绍治而启乱者，明主所深患也。《传》曰："国家之败，由官邪也；官之失德，宠赂彰也"，可不戒与！

【注释】:

［1］洒祓：洗濯去垢，消除不祥。

［2］嬗革：变革。

［3］平旦：清晨。

［4］虞渊：又称隅谷，古代中国神话传说中日没处。

［5］五德：战国晚期阴阳家主要代表邹衍提出五德终始说，以五行相生相克，周而复始的循环变化观念说明历代王朝的更替和制度的变化。

［6］民瘵：民病，百姓疾苦。

［7］膏腴：肥沃，指富贵。

［8］阿衡：商代官名，师保之官，引申为任国家辅弼之任，宰相之职。

【导读】:

此处指出"宠赂"的危害。

天以五行养万民，食于阴，饮于阳，衣被荣毳，侑佐盐醴[1]，水滋土敦，木实火调，若此者，民承养于天，无须于王者之制，而流荡生死，萦纡往来，通愚强之力，致文弱之养。金之为用，王者所加于天，以损民而益之上也。故水之德润，木之德成，土之德安，火之德化，金之德贼。是以圣人尤难之，行于不得已而用其利，戒于祸之必尅而制其贼，愚强者宝之以劝其功，文弱者贱之以杀其滥。沃以所宝，则小人和平；教以所贱，则君子强固；此为节宣五行而胜其害气也。其有不率教[2]者，于是诃斥以辱之，裔夷以逖之，纆棘[3]以锢之，刑杀以威之。夫王者之于万姓，视犹一父之子也。其聪明文辨、便数强固者，亦克家当户之子也，则岂不惨怛割裂、涕洟于刑戮之加哉！而其受五行之贼，犯王者之贱，越辐败轨，沈没淫滥，螟螣细民，愁痛孤寡者，则尤恝然[4]其忍之。《诗》曰："去其螟螣[5]，及其蟊贼，无害我田稺，田祖有神，秉畀炎火。"言远害也。

【注释】：

［1］醴：酒。

［2］率教：实行教化，遵从教导。

［3］纆棘：《易·坎》："系用徽纆，寘于丛棘。"即将人用绳索捆绑起来，放在重重荆棘之中，是最早囚禁罪人所用的狱具。此后，以绳索（徽纆）捆绑未决、已决犯，束缚其自由，防御其逃逸，已成为常制。

［4］恝然：漠不关心的样子，冷淡的样子。

［5］螟螣：《诗·小雅·大田》："去其螟螣，及其蟊贼。"毛传："食心曰螟，食叶曰螣，食根曰蟊，食节曰贼。"为中国最早的害虫分类。

【导读】：

此处指出万民由五行所构成的自然所养，其中金有利有害均以教化人。

今夫农夫泞耕，红女寒织，渔凌曾波，猎犯鸷兽，行旅履霜，酸悲乡土，淘金、采珠、罗翠羽、探珊象，生死出入，童年皓发以获赢余[1]者，岂不顾父母，捐妻子，慰终天之思，邀须臾之乐哉！而刷玄鬓[2]，长指爪，宴安谐笑于其上者，密布毕网，巧为射弋，甚或鞭楚斩杀以继其后。乃使县罄[3]在堂，肌肤劙削[4]，含声陨涕，郁闷宛转于老母弱子之侧，此亦可寒心而栗体矣。而以是鼓声名，市奏最，渔猎大官，移封[5]门荫，层累封垤，以至于无穷，则金死一家而害气亦迸集焉。夫故家名族，公卿勋旧之子孙，其运数与国家为长短，而贼害怨咨之气偏结凝滞，则和平消实，倾否折足，亦甚非灵长[6]之利也。即或狼藉著见，挂吏议左降褫锢[7]者，犹唧舟络马，飞运以返乡里，有司宾之，乡社祝之，闾里畏之，广顷亩，益陂池，敞榭邃房，鼓钟妖舞，春容鱼雅以终其天年，锢石椁，簪翁仲，梵呗云潮以荣施于重泉之下。而游佻公子，发其赢余，买越娃，拥小史，食游客，长夜酣饮，骤马轻纨，六博投琼而散犹未尽。亦恶知向之朘削[8]零丁[9]者，已灭族靳胤于塞阡荒壑之旁也！岂不痛与！

【注释】：

［1］赢余：收支相抵后有余的财物。

［2］玄鬓：黑色鬓发。陶渊明《闲情赋》："愿在发而为泽，刷玄鬓于颓肩；悲佳人之屡沐，从白水而枯煎！"

［3］县罄：悬挂的磬，喻空无所有，贫困之极。《左传·僖公二十六年》："齐侯曰：'室如县罄，野无青草，何恃而不恐？'"杨伯峻注："罄同磬，他本亦作'磬'，《鲁语上》即作'磬'。磬之悬挂，中高而两旁下，其间空洞无物。百姓贫乏，空无所有，虽房舍高起，两檐下垂，如古磬之悬挂者然也。"

［4］刬削：清除，删除。

［5］移封：旧时官员以自身所受的封爵名号呈请朝廷移授给亲族尊长。

［6］灵长：广远绵长。晋袁宏《后汉纪·献帝纪一》："夫天地灵长，不能无否泰之变；父子自然，不能无夭绝之异。"

［7］褫锢：剥夺禁锢。

［8］朘削：缩减，剥削。

［9］零丁：指孤独无靠的样子。

【导读】：

此处指出农夫、织女、猎户、商贾等劳作辛苦，而各级官员剥削为甚，聚财富升官职，最后为害国家。

赵宋之有天下也，解散法禁[1]以惑媚强智，而苟固其位者，可谓泰矣。然京朝长吏以赃赇[2]败者，其刑大辟[3]，岁论决若而人无所赦。法合世重，惠逮孤寡，以振起五代之残刘者，有足重焉。降及太宗，减大辟流沙门岛[4]，而滥觞[5]起矣。真宗以还，复减流岛之科，刺配腹里军州；天书降赦而后，此法愈减，贪墨跋扈，运鬐尺水[6]者，恣无所恤，而蔡京、王黼、韩侂胄、贾似道之流，鸣上风以登飞鸟之音矣。鞑靼九十年间，其狼戾睢嗄者，不仅在阿合马、桑哥之尤著。太祖起田间，尤惨其所为，故刑法严厉，夷风以革。数传而后，仅以大计褫削。当炎火迎猫之刑，无惑其裂廉隅而莫惩也。律法监临主守盗公物盈贯以上，积至死罪，而敕使、守臣、郡邑之长猎部民极巨万，不以抵辟。绎成汤之责，寻仲蔑之言，亦已悖矣。《诗》云：“君子如怒，乱庶遄沮。[7]”承贪乱之余，不以刑辟整绝之，未有能齐壹天步，柔辑惸独者也。

【注释】：

［1］法禁：法律禁令。

［2］赃贿：贪污纳贿。

［3］大辟：古代五刑之一，死刑。

［4］沙门岛：即现在庙岛群岛中的庙岛，古时此岛是流放、囚禁犯人的地方。

［5］滥觞：本谓江河发源之处水极浅小，仅能浮起酒杯，后比喻事物的起源、发端。语出《孔子家语·三恕》：“夫江始出于岷山，其源可以滥觞。”

［6］尺水：小股水流；浅水。

［7］君子如怒，乱庶遄沮：苏轼《刑赏忠厚之至论》：《诗》曰：“君子如祉，乱庶遄已。君子如怒，乱庶遄沮。”夫君子之已乱，岂有异术哉？时其喜怒，而无失乎仁而已矣。《春秋》之义，立法贵严，而责人贵宽。因其褒贬之义，以制赏罚，亦忠厚之至也。

【导读】：

此处分析了宋至明代惩处贪贿之法，既叹其先严后宽，又揭其不惩处官员剥削小民之罪的荒谬。

天地之奥区，田蚕所宜，流肥潴[1]聚，江海陆会所凑。河北之滑、浚，山东之青、济，晋之平阳，秦之泾阳、三原，河南大梁、陈、睢、太康，东传于颍，江北淮、扬、通、泰，江南三吴滨海之区，歙、休良贾移于衣冠[2]，福、广番舶之居僦，蜀都盐、锦，建昌番布，丽江氂氈金碧所自产，邕管、容、贵稻畜滞积，其他千户之邑，极于瘠薄，亦莫不有素封[3]巨族冠其乡焉。此盖以流金粟，通贫弱之有无，田夫畦叟，盐鲑布褐，伏腊酒浆所自给也。卒有旱涝，长吏请蠲赈，卒不得报，稍需日月，道殣相望。而怀百钱，挟空券，要豪右之门，则晨户叩而夕炊举矣。故大贾富民者，国之司命[4]也。今吏极亡赖[5]，然朘刻[6]单贫，卒无厚实，抑弃而不屑，乃借锄豪右，文致贪婪，则显名厚实之都矣。以故粟货凝滞，根柢浅薄，腾涌焦涩，贫弱孤寡佣作称贷之涂室，而流死道左相望也。汉法：积粟多者得拜爵免罪，比文学孝秀，今纵鹰鹫攫猎之，曾不得比于偷惰苟且之游民，欲国无贫困，以折入于□□，势不得已。故惩墨吏，纾富民，而后国可得而息也。

【注释】:

［1］潴：水聚集。

［2］衣冠：指衣服和帽子，又指缙绅、名门世族。

［3］素封：无官爵封邑而富比封君的人。《史记·货殖列传》："今有无秩禄之奉，爵邑之入，而乐与之比者，命曰'素封'。"张守节正义："言不仕之人自有田园收养之给，其利比于封君，故曰'素封'也。"

［4］司命：神名，掌管生命的神，亦指掌握命运。《管子·国蓄》："五穀食米，民之司命也。"

［5］亡赖：指不务正业的人。

［6］朘刻：克扣；搜刮。

【导读】:

此处指出商业流通的重要，不能刻剥富民，欲国家得安宁，就要惩墨吏，纾富民。

《易》曰："观，盥而不荐，有孚颙若。[1]"阴长于下，连类遂志，刑害阴私，贪吝汙鄙，逼天位而无忌，故圣人神道以示观。退省其躬，行下言之教，成加民之治，故曰下观而化，慎所示也。明兴，家法忠质，宫庭洁清，无别馆、离宫之崇饰，龙舟、步辇、驰道旁午之游观，无置骑、飞舸、千里割鲜、铜狄[2]花石[3]之供，无算车、料产、均输[4]、酒酢、香药、子母责息之利谋，观道尽矣。而贪沿下游，极重不复者，法教不施而风俗苟简也。州县之制，以差选人者，唐、宋分畿、赤、次、雄、望、紧、上、中、下，凡九等，以分别资格，升降除擢而止。今吏部之注府州县，分系以瘠、饶、淳、顽，进士、乙科[5]、乡贡、任子[6]视以除授，则将部、台、藩、臬、分司岁时、生辰、荐奖之苞苴[7]视以厚薄，钦使往来，供亿、劳贿、车船之悉索视以苛简，而长吏之乾没其民者亦将视以裒益[8]，胥上下之耳目交注于淳饶，而其惫可知也。抑县垂格范，为割蜜分羹[9]不刊之则，固授之以亡廉销耻之术迳矣。

【注释】:

［1］盥而不荐，有孚颙若：此乃观卦卦辞。"盥"，是在祭祀前洗手；

"荐"是进献祭品;"孚",信用,诚信;颙若,尊敬的样子。

［2］铜狄:《汉书·五行志下之上》:"史记秦始皇二十六年,有大人长五丈,五履六尺,皆夷狄服,凡十二人,见于临洮……是岁始皇初并六国,反喜以为瑞,销天下兵器,作金人十二以象之。"后因称"铜人"为"铜狄"。

［3］花石:指花石纲。北宋徽宗喜爱奇异的花木和石头,大臣蔡京就派专差向民间搜刮,劫往京城,供皇帝赏玩,这种运送花石的船队,号为花石纲。

［4］均输:汉武帝实行的一项经济措施,在大司农属下置均输令、丞,统一征收、买卖和运输货物。又王安石实行的新法之一。明末苛税亦有此种。《明史·李自成传》:"是时,秦地所征曰新饷,曰均输,曰间架,其目日增,吏因缘为奸,民大困。"

［5］乙科:古代考试科目的名称。汉时博士弟子射策甲科,补郎中,乙科补太子舍人。明清称举人为乙科,进士为甲科。

［6］任子:汉代高官子弟凭借父兄而得官的制度。高级官吏所享有的这一特权,明确地规定在法律条文中。西汉有《任子令》,令文说官秩在二千石以上,任职满三年,不问其子弟德才如何,都可获得任其子弟为官的资格。除任子弟外,有时也可任孙、侄等亲属。任子弟的人数一般为一至二人,但也有不受限制的,如西汉时史丹的九子都以父任而得官。

［7］苞苴:指包装鱼肉等用的草袋,也指馈赠的礼物。引申为贿赂。

［8］裒益:减少和增加。

［9］分蘘:借指父子不和,没有情义。

【导读】:

此处指出官员应率身垂范,却以贪贿为风尚,明代官风败坏不可收拾。

古者未命之士[1],食如其力,等而上之,恶[2]于国君,位次升,禄次腆[3],车乘家老[4]次备,赠答宴祭次隆。故延州投缟,子产献纻[5],足于己而无籍于物也。今万户之邑,十万之都,皆古诸侯之治也。稍给禄养,不逮家臣。居禁掖,登小卿[6]者,劣食十口,宾客服佩之不给。郎官冗散[7],称子息[8],仰给债家,指拟差遣外除以售所贷,而子弟横乡里,尸狱讼,以仅完田庐。徒广其科目,易其升擢,博置员额,以诱其仕心。禄入已菲,米钞又折减其什五,率天下养百官而不足,纵百官食天下而有余,此何异饥鹰以攫雉免乎！请罢劝贪之的，革饶瘠之目。除授之别，以轻、重、边、腹差等其资色，而禄石、傔从[9]、薪马、纻丝、公私宴答之给，授以本色[10]而丰溢之。不率，则刑辟拟其后，而无仁恕之歉也。

【注释】：

［1］未命之士：未有官职的士人。

［2］恶：次。

［3］腆：丰厚，美好。

［4］家老：上古大夫家臣中的长者。

［5］子产献纻：《左传·襄公二十九年》："［吴季札］聘于郑，见子产，如旧相识。与之缟带，子产献纻衣焉。"指朋友间的互相馈赠。

［6］小卿：朝称中等诸侯国以下未受王命的卿大夫为小卿。《仪礼·大射》："小卿宾西东上，大夫继而在上。"郑玄注："小卿，命于其君者也。"

［7］宂散：闲散，无固定职守。《后汉书·蔡邕传》："而今在任无复能省，及其还者，多召拜议郎、郎中。若器用优美，不宜处之冗散。"

［8］子息：子嗣；利息。

［9］傔从：侍从；仆役。

［10］本色：自唐末至明清原定征收的实物田赋称本色；如改征其他实物或货币，称折色。

【导读】：

此处通过古今对比，指出明代官员俸禄发放不妥，竟造成率天下养百官而不足，纵百官食天下而有余的局面，提出了要解决官员任命、官俸发放等方面的问题。

比国家之加惠缙绅者，下逮休废，尤为沦洽[1]。起废员[2]，晋勋阶，有大庆则播为恩例。其非制科、不登五品者，宾于乡饮酒礼。而髦荒畜厚之家，迹绝金闺[3]，犹走谒要津，窥倖庆典。清白县车者，复恬静自遗恩外。抑褫夺[4]、靡戍、狼藉[5]、窿脱之寒灰[6]，晋与饮礼，终日百拜，清酒九醑，习为优戏，荣施愚目，而自好者莫不非笑之。今为之定制，诸非居任以廉最者，虽边功建言，不得与起废晋阶之科。其尤沈没之伧，遇乡饮酒，齿之下座以折辱之。而告老闲住者，买声色，教歌舞，广亭榭，不以俭率子弟，所司岁具上闻，追还封诰，齿于僇民。帛锁终于在笥，桑榆鉴于□□，斯不肖销心而贤廉得意，亦移风振俗之一道也。

【注释】：

［1］沦浛：广泛周到。

［2］废员：官员被免职者。

［3］金闺：金马门，代指朝廷。

［4］褫夺：依法剥夺。

［5］狼藉：喻行为不检，名声不好。

［6］寒灰：比喻不生欲望之心或对人生已无任何追求的心情。

【导读】：

此处指出要改变士人风气，达到不肖销心而贤廉得意之目标。

学校者，国之教也，士之所步趋而进退也。比者[1]邑置郡设，鸣琴释菜[2]，虚器岁修，官掌故者垂老气尽，渔猎[3]生徒。学使奖行绌劣，率一二人，视掌故郡邑之喜怒。士之诵习帖括者，固已羔雁[4]视之，寓目横经，则朵颐[5]温饱。廉耻风衰，君师道丧，未有如斯之酷烈也。今即旦暮不能废隋、宋之格，而稍涤正之，尤当以行相参，定其殿最，如较文之等。州、县之长，起乙科，廉静文弱，才下任剧者，改邑教授；郎、舍、守、令起制科者，改郡教授。晋其秩如先所任，纪其教成，以为礼曹、太常、国子、学使之选。或乡老休致者，郡邑得聘领之，为之授兼经[6]，讲正学，考内行，辨同异，究性命。举于乡者，不通四民之旨，及因缘长吏，与闻狱讼者，学使犹得按而黜之。以需数十年之后，廉耻厉，行检修，学术正，然后革词章，慎乡物，较隋、宋，媲庠序，虽有泛驾之士，亦戒足沈溺而正衿稜觚矣。

【注释】：

［1］比者：近来。

［2］释菜：即“祭菜”“舍采”。古代学校开学时或祭器成时以苹藻等祭奠先圣先师的礼仪。较释奠礼为轻。一说此礼不及先圣。《礼记·文王世子》：“始立学者，既兴（衅字之误）器用币，然后释菜，不舞不授器。”郑玄注：“释菜，礼轻也。释奠则舞，舞则授器。”《周礼·春官宗伯》：“春入学，舍采合舞。”郑玄注：“舍即释也。采读为菜。始入学必释菜礼先师也。菜，苹蘩之属。”

［3］渔猎：指捕鱼打猎；掠夺；贪逐美色等。

［4］羔雁：指用作征召、婚聘、晋谒的礼物。

［5］朵颐：鼓腮嚼食。

［6］兼经：在唐代，《论语》和《孝经》是要求所有读书人都要研读的，称之为“兼经”。

【导读】：

此处指出明代士人学习只为功利，要改变学风就要乙科、制科选中之人先任县学、郡学教授，教学有了成效才能升职，还要用退休的官员担任教授从事教育。

故王者养贤以养民，□□以配天。继于其乱，先以刑禁；继于其治，终以德化。相因[1]小民之疾苦，则焦赪焚灼，妖怨亟起，而欲望建淳和以迓祥吉者，是孳息[2]螟蟓[3]而冀登嘉谷也。

【注释】：

［1］相因：相袭；相承。

［2］孳息：繁殖生息。

［3］螟蟓：螟蛾幼虫。

【导读】：

此处指出要用刑禁与德化结合进行治理。

离合第七

中区之间，轩辕所治，大禹之所经维，起句注[1]之西，迤石梯[2]，画黄河，东逾白登，阻桑乾，复山叠嶂，界以野狐、居庸二翮之险。极东尽渝关，凭海阳。其外乱岫荒原，丰草大泊，曾冰酷寒，毛革酪乳之乡，殊形诡嗜，以讫北维之丘。西自黄甫川阻奢延[3]之水，度盐池，跨南河，有贺兰、燕支、车箱、雪山之险，以西极乎青海黑水，逆流而南，放乎湟，洮。其外平沙朔野，横吹万里，间以西戎。积石[4]而南，西倾、三危、岛栊、太白、岷、嶓、严道、越巂、峨、崃经脊地岫，峻削崩奔。其内羌、沔、大江、若、沫支流，倾润乎中国。其外县絙流沙，赤土头痛，积雪夏飞之野，戒以碧目黧面剪发环耳之俗。滇诏之西，金沙、潞江、麓川之水，羊肠盘曲，南结以护嵋、岷之塞，放特磨，界交趾，以络乎广右。其南则邕部、百粤、铁围、鬼门、狼夷、高髻、藤笠之族，东被而尽乎海滨。渝关以南，巨浸浮绝，潏沸渟泊，南历沭榆、之罘、瑯琊、海门、三江、舟山、雁荡、霍童、紫帽、甲子之门。罗浮、七星以柱南维。过崖、硇而西，接合浦而界以日南。其他东辽水，北开平，西瓜、沙，南哀牢、缅甸、交趾北户之乡，盖中区之余气也。崇峦沓嶂以垣结之，沙衍茅苇以纷披之，绝壁濶涧以沟画之，瀚海尾闾以凝荡之。其中带束脉绕，抟聚约固，寒暑相剂，言语相译，形象相若，百谷相养，六畜相字，货贝相灌，百川流恶，群山荫夕，以翕成乎中区之合，自然之合也。天地之气，辅其自然而循其不得已，辅其自然故合，循其不得已故离。是故知天地之昼夜者，可与语离合之故矣。行其不得已，知其有离，不得已者抑自然之所出也。而后统以三条[5]，分以两戒[6]，郭景纯、僧一行、朱元晦之说由此其选焉。

【注释】：

［1］句注：山名。在今山西代县北，为古代九塞之一。《吕氏春秋·有始》："何谓九塞？大汾、冥阨、荆阮、方城、殽、井陉、令疵、句注、居庸。"高诱注："句注在雁门。"

［2］石梯：在今山西昔阳县东南。《方舆纪要》卷 40 乐平县："石梯山在县东南六十里。石磴陡绝如梯。"

［3］奢延：在今内蒙古鄂托克前旗东南城川乡一带。《后汉书·段颎传》：建宁元年（168），"夏，颎复追羌出桥门，至走马水上。寻闻虏在奢延泽，乃将轻兵兼行一日一夜二百余里，晨及贼，击破之"。唐李贤注："即上郡奢延县界也。"《水经·河水注》：奢延水"西出奢延县西南赤沙阜。……汉破羌将军段颎破羌于奢延泽，虏走洛川。洛川在南，俗因县土，谓之奢延水，又谓之朔方水矣"。

［4］积石：山名，即阿尼玛卿山，在青海省东南部，延伸至甘肃省南部边境。为昆仑山脉中支，黄河绕流东南侧。

［5］三条：古人把中国地形三大山脉走向称为三条，即南条、中条、东条。

［6］两戒：僧一行提出中国地理以青海、陕北、山西、河北、辽宁为北戒，以四川、河南、湖北、湖南、江西、福建为南戒。

【导读】：

此处描述了中国广大地区的地理形势，指出有自然相合的特点，但也有不得已之处，亦是自然所致，因而前人有所论议，如郭景纯、僧一行、朱元晦。

中区之形，首建乎西北而穷乎东南，支山[1]自主，支水[2]自戒，文武自俗，阸塞[3]自理。大河中画，北燥南润。火故润之，水故燥之，天地所以节阴阳也，而遂有不相需之时，以成南北。河北则桑乾以南，恒山之支，历井陉、少山、黑岭、伏牛、羊头，峙以太行、王屋，穷于中条，委于河，而太行之东，淇、洹、漳、漷凑山东者，成为一区。河右则割黄流，浥秦川，南穷于褒、斜者，或稍與山西合而离乎河山以东。河南则出潼、殽、嵩、少、熊耳、桐柏之山，东延成皋，南间平靖、黄土、木陵、岐岭，结为灊之岳以渐乎江，是大江之所守也。江南则岷、峨南垂，放泸水以北，迳牂牁，出夫夷，东被衡山以尽乎彭蠡。而上庸[4]之北，障以武当，沿沔而西，北极武关，萦纡[5]汉中，限以大散，南赴荆门、归峡，穷于沅、酉。江东浙岭、渐江分以太湖。闽有武林、仙霞、杉关之隘。粤有五岭、泷水、秦城、潭中之塞。若此者，旁条畦列，亦乘天地之间气[6]，率以为离也。间气际离，纯气[7]际合。合气[8]恒昼，离气[9]恒夜。无平不陂，无往不复，否泰之所都也。虽然，亦存其人焉。

【注释】：

［1］支山：山脉的分支。

［2］支水：江河的支流。

［3］阸塞：险要之地，险阻要塞。

［4］上庸：为古代地名。汉末至南朝梁有上庸郡，治上庸，在今湖北竹山县西南。据《尚书·牧誓》记载，公元前1046年，周武王会同巴师八国，共同伐纣，战于牧野。庸国位居八国之首。

［5］萦纡：盘旋弯曲；回旋曲折；萦回。

［6］间气：古代谶纬学说以为帝王臣民各受五行之气而生，正气为帝，间气为臣。《太平御览》卷三百六十引《春秋演孔图》：“正气为帝，间气为臣，宫商为姓，秀气为人。”运气术语。间隔于司天和在泉左右的气。六气分治，在上者为司天，在下者为在泉，其余四气分司司天和在泉左右，称为间气。《素问·至真要大论》：“司左右者，是谓间气也。”此处与“纯气”相对而言应指不纯的气。

［7］纯气：纯真之气。《列子・黄帝》："关尹曰：'是纯气之守也，非智巧果敢之列。'"张湛注："至纯至真，即我之性分，非求之于外。"

［8］合气：阴阳之气相交合。

［9］离气：与合气相对的概念。

【导读】：

此处指出，从自然地理来看，全国有些地方便于分离割据，是受天之间气的影响。

昔者轩辕之帝也，上承羲、炎，下被有周，敦亲贤，祚神明，建万国，树侯王，君其国，子其民，修其徼圉[1]，差共政教，顺其竞絿[2]，乘其合，稍其离，早为之所，而无夸大同。然后总其奔奏[3]，戴其正朔[4]，徕其觐请，讲其婚姻，缔其盟会，系以牧伯，纠以州长，甥舅相若，死丧相闻，水旱相周，兵戎相卫，仕宦羁旅往来，富贵相为出入，名系一统，而实存四国。此三、五之代寓涣散于纠缠，存天地之纯气而戒其割裂，故气应以正而天报以合，数千年之间，中区之内閭閭如也[5]。秦、汉以降，东南壹尉，西北均候，缀万国于一人之襟，而又开河西，通瓯骆[6]，郡朱崖，县滇笮，其合也泰焉。物不可以久合，故河山条派奇杰分背之气，率数百年而一离。建安以后，裂为七八而离为三。太康合之，未百年而又离，播为十六。宇文、高氏稍合，而别于江左者终离为三。开皇合之，未三十年而又离，以逮乎武德而后，合者几三百年。天宝乱而河北小离，广明乱而并晋、大梁、幽镇、吴越、闽广、荆湖、两川之草据者不胜离也。雍熙[7]合之而燕、云终离，末二百年而卒离为二。鞑靼驱除其离，以授其合于洪武。祥兴以后，中区之气，永合于兹者四百载矣。是故合极而乱，乱极而离，离极而又合，合而后圣人作焉。受命定符，握枢表正，以凝保中区之太和，自然之节，不得已之数也，天且弗能违，而况于人乎！故太史儋[8]曰："始秦与周合而离，离五百岁而复合，合七十余岁而霸王者出焉。"终南、汧、渭之交，周、秦之先所合处也。平王东迁，弃其故地。秦阻殽、函，东西并峙。其后守府仅存，四伯迭起，不能复问丰、镐之王迹，迄于战国，瓜分瓦解，而河山以东仅敌一秦者，东西相离之大致也。故三川并而天下一，驱除尽而汉祖兴。由此言之，离合之际，非深识者不测其旨矣。

【注释】：

［1］徼圉：边境，边塞。

［2］竞絿：《诗·商颂·长发》："不竞不絿，不刚不柔。"毛传："絿，急也。"朱熹集传："竞，强；絿，缓也。"后因以施政缓急适当为"竞絿"。

［3］奔奏：奔走传喻。《诗·大雅·绵》："予曰有奔奏。"毛传："喻德宣誉曰奔奏。一说，使人趋附。"郑玄笺："奔奏，使人归趋之。"

［4］正朔：指一年第一天。正即正月，为一年的第一月，朔即初一，为一月的第一天，综合起来即为一年的第一天（今春节）。夏历（农历）以冬至后第二个月为正月。从汉武帝时候和太初历直至今天的夏历，都用夏正。古时改朝换代，新王朝常重定正朔。《礼记·大传》："立权度量，考文章，改正朔，易服色，殊徽号，异器械，别衣服，此其所得与民变革者也。"孔颖达疏："改正朔者，正谓年始，朔谓月初，言王者得政，示从我始，改故用新，随寅、丑、子所建也。周子，殷丑，夏寅，是改正也；周夜半，殷鸡鸣，夏平旦，是易朔也。"《史记·历书》："王者易姓受命，必慎始初，改正朔，易服色，推本天元，顺承厥意。"

［5］訚訚如也：《论语·乡党》："朝，与下大夫言，侃侃如也；与上大夫言，訚訚如也。君在，踧踖如也，与与如也。"訚訚，正直，和颜悦色而又能直言诤辩。

［6］瓯骆：即西瓯、骆越。古部落名。百越诸部的其中两支，分布在今广西以及越南北部，位于南越部落以西。《史记·南越列传》："越桂林监居翁谕瓯骆属汉，皆得为侯。"

［7］雍熙：宋太宗年号。

［8］太史儋：中国战国初期人，道家学派的代表。他曾出任周朝太史（史官），故称"太史儋"或"周太史儋"。

【导读】：

此处分析了中国离合的历史，指出"是故合极而乱，乱极而离，离极而又合，合而后圣人作焉"，中国必将统一。

夫三、五而降，其得姓授氏，为冠盖之族，或稍陵夷衰微，迁徙幕占，南屯北戍，逮为殊俗者，其始皆数姓之胤胄矣。精脉嬗演，筋肉同抵，姻亚[1]僚宷[2]，欢若臂腋。迨其涣散，不可寻忆，则有兄弟互斗于原野，甥舅各畜其弋铤[3]，血肉狼藉，巴吞[4]鸩禁[5]，此非惨心痛髓之事，而天地之所深悼哉！然而闻其害气[6]，则姑且听之，行其不得已。尤惧其坏溃而无以救其孑遗[7]，则原坂以阻之，江河以堑之，金铁、粟米、盐卤、皮革散其产以资之，贤豪财勇各君其地、帅其师以长之。是故合者圣人之德也，离者贤人之功也。今戒其或离而求致其功，所以因条戒，络地脉，靳天宝，采物杰，因民志，建规抚者，无庸褎耳[8]经维而蔽目规画矣。

【注释】:

［1］姻亚：有婚姻关系的亲戚。

［2］僚宷：同僚。

［3］弋铤：武器。

［4］巴吞：指“巴蛇吞象”，巴蛇吞吃大象。比喻贪心极大，不知满足。

［5］鸩禁：鸩毒为禁。

［6］害气：邪气；有害之气。《汉书·食货志上》：“予甚悼之，害气将究矣。”《后汉书·马援传》：“惟援得事朝廷二十二年，北出塞漠，南度江海，触冒害气，僵死军事。”

［7］孑遗：残存者，遗民。

［8］褎耳：《诗经·邶风·旄丘》：“叔兮伯兮，褎如充耳。”朱熹注：“褎，多笑貌。充耳，塞耳也。耳聋之人恒多笑。”

【导读】:

此处指出天下之分离势力原为一系，后来迁居各地忘记了原有关系相斗不已，为自存，各地自保，是有贤者出现，所谓“离者贤人之功也”。

南条之纪，不得熊耳、冥阨[1]、寿春，不足于守。中条之纪，不得杨刘、曹濮、河内、太行，不足于守。东条之纪，不得虎牢、广武、少室、熊耳，不足于守。江汉之纪，不得荆门、上庸、襄阳、舒、皖、濡须，不足于守。坤维[2]之纪，不得武都、天水、仇池、陈仓，不足于守。武林放海，余气[3]也，不阻太湖，不足于守。五岭穷于蛮中，余气也，不左洞庭，右彭蠡，不足于守。用文之国，士马佻脃，数战以逞，魄浸耀、气浸衰而不知因长以攻瑕者，不足于守。珍先王之典器，葆其训物，崇廉耻，敌臣民，厉风轨，敌苛虐，武健以邀辅皇天，而故反其道，谐于霸夷者，不足于守。鱼盐、秔稻、锦绮、玑象，宅其地，登其盈，以争长靡丽，嬉荡民心而弱败之，不足于守。不制其臣，不珍其宝，盗窃偷步，祸发堂廉，授敌间而乘之；或惩其道，上猜下离，自弃其辅；偏一于此，不足于守。此十一不守者，贤者所必鉴也。

故地有必争，天有必顺，气有必养，谊有必正，道有必反，物有必惜，权有必谨，辅有必强。取必八术以遂其功，所以慭爱余民，救害气于十一，抑可以为百年之谋矣。《诗》曰："既顺乃宣，而无永叹。"顺民之离逿[4]，以经其畛畔，遏救残刘，消弭啼怨，公刘之听以延天笃也。

【注释】：

［1］冥阨：古隘道名，为古九塞之一。与附近大隧、直辕二隘并为淮汉间兵争要害。《左传·定公四年》："我悉方城外以毁其舟，还塞大隧、直辕、冥阨。"杜预注："三者，汉东之隘道。"

［2］坤维：指大地之中央，正中。《隋书·礼仪志一》："四方帝各依其方，黄帝居坤维。"

［3］余气：残余未尽的邪旧之气。《管子·侈靡》："余气之潜然而动，爱气之潜然而哀，胡得而治动?"尹知章注："灾之余气，潜然发动。"

［4］离逿：亦作"离狄"，远远离开；使远去。《书·多方》："我则致天之罚，离逖尔土。"孔颖达疏："我则致天之罚于汝身，将远徙之，使离远汝之本土。"

【导读】：

此处指出，从地理形势的占据、社会风气、官吏管理等有十一方面的问题导致不能守御，因此要明白：地有必争，天有必顺，气有必养，谊有必正，道有必反，物有必惜，权有必谨，辅有必强。

或曰：天地之数[1]，或三或五，三百年而小变，千五百年而大变。由轩辕迄桀千五百年，禅让之消，放伐变之。由成汤迄汉千五百年，封建之消，离合变之。由汉迄乎祥兴[2]千五百年，离合之消，纯杂变之。纯以绍合，杂以绍离。纯从同，杂乱异。同类主中国，异类主狄戎，各往其复，各泰其否。然则授天命以振三维者，非奖掖中区，宰制清刚，作智勇之助，骁悍[3]硗驳[4]之气固不能早绝。纯杂之消，反之于太古轩辕之治，后之治也而无所俟焉。呜呼！非察消息，通昼夜，范围天地而不过者，又恶足以观其化哉！

【注释】：

［1］天地之数：是"易"对宏观世界一种表达。《易·系辞上》：天一地二，天三地四，天五地六，天七地八，天九地十。天数五，地数五，五位相

得而各有合。天数二十有五，地数三十，凡天地之数，五十有五，此所以成变化，而行鬼神也。

［2］祥兴：是南宋卫王赵昺的年号，也是南宋最后一个年号，宋使用该年号共计1年余。

［3］骁悍：勇猛强悍。

［4］硗驳：薄杂。

【导读】：

此处指出，历史是变化的，离合也是历史变化的结果，必须返轩辕之治：奖掖中区，宰制清刚，作智勇之助。

后序

述古继天而王者，本轩辕之治，建黄中[1]，拒间气殊类[2]之灾，扶长中夏[3]以尽其材，治道该[4]矣。客曰：昔者夫子惩祸乱，表殷忧[5]，明王道，作《春秋》。后儒绍隆其说，董、胡为尤焉，莫不正道谊，绌权谋。今子所撰，或异于是，功力以为固，法禁以为措，苟穷诸理，抑衍而论其数。虽复称仁义，重德化，引性命，探天地之素，恐乖异乎《春秋》之度也！

【注释】：

［1］黄中：喻内德之美。《魏书》卷48《高允传》：“允少孤夙成，有奇度，清河崔玄伯见而异之，叹曰：‘高子黄中内润，文明外照，必为一代伟器，但恐吾不见耳。’”

［2］殊类：古称少数民族。

［3］中夏：指华夏，中国。

［4］该：古同“赅”，完备。

［5］殷忧：深深的忧虑。

【导读】：

此处指出著者所言与一般人所言的《春秋》之义有所区别，主张：功力以为固，法禁以为措，苟穷诸理，抑衍而论其数。

曰：何为其然也？民之初生，自纪其群，远其害沴[1]，摈其□□，统建维君。故仁以自爱其类，义以自制其伦，强干自辅，所以凝黄中之细缊[2]也。今族类之不能自固，而何他仁义之云云也哉！

【注释】：

［1］害沴：灾害。

［2］细缊：古代指天地阴阳二气交互作用的状态。

【导读】：

此处指出仁义的本质是要维护族类自固。

客曰：宰制所谟，以贻无疆，固当通其变而不滞其常。汉起西京，中兴洛阳。子之所制，定燕蓟[1]为会同[2]之邦，不已固与？

【注释】：

［1］燕蓟：又名幽蓟或幽燕，唐代、五代地名，治所在幽都县（今北京市宛平县），为燕蓟节度使辖区，包括燕、蓟等十一州，是防备契丹人的重镇。此处指北京地区。

［2］会同：古代诸侯朝见天子的通称。《诗·小雅·车攻》："赤芾金舄，会同有绎。"毛传："时见曰会，殷见曰同。绎，陈也。"泛指朝会。晋潘岳《上客舍议》："乃今四海会同，九服纳贡。"柳宗元《封建论》："合为朝觐会同，离为守臣扞城。"

【导读】：

此处提出以燕蓟为都城是否妥当。

曰：王者相阴阳，定风雨，建之邦畿，为宰治主，亦莫不用气之厚而固自然之宇也。是故羲、农之都，或陈或鲁。平阳、蒲坂、安邑、耿、相，凭河东北，以为安处。长安、洛阳、大梁之土，后王宅之，数百年之下而后地力衰歇，渐以薄卤[1]。今燕蓟之宅，受命而兴者，女直、鞑靼曾不足于称数。永乐定鼎[2]，始建九五，水土未薄，天气翕聚[3]，天子守边，四方来辅。后之所宅，固当踵迹[4]灵区，以光赞我成祖也。

【注释】：

［1］薄卤：味淡，衰落。

［2］定鼎：新王朝定都建国的意思。语出《左传》："（周）成王定鼎于郏鄏（今河南洛阳）。卜世三十。卜年七百。天所命也。"

［3］翕聚：会聚。

［4］踵迹：犹继承。

【导读】：

此处指出先王定都之处经数百年后地力衰歇，明成祖定都北京，水土未薄而且以天子之尊守边，是后之治国者必选之。

客曰：贤哲[1]制未乱，庸愚[2]谋已然，立说之大凡[3]也。今子所撰，陈于数十年之前，可以救而保其坚；方兹陆沉[4]，□□忽其斩焉，过述先事之失，为期忌愆[5]，子所谓失鱼而求筌也[6]。

【注释】：

［1］贤哲：贤明的人。

［2］庸愚：指庸下愚昧之人。

［3］大凡：犹大要。《荀子·大略》："礼之大凡：事生，饰欢也；送死，饰哀也；军旅，饰威也。"

［4］陆沉：《庄子·则阳》："方且与世违而心不屑与之俱，是陆沉者也。"郭象注："人中隐者，譬无水而沉也。"比喻国土沦陷于敌手。南朝宋刘义庆《世说新语·轻诋》："桓公入洛，过淮泗，践北境，与诸僚属登平乘楼，眺瞩中原，慨然曰：'遂使神州陆沉，百年丘墟，王夷甫诸人，不得不任其责！'"

［5］为期忌愆：犹言为时已晚。

［6］失鱼而求筌：《庄子·外物》："荃者所以在鱼，得鱼而忘筌。"得鱼而忘筌，比喻事情成功以后就忘了本来依靠的东西。此处反其意，失鱼以后而去找捕鱼之器。

【导读】：

此处指出是在亡国之后寻求救亡之策。

曰：孔子著《春秋》，定、哀之间多微辞[1]。言之当时，世莫我知。聊忾寤[2]而陈之，且亦以劝进于来兹[3]也。昔在承平，祸乱未臻，法祖从王，是为俊民[4]。虽痛哭流涕以将其过计[5]，进不效其言，而退必灾其身矣。天下师师，谁别玉珉[6]，荏苒首解，大命以沦。于是哀其所败，原其所剧，始于嬴秦，沿于赵宋，以自毁其极，推初弱丧，具有伦脊[7]。故哀怨繁心，于邑[8]填膈，矫其所自失，以返轩辕之区画。延首[9]圣明，中邦作辟[10]。行其教，制其辟，以藩扞[11]中区而终远□□，则形质消陨，灵爽亦为之悦怿矣。岁德在丙，火运宣也。斗建维辰，春气全也。文明以应，窃承天也。太原之系，世胄緜也。为汉大行，忠效捐也。悲懑穷愁，退论旃也。明明我后，逖播迁也。俟之方将，须永年也。《黄书》之所以传也，意在斯乎！

【注释】：

［1］微辞：委婉而隐含讽谕的言辞；隐晦的批评。《公羊传·定公元年》："定哀多微辞。"孔广森通义："微辞者，意有所托而辞不显，唯察其微者，乃能知之。"

［2］忾瘖：感慨叹息。

［3］来兹：泛指今后。《古诗十九首·生年不满百》："为乐当及时，何能待来兹。"

［4］俊民：贤人，才智杰出的人。《书·多士》："乃命尔先祖成汤革夏，俊民甸四方。"

［5］过计：错误的谋划。《孔丛子·对魏王》："然则君不猜于臣，臣不隐于君，故动无过计，举无败事。"

［6］玉珉：玉与珉。珉又是一种类似玉但非玉的石头。《荀子》："故虽有珉之雕雕，不若玉之章章。"

［7］伦脊：道理；条理。《诗·小雅·正月》："维号斯言，有伦有脊。"毛传："伦，道；脊，理也。"

［8］于邑：忧郁烦闷。

［9］延首：伸长头颈。常形容急切盼望的样子。

［10］作辟：疑语出《书·洪范》："惟辟作福，惟辟作威，惟辟玉食。臣无有作福作威玉食。"

［11］藩扞：卫护。

【导读】：

此处指出《黄书》写作的时间和目的。

第二章 批流俗，倡豪杰，重建价值观

——《俟解》注释与导读

一、《俟解》的写作时间与其主要思想

（一）《俟解》的写作时间

《俟解》一书完成的时间是非常清楚的。王夫之在《俟解题词》说："甲子重午，船山病笔。"① 王之春《王夫之年谱》于康熙二十三年（1684）五月条说："初五日，作《俟解题词》。"②

（二）《俟解》的主要思想

王夫之《俟解》整篇论"流俗"之恶，提倡成"豪杰"进而为"圣贤"的价值观。

"流俗"为何物？"营营终日，生与死俱者何事？一人倡之，千百人和之，若将不及者何心？芳春昼永，燕飞莺语，见为佳丽。清秋之夕，猿啼蛩吟，见为孤清。乃其所以然者，求食、求匹偶、求安居，不则相斗已耳；不则畏死而震摄已耳。"这就是庶民的"流俗"，即"庶民之终日营营，有不如此者乎？"这还是"贪者谋食而已"。流俗之恶："食之外有陈红贯朽无用之物，以敛怨而积之，自战国始，至秦而烈，痴迷中于人心而不可复反矣。"俗儒所为亦是一种流俗："而俗儒怠而欲速，为恶师友所锢蔽，曰何用如彼，谓之所

---

① 王夫之：《俟解》，《船山全书》第十二册，长沙：岳麓书社 1996 年版，第 487 页。

② 王之春：《王夫之年谱》，北京：中华书局 1989 年版，第 106 页。

学不杂。其惑乎异端者，少所见而多所怪，为绝圣弃智、不立文字之说以求冥解，谓之妙悟。以仁言之，且无言克复敬恕也。乃事其大夫之贤者，友其士之仁者，亦以骄惰夺其志气，谓之寡交。居处、执事、与人，皆以机巧丧其本心，谓之善于处世。以义言之，且无言精义入神也，以言餂，以不言餂，有能此者谓之伶俐。”表现之一为欲速成之病：“欲速成之病，始于识量之小。识量小，则谓天下之理、圣贤之学，可以捷径疾取而计日有得。”表现之二为“惑乎异端”：“语学而有云秘传密语者，不必更问而即知其为邪说。”“密室传心之法，乃玄禅两家自欺欺人事，学者未能拣别所闻之邪正且于此分晓，早已除一分邪惑矣。王龙溪、钱绪山天泉传道一事，乃摹仿慧能、神秀而为之，其‘无善无恶’四句，即‘身是菩提树’四句转语。”表现之三为“今之读书者，以之为饥之食、寒之衣，是以圣贤之言为俗髡、妖巫之科仪符咒也”。表现之四为“自王守溪以弱肉强食之句为邱琼山所赏拔，而其所为呼应开合、裁翦整齐之法，群相奉为大家。不知天地间要此文字何为。士风日流于靡，盖此作之俑也”。表现之五为“侮圣人之言”“自苏明允以斗筲之识，将孟子支分条合，附会其雕虫之技，孙月峰于国风、考工记、檀弓、公羊、谷梁效其尤，而以纤巧拈弄之；皆所谓侮圣人之言也。然侮其词，犹不敢侮其义。至姚江之学出，更横拈圣言之近似者，摘一句一字以为要妙，窜入其禅宗，尤为无忌惮之至”。

“能兴即谓之豪杰。”所谓“能兴”不仅只有哲学意义，应该是兴起复国反清之心，成就复我轩辕之治的伟业。《黄书·任官第五》云：“尽中区之智力，治轩辕之天下，族类强植，仁勇竞命，虽历百世而弱丧之祸消也。”①《黄书·后序》云：“悲懑穷愁，退论旃也。明明我后，逖播迁也。俟之方将，须永年也。”②

二、《俟解》注释与导读

俟解题词

所言至浅，解之良易，此愚平情[1]以求效于有志者也。然窃恐解之者希

① 王夫之：《黄书》，《船山全书》第十二册，长沙：岳麓书社 1996 年版，第 527 页。

② 王夫之：《黄书》，《船山全书》第十二册，长沙：岳麓书社 1996 年版，第 539 页。

也，故命之“俟解”，非敢轻读者而谓其不解，惧夫解者之果于不解尔。其故有三：一者，以文句解之，如嚼蜡然，而未尝解之。以己反诸其所言、所行、所志、所欲，孰与之合，孰与之离，以因是而推之以远大。此解者也，吾旦莫俟之。一者，谓汝之所言者然也，而吾之所尚者异于是，是犹进野蔌[2]于王公之前，非所甘也。虚其心，平其气，但察其与人之所以为人者离合何如，而勿曰汝能言之，未必能行之，况于我而焉用此为，则俯而从之。此解者，吾旦莫俟之。一者，则谓汝所言者陈言也，生乎今之世，善斯可矣。如汝所言，则身且不安，用且不利，吾焉能从汝哉！同此天地，同此日月，吾亦同此耳目，同此心思，一治一乱，同此世运[3]，尧、舜之世不无恶习，夏、殷之末自有贞人[4]，同污合俗，不必安身而利用，亦何为而不可自处于豪杰哉！此解者，吾旦莫俟之。甲子[5]重午[6]，船山病笔。

【注释】：

［1］平情：公允而不偏于感情。

［2］野蔌：野蔬，一种野菜。

［3］世运：指世间盛衰治乱的更迭变化。汉班彪《王命论》：“验行事之成败，稽帝王之世运。”

［4］甲子：清康熙二十三年，1684 年，王夫之 66 岁。

［5］贞人：守志不移的人。晋葛洪《抱朴子·行品》：“不改操于得失，不倾志于可欲者，贞人也。”

［6］重午：端午节的别称。

【导读】：

王夫之首先强调不以文句解之，而求解之者“推之以远大”。“远大”之意为何？很值得深思。其次，要求从人的本质即“察其与人之所以为人者离合何如”去理解而信从。最后，要求解的人应不与流俗相同，自处于豪杰，即以豪杰的眼光来解之。此“三解”之义正是对新的价值的期待。

博文约礼[1]，复礼[2]之实功也。以礼治非礼，犹谋国者固本自强而外患自辑，治病者调养元气而客邪[3]自散。若独思御患，则御之之术即患所生，专攻客邪则府脏先伤而邪传不已。礼已复而己未尽克，其以省察[4]克治自易。克己而不复礼，其害终身不瘳。玄家有炼己之术[5]，释氏为空诸所有之说[6]，皆不知复礼而欲克己者也。先儒谓“难克处克将去”。难克处蔽锢已深，未易急令降伏，欲克者但强忍耳。愚意程子言“见猎心喜[7]，亦是难克处毕竟难克”。若将古人射御师田之礼，服而习之，以调养其志气，得其比礼比乐教忠教孝者有如是之美，而我驰驱鹰犬之乐淡然无味矣，则于以克己不较易乎！颜子已于博文约礼欲罢不能，故夫子于是更教以克己，使加上一重细密细勘工夫，而终不舍礼以为对治之本。若学者始下手做切实事，则博文约礼，如饥之食、寒之衣，更不须觅严冬不寒、辟谷不饥之术。且遵圣人之教，循循不舍，其益无方，其乐无已也。

【注释】:

［1］博文约礼：广求学问，恪守礼法。《论语·雍也》：“君子博学于文，约之以礼，亦可以弗畔矣夫！”

［2］复礼：恢复礼仪。《论语·颜渊》：“克己复礼，为仁。”何晏集解引孔安国曰：“复，反也。”朱熹集注：“礼，天理之节文也。”

［3］客邪：指人体外致人疾病的各种因素。

［4］省察：检查；内省。宋苏轼《黄州安国寺记》：“间一二日辄焚香默坐，深自省察，则物我相忘，身心皆空。”明王守仁《传习录》卷上：“古人所以既说一个知，又说一个行者，只为世间有一种人，懵懵懂懂的任意去做，全不解思维省察也。”

［5］炼己之术：气功内丹术修炼方法。《悟真篇》：“若要修成九转，先须炼己持心。”意指排除杂念，集中注意力以专心练功。“炼己”又称作修心炼性等。

［6］空诸所有之说：“空诸所有”，原是禅宗偈语。意思是说着空着有，皆成系缚，识破空有，始得妙用，这就是佛家的说法。

［7］见猎心喜：《二程全书》第七卷：“明道年十六七时，好田猎。十二年，暮归，在田野间见田猎者，不觉有喜心。”

【导读】:

这一节讲如何约之以礼以及如何克己。

读史亦博文之事，而程子斥谢上蔡为玩物丧志[1]。所恶于丧志者，玩也。玩者，喜而弄之之谓。如《史记·项羽本纪》及《窦婴灌夫传》之类，淋漓痛快，读者流连不舍，则有代为悲喜，神飞魂荡而不自持。于斯时也，其素所志尚者不知何往，此之谓丧志。以其志气横发，无益于身心也，岂独读史为然哉！经亦有可玩者，玩之亦有所丧。如玩《七月》之诗[2]，则且沉溺于妇子生计、盐米布帛之中。玩《东山》之诗[3]，则且淫泆于室家嚅唲[4]、寒温拊摩之内。《春秋传》此类尤众。故必约之以礼，皆以肃然之心临之，一节、一目、一字、一句皆引归身心，求合于所志之大者，则博可弗畔，而礼无不在矣。近世有《千百年眼》[5]、《史怀》[6]、《史取》[7]诸书及屠纬真《鸿苞》[8]，陈仲淳《古文品外录》[9]之类，要以供人之玩。而李贽《藏书》[10]，为害尤烈，有志者勿惑焉，斯可与于博文之学。

【注释】：

［1］程子斥谢上蔡为玩物丧志：程子，即程颢，字伯淳，学者称明道先生，北宋理学家。谢上蔡，即谢良佐，字显道，上蔡（今属河南）人，程门弟子，学者称上蔡先生。《宋元学案》卷十四《明道学案下》："《程氏遗书》曰：良佐昔录五经语作一册，伯淳见之，谓曰'玩物丧志'。"

［2］七月之诗：指《诗经·七月》：七月流火，九月授衣。一之日觱发，二之日栗烈。无衣无褐，何以卒岁？三之日于耜，四之日举趾。同我妇子，馌彼南亩，田畯至喜。七月流火，九月授衣。春日载阳，有鸣仓庚。女执懿筐，遵彼微行，爰求柔桑。春日迟迟，采蘩祁祁。女心伤悲，殆及公子同归。七月流火，八月萑苇。蚕月条桑，取彼斧斨。以伐远扬，猗彼女桑。七月鸣鵙，八月载绩。载玄载黄，我朱孔阳，为公子裳。四月秀葽，五月鸣蜩。八月其获，十月陨萚。一之日于貉，取彼狐狸，为公子裘。二之日其同，载缵武功。言私其豵，献豜于公。五月斯螽动股，六月莎鸡振羽。七月在野，八月在宇，九月在户，十月蟋蟀，入我床下。穹窒熏鼠，塞向墐户。嗟我妇子，曰为改岁，入此室处。六月食郁及薁，七月亨葵及菽。八月剥枣，十月获稻。为此春酒，以介眉寿。七月食瓜，八月断壶，九月叔苴，采荼薪樗。食我农夫。九月筑场圃，十月纳禾稼。黍稷重穋，禾麻菽麦。嗟我农夫，我稼既同，上入执宫功。昼尔于茅，宵尔索绹，亟其乘屋，其始播百谷。二之日凿冰冲冲，三之日纳于凌阴。四之日其蚤，献羔祭韭。九月肃霜，十月涤场。朋酒斯飨，曰杀羔羊。跻彼公堂，称彼兕觥，万寿无疆。

［3］东山之诗：《诗经·豳风·东山》：我徂东山：慆慆不归；我来自东，零雨其蒙。我东曰归，我心西悲。制彼裳衣，勿士行枚。蜎蜎者蠋，烝在桑野；敦彼独宿，亦在车下。我徂东山，慆慆不归；我来自东，零雨其蒙。果赢之实，亦施于宇；伊威在室，蠨蛸在户；町畽鹿场，熠燿宵行。不可畏

也，伊可怀也。我徂东山，慆慆不归；我来自东，零雨其蒙。鹳鸣于垤，妇叹于室。洒扫穹窒，我征聿至。有敦瓜苦，烝在栗薪。自我不见，于今三年！我徂东山，慆慆不归；我来自东，零雨其蒙。仓庚于飞，熠耀其羽；之子于归，皇驳其马。亲结其缡，九十其仪。其新孔嘉，其旧如之何？

［4］嚅唲：犹窃笑。

［5］《千百年眼》：是一部史论随笔的合集。全书十二卷，511 条，其中新义纷呈，体现出作者读史"不为苟同"的风格。又大多言之有据，有些见解确如邹元标《千百年眼序》所说，"起古人相与论辩，亦必心服"。作者张燧，字和仲，明代湖南潇湘人，家中兄弟除了他大都去做生意赚钱，唯独他只喜欢读书，经史子集无不所览。他是一位博览群书的学者，勇于思考，往往能够摆脱传统思想的束缚，揭示隐微，提出异议。其父张嘉言，《湘潭县志》有传，言及次子张燧，说卒于崇祯末年。大约自明万历初年至崇祯末年，就是张燧的生活年代。《千百年眼》的成书年代为万历四十二年（1614）。

［6］《史怀》：该书十七卷，明锺惺撰。惺有《诗经图史合考》，已著录。是书上自《左传》《国语》，下及《三国志》，随事摘录，断以己见。《明史·文苑传》称，惺官南都，僦秦淮水阁读史，恒至丙夜。有所见，即笔之，名曰《史怀》，即是编也。其说虽间有创获，而偏驳者多。盖评史者精核义理之事，非掉弄聪明之事也。

［7］《史取》：该书十二卷，明贺祥撰。祥字长白，长沙人。是编凡分六类，曰《世诠》，曰《世评》，曰《经世》，曰《性行》，曰《成务》，曰《杂纪》，六类之中分子目四十有八。盖史评之流，而其体则说部类也。观其驳《孟子》益避禹子之言为无稽，称《吕氏春秋》一书与《孟子》相表里，斥严光为光武之罪人，赞丁谓为荣辱两忘之异人，皆所谓小言破道者。书中数称李贽，岂非气类相近欤。

［8］《鸿苞》：明屠隆撰。隆字长卿，一字讳真，鄞县人。万历丁丑进士，官至礼部仪制司主事。《明史·文苑传》附载《徐渭传》中。此书乃隆晚年所著，其言放诞而驳杂，又并所为杂文案牍同编入之，体例尤为饾饤。大旨耽于二氏之学，引而加于儒者之上。谓周公、孔子大而化之之谓圣，老子、释迦圣不可知之谓神。儒者言道之当然，佛氏言道之所以然。盖李贽之流亚也。

［9］《古文品外录》：该书十二卷，明陈继儒编。继儒有《邵康节外纪》，

已著录。是书选自秦、汉迄宋、元之文，大抵沿公安、竟陵之波，务求诡隽，故以品外为名。然实皆习见之文也。去取亦多乖剌，如《楚辞》仅取《天问》一篇，是何别裁乎？陈继儒（1558—1639），字仲醇，号眉公，华亭（今上海松江）人。平生著述繁丰，因《建州策》一文贬低努尔哈赤及女真族，清时遭禁。

［10］李贽《藏书》：李贽，福建泉州人。明代官员、思想家、文学家，中古自由学派鼻祖，泰州学派的一代宗师。初姓林，名载贽，后改姓李，名贽，字宏甫，号卓吾，别号温陵居士、百泉居士等。嘉靖三十一年（1552）举人，不应会试。历共城知县、国子监博士，万历中为姚安知府。旋弃官，寄寓黄安、麻城。在麻城讲学时，从者数千人，中杂妇女，晚年往来南北两京等地，被诬，下狱，自刎死。他在社会价值导向方面，批判重农抑商，扬商贾功绩，倡导功利价值，符合明中后期资本主义萌芽的发展要求。李贽著有《焚书》《续焚书》《藏书》等。

【导读】：

这一节讲如何“博文”，其重点仍以读史为例指出“必约之以礼……求合于所志之大者”。在此处还抨击了一些误人于“玩”的史评著述。

人之所以异于禽兽者，君子存之，则小人去之矣，不言小人而言庶民，害不在小人而在庶民也。小人之为禽兽，人得而诛之。庶民之为禽兽，不但不可胜诛，且无能知其为恶者，不但不知其为恶，且乐得而称之，相与崇尚而不敢逾越。学者但取十姓百家之言行而勘之，其异于禽兽者，百不得一也。营营终日，生与死俱者何事？一人倡之，千百人和之，若将不及者何心？芳春昼永，燕飞莺语，见为佳丽。清秋之夕，猿啼蛩吟，见为孤清。乃其所以然者，求食、求匹偶、求安居，不则相斗已耳；不则畏死而震摄已耳。庶民之终日营营，有不如此者乎？二气五行[1]，抟合灵妙，使我为人而异于彼，抑不绝吾有生之情而或同于彼，乃迷其所同而失其所以异，负天地之至仁以自负其生，此君子所以忧勤惕厉而不容已也。庶民者，流俗也。流俗者，禽兽也。明伦[2]、察物[3]、居仁、由义[4]，四者禽兽之所不得与。壁立万仞，止争一线，可弗惧哉！

【注释】：

［1］二气五行：二气，指阴阳二气，五行指金、木、水、火、土。

[2] 明伦：《孟子·滕文公上》：“夏曰校，殷曰序，周曰庠，学则三代共之，皆所以明人伦也。”

[3] 察物：应指“明于庶物，察于人伦”，原文出自《孟子·离娄下》，云：“舜明于庶物，察于人伦，由仁义行，非行仁义也。”

[4] 居仁由义：内心存仁，行事循义。《孟子·尽心上》：“居仁由义，大人之事备矣。”

【导读】：

此处指出人与禽兽的区别，小人、君子、庶民三者的区别。小人人禽之别做得不好，比不上君子，但仍比庶民要好，为什么呢？庶民就是流俗的代表，其为恶而不知其恶还被人称颂。对小人进行抨击有许多人做过，对庶民的害处人们却甚少了解。为此王船山提出了四种措施建立士人的精神：明伦、察物、居仁、由义。由此可看出，王夫之对流俗形成的价值观是深恶痛绝的。

以明伦言之，虎狼之父子，蜂蚁之君臣，庶民亦知之，亦能之，乃以朴实二字覆盖之，欲爱则爱，欲敬则敬，不勉强于所不知不能，谓之为率真。以察物言之，庶物之理，非学不知，非博不辨，而俗儒怠而欲速，为恶师友所锢蔽，曰何用如彼，谓之所学不杂。其惑乎异端者，少所见而多所怪，为绝圣弃智[1]、不立文字之说[2]以求冥解[3]，谓之妙悟。以仁言之，且无言克复敬恕也。乃事其大夫之贤者，友其士之仁者，亦以骄惰夺其志气，谓之寡交。居处、执事、与人，皆以机巧丧其本心，谓之善于处世。以义言之，且无言精义入神[4]也，以言餂[5]，以不言餂，有能此者谓之伶俐。鸡鸣而起，孳孳为利，谓之勤俭传家。庶民之所以为庶民者此也，此之谓禽兽。

【注释】：

[1] 绝圣弃智：弃绝聪明才智，返归天真纯朴。这是古代老、庄的无为而治的思想。《老子》第十九章：“绝圣弃智，民利百倍；绝仁弃义，民复孝慈；绿色通巧弃利，盗贼无有。”

[2] 不立文字之说：指禅家悟道，不涉文字不依经卷，唯以师徒心心相印，理解契合，传法授受。

[3] 冥解：与妙悟意相近。其根本要义在于通过人们的参禅，从而达到本心清净、空灵清澈的精神境界。

［4］精义入神：是研事物的微义，达到神妙的境地。《易·系辞下》："精义入神，以致用也。"

［5］餂：用甜言蜜语诱取、探取。《孟子》："士未可以言而言，是以言餂之也。"

【导读】：

具体分析明伦、察物、居仁、由义四个方面存在的问题。这四个方面的问题，从流俗的角度看，都是正面的评价，而王船山都予以批判。这就是将颠倒的价值观重新摆正过来。

有豪杰[1]而不圣贤者矣，未有圣贤而不豪杰者也。能兴[2]即谓之豪杰。兴者，性之生乎气者也。拖沓委顺当世之然而然，不然而不然，终日劳而不能度越于禄位田宅妻子之中，数米计薪，日以挫其志气，仰视天而不知其高，俯视地而不知其厚，虽觉如梦，虽视如盲，虽勤动其四体而心不灵，惟不兴故也。圣人以诗教以荡涤其浊心，震其暮气，纳之于豪杰而后期之以圣贤，此救人道于乱世之大权也。

【注释】：

［1］豪杰：指才能出众的人。《庄子·天下》："豪杰相与笑之曰：'慎到之道，非生人之行，而至死人之理，适得怪焉。'"《管子·七法》："收天下之豪杰，有天下之骏雄。"明末多桀骜不驯无品德修养的武人。此处豪杰应指那种有能力有武力为故国做恢复大业的人，亦即所谓乱世之英雄；他们除了有能力外还有高尚的品德。

［2］兴：从舁从同。同力共举也。起也。

【导读】：

能兴，应是暗指豪杰能超出日常生存之需而投身于民族复兴大业，所谓"纳之于豪杰而后期之以圣贤，此救人道于乱世之大权也"。这是王夫之处于宗社覆亡、天崩地裂之时对于解决现实问题的举措，亦是重建社会价值的关键。

君子小人，但争义利，不争喻不喻[1]。即于义有所未喻，必己不为小人，于利未喻，终不可纳之于君子。所不能喻利者，特其欲喻而不能，故苛察于鸡豚，疑枉于寻尺[2]，使其小有才，恶浮于桀、纣必矣。此庶民之祸所以烈于小人也。

【注释】:

[1] 君子小人，但争义利，不争喻不喻：原文出自《论语·里仁》，子曰："君子喻于义，小人喻于利。"与君子谈事情，他们只问道德上该不该做；跟小人谈事情，他只是想到有没有利可图。喻，明白，通晓，此处指使……明白。王船山在《四书笺解》卷三"喻于义章"条云："'喻'，知之深切，以言之不能及而心无不悉也。切者，君子于义，见其为身心之所必安而不可离，小人于利，亦见其为身心之所必须而不忍舍，如痛痒之在身，言不能及也。深者，委屈微细，无所不察，似不然而实然之妙，亦言不能及而心自分明也。"王船山在此强调不是明不明白，而是争"义"或争"利"。

[2] 寻尺：喻微小或微细之物。

【导读】:

王船山在此强调是否认识到"义""利"并不是最重要的，而是人们最终的行为。那些人即使企图明白"利"的重要性但他并不能争得"利"，或者说没有条件获得"利"，因此，他们只能醉心于鸡豚小事。如果他们有点才能，他们的行为所造成的恶将与桀、纣比肩。

梁惠王鸿雁麋鹿之乐，齐宣王之好乐及雪宫之乐，孟子皆以为可推而行王政。独于利则推而及于大夫士庶，其祸必至于篡杀[1]，言一及之，即如堇[2]毒之入口。此理自天子至于庶人一也。私之于己则自贼，推之于人则贼人。善推恩者，止推老老幼幼而已，非己有仳仳[3]之屋、蔌蔌之粟而推之人使有之也。禽鱼、音乐、游观，私之于己而不节，则近于禽兽。仳仳之屋，蔌蔌之粟，擅有之而置于无用之地，禽兽之所不为也。孔子言"后其食"，言"不谋食"，君子忠厚待人之词也。抑春秋之时，风俗犹淳，贪者谋食而已。食之外有陈红贯朽[4]无用之物，以敛怨而积之，自战国始，至秦而烈，痴迷中于人心而不可复反矣。欲曰人欲，犹人之欲也；积金囷粟，则非人之欲而初不可欲者也。流俗之恶至此，乃有食淡衣粗而务此者。君子有救世之心，当思何以挽之。必不可丝毫夹带于灵府[5]，尤不待言。

【注释】:

[1] 其祸必至于篡杀：《孟子梁惠王上》云：

孟子见梁惠王。王曰："叟不远千里而来，亦将有以利吾国乎？"

孟子对曰："王何必曰利？亦有仁义而已矣。王曰'何以利吾国'？大夫曰'何以利吾家'？士庶人曰'何以利吾身'？上下交征利而国危矣。万乘之国弑其君者，必千乘之家；千乘之国弑其君者，必百乘之家。万取千矣，千取百焉，不为不多矣。苟为后义而先利，不夺不餍。未有仁而遗其亲者也，未有义而后其君者也。王亦曰仁义而已矣，何必曰利？"

［2］堇：药名，即乌头，有毒。

［3］仳仳：渺小；微贱。《诗·小雅·正月》："仳仳彼有屋，蔌蔌方有谷。"毛传："仳仳，小也。"高亨注："仳仳，卑微渺小。"毛传："蔌蔌，陋也。"

［4］陈红贯朽：又作"粟红贯朽"，谓粮食霉烂，钱贯朽坏。《汉书·贾捐之传》："太仓之粟，红腐而不可食；都内之钱，贯朽而不可校。"颜师古注："粟久腐坏则色红赤也。"

［5］灵府：指心。《庄子·德充符》："故不足以滑和，不可入于灵府。"成玄英疏："灵府者，精神之宅，所谓心也。"

【导读】：

辨义利之别。王船山指出社会现实为"积金囷粟，则非人之欲而初不可欲者也"。这也是一种流俗，是社会至危的问题，所以，王船山说："君子有救世之心，当思何以挽之。"

欲速成之病，始于识量[1]之小。识量小，则谓天下之理、圣贤之学可以捷径疾取而计日有得。陆象山[2]、杨慈湖[3]以此诱天下，其说高远，其实卑陋苟简[4]而已。识量小者恒骄，夜郎王问汉孰与我大，亦何不可骄之有！苟简速成，可以快意，高深在望，且生媢忌之心[5]，终身陷溺而不知愧矣。见贤思齐而可忌乎哉！贤无穷，吾初不知有之境，贤者已至，乃至一得之善，吾且不能测其何以能然，而敢忌乎哉！见不贤而内自省，而可傲乎哉！不贤亦无穷，不贤者之所不为而已或为之，归于不贤一也，而敢傲乎哉！立身天地之间，父母生之，何以不忝[6]？终日与人酬酢，何以不疚？会其理则一，通其类则尧不足以尽善，桀不足以尽恶。不可以意度，不可以数纪，方且无有告成之日，而况于速！故学者以去骄去惰为本，识自此而充。如登高山，登一峰始见彼峰之矗立于上，远望则最上之峰早如在目，果在目也云乎哉！

【注释】：

［1］识量：识见与度量。

［2］陆象山：陆九渊，字子静，抚州金溪归政青田村（今江西省金溪县陆坊乡）人，因书斋名“存”，世称存斋先生，又因讲学于象山书院，被称为“象山先生”，学者常称其为“陆象山”。陆九渊为宋孝宗乾道八年（1172）进士，初调靖安主簿，历国子正。有感于靖康时事，便访勇士，商议恢复大略。曾上奏五事，遭给事中王信所驳，遂还乡讲学。绍熙二年（1191），升知荆门军。在任内创修军城，稳固边防，甚有政绩。绍熙三年十二月（1193 年 1 月），陆九渊逝世，年五十四。嘉定十年（1217），追谥“文安”。陆九渊为宋明两代“心学”的开山之祖，与朱熹齐名，而见解多不合。主“心（我）即理”说，言“宇宙便是吾心，吾心即是宇宙”，“学苟知道，六经皆我注脚”。明王守仁继承发展其学，成为“陆王学派”，对后世影响极大。著有《象山先生全集》。

［3］杨慈湖：字敬仲，世称慈湖先生，南宋慈溪（今浙江宁波西北）人。乾道五年（1169），进士及第，初调富阳主簿。后历任绍兴府理掾、知乐平、国子博士、著作佐郎兼兵部郎官、将作少监，实录院检讨官。曾师事陆九渊，折服本心之说，与袁燮、舒璘、沈焕，并称“甬上四先生”，或“四明四先生”。创慈湖学派，主要弟子有袁甫、冯兴宗、史弥坚、钱时、洪梦炎、陈埙、桂万荣等。他潜心研究心学，并作了进一步的发展。

［4］苟简：指苟且简略；草率简陋。语出《庄子·天运》：“食于苟简之田，立于不贷之圃。”

［5］媢忌之心：媢忌之心，嫉妒之心。媢忌，嫉妒。《新唐书·房玄龄传》：“无媢忌，闻人善，若己有之。”

［6］不忝：不辱；不愧。《孔丛子·执节》：“不忝前人，不泯祖业，岂徒一家之赐哉？”

【导读】：

指出欲速成之病始于识量小，而识量小必生骄、惰二病。欲除此病，则“故学者以去骄去惰为本，识自此而充。如登高山，登一峰始见彼峰之矗立于上，远望则最上之峰早如在目”。

不获其身易，不见其人难。《艮》[1]以一阳孤立在二阴之上，阴盛之世，其庭之人皆无足见者也，其是非鄙，其毁誉诬，其去就[2]速，其恩怨轻。苟见有其人而与之就，不屑也，流俗污世下可与同也。见有其人而与之竞，亦不屑也，其喜怒无恒，徒劳吾之喜怒而彼不受也。孤行一意，迥不与之相涉，方且忘其为非，而况或取其一得之是！鸟兽不与同群[3]，唯不见其人而已。是以笃实[4]之光辉，如泰山乔岳屹立群峰之表，当世之是非、毁誉、去就、恩怨漠然于己无与，而后俯临乎流俗污世而物莫能撄。故孔子可以笔削诛乱臣，讨贼子，而凶人不能害；孟子可以距杨、墨，斥公孙衍张仪为妾妇，而不畏其伤。不然，虽自信其皭然[5]之志操，而谦退则逢其侮，刚厉则犯其怒，皆咎府焉，唯见有人而与之为䜣[6]、与之为拒也。三代以下，惟黄叔度[7]其庶几乎！为陈寔[8]则流，为张俭[9]、石介[10]则折，皆行乎阴盛之庭而见有人也。

【注释】：

［1］《艮》：八卦之一，代表山。云："艮：艮其背，不获其身。行其庭，不见其人，无咎。"

［2］去就：离去或接近；担任官职或不担任官职；犹取舍；去留不定。

［3］鸟兽不与同群：《论语·微子》：" 夫子怃然曰：'鸟兽不可与同群，吾非斯人之徒与而谁与?'"邢昺疏："怃，失意貌。"

［4］笃实：忠诚老实；实在；坚实。语出自《易·大畜》："大畜刚健，笃实辉光，日新其德。"

［5］皭然：洁白；洁净。

［6］䜣：欣，喜。

［7］黄叔度：黄宪，字叔度，号征君。东汉著名贤士，汝南慎阳人。世贫贱，父为牛医，而宪以学行见重于时。延光元年（122），太守王龚以袁阆为功曹，举陈蕃、黄宪等为孝廉。黄宪时年十四，颍川荀叔遇之于逆旅，与语移日不能去，以之为师表，称之为颜子；同郡戴良才高倨傲，及见宪归，茫然若有失，自愧不及；周子居常云："吾时月不见黄叔度，则鄙吝之心已复生矣。"

［8］陈寔：字仲躬，颍川许县人。陈寔出身寒微，起家任都亭佐，转为督邮，迁西门亭长，四为郡功曹，五辟豫州，六辟三公，再辟大将军府。司空黄琼辟选人才，补闻喜县令，治理闻喜半岁；复除太丘长，后世称为"陈太丘"。其子陈纪、陈谌并著高名，时号"三君"。他以清高有德行，闻名于世，与钟皓、荀淑、韩韶合称为"颍川四长"。中平四年（187），陈寔在家中逝世，享年八十四。谥号文范先生，葬于郎城。王夫之在《读通鉴论》卷

八说：“一则伤宿蠹之未消，耻新猷之未展，谓中主必不可与有为，季世必不可以复挽，傲岸物表，清孤自奖，而坐失可为之机，则黄宪、徐穉、陈寔、袁闳之徒是也。”

[9] 张俭：字元节，山阳高平（今山东邹城）人。汉桓帝时任山阳东部督邮，宦官侯览家属仗势在当地作恶，张俭上书弹劾侯览及其家属，触怒侯览。党锢之祸起，侯览诬张俭与同郡二十四人共为部党。朝廷下令通缉，张俭被迫流亡。官府缉拿甚急，张俭望门投止，许多人为收留他而家破人亡。直到党锢解禁他才回到了家乡。得知消息后，大将军、三公一起征聘他，又被举荐为敦朴，公车特征，以其为少府，都为张俭所推辞。汉献帝时，百姓遭遇饥荒，张俭用尽全部财产，救活了数百人。建安初年，被征为卫尉，张俭不得已只好就任。因为曹操专权，于是闭门不出，不参与政事。一年多后，在许都去世，卒年八十四。

[10] 石介：字守道，一字公操。兖州奉符（今山东省泰安市岱岳区徂徕镇桥沟村）人，宋理学先驱。曾创建泰山书院、徂徕书院，以《易》《春秋》教授诸生，“重义理，不由注疏之说”，开宋明理学之先声。世称徂徕先生。“泰山学派”创始人。他的关于“理”“气”“道统”“文道”等论对“二程”、朱熹等影响甚大。从儒家立场反对佛教、道教，标榜王权，为宋初加强中央集权提供论据。

【导读】：

由释“艮卦”而强调不能同于流俗：“是以笃实之光辉，如泰山乔岳屹立群峰之表，当世之是非、毁誉、去就、恩怨漠然于己无与，而后俯临乎流俗污世而物莫能撄。”

《易》曰：“知鬼神之情状[1]”，然则鬼神之有情有状明矣。世之所谓鬼神之状者，仿佛乎人之状。所谓鬼神之情者，推之以凡近之情[2]。于是稍有识者，谓鬼神之无情无状，因而并疑无鬼无神。夫鬼神之状非人之状，而人之状则鬼神之状。鬼神之情非人之情，而人之情则鬼神之情。自无而之有者，神未尝有而可以有。自有而之无者，鬼当其无而固未尝无。特人视之不能见，听之不能闻耳。

【注释】：

[1] 知鬼神之情状：《周易·系辞》：“易与天地准，故能弥纶天地之道。

仰以观于天文，俯以察于地理，是故知幽明之故。原始反终，故知死生之说。精气为物，游魂为变，是故知鬼神之情状。”

［2］凡近之情：平庸浅薄之情，即庸俗平凡人的认识。

【导读】：

引《系辞》为证说明鬼神之为有。

雷者，阳气发于地中，以有光响而或凝为斧之石。斜日微雨沾苗叶，渐成形而能蠕动。于此可验神之状。汞[1]受火煎，无以覆之，则散而无有；盂覆其上，遂成朱粉。油薪爇[2]于空旷，烟散而无纤埃，密室闭窒，乃有煤墨。于此可验鬼之状。发生之气，条达循理，可顺而不可逆，神之所好者义也，所恶者不义也。焄蒿[3]凄怆，悲死而依生，鬼之所恶者不仁也，所好者仁也。于此可验神鬼之情。如谓两间之无鬼神，则亦可谓天下之无理气。气者生无从而去无迹，理者亦古人为之名而不可见、不可闻者也。司马迁曰：何知仁义，以享其利者为有德。[4]循名责实，必求其可见、可闻者以为情状，则暴气逆理，而但据如取如携[5]之利，亦何所不可哉！鬼神者，圣人知之，君子敬之，学者尽人事以事之，自与流俗之下愚媚妖妄以求福者天地悬隔，何得临下愚之滦以为高乎！

【注释】：

［1］汞：俗称水银。

［2］爇：《说文》：“然火曰爇。”

［3］焄蒿：祭祀时祭品所发出的气味。后亦用指祭祀。《礼记·祭义》：“其气发扬于上，为昭明、焄蒿、悽怆，此百物之精也，神之著也。”郑玄注：“焄谓香臭也，蒿谓气蒸出貌也。”孔颖达疏：“焄谓香臭也，言百物之气，或香或臭；蒿谓烝出貌。言此香臭烝而上出，其气蒿然也。”

［4］何知仁义，以享其利者为有德：《史记·游侠列传》：“鄙人有言曰：‘何知仁义，已飨其利者为有德。’故伯夷丑周，饿死首阳山，而文武不以其故贬之；跖、蹻暴戾，其徒诵义无穷。”

［5］如取如携：《诗·大雅·板》：“如取如携。”孔颖达疏：“言其必从君化，如携取之随人君也。”

【导读】：

以雷、汞、油等的变化证明鬼神之有，强调重点是在功用。

“明则有礼乐，幽则有鬼神[1]”，人道之通于天，天德之察乎人者也。鬼神则视不可得而见，听不可得而闻，礼乐则饥不可得而食，寒不可得而衣，亦奚用此哉！苟简嗜利之人，或托高明以蔑鬼神，或托质朴以毁礼乐，而生人之心固有所不安，于是下愚鄙野之夫，以其不安之情横出[2]而为风俗，以诬鬼神，以乱礼乐，昔苟简嗜利者激而导之也。以草野之拱箸[3]，酬酒为礼，以笳、管、筚栗、大钹、独弦及狭邪之淫哇[4]为乐，以小说，杂剧之所演，游髡、妖巫之所假说者为鬼神。如钟馗，斧首也，而谓为唐进士；张仙，孟昶像也，而谓求嗣之神；文昌，星也，而谓之梓橦；玄武，龟蛇也，而谓修行于武当，皆小说猥谈。涂关壮缪之面以朱，绘雷霆之喙以鸟，皆优人杂剧倡之。而鬼神乱于幽，礼乐乱于明，诚为可恶。乃名山大川，仅供游玩，行歌互叫，自适情欲，取野人不容昧之情而澌灭之，则忠孝皆赘疣，不如金粟之切于日用久矣。存养省察之几，临之以鬼神则严；君民亲友之分，文之以礼乐则安。所甚恶于天下者，循名责实之质朴，适情荡性之高明也。人道之存亡，于此决也。

【注释】：

［1］明则有礼乐，幽则有鬼神：语出《礼记乐记》，原文云：

大乐与天地同和，大礼与天地同节。和故百物不失，节故祀天祭地，明则有礼乐，幽则有鬼神。如此，则四海之内，合敬同爱矣。礼者殊事合敬者也；乐者异文合爱者也。礼乐之情同，故明王以相沿也。故事与时并，名与功偕。故钟鼓管磬，羽龠干戚，乐之器也。屈伸俯仰，缀兆舒疾，乐之文也。簠簋俎豆，制度文章，礼之器也。升降上下，周还裼袭，礼之文也。故知礼乐之情者能作，识礼乐之文者能述。作者之谓圣，述者之谓明；明圣者，述作之谓也。乐者，天地之和也；礼者，天地之序也。和故百物皆化；序故群物皆别。乐由天作，礼以地制。过制则乱，过作则暴。明于天地，然后能兴礼乐也。论伦无患，乐之情也；欣喜欢爱，乐之官也。中正无邪，礼之质也，庄敬恭顺。礼之制也。若夫礼乐之施于金石，越于声音，用于宗庙社稷，事乎山川鬼神，则此所与民同也。

［2］横出：充分表露；洋溢；犹滥施，滥加。

［3］拱箸：在民间，吃完饭后习惯把筷子横放在碗或碟子上，称为“拱箸”，表示“酒醉饭饱，不再进食，诸位慢用这类意思”。这个在贵族的礼仪里是不允许的。《翦胜野闻》载：“（唐肃）食讫，拱箸致恭为礼。帝问曰：

此何礼也？肃对曰：臣少习俗礼。帝怒曰：俗礼可施之天子乎？”

［4］淫哇：淫邪之声（多指乐曲诗歌）。亦指淫荡的话语。

【导读】：

通过察物而辨“鬼神”与“礼乐”之功用，揭示社会现实是“苟简嗜利之人，或托高明以蔑鬼神，或托质朴以毁礼乐，而生人之心固有所不安，于是下愚鄙野之夫，以其不安之情横出而为风俗，以诬鬼神，以乱礼乐，昔苟简嗜利者激而导之也”。

堂堂巍巍，壁立万仞，心气自尔和平。强如壮有力者，虽负重任行赤日中，自能不喘，力大气必和也。毋以箪豆[1]竿牍[2]为恩怨，毋以妇人稚子之啼笑、田夫市贩之毁誉为得失，以之守身，以之事亲，以之治人，焉往而生不平之气哉！故曰“未有小人而仁者也[3]”，卑下之必生于惨刻[4]也。学道好修之士，自命为豪杰，于此亦割舍不下，奚足以与于仁！王龙溪[5]家为火焚，其往来书牍，言之不置，平生讲良知[6]，至此躁气浮动，其所谓良知者，非良知也。夫子厩焚不问马，故恻怛[7]之心专注于人，人幸无伤，则太和自在圣人胞中，以之事亲则底豫[8]，以之立身则浩然，以之治人则天下归之，此之谓良知。

【注释】：

［1］箪豆：犹言箪食豆羹。一箪饭食，一豆羹汤。谓少量饮食。亦以喻小利。

［2］竿牍：书札。《庄子·列御寇》：“小夫之知，不离苞苴竿牍。”陆德明释文引司马彪曰：“竿牍，谓竹简为书，以相问遗。”

［3］未有小人而仁者也：语出《论语宪问》：“子曰：君子而不仁者有矣夫！未有小人而仁者也！”

［4］惨刻：凶狠刻毒。《后汉书·和帝纪》：“今秋稼方穗而旱，云雨不沾，疑吏行惨刻，不宣恩泽，妄拘无罪，幽闭良善所致。”

［5］王龙溪：明哲学家王畿，字汝中，号龙溪，学者称龙溪先生。浙江山阴（今绍兴）人。师事王守仁。嘉靖五年（1526）中会试后，不求仕进，回乡与钱德洪共同协助王守仁指导后学。王畿是王守仁的嫡传弟子。嘉靖十一年（1532）中进士，任南京职方主事，后升任南京武选郎中。不久因其学术思想为当时首辅夏言所不容而被黜。此后他往来各地讲学，在两都及吴、

楚、闽、越、江、浙等地均有讲舍，历时40余年，潜心传播王学，为王学主要传人之一。但由于他受佛教思想影响较深，致使他在传播王守仁良知说过程中，渐失其本旨而流入于禅。他在讲学时，亦往往“杂以禅机，亦不自讳也”。王畿后来被归之为“良知现成派”。

［6］良知：指天生本然，不学而得的智慧；天赋的道德观念。

［7］恻怛：哀伤，恻隐。

［8］底豫：谓得到欢乐。《孟子·离娄上》：“舜尽事亲之道，而瞽瞍底豫。”赵岐注：“底，致也。豫，乐也。”焦循正义：“致乐者，由不乐而至于乐也。”

【导读】：

指出据仁与不据仁的两种表现。

吝似俭，鄙似勤，懦似慎。吝者贪得无已，何俭之有！鄙者销磨岁月精力于农圃箪豆之中，而荒废其与生俱生之理，何勤之有！懦者畏祸而避之，躬陷于大恶而不恤，何慎之有！俭者，节其耳目口体之欲，节己而不节人。勤者，不使此心昏昧[1]偷安于近小，心专而志致。慎者，是畏其身入于非道，以守死持之而不为祸福利害所乱。能俭、能勤、能慎，可以为豪杰矣。庄生非知道者，且曰“人莫悲于心死，而身死次之[2]”，吝也、鄙也、懦也，皆以死其心者也。

【注释】：

［1］昏昧：光线昏暗，指不明事理，亦指政治黑暗。

［2］人莫悲于心死，而身死次之：意为最悲哀的莫过于人没有思想或失去自由的思想，这比人死了还悲哀。语出《庄子·田子方》：“夫哀莫大于心死，而人死亦次之。”

【导读】：

将吝、鄙、懦与俭、勤、慎联系起来看，确是王船山的一种特别之见。此处批评了世俗的俭、勤、慎的观念，给予“俭、勤、慎”以新的定义。这种定义亦即新的价值观。

凡事但适如其节，则神化不测之妙即于此。礼者，节也，“道前定则不穷[1]”，秉礼而已。圣人自有定式[2]之可学，但忽略而不知通耳。陈白沙[3]与庄定山[4]同渡江，舟中有恶少，知为两先生而故侮之，纵谈淫媟[5]，至不忍闻。定山怒形于色，回视白沙神色甚和，若不见其人、不闻其语者。定山以此服白沙为不可及。定山之怒，正也，而轻用之恶少，则君子之威亦亵。白沙抑未免有柳下不恭[6]之意，视其人如鸡犬之乱于前。不恭者君子所不由，至此而二者之用穷矣。子曰："以吾从大夫之后，不可徒行[7]"，秉周礼也。白沙已授词林，定山官主事矣，渡江自当独觅一舟，而问津于买渡之艇，使恶少得交臂而坐，遂无以处之于后，非简略之过欤！圣人不徒行，但循乎礼制之当然，而以远狎侮者即此而在。养其性情之和，不妄于喜怒，容纳愚贱，以使不得罪于君子，亦即在此。此即所谓圣而不可知也，无往而非礼焉耳。

【注释】：

［1］道前定则不穷：这里所说的"道"字，是指做人处事的法则、准则的"道"，即"礼"，也可以譬喻为开一条人行道路的道，在事先必须要有久远的准备和计划，才不会使自己的前途，走到穷途末路，或水尽山穷而无法回头的困境。《礼记·中庸》："言前定则不跲，事前定则不困，行前定则不疚，道前定则不穷。"

［2］定式：原为围棋术语，是指布局阶段双方在角部的争夺中，按照一定行棋次序，选择比较合理的着法，最终形成双方大体安定、利益大小均等的基本棋形。

［3］陈白沙：陈献章（1428—1500），明代思想家、教育家、书法家、诗人，广东唯一一位从祀孔庙的明代硕儒，主张学贵知疑、独立思考，提倡较为自由开放的学风，逐渐形成一个有自己特点的学派，史称江门学派。字公甫，号石斋，别号碧玉老人、玉台居士、江门渔父、南海樵夫、黄云老人等，因曾在白沙村居住，人称白沙先生，世称陈白沙。出生于新会都会村，10岁随祖父迁居白沙村。二十岁那年春天在童试中考中秀才，同年秋天参加乡试，考中第九名举人。正统十三年（1448）四月考中副榜进士进国子监读书。景泰二年（1451）会试落第后拜江西吴与弼为师，半年而归，居白沙里，筑阳春台，读书静坐，十年间不出户终于悟道。成化二年（1466）复游太学入京至国子监，祭酒邢让惊为真儒复出，成化十九年（1483）授翰林检讨，乞终养归，著作后被汇编为《白沙子全集》。

［4］庄定山：即庄昶（1437—1499），明代官员、学者，字孔旸，一作孔

阳、孔抃，号木斋，晚号活水翁，学者称定山先生，汉族，江浦孝义（今江苏南京浦口区东门镇）人。成化二年（1466）进士，历翰林检讨。因反对朝廷灯彩焰火铺张浪费，不愿进诗献赋粉饰太平，与章懋、黄仲昭同谪，人称翰林四谏。被贬桂阳州判官，寻改南京行人司副。以忧归，卜居定山二十余年。弘治间，起为南京吏部郎中。罢归卒，追谥文节。昶诗仿击壤集之体。撰有《庄定山集》十卷。

[5] 淫媟：放荡猥亵。

[6] 不恭：对应尊敬或崇拜的某事物缺少适当的尊敬。

[7] 以吾从大夫之后，不可徒行：语出《论语·先进》，原文云："颜渊死，颜路请子之车以为之椁。子曰：'才不才，亦各言其子也。鲤也死，有棺而无椁。吾不徒行以为之椁，以吾从大夫之后，不可徒行也。'"

【导读】：

此处讲行事必须秉礼。

罗念庵[1]殿试第一，闻报之日，自袖米赴野寺讲学，此贤于鄙夫耳。闻报之明日，即面恩拜命，乃君子出身事主之始，自当敬慎以俟，而置若罔闻，何也？名位自轻于讲习，君父则重矣。诗云，"被之僮僮，夙夜在公。[2]"妇人且虔虔[3]夙夜以待事，而况君子！念庵此等举动，自少年意气，又为阳明禅学所惑，故偏而不中如此。后来见龙溪之放纵，一意践履，自应知当时之非。凡但异于流俗，为流俗所惊叹而艳称者，皆皮肤上一重粗迹，立志深远者不屑以此自见。

【注释】：

[1] 罗念庵：罗洪先，字达夫，号念庵，汉族，江西吉安府吉水黄橙溪（今吉水县谷村）人。官员家庭出身，自幼端重，不为嬉戏，从小立志要当学者。嘉靖五年（1526），罗洪先参加乡试中举人，嘉靖八年（1529）己丑科会试，殿试第一中状元，授修撰。当时明世宗迷信道教，求长生，政治极为腐败。罗洪先看不惯朝廷的腐败，即请告归。嘉靖十八年（1539），他出任廷官，因联名上《东宫朝贺疏》冒犯世宗皇帝而被撤职。从此罗洪先离开官场，隐居山间，专心致志地考究王阳明心学，闭门谢客，默坐一榻，三年不出户。他甘于淡泊，冬练三九，夏练三伏，骑马练弓、考图观史，上至天文、礼乐、典章、阴阳、术数，下至地理、水利、边塞、战阵、攻守，无不精心探究。

［2］被之僮僮，夙夜在公：语出《诗·召南·采蘩》原文云：“被之僮僮，夙夜在公。”马瑞辰通释：“《广雅·释训》：‘童童，盛也。’《大雅》：‘祁祁如云。’祁祁，盛貌。僮僮祁祁，皆状首饰之盛，传说非也。”

［3］虔虔：恭敬貌。

【导读】：

虽不同于流俗，但为流俗所艳称的行为亦是不可取的。

生汙世[1]、处僻壤而又不免于贫贱，无高明俊伟[2]之师友相与熏陶，抑不能不与恶俗人[3]相见，其自处莫要于慎言。言之下慎，因彼所知而言之，因彼所言而言之，则将与俱化。如与仕者言则言迁除交结，与乡人言则言赋役狱讼，不知痛戒而习为固然，其迷失本心[4]，难以救药矣，守口如瓶[5]，莫此为至。吾所言非彼所欲闻，则量晴较雨，问山川，谈风物可尔。若范希文做秀才时以天下为己任，不容不询刍荛以达天下之情，然必此中莹净，不夹带一丝自家饥寒利害在内，方可出而问世。不然，且姑自爱其口。若恶俗无耻，苦相聒厌[6]，则当引咎自反，我必有以致此物之至，益加缄默，生彼之愧，勿容自恕[7]也。

【注释】：

［1］汙世：亦作“污世”。污浊混乱的世道。

［2］俊伟：形容出类拔萃的人才，有过人的才干，俊美伟大的人品。清袁赋诚《睢阳尚书袁氏家谱》：“九世枢（袁可立子），所与游皆名士，往往赋啥，滋笔立就笔，不务雕琢而浑厚俊伟，直逼少陵。”

［3］恶俗人：丑陋粗俗的人。

［4］本心：原来的心愿，亦指天生的善性；天良。

［5］守口如瓶：闭口不谈，像瓶口塞紧了一般。形容说话谨慎，严守秘密。

［6］聒厌：声音吵闹，使人厌烦。

［7］自恕：自己原谅自己。

【导读】：

此处讲人处于恶俗的环境如何才能不免于恶俗，修持心中的莹净。

庄生云，“参万岁而一成纯[1]”。言万岁，亦荒远矣，虽圣人有所不知，而何以参之！乃数千年以内，见闻可及者，天运[2]之变，物理之不齐，升降汙隆治乱之数，质文风尚之殊，自当参其变而知其常，以立一成纯之局而酌所以自处者，历乎无穷之险阻而皆不丧其所依，则不为世所颠倒而可与立矣。使我而生乎三代，将何如？使我而生乎汉、唐、宋之盛，将何如？使我而生乎秦、隋，将何如？使我而生乎南北朝、五代，将何如？使我而生乎契丹、金、元之世，将何如？则我生乎今日而将何如？岂在彼在此遂可沉与俱沉、浮与俱浮邪？参之而成纯之一审矣。极吾一生数十年之内，使我而为王侯卿相，将何如？使我而饥寒不能免，将何如？使我而蹈乎刀锯鼎镬之下，将何如？使我而名满天下，功盖当世，将何如？使我而槁项黄馘[3]，没没以死于绳枢瓮牖之中，将何如？使我不荣不辱，终天年于闾巷田畴，将何如？岂如此如彼，遂可骄、可移、可屈邪？参之而成纯之一又审矣。变者岁也，不变者一也。变者用也，不变者体也。岁之寒暄晴雨异，而天之左旋，七曜[4]之右转也一。手所持之物，足所履之地，或动或止异。而手之可以持、足之可以行也一。唯其一也，是以可参于万世。无恒之人，富而骄，贫而谄，旦而秦，暮而楚，缁衣而出，素衣而入，蝇飞蜨惊，如飘风之不终日，暴雨之不终晨，有识者哀其心之死，能勿以自警乎！

【注释】：

［1］参万岁而一成纯：语出《庄子·齐物论》，原文云：“瞿鹊子问乎长梧子曰：‘吾闻诸夫子，圣人不从事于务，不就利；不违害，不喜求，不缘道；无谓有谓，有谓无谓，而游乎尘垢之外。夫子以为孟浪之言，而我以为妙道之行也。吾子以为奚若？’长梧子曰：‘是黄帝之所听荧也，而丘也何足以知之！且女亦大早计，见卵而求时夜，见弹而求鸮炙。予尝为女妄言之，女以妄听之。奚旁日月，挟宇宙，为其吻合，置其滑涽，以隶相尊？众人役役，圣人愚芚，参万岁而一成纯。万物尽然，而以是相蕴。’”王夫之在《庄子通·知北游》中说：“‘参万岁而一成纯’，所为贵一也。众人知瞬，慧人知时，立志之人知日，自省之人知月，通人知岁，君子知终身，圣人知纯。”又云：“其知愈永，其小愈忘，哀哉！夜不及旦，晨不及晡，得当以效，而如鱼之间流淙而奋其鳞鬣也。”又云：“言之唯恐不尽，行之唯恐不极，以是为勤，以是为敏，以是为几。‘朝菌不知晦朔，蟪蛄不知春秋’，自小其年，以趋于死，此之谓心死！”

［2］天运：即宇宙各种自然现象无心运行而自动。

［3］槁项黄馘：颈项枯瘦，面色苍黄，形容不健康的容貌。槁，枯干；项，颈项；馘，脸。《庄子·列御寇》：“夫处穷闾阨巷，困窘织屦，槁项黄馘者，商之所短也。”

［4］七曜：又称七政、七纬、七耀，是七大行星的一种总称。中国古代对日（太阳）、月（太阴）与金（太白）、木（岁星）、水（辰星）、火（荧惑）、土（填星、镇星）等称为七曜，源于中国人民对远古星辰的自然崇拜。

【导读】：

王船山强调：变者岁也，不变者一也。变者用也，不变者体也。从历史演变中获得必须坚持、坚守的根本法则，是为一。永守信念应该是豪杰而圣贤之人必须做的，也是一种新的价值观。

朴之为说，始于老氏，后世习以为美谈。朴者，木之已伐而未裁者也。已伐则生理已绝，未裁则不成于用，终乎朴则终乎无用矣。如其用之，可栋可楹，可豆可俎，而抑可溷可牢，可杻可梏者也。人之生理在生气之中，原自盎然充满，条达荣茂。伐而绝之，使不得以畅茂，而又不施以琢磨之功，任其顽质，则天然之美既丧，而人事又废，君子而野人，人而禽，胥此为之。若以朴言，则唯饥可得而食、寒可得而衣者为切实有用。养不死之躯以待尽，天下岂少若而[1]人邪！自鬻为奴，穿窬为盗，皆以全其朴，奚不可哉！养其生理自然之文，而修饰之以成乎用者，礼也。诗曰，“人而无礼，胡不遄死。[2]”遄死者，木之伐而为朴者也。

【注释】：

［1］若而：若干。《左传·襄公十二年》：“夫妇所生若而人，妾妇之子若而人。”

［2］穿窬：打洞穿墙行窃。

［3］人而无礼，胡不遄死：语出《诗经·国风·鄘风》，原文云：“相鼠有皮，人而无仪。人而无仪，不死何为？相鼠有齿，人而无止。人而无止，不死何俟？相鼠有体，人而无礼。人而无礼，胡不遄死？”《尔雅·释诂》云：“遄，速也，疾也。”

【导读】：

王船山对流俗所赞赏的“朴”进行了深入的分析，指出：“天然之美既丧，而人事又废，君子而野人，人而禽，胥此为之。”“朴”不但不能作为社会所推崇的价值，而且使人陷于禽兽之行。

唯直之一字最易蒙昧[1]，不察则引人入禽兽，故直情径行[2]，礼之所斥也。证父攘羊[3]，欲直而不知直，堕此者多矣。子曰，“父为子隐，子为父隐”，隐字切难体会。隐非诬也，但默而不言，非以无作有，以皂作白，故左其说以相欺罔也，则又何害于道哉！岂独父子为然乎！待天下人，论天下事，可不言者隐而不言，又何尝枉曲直邪！父而攘羊不可证，固不待言，即令他人攘羊，亦自有证之者，假令无证之者，亦无大损，总不以天下之曲直是非揽之于己，而违其坦然自遂，付物之是非于天下公论之心。即至莅官听讼，亦以不得已之心应之。吾尽吾道，不为人情爱憎起一波澜曲折，此之谓直。隐即直也，隐而是非曲直原不于我一人而废天下之公，则直在其中矣。

【注释】：

［1］蒙昧：犹朦胧；迷糊。

［2］直情径行：凭着自己的意思径直地去做。比喻想怎么干就怎么干。《礼记·檀弓下》：“有直情而径行者，戎狄之道也。”

［3］证父攘羊：典出《论语·子路》：“叶公语孔子曰：‘吾党有直躬者，其父攘羊，而子证之。’孔子曰：‘吾党之直者异于是，父为子隐，子为父隐。直在其中矣。’”

【导读】：

辨析流俗所称道的“直”。流俗所称道的“直”不仅对社会没有益处，而且有害，故云：直情径行，礼之所斥也。这是从礼的要求，也是从社会稳定的要求来立论的。人们只管直言直行，无所顾忌，不去考虑对社会稳定的影响是不可取的，强调无论对自己的亲人还是他人，自有公论处之，不能决于自己一人。

子之于父母，去一媚字不得。臣之于君，用一智字不得。口之于味，目之于色，耳之于声，鼻之于臭，四肢之于安佚，小人之媚人也在此。而加以色之温，言之柔，其媚乃工。舜尽事亲之道，此而已矣。辱之不避，斥之不退，刑戮将加而不忧，知必无可为之理而茫昧不知止，可谓不智矣。已而以之穷困，以之躯不得全，妻子不保，不智之尤也。宁武子[1]、刘子政[2]、段太尉[3]、方正学[4]之所守，此而已矣。自非君父，则媚者小人之术，不智者下愚之自陷于阱矣。以处人之道事君父，以事君父之道事人，学术之不明，而害性情之正。故人不可以不学。

【注释】：

［1］宁武子：春秋卫大夫宁俞，谥武子。《论语·公冶长》："子曰：'宁武子，邦有道，则知；邦无道，则愚。'"邢昺疏："若遇邦国有道，则显其知谋；若遇无道，则韬藏其知而佯愚。"后以宁武子为国家有道则进用其智能、无道则佯愚以全身的政治家的典型。

［2］刘子政：刘向（约前77—前6）西汉经学家、目录学家、文学家。本名更生，字子政，沛（今江苏沛县）人。刘向是楚元王刘交四世孙。宣帝时，为谏大夫。元帝时，任宗正。因反对宦官弘恭、石显下狱，旋得释。后又因反对恭、显下狱，免为庶人。成帝即位后，得进用，任光禄大夫，改名为"向"，官至中垒校尉。曾奉命领校秘书，所撰《别录》，为我国目录学之祖。治《春秋谷梁传》。据《汉书·艺文志》载，刘向有辞赋33篇，今仅存《九叹》一篇。今存《新序》《说苑》《列女传》等书，《五经通义》有清人马国翰辑本。原有集，已佚，明人辑为《刘中垒集》。

［3］段太尉：段秀实（719—783），字成公，陇州汧阳（今陕西千阳）人，幼读经史，稍长习武，历任安西府别将、陇州大堆府果毅、绥德府折冲都尉。安史之乱后，授泾州刺史兼御史大夫，四镇北庭行军泾原郑颍节度使，封张掖郡王，总揽西北军政，任内吐蕃不敢犯境，使百姓安居乐业。后加封检校礼部尚书，不久因杨炎进谗贬司农卿，调回长安。泾原兵变时，当庭勃然而起，以笏板击朱泚，旋即被杀。被赞叹道："自古殁身以卫社稷者，无有如秀实之贤。"

［4］方正学：即方孝孺（1357—1402），明代大臣，著名学者、文学家、散文家、思想家，字希直，一字希古，号逊志，曾以"逊志"名其书斋，蜀献王替他改为"正学"，因此世称"正学先生"。福王时追谥文正。浙江宁海人，宁海古代称缑城，故时人称其为"缑城先生"。师从"开国文臣之首"的翰林学士（正五品）宋濂。著作收入《逊志斋全集》。历任陕西汉中府学教授（从九品1392—1398），翰林侍讲（正六品1398—1399），侍讲学士（从五品，1399—1400），直至按照《周礼》更定官制，将侍讲学士和侍读学士（皆为从五品）合并为文学博士，并升任文学博士（正五品，1400—1402）。建文年间（1399—1402）担任建文帝的老师，主持京试，推行新政。在"靖难之役"期间，拒绝为篡位的燕王朱棣草拟即位诏书，刚直不屈，孤忠赴难，

被诛10族。一门死难者总计873人，全部被凌迟处死，入狱及充军流放者达数千。

【导读】：

王船山强调人必须“学”，学什么呢？学“孝”、学“忠”，“孝”而近媚，“忠”而近不智。

语学而有云秘传密语者，不必更问而即知其为邪说。“夫子之言性与天道不可得而闻”，待可教而后教耳。及其言之，则亦与众昌言，如呼曾子而告一以贯之，则门人共闻，而曾子亦不难以忠恕注破，固夫子之所雅言也。密室传心之法[1]，乃玄禅两家自欺欺人事，学者未能拣别所闻之邪正且于此分晓，早已除一分邪，惑矣。王龙溪、钱绪山[2]天泉传道[3]一事，乃摹仿慧能、神秀而为之，其“无善无恶”四句[4]，即“身是菩提树”四句[5]转语。附耳相师，天下繁有其徒，学者当远之。

【注释】：

［1］密室传心之法：出处《六祖大师法宝坛经·行由品》：“法则以心传心，皆令自悟自解。”此处指秘密传承。

［2］钱绪山：钱德洪（1496—1574），本名宽，字德洪，后以字行，改字洪甫，号绪山，学者称绪山先生，浙江余姚人。绪山与王龙溪（名畿，字汝中，号龙溪，1498—1583）同为阳明门下高弟，阳明归越后来学者甚众，阳明命先见绪山与龙溪，称教授师。

［3］天泉传道：称天泉证悟，亦称“天泉证道”，指明王守仁在浙江会稽天泉桥上与大弟子钱德洪、王畿就“四句教”的师徒对话。嘉靖六年（1527）九月，守仁受命征思田。行前夜坐天泉桥上，钱、王以所见请益，他指出二人见解，“相资为用，不可各执一边”。并谓：“吾教法原有此两种。四无之说为上根人立教，四有之说为中根以下人立教。上根者，即本体便是工夫，顿悟之学也。中根以下者，须用为善去恶工夫，以渐复其本体也。”（《明儒学案·浙中王门学案二》）此段回答被王门称为“天泉证道”。孙奇逢《理学宗传》称之为“天泉证悟之论”。

［4］“无善无恶”四句：指明代著名哲学家王阳明（王守仁）用来表述自己思想精华的四句话，即“无善无恶心之体，有善有恶意之动，知善知恶是良知，为善去恶是格物”。

［5］“身是菩提树”四句：禅宗公案谓惠能所作偈曰：“菩提本无树，明镜亦非台，本来无一物，何处惹尘埃。”王船山在《读通鉴论》中云：“自晋以后，清谈之士，始附会之以老、庄之微词，而陵蔑忠孝、解散廉隅之说，始熺然而与君子之道相抗。唐、宋以还，李翱、张九成之徒，更诬圣人性天之旨，使窜入以相乱。夫其为言，以父母之爱为贪痴之本障，则既全乎枭獍之逆，而小儒狂惑，不知恶也，乐举吾道以殉之。于是而以无善无恶、销人伦、灭天理者，谓之良知；于是而以事事无碍之邪行，恣其奔欲无度者，为率性而双空人法之圣证；于是而以廉耻为桎梏，以君父为萍梗，无所不为为游戏，可夷狄，可盗贼，随类现身为方便。无一而不本于庄生之绪论，无一而不印以浮屠之宗旨。”

【导读】：

“秘传密语”“附耳相师”是当时思想界盛传之事，王船山认为此事扰乱了士人的思想，是极不可取的。

无誉者，圣人之直道，而曲成天下之善即在于此。誉则有过情之言，因而本无此坚僻[1]之志者，以无知者之推崇而成乎不肯下之势，则力护其名而邪淫必极。如阳明抚赣以前，举动俊伟[2]，文字谨密，又岂人所易及！后为龙溪、心斋、绪山、萝石辈推高，便尽失其故吾。故田州之役[3]，一无足观。使阳明而早如此，则劾刘瑾、讨宸濠，事亦不成矣。盖斥奸佞、讨乱贼，皆分别善恶事，不合于无善、无恶之旨也。翕然[4]而为人所推奖，乃大不幸事。孔子自颜子无言不说，子贡力折群毁外，他弟子皆有疑而相助之意，不失其訚訚、侃侃、行行[5]之素。固当时人才之盛，亦圣人之熏陶学者，别是一种气象，自不至如蜂之绕王，薨薨[6]扇羽也。况德未立，学未成，而誉言至乎！闻誉而惧，庶几免夫！

【注释】：

［1］坚僻：固执怪僻。

［2］俊伟：卓异壮美，杰出的人才。

［3］田州之役：嘉靖六年（1527）五月，朝廷命王守仁以原官兼任都察院左都御史，前往广西征讨思恩、田州之乱。嘉靖七年（1528）二月，王守仁采用招抚方式平息了思恩、田州首长卢苏、王受之乱，安抚其众7万余人。然后，他兴建了思田学校、南宁学校，推行社会教化，加强封建伦理道德教

育。七月，王守仁本可班师回朝，但他被效忠朝廷的“良知”驱动，认为八寨、断藤峡两地长期未能镇压下去的僮囗族起义军是一大祸患，于是不待诏命，自动移师广西一举剿灭。王守仁去世之后，礼部尚书兼翰林学士桂萼奏其擅离职守，处理思、田、八寨之乱恩威倒置，又低其擒濠军功冒滥，谤其“事不师古，言不称师，欲立异以为高”，“宜免追夺伯爵以章大信，禁邪说以正人心”。

［4］翕然：一致的样子。

［5］訚訚、侃侃、行行：语出《论语·先进》：“闵子侍侧，訚訚如也；子路，行行如也；冉有、子贡，侃侃如也。子乐。‘若由也，不得其死然。’”

［6］薨薨：众虫齐飞声。《诗·周南·螽斯》：“螽斯羽，薨薨兮。”

【导读】：

以王阳明为例指出学者应“闻誉而惧”。

天地既命我为人，寸心未死，亦必于饥不可得而食、寒不可得而衣者留吾意焉。圣贤之言，皆不可食、不可衣者也。今之读书者，以之为饥之食、寒之衣，是以圣贤之言为俗髡[1]、妖巫之科仪[2]符咒[3]也。哀哉！

【注释】：

［1］俗髡：指和尚。

［2］科仪：道教术语，指道教道场法事。

［3］符咒：道家的符咒咒语，就是起源于古时的巫祝。道家的咒语在东汉时期较为盛行，并且与符有密切的关系，画符时要念咒语，用符时也有咒语，做一切法都有一定的咒语。咒语成为施法者精诚达意、发自肺腑的声音，才能保证一切法术的奏效。祈祷时，咒语都是一些赞颂神灵和祈诉如愿之词；治病时，咒语是要求法术显灵百病俱消等辞；修炼时，咒语多为安神、定意澄心及要求神灵帮助等语。道家的咒语每句结尾一般都有“急急如律令”一语。

【导读】：

指出明代的读书人把圣贤之言当作宗教工具是可悲的。

王介甫以经义易诗赋，其意良善，欲使天下之为士者自习于圣贤之言，虽未深造，而心目之间常有此理作镜中之影，以自知妍媸而饰之。自王守溪[1]以弱肉强食之句为邱琼山[2]所赏拔，而其所为呼应开合、裁翦整齐之法，群相奉为大家。不知天地间要此文字何为。士风日流于靡，盖此作之俑也。子曰：“辞达而已矣。”有意不达，达而不已，拙也。无意可达，惟言是饰，是谓言不由衷。王守溪、薛方山[3]之经义，何大复[4]、王元美[5]之诗，皆无意可达者也。为士于今日，不能不以此为事，能达其意，如顾泾阳[6]可矣。黄石斋[7]之文狂，黄蕴生[8]之文狷，殆其次乎！

【注释】：

［1］王守溪：王鏊（1450—1524），字济之，号守溪，晚号拙叟，学者称震泽先生，吴县（今江苏苏州）人。十六岁时国子监诸生即传诵其文，成化十一年（1475）进士。授编修，弘治时历侍讲学士，充讲官，擢吏部右侍郎，正德初进户部尚书、文渊阁大学士。博学有识鉴，有《姑苏志》《震泽集》《震泽长语》。

［2］邱琼山：邱浚，字仲深，号琼山，别署赤玉峰道人。广东琼山人。景泰五年（1454）进士，历官翰林院编修、侍讲、国子祭酒、礼部尚书、加太子太保兼文渊阁大学士、户部尚书、武英殿大学士。谥号文庄。邱浚宦途顺利，地位显赫，精于子史，推崇理学。他的传奇戏曲创作，多宣扬封建道德。所撰《五伦全备忠孝记》。

［3］薛方山：薛应旗，明朝学者、藏书家，字仲常，号方山，今江苏省常州市武进区横林镇余巷村人。

［4］何大复：何景明，字仲默，号白坡，又号大复山人，信阳（今属河南省）人。自幼聪慧，八岁能文，弘治十五年（1502）中进士，授中书舍人。正德初，宦官刘瑾擅权，何景明谢病归。刘瑾诛，官复原职。官至陕西提学副使。是明代“文坛四杰”中的重要人物，也是明代著名的“前七子”之一，与李梦阳并称文坛领袖。其诗取法汉唐，一些诗作颇有现实内容。性耿直，淡名利，对当时的黑暗政治不满，敢于直谏，曾倡导明代文学改革运动，著有辞赋 32 篇，诗 1560 首，文章 137 篇。

［5］王元美：王世贞，字元美，号凤洲，又号弇州山人，明代南直隶苏州府太仓州人。王世贞十七岁中秀才，十八岁中举人，二十二岁中进士，先后任职大理寺左寺、刑部员外郎和郎中、山东按察副使青州兵备使、浙江左参政、山西按察使，万历时期出任过湖广按察使、广西右布政使、郧阳巡抚，后因恶张居正被罢归故里。张居正死后，王世贞起复为应天府尹、南京兵部

侍郎，累官至南京刑部尚书，卒赠太子少保。王世贞与李攀龙、徐中行、梁有誉、宗臣、谢榛、吴国伦合称“后七子”。李攀龙死后，王世贞独领文坛二十年，著有《弇州山人四部稿》《弇山堂别集》《嘉靖以来首辅传》《觚不觚录》等。

［6］顾泾阳：顾宪成，字叔时，号泾阳，无锡泾里（今无锡锡山区张泾镇）人，因创办东林书院而被人尊称“东林先生”，也是东林党的创始人之一。顾宪成自幼好学，常夜读达旦。万历四年（1576），举乡试第一，万历八年（1580）成进士。天启初年，赠太常卿。后来东林党争爆发，被魏忠贤阉党削官。崇祯初年获得平反，赠吏部右侍郎，谥号端文。著有《小心斋札记》18 卷、《毗陵人物志》9 卷、《顾端文遗书》等。

［7］黄石斋：黄道周，字幼玄，一作幼平或幼元，又字螭若、螭平、幼平，号石斋，福建漳浦铜山（现东山县铜陵镇）人。天启二年（1622）进士，深得考官袁可立赏识，历官翰林院修撰、詹事府少詹事。南明隆武时，任吏部兼兵部尚书、武英殿大学士（首辅）。抗清失败，被俘殉国，谥忠烈。

［8］黄蕴生：黄淳耀，初名金耀，字蕴生，一字松厓，号陶庵，又号水镜居士，南直隶苏州府嘉定（今属上海）人。曾组“直言社”，崇祯十六年（1643）成进士，归益研经籍。清顺治二年（1645），嘉定人抗清起义，与侯峒曾被推为首领。城破后，与弟黄渊耀自缢于馆舍。能诗文，有《陶庵集》。

【导读】：

指出明代士人多写一些空洞的文字，形成不好的文风。

“侮圣人之言[1]”，小人之大恶也。自苏明允[2]以斗筲[3]之识，将孟子支分条合[4]，附会其雕虫之技，孙月峰[5]于《国风》《考工记》《檀弓》《公羊》《谷梁》效其尤，而以纤巧拈弄之；皆所谓侮圣人之言也。然侮其词，犹不敢侮其义。至姚江之学[6]出，更横拈圣言之近似者，摘一句一字以为要妙，窜入其禅宗，尤为无忌惮之至[7]。读《五经》《四书》，但平平读去，涵泳[8]中自有无穷之妙。心平则敬，气平则静，真如父母师保[9]之临其上，而何敢侮之有！

【注释】：

［1］侮圣人之言：《论语季氏》：孔子曰：“君子有三畏：畏天命，畏大人，畏圣人之言。小人不知天命而不畏也，狎大人，侮圣人之言。”

［2］苏明允：苏洵，北宋散文家。与其子苏轼、苏辙合称“三苏”，均被列入“唐宋八大家”。字明允，号老泉。眉州眉山（今属四川）人。应试不举，经韩琦荐任秘书省校书郎、文安县主簿。长于散文，尤擅政论，议论明畅，笔势雄健。有《嘉佑集》。苏洵曾批注过《孟子》，今有《宋苏洵苏老泉批评孟子真本两卷》存世。

［3］斗筲：因斗和筲都是很小的容器，比喻气量狭小和才识短浅。

［4］支分条合：琐碎的分合或分析、概括。

［5］孙月峰：名矿，字文融，号月峰，余姚横河镇孙家境村（今属慈溪市）人。孙月峰用其毕生精力，批注百家，自成一言。如《评史记》《评史书》《评韩非子》《评公羊传》《评经》《今文选》及《朱订西厢记》等，均产生过很大影响，并有《孙月峰全集》12 卷风行一时，并且流传至今。

［6］姚江之学：亦称阳明学派，创始人为明代大儒王守仁，因其曾筑室于故乡阳明洞中，世称阳明先生，故称该学派为阳明学派。该学派提倡“心即理”“知行合一”“致良知”等学说，后分化为浙中王学、江右王学、泰州王学等七派。阳明学派是明朝中晚期思想学术领域中的一个著名流派，其学说是明朝中晚期的主流学说之一，后传于日本，对日本及东亚都有较大影响。

［7］无忌惮之至：犹言肆无忌惮，非常放肆，一点没有顾忌。《礼记·中庸》：“仲尼曰：‘君子中庸，小人反中庸。君子之中庸也君子而时中，小人之中庸也，小人而无忌惮也。’”

［8］涵泳：浸润；沉浸。深入领会。

［9］师保：古时任辅弼帝王和教导王室子弟的官，有师有保，统称“师保”。泛指老师。

【导读】：

王船山指出士人中多有篡改圣人之言的现象发生，强调读经书平平去读即可，不要标新立异，曲解原著。

陶渊明“读书但观大意[1]”。盖自汉以后，注疏家琐琐训诂，为无益之长言，如昔人所诮“曰若稽古”四字释至万余言，如此者不得逐之以泛滥失归。陶公善于取舍，而当时小儒惊为迥异。乃此语流传，遂为慵惰疏狂者之口实。韩退之谓“尔雅注虫鱼[2]”为非磊落人，而其讥荀、扬择不精、语不详，则自矜磊落者必至之病。读书者以对父母师保之心临之，一謦欬[3]、一欠伸[4]

皆不敢忽，而加以视于无形、听于无声之情，将顺于意言之表，方可谓畏圣人之言。以疏慵[5]之才而效陶公，自命为磊落，此之谓自暴。

【注释】：

［1］读书但观大意：语出陶渊明《五柳先生传》，原文云："好读书，不求甚解；每有会意，便欣然忘食。"

［2］尔雅注虫鱼：原语出韩愈诗《读皇甫公安园池诗书其后二首》："《尔雅》注虫书，定非磊落人。"又苏轼《过文觉显公房》诗云："斓斑碎玉养菖蒲，一勺清泉满石盂。净几明窗书小楷，便同尔雅注虫鱼。"

［3］謦欬：指咳嗽声，引申为言笑。

［4］欠伸：疲倦时打呵欠、伸懒腰。

［5］疏慵：疏懒；懒散。

【导读】：

读书观大意不可，琐细读之亦不可，以敬畏之心读之才可。

"唯仁者能好人，能恶人[1]"。苟仁未熟而欲孤行，其好恶也必僻，则必有所资以行吾好恶者。与君子处，则好君子之好，恶君子之恶。与小人处，则好小人之好，恶小人之恶。又下而与流俗顽鄙者[2]处，则亦随之以好恶矣。故友善士者，自乡国天下以及于古人，所谓"以友辅仁"也，谓引吾好恶之情而扩充吾善善恶恶之量也。

【注释】：

［1］唯仁者能好人，能恶人：语出《论语·里仁》："子曰：'唯仁者能好人，能恶人。'"

［2］顽鄙者：愚钝鄙陋的人。

【导读】：

与君子处才能行仁，才能有正确的好恶。

君子之怀刑[1]者，常设一圣王在上、良有司奉法惟谨之象于衰乱之世，则其所必不可为者见矣。乱世末俗之所谓不可为者，有可为者也，其所可为者，多不可为者也。出乎刑者入乎礼，岂惴惴然[2]趋利避害之谓乎！

【注释】：

［1］君子之怀刑：语出《论语·里仁》，原文云："子曰：'君子怀德，

小人怀土；君子怀刑，小人怀惠。’”

［2］惴惴然：形容因害怕或担心而不安。

【导读】：

王船山强调不仅要畏刑罚而且要遵礼法，不是为了趋利避害。

“毋友不如己者[1]”，安所得必胜己者而友之！必求胜己，则友孤矣。恒人之病，乐友不如己者以自表暴[2]，而忌胜己者不与之友，故切以为戒。人之气质，互有胜劣，动静敏迟，刚柔俭博，交相为胜。忌其相胜，则取近己之偏者而与友，近己之偏则固不如己矣。以其动振己之静，以其静节己之动，以其刚辅己之柔，以其柔抑己之刚，以其敏策己之迟，以其迟裁己之敏，以其俭约己之博，以其博益己之俭，则虽贤不如己而皆胜己者矣。凡见为如己者，皆不如己者也。从己之偏，己既有一偏之长矣，彼无能益而相奖以益偏，此之谓不如己。

【注释】：

［1］毋友不如己者：语出《论语·学而》，云：子曰：“君子不重则不威，学则不固。主忠信。无友不如己者。过则勿惮改。”

［2］表暴：亦作“表襮”，自炫。暴露；显露。

【导读】：

王船山强调交友不一定要交那种胜过自己的人，比自己差的人也可以相交，要以彼之长补己之短。

守其所见而不为违心之行，亦可谓之信，忘乎己而一于理之谓诚，故曰：“言不必信[1]”，一于理也。朱子谓：“众人之信，只可唤作信，未可唤作诚。[2]”盖流俗之所谓诚者，皆不必之信。天下之物理无穷，已精而又有其精者，随时以变而皆不失其正，但信诸己而即执之，如何得当！况其所为信诸己者，又或因习气，或守一先生之言，渐渍而据为己心乎！

【注释】：

［1］言不必信：语出《孟子·离娄》，原文云：“大人者，言不必信，行不必果，惟义所在。”

［2］众人之信，只可唤作信，未可唤作诚：语出《朱子家训》，原文云：“诚是自然的实，信是做人的实。故曰：‘诚者，天之道，’这是圣人之信。若

众人之信，只可唤作信，未可唤作诚。”

【导读】：

解释“信”与“诚”，强调要“一于理”。

人之所为，万变不齐，而志则必一，从无一人而两志者。志于彼又志于此，则不可名为志，而直谓之无志。天下之事，无不可行吾志者，如良医用药，温凉寒熟俱以攻病，必欲病之愈者，志也。志正则无不可用，志不持则无一可用。婞婞然[1]一往必伸者，介然之气[2]也。气则有伸有屈，其既必迁。以此为志，终身不成。

【注释】：

［1］婞婞然：忿恨不平的样子。

［2］介然之气：不安之气。介然，专一，坚正不移；亦指心有所不安；耿耿于怀。

【导读】：

强调立志的重要。

学易而好难，行易而力难，耻易而知难。学之不好，行之不力，皆不知耻而耻其所不足耻者乱之也。不学不行者有矣，人未有一无所耻者，乞人与有之。自恶衣恶食[1]、宫室之不美、妻妾之不奉，所识穷乏者之不得我，至于流俗之毁誉，污世之好尚，皆足以动人之耻心。抑有为害最大而人不知者，师友之规谏，贤智之相形[2]，不以欣然顺受企慕之心承之，而愤怍掩覆[3]，若唯恐见之，唯恐闻之，此念一蒙，则虽学而非其好，虽行而必不力，乐与谗谄面谀之人交，而忌媢[4]毁谤，以陷溺于不肖之为，皆无所不至。故耻必知择，而后可谓之有耻。

【注释】：

［1］恶衣恶食：指粗劣的衣服和食物。恶，粗劣的。《论语·里仁》：“士志于道，而耻恶衣恶食者，未足与议也。”

［2］相形：指互相衬托显现；互相比较。

［3］愤怍掩覆：愤怒惭愧并加以掩盖、掩饰。

［4］忌媢：妒忌。

【导读】:

强调知耻必择的重要性。

直而济之以慎，乃非证父攘羊之直。慎而用之于直，乃非容头过身[1]之慎。道听之，涂说之，闻善则誉之，闻不善则毁之，纵心纵口，无忌惮而为小人，直之贼也，惟不慎也。欲进而不敢进，欲退而不敢退，无取怨于人之道而犹畏人之怨己，无不可伸志之为而犹隐忍而不敢为，慎之贼也，唯不直也。一失足于流俗，则终身之耻不可洒，一得罪于清议[2]，则百行不能掩其非，如之何不慎！慎者，慎吾之不直也。惟恐不直，则惟恐不慎。直而不慎，则为似忠信之乡原[3]。慎而不直，则为患得失之鄙夫[4]。将以免尤悔[5]，幸而免焉，鬼神谪之，况其不能免乎！

【注释】:

［1］容头过身：意思是只要头容得下，身子就过得去。比喻得过且过。

［2］清议：公正的评论。古时指乡里或学校中对官吏的批评。东汉后期，官僚士大夫中出现了一种品评人物的风气，称为“清议”。这些官僚士大夫以太学为中心，希望通过“清议”，表达自己对现实统治的不满，希望引起统治者的重视，来挽救外戚和宦官专权下走向覆灭的东汉王朝。

［3］乡原：即“乡愿”。指乡里中言行不一、伪善欺世的人。引申为见识浅陋、胆小无能之人，今多作“伪君子”之代称。《论语·阳货》：“乡原，德之贼也。”

［4］鄙夫：庸俗浅陋的人。《论语·子罕》：“有鄙夫问于我，空空如也。”

［5］尤悔：意思是过失与悔恨。

【导读】:

王船山阐述如何正确理解“直”与“慎”的关系。

忽然一念横发[1]，或缘旧所爱憎，或驰逐于物之所攻取，皆习气暗中于心而不禁其发者。于此而欲遏抑之，诚难。如见人食梅，则涎流不能自禁，若从未尝食梅者，涎必不流。故天下之恶，以不闻为幸。闻之而知恶之，亦是误嚼乌喙，以药解之。特不速毙，未尝不染其毒。亲正人，远宵小，庶几免夫！若莅官听讼，不容已于闻人之恶，乃《易》曰“无留狱[2]”，曾子曰

“勿喜”[3]，非止矜恤之，亦以天下千条万绪之恶不堪涵泳也。

【注释】：

［1］横发：突然发生。

［2］无留狱：语出《易经》，原文：《象》曰：山上有火，旅。君子以明慎用刑，而不留狱。

［3］曾子曰“勿喜”：典出《论语·子张》，原文云：“孟氏使阳肤为士师，问于曾子。曾子曰：‘上失其道，民散久矣。如得其情，则哀矜而勿喜。’”

【导读】：

染习气就会染人之恶。王夫之在《示侄孙生蕃》中说：“俗气如糯糊，封令心窍闭。俗气如岚疟，寒往热又至。俗气如炎蒸，而往依坑厕。俗气如游蜂，痴迷投窗纸。”

末俗有习气[1]，无性气[2]。其见为必然而必为，见为不可而不为，以婞婞然自任者，何一而果其自好自恶者哉！昔习闻习见而据之，气遂为之使者也。习之中于气，如瘴[3]之中人，中于所不及知，而其发也，血气皆为之懑涌[4]。故气质之偏，可致曲也，嗜欲之动，可推以及人也，惟习气移人为不可复施斤削[5]。呜呼！今之父教其子，兄教其弟，师友之互相教者，何一而非习气乎！苟于事已情定之际，思吾之此心此气，何自而生？见为不可已者，果不可已乎？见为可不顾者，果可不顾乎？假令从不闻此，从不见此，而吾必不可不如此乎？吾所见、所闻者，其人果可以千古、可以没世乎？则知害之所自中矣。吾性在气之中，气原以效性之用，而舍己以为天下用，是亦可以悔矣。如其不能自觉，则日与古人可诵之诗、可读之书相为浃洽，而潜移其气，自有见其本心之日昧者。不知者曰：“吾之性气然也”，人亦责之曰：“其性气偏也”。呜呼！吾安得性中之生气而与之乎！

【注释】：

［1］习气：习惯；习性。后多指逐渐形成的不良习惯或作风。宋苏轼《再和潜师》：“东坡习气除未尽，时复长篇书小草。”

［2］性气：指性情脾气，亦指志气。朱熹《总论为学之方》：“不带性气底人，为僧不成，为道不了。”

［3］瘴：指南方山林中湿热蒸郁能致人疾病的有毒气体，多指是热带原

始森林里动植物腐烂后生成的毒气。

［4］滃涌：烦闷喷发。

［5］斤削：是指以斧砍削。

【导读】：

指出习气的危害，强调要读古人之诗、书，移自己之习气。王夫之在《示侄孙生蕃》中说："忘却人间事，始识书中字。识得书中字，自会人间事。"

"伯夷隘，柳下惠不恭，君子不由[1]"，君子之所耻如此其大也。圣人之瑕，且耻由之矣。降而为天下之善士，有不足者，耻与之同；降而一国之善士，耻与之同其失；降而一乡之善士，耻与之同其失；止矣。若夫人之与我不同类，其卑陋[2]颠倒之为，屑屑然[3]以之为戒，则将以幸不为彼之为而自足。呜呼！吾之生也而仅异于彼乎！人之大小，自截然分为两涂，如黑白之不相杂。舍其黑而求全于白之中，雪也，玉也，且于雪、玉有择焉，而但求白之异于黑乎！"三人行，择其不善而改之[4]"，圣人之大用，非尔所及也。

【注释】：

［1］伯夷隘，柳下惠不恭，君子不由：语出《孟子公孙丑上》，原文云：

孟子曰："伯夷，非其君不事，非其友不友。不立于恶人之朝，不与恶人言；立于恶人之朝，与恶人言，如以朝衣朝冠坐于涂炭。推恶恶之心，思与乡人立，其冠不正，望望然去之，若将浼焉。是故诸侯虽有善其辞命而至者，不受也。不受也者，是亦不屑就已。柳下惠，不羞污君，不卑小官；进不隐贤，必以其道；遗佚而不怨，厄穷而不悯。故曰：'尔为尔，我为我，虽袒裼裸裎于我侧，尔焉能浼我哉？'故由由然与之偕而不自失焉，援而止之而止。援而止之而止者，是亦不屑去已。"

孟子曰："伯夷隘，柳下惠不恭。隘与不恭，君子不由也。"

［2］卑陋：平庸浅陋。

［3］屑屑然：介意的样子。

［4］三人行，择其不善而改之：语出《论语·述而》，云：子曰："三人行，必有我师焉。择其善者而从之，其不善者而改之。"

【导读】：

人与人相交时，要择善而从，择不善而改。

法语之言[1]而从，巽与之言[2]而说，即不绎[3]、不改之心也。法言而能说，巽言而能从，说而后改，从而后绎，闻教之下，移易其情则善矣。巽言而说者，好谀之心也。法言而从者，无耻之耻也。待言而生改过迁善之心，已末矣，况但以声音笑貌而易其情乎！

【注释】：

［1］法语之言：语出《论语·子罕》，云："子曰：'法语之言，能无从乎？改之为贵。巽与之言，能无说乎？绎之为贵。说而不绎，从而不改，吾末如之何也已矣。'"法，指礼仪规则。这里指以礼法规则正言规劝。

［2］巽与之言：《论语·子罕》："子曰：'法语之言，能无从乎？改之为贵。巽与之言，能无说乎？绎之为贵。说而不绎，从而不改，吾末如之何也已矣。'"巽，恭顺，谦逊。与，称许，赞许；这里指恭顺赞许的话。

［3］绎：引出头绪，寻求事理。

【导读】：

改过迁善应在别人的言语指出之前。

孟子言性，孔子言习。性者天道，习者人道。《鲁论》[1]二十篇皆言习，故曰"性与天道不可得而闻也[2]"。已失之习而欲求之性，虽见性且不能救其习，况不能见乎！《易》言"蒙以养正，圣功也[3]"。养其习于童蒙，则作圣之基立于此。人不幸而失教，陷入于恶习，耳所闻者非人之言，目所见者非人之事，日渐月渍于里巷村落之中，而有志者欲挽回于成人之后，非洗髓伐毛[4]，必不能胜。恶他人之恶，不如恶在我。昔日之所知、所行、所闻、所见，高洋治乱丝[5]，拔刀斩之，斯为直截。但于其中拣择可为、不可为，而欲姑存以便所熟习，终其身于下愚而已。

【注释】：

［1］鲁论：即《鲁论语》。《论语》的汉代传本之一。相传为鲁人所传，是今本《论语》的来源之一。

［2］性与天道不可得而闻也：《论语·公冶长篇》中所载子贡之语：夫子之文章，可得而闻也；夫子之言性与天道，不可得而闻也。

［3］蒙以养正，圣功也：指从童年开始，就要施以正确的教育。出处《易·蒙》："蒙以养正，圣功也。"王夫之《张子正蒙注·自叙》云："谓之《正蒙》者，养蒙以圣功之正也。圣功久矣，大矣，而正之惟其始。蒙者，知

之始也。孟子曰：‘始条理者，智之事也。’其始不正，未有能成章而达者也。”

［4］洗髓伐毛：清洗骨髓，削除毛发。比喻彻底涤除自身的污秽。有脱胎换骨的意思。

［5］高洋治乱丝：齐文宣帝高洋，字子进，鲜卑名侯尼干，原籍渤海蓨县（今河北景县），北齐神武帝高欢次子，文襄帝高澄同母弟，孝昭帝高演、武成帝高湛同母兄，母亲为娄昭君。高洋之父高欢任东魏丞相时，他想测试几个儿子的智力，给每个儿子发上一堆乱麻，让他们尽快理清，大儿子一根根慢慢抽，越抽越乱，小儿子将乱麻分成两半然后再分开。只有高洋拿出快刀，几刀砍下去再理出一缕缕短麻来受到高欢的夸奖。

【导读】：

人要重视养其习于童蒙。

人之唯其意之所发而为不善者，或寡矣，即有之，亦以无所资藉[1]、无所印证[2]而不图其失已著，尚可革也。故唯其所发而为不善者，过也，非恶也。闻恶人之言，因而信之，则成乎恶而不可救。故君子于人之不善，矜其自为之过而望其改，其听恶人之言而效之，则深恶而痛绝之。臣岂敢杀其君，子岂忍杀其父，皆有导之者也，导之者，皆言之有故，行之有利者也。国有鄙夫[3]，家有败类[4]，以其利口强有力成人之恶，习焉安焉，遂成乎下愚不移，终不移于善矣。故圣人所以化成天下[5]者，习而已矣。

【注释】：

［1］资藉：指指凭借，依赖。

［2］印证：通过对照比较，证明与事实相符。

［3］鄙夫：庸俗浅陋的人。《论语·子罕》：“有鄙夫问于我，空空如也。”

［4］败类：指集体中的堕落或变节分子。语出《诗·大雅·桑柔》：“大风有隧，贪人败类。”朱熹集传：“败类，犹言圮族也。”

［5］化成天下：《易经》贲卦的彖辞上讲：“刚柔交错，天文也；文明以止，人文也。观乎天文以察时变，观乎人文以化成天下。”其意是说，天生有男有女，男刚女柔，刚柔交错，这是天文，即自然；人类据此而结成一对对夫妇，又从夫妇而化成家庭，而国家，而天下，这是人文，是文化。人文与

天文相对，天文是指天道自然，人文是指社会人伦。治国家者必须观察天道自然的运行规律，以明耕作渔猎之时序；又必须把握现实社会中的人伦秩序，以明君臣、父子、夫妇、兄弟、朋友等等级关系，使人们的行为合乎文明礼仪，并由此而推及天下，以成“大化”。

【导读】：

诱人为恶而成习气最为有害，化成天下必须注重人们的习养。

做经生[1]读书时，见古今之暴君汙吏[2]，怒之怨之，长言[3]而诋诽[4]之。即此一念，已知其出而居人上，毁廉耻，肆戕虐[5]者，殆有甚焉。何也？其与流俗诋诽者，非果有恶恶之心，特以甚不利于己而怒怨之耳。有志者，其量亦远。伊尹当夏桀之世而乐，何屑与之争得失乎！且彼之为暴、为汙者，惟其以利于己为心也。彼以利于己而为民贼，吾亦以不利于己而怨怒之，易地皆然，故曰出而居人上，殆有甚焉。恶人之得居人上而害及人，天也。晦蒙否塞[6]，气数之常也，安之而已。退而自思，吾虽贫贱，亦有居吾下者，亦有取于人者，亦有宜与人者，勿见可为而即为，见可欲而即欲，以求异于彼而不为风气所移，则孤月之明，炳于长夜，充之可以任天下。

【注释】：

［1］经生：汉代称博士。掌经学传授。《后汉书·儒林传论》：“若乃经生所处，不远万里之路，精庐暂建，赢粮动有千百，其耆名高义开门受徒者，编牒不下万人，皆专相传祖，莫或讹杂。”李贤注：“经生谓博士也。”泛指研治经学的书生。

［2］汙吏：胡作非为的吏员，泛指贪赃枉法的官吏。

［3］长言：引长声音吟唱。语出《礼记·乐记》：“言之不足，故长言之；长言之不足，故嗟叹之。”郑玄注：“长言之，引其声也。”

［4］诋诽：诋毁排斥。

［5］戕虐：残暴；残害。

［6］晦蒙否塞：隐晦模糊闭塞不通。

【导读】：

在批评现实时更多的不是出于公心，而从自己的角度考虑的多，处于末世要“以求异于彼而不为风气所移”。在此透露王夫之之志：退而自思，吾虽贫贱，亦有居吾下者，亦有取于人者，亦有宜与人者，勿见可为而即为，见可欲而即欲，以求异于彼而不为风气所移，则孤月之明，炳于长夜，充之可以任天下。

不得已而为资生[1]之计，言者曰惟勤惟俭。俭尚矣，勤则吾不知也。勤所以不可者，非惰之谓。人之志气才力，与有涯之岁月，唯能胜一勤而不能胜二勤。吾自有吾之志气，勤于此则荒于彼。鸡鸣而起，孳孳为利[2]，专心并气以趋一涂，人理亡矣。若夫俭，则古人有言曰，“俭，德之共也。侈，恶之大也。[3]”俭所以为德之共者，俭则事简，事简则心清，心清则中虚，而可以容无穷之理。而抑不至浮气逐物，以丧其所知所能之固有。彼言资生而以俭与勤并称者，非俭也，吝也。俭以自节，吝以成贪，其别久矣。吝而勤，充其所为，至不知君父，呜呼，危矣哉！天地授我以明聪，父母生我以肢体，何者为可以竭精疲神[4]而不可惰？思之思之，尚知所以用吾勤乎！

【注释】：

［1］资生：赖以生长；赖以为生。

［2］孳孳为利：语出《孟子·尽心上》，原文云：“孟子曰：‘鸡鸣而起，孳孳为善者，舜之徒也；鸡鸣而起，孳孳为利者，跖之徒也。欲知舜与跖之分，无他，利与善之间也。’”孳孳，勤勉；努力不懈。

［3］俭，德之共也。侈，恶之大也：语出《左传·庄公二十四年》，云：“俭，德之共也；侈，恶之大也。”

［4］竭精疲神：意思为费尽心力。

【导读】：

指出流俗所云“勤”，勤于利，人理亡，佥为吝，以成贪，充其所为，至不知君父；发出吾之勤应用在国家民族大业之上的倡议。

第三章　赵宋何以兴，又何以亡

——《宋论》部分篇目注释与导读

一、《宋论》的写作时间与其主要内容

（一）《宋论》的写作时间

《宋论》一书完成的时间在王夫之的著述中没有明确记载。衷尔钜在《王夫之》一书中指出了《宋论》的写作完成时间，说："本书与《读通鉴论》同为史论之著，定稿于清康熙三十一年（1691），时年73岁。"[①] 张西堂说："案：《王谱》，先生六十九岁，始撰《读通鉴论》。是书上起秦始皇，下终于五代；《宋论》则赓续而作也。"[②] 衷尔钜的说法应该有误，王夫之卒于康熙三十一年（1691）正月初二，他不可能在这一年临死前短暂的时间里还在整理《宋论》，张西堂的说法近似。

（二）《宋论》的主要内容

《宋论》共十五卷，大致按帝庙号分卷。衷尔钜说此书"乃其读史有感，随事触发，初无成文之意，故无标题，后以帝庙号分卷（恭、端宗、祥兴帝合为一卷）"[③]。我以为这部《宋论》初起可能是笔记，但最后成书是经过整理的。这从全书的编辑逻辑中可以看出，首卷讨论宋太祖何以得位或者说赵

---

① 衷尔钜：《王夫之》，长春：吉林文史出版社 1997 年版，第 343 页。
② 张西堂：《王船山学谱》，长沙：商务印书馆 1939 年版，第 184 页。
③ 衷尔钜：《王夫之》，长春：吉林文史出版社 1997 年版，第 343 页。

宋何以兴，最后指出赵宋亡国的特殊历史意义，有着系统的思想脉络可寻。正因为如此，我认为此书的主题就是探讨赵宋兴亡成败的原因。

全书是围绕着许多问题展开，其中最大的问题是赵宋何以兴与赵宋何以亡。赵宋何以兴？王夫之关于这一问题的探讨是异于常人的，他认为宋太祖与其他朝代的开国之君相比，既无大功大德，又无显赫家世和人望，却能登大位开赵宋三百多年的帝业，必定是有其内在的原因。王夫之说：“夫宋祖受非常之命，而终以一统天下，底于大定，垂及百年，世称盛治者，何也？唯其惧也。”又说：“惧以生慎，慎以生俭，俭以生慈，慈以生和，和以生文。而自唐光启以来，百年嚣陵噬搏之气，寖衰寖微，以消释于无形。盛矣哉！天之以可惧惧宋，而日夕迫动其不康之情者，‘震惊百里，不丧匕鬯’。帝之所出而天之所以首物者，此而已矣。然则宋既受命之余，天且若发童蒙，若启甲坼，萦回于宋祖之心不自谌，而天岂易易哉！”“敬畏”是上承天心，又启天德，仁民而爱物，“惧以生慎，慎以生俭，俭以生慈，慈以生和，和以生文”乃是宋太祖龙兴与赵宋有三百多年江山的内在原因。王夫之进一步指出宋太祖的不同于别的帝王之处：“夫善治者，己居厚而民劝矣，谗顽者无可逞矣；己居约而民裕矣，贪冒者不得黩矣。以忠厚养前代之子孙，以宽大养士人之正气，以节制养百姓之生理，非求之彼也。捐其疑忌之私，忍其忿怒之发，戢其奢吝之情，皆求之心、求之身也。人之或利或病，或善或不善，听其自取而不与争，治德蕴于己，不期盛而积于无形，故曰不谓之盛德也不能。”

赵宋何以亡？在《宋论》中这一问题探讨非常深入。在此略举几例。王夫之认为宋代之亡，是与赵宋猜忌大臣有关。《宋论》卷二《太宗》条云：

> 夫宋之所以生受其敝者，无他，忌大臣之持权，而颠倒在握，行不测之威福，以图固天位耳。自赵普之谋行于武人，而人主之猜心一动，则文弱之士亦供其忌玩。故非徒王德用、狄青之小有成劳，而防之若敌国也。且以寇准起家文墨，始列侍从，而狂人一呼万岁，议者交弹，天子震动。曾不念准非操、懿之奸，抑亦无其权藉；而张皇怵惕，若履虎之咥人，其愚亦可嗤也。其自取孤危，尤可哀也。至若蔡京、秦桧、贾似道之误国以沦亡，则又一受其蛊，惑以终身，屹峙若山，莫能摇其一指。立法愈密，奸佞之术愈巧。太宗颠倒其大臣之权术，又奚能取必于

暗主？徒以掣体国之才臣，使不能毕效其所长。呜呼！是不可为永鉴也欤！

王夫之还认为赵宋之亡与赵宋摧抑人才有关。《宋论》卷十一《孝宗》条云：

人才之摧抑已极，则天下无才；流及于百年之余，非逢变革，未有能兴者也。故邪臣之恶，莫大于设刑网以摧士气，国乃渐积以亡。……

……

宋自王安石倡舜殛四凶之说以动神宗。及执大政，广设祠禄，用排异己，其党因之搏击无已。迨于蔡京秉国，勒石题名，锢及子孙，而天下之士，有可用者，无不入于罪罟。延及靖康，女直长驱以入，二帝就俘，呼号出郭。而宋齐愈、洪刍之流，非无才慧，亦有时名，或谈笑而书逆臣之名，或挟虏以乱宫嫔之列。于是时也，虽有愤耻自强之主，亦无如此痿痹不仁者之充塞何矣！高宗越在江表，士气未复，秦桧复起而重摧之，赵、张、胡、李几不保其死，群情震慑，靡所适从，奸慝相沿，取天下之士气抑之割之者且将百年矣。士生而闻其声，长而见其形，泛泛者如彼以相摇荡也，岌岌者如此以相惊叹也，则求其扩心振气以敻出而规天下于方寸，庸讵能乎？

……

……凡当日之能奉身事主而寡过者，皆已豫求尊俎折冲之大用，以蕲免斯民于左衽。惟染以熏心之厉，因其憩玩之谋，日削月衰，坐待万古之中原沦于异族。追厥祸本，王安石妒才自用之恶，均于率兽食人；非但变法乱纪，虐当世之生民已也。

赵宋之亡与赵宋的投降政策有关。《宋论》卷十五云：

宋之亡，亡于屈而已。澶渊一屈矣，东京再屈矣，秦桧请和而三屈矣。至于此，而屈至于无可屈。以哀鸣望瓦全，弗救于亡，而徒为万世羞。时异而势异，势异而理亦异。句践之所为，非宋所得假以掩其耻也。故杨后之命可以不受，而后信国之忠，纯白而无疵。择义以行仁，去其姑息者而得矣。

《宋论》还探讨了赵宋之亡于中华民族发展史上的特殊意义，《宋论》卷十五云：

> 汉、唐之亡，皆自亡也。宋亡，则举黄帝、尧、舜以来道法相传之天下而亡之也。是岂徒徽、钦以降之多败德，蔡、秦、贾、史之挟奸私，遂至于斯哉？其所由来者渐矣。
>
> ……
>
> 呜呼！宋之所以裂天维、倾地纪、乱人群、贻无穷之祸者，此而已矣。其得天下也不正，而厚疑攘臂之仍；其制天下也无权，而深怀尾大之忌。前之以赵普之佞，逢其君猜妒之私；继之以毕士安之庸，徇愚氓姑息之逸。于是关南、河北数千里阒其无人。迨及勍敌介马而驰，乃驱南方不教之兵，震惊海内，而与相枝距。未战而耳目先迷于向往，一溃而奔保其乡曲。无可匿也，斯亦无能竞也。而自轩辕迄夏后以力挽天纲者，糜散于百年之内。呜呼！天不可问，谁为为之而令至此极乎？

《宋论》深究君臣之心性，从而探讨民族精神之所由。如论太祖，就说他“以忠厚养前代之子孙，以宽大养士人之正气，以节制养百姓之生理，非求之彼也。捐其疑忌之私，忍其忿怒之发，戢其奢吝之情，皆求之心、求之身也。人之或利或病，或善或不善，听其自取而不与争，治德蕴于己，不期盛而积于无形，故曰不谓之盛德也不能”。又论赵普之心性之恶。《宋论》卷二《太宗》条云：

> 不仁之人，不可以托国。悟而弗终托之，则祸以讫；不悟而深信，虽悟而终托之，乱必自此而兴。明察有余，而弗悟者不鲜，固有甚难知者在也。有人于此，与之谋而当，与之决而断，与之言而能不泄，察之于危疑之际而能不移；若此者，予之以仁而不得，斥之以不仁而亦不得，故难知也。虽然，自有不难知者在矣。处人父子、兄弟、夫妇之间，而投巇承旨以劝之相忮相戕者，则虽甚利于我而情不可测。盖未有仁未绝于心，而忍教人以忮害其天伦者也。持此以为券，而仁不仁之判，若水与火之不相容，故弗难知也。
>
> ……
>
> 张子房、李长源之智也，求之于忠谨而几失之。而于汉高帝、唐肃宗、德宗父子猜嫌之下，若痛楚之在肺肝，曲为引譬，深为护持，以全

> 其天性之恩。则求之于忠谨而不得者，求之于仁而仁亦至矣。乃汉、唐之主弗托以国也，使怀忧疑以去。若夫举宗祐民社委之以身后长久之图，则往往任之不仁者而不疑；于是而杨素、徐世绩、赵普之奸售焉。此三人者，谋焉而当，决焉而断，与之言而不泄，处危疑而不移者也。而其残忍以陷我于戕贼，则独任之而不恤。呜呼！天下岂有劝人杀其妻子兄弟而可托以社稷者乎？

又论宋高宗无生人之气，一心只满足一己之私，不以国家民族为重，“高宗之畏女直也，窜身而不耻，屈膝而无惭，直不可谓有生人之气矣”。又说：

> 人之于得失也，甚于生死。一介之士，身首可捐，而不能忘情于百金之产。苟能夷然淡定以处得失，而无悁忮之心，是必其有定力者也。则以起任天下之艰危，眷怀君父之隐痛，复何所顾惜，而不可遂志孤行以立大节？物固莫御也。然而高宗忘父兄之怨，忍宗社之羞，屈膝称臣于骄虏，而无愧怍之色；虐杀功臣，遂其猜妨，而无不忍之心；倚任奸人，尽逐患难之亲臣，而无宽假之度。孱弱以偷一隅之安，幸存以享湖山之乐。惉滞残疆，耻辱不恤，如此其甚者，求一念超出于利害而不可得。由此言之，恬淡于名利之途者，其未足以与于道，不仅寻丈之间也。
>
> 己与物往来之冲，有相为前却之几焉。己进而加乎物，则物且退缩而听其所御；御之者，有得有失，而皆不能不受其御也。己退而忘乎物，则物且环至而反以相临；临己者，有顺有逆，而要不能胜其临也。夫苟不胜其临矣，力不可以相御与？则柔巽卑屈以暂求免于害者，无所复吝。力可以相御与？则畏之甚，疑之甚，忍于忮害以希自全。故庄生之沉溺于逍遥也，乃至以天下为羿之彀中，而无一名义之可恃，以逃乎锋镝。不获已而有机可乘，有威可假，则淫刑以逞，如锋芒刺于衾簟，以求一夕之安。惟高宗之如是矣。故于其力不可御者，称臣可也，受册可也，割地可也，输币可也。于其力可御者，可逐则逐之已耳，可杀则杀之已耳。迨及得孝宗而授之，如脱桎梏而游于阆风之圃，不知有天子之尊，不知有宗社之重，不知有辱人贱行之可耻，不知有不共戴天之不可忘。萧然自遂，拊髀雀跃于无何有之乡，以是为愉快而已矣。

又论文天祥不应该愚忠于君，必须忠于国家民族。《宋论》卷十五云：

曾元请及旦以易箦，而曾子斥之曰："细人之爱人也以姑息。"姑息云者，姑贷须臾之安，以求活鲋于沾濡，妇寺之忠孝也。以堂堂十五叶中国之天子，匍伏丐尺土于他族，生不如死，存不如亡，久矣。信国自处以君子，而以细人之道爱其君乎？且夫为降附称臣之说，其愚甚矣。即令蒙古之许之与！萧岿臣于宇文，以保一州，而旋以灭亡；钱俶臣于宋，以免征伐，而终于纳土。朝菌之晦朔，奚有于国祚之短长？况乎徐铉之辨言，徒供姗笑；徽、钦之归命，祇取俘囚。已入虎吻，而犹祝其勿吞，词愈哀，志愈辱，其亡愈可伤矣！信国之为此也，摇惑于妇人之柔靡，震动于通国之狂迷，欲以曲遂其成仁取义之心，而择之不精，执之不固，故曰忠而过也。

二、王夫之《宋论》部分篇目注释与导读

《宋论》卷一

太祖

一　太祖以惧一天下

宋兴，统一天下，民用宁，政用乂[1]，文教用兴，盖于是而益以知天命矣。天曰难谌[2]，匪徒人之不可狃[3]也，天无可狃之故常也；命曰不易，匪徒人之不易承也，天之因化推移，斟酌而曲成以制命[4]，人无可代其工，而相佑者特勤也。

【注释】：

[1] 乂：治理，安定。

[2] 天曰难谌：《尚书》曰："伊尹作《咸有一德》。伊尹既复政厥辟，将告归，乃陈戒于德。曰：呜呼！天难谌，命靡常。常厥德，保厥位。厥德匪常，九有以亡。夏王弗克庸德，慢神虐民。皇天弗保，监于万方，启迪有命，眷求一德，俾作神主。惟尹躬暨汤，咸有一德，克享天心，受天明命，以有九有之师，爰革夏正。"孔传："以其无常，故难信。"谌，相信。

[3] 狃：《玉篇》："狎也，习也，就也，复也。"

[4] 制命：拟订命令；掌握命运。

【导读】：

此处指出不要简单地相信天命，人所能依凭的只有“勤”。

帝王之受命，其上以德，商、周是已；其次以功，汉、唐是已。诗曰：“鉴观四方，求民之莫。[1]”德足以绥万邦，功足以戡大乱，皆莫民者也。得莫民之主而授之，授之而民以莫，天之事毕矣。乃若宋，非鉴观于下，见可授而授之者也。何也？赵氏起家什伍[2]，两世为裨将[3]，与乱世相浮沉，姓字且不闻于人间，况能以惠泽下流系邱民之企慕乎！其事柴氏也，西征河东，北拒契丹，未尝有一矢之勋；滁关之捷，无当安危，酬以节镇而已逾其分。以德之无积也如彼，而功之仅成也如此，微论汉、唐底定[4]之鸿烈，即以曹操之扫黄巾、诛董卓、出献帝于阽危[5]、夷二袁之僭逆，刘裕之俘姚泓、馘慕容超、诛桓玄、走死卢循以定江介者，百不逮一。乃乘如狂之乱卒控扶以起，弋获大宝，终以保世滋大，而天下胥蒙其安。呜呼！天之所以曲佑下民，于无可付托之中，而行其权于受命之后，天自谌也，非人之所得而豫谌也，而天之命之也亦劳矣！

【注释】：

［1］鉴观四方，求民之莫：出自《诗经·大雅·文王之什·皇矣》，原文云：“皇矣上帝，临下有赫。监观四方，求民之莫。维此二国，其政不获。维彼四国，爰究爰度。上帝耆之，憎其式廓。乃眷西顾，此维与宅。”鉴观，察视。民之莫，民众的疾苦。马瑞辰通释：“《汉书》、《潜夫论》及《文选》注，并引作‘求民之瘼’。”《后汉书·循吏传序》：“广求民瘼，观纳风谣。”

［2］什伍：春秋时期的基层制度，十家为什，五家为伍，什有什长，伍有伍长，负责闾里治安。此处指最底层人士。

［3］两世为裨将：裨将，副将。《汉书·项籍传》：“梁为会稽将，籍为裨将。”颜师古注：“裨，助也，相副助也。”两世为裨将事见《宋史太祖本纪》，其文云：

太祖启运立极英武睿文神德圣功至明大孝皇帝，讳匡胤，姓赵氏，涿郡人也。高祖朓，是为僖祖，仕唐历永清、文安、幽都令。朓生珽，是为顺祖，历藩镇从事，累官兼御史中丞。珽生敬，是为翼祖，历营、蓟、涿三州刺史。敬生弘殷，是为宣祖。周显德中，宣祖贵，赠敬左骁骑衞上将军。

宣祖少骁勇，善骑射，事赵王王镕，为镕将五百骑援唐庄宗于河上有功。

庄宗爱其勇，留典禁军。汉干祐中，讨王景于凤翔，会蜀兵来援，战于陈仓。始合，矢集左目，气弥盛，奋击大败之，以功迁护圣都指挥使。周广顺末，改铁骑第一军都指挥使，转右厢都指挥，领岳州防御使。从征淮南，前军却，吴人来乘，宣祖邀击，败之。显德三年，督军平扬州，与世宗会寿春。寿春卖饼家饼薄小，世宗怒，执十余辈将诛之，宣祖固谏得释。累官检校司徒、天水县男，与太祖分典禁兵，一时荣之。卒，赠武清军节度使、太尉。

太祖，宣祖仲子也，母杜氏。后唐天成二年生于洛阳夹马营，赤光绕室，异香经宿不散，体有金色，三日不变。既长，容貌雄伟，器度豁如，识者知其非常人。学骑射，辄出人上。尝试恶马，不施衔勒，马逸上城斜道，额触门楣坠地，人以为首必碎，太祖徐起，更追马腾上，一无所伤。又尝与韩令坤博土室中，雀鬪户外，因竞起掩雀，而室随坏。

汉初，漫游无所遇，舍襄阳僧寺，有老僧善术数，顾曰："吾厚赆汝，北往则有遇矣。"会周祖以枢密使征李守真，应募居帐下。广顺初，补东西班行首，拜滑州副指挥。世宗尹京，转开封府马直军使。

［4］底定：平治。平定；安定。

［5］阽危：临近危险，危险。

【导读】：

此处指出天命无常，宋皇室无有大功大德却获大位，是上天为保护下民在无可托付之中托给赵宋，天命是不可预测的，但上天也是辛劳的。

商、周之德，汉、唐之功，宜为天下君者，皆在未有天下之前，因而授之，而天之佑之也逸。宋无积累之仁，无拨乱之绩，乃载考其临御[1]之方，则固宜为天下君矣；而凡所降德于民以靖祸乱，一在既有天下之后。是则宋之君天下也，皆天所旦夕陟降[2]于宋祖之心而启迪之者也。故曰：命不易也。

【注释】：

［1］临御：谓君临天下，治理国政。

［2］陟降：升降，上下。《诗·大雅·文王》："文王陟降，在帝左右。"朱熹集传："盖以文王之神在天，一升一降，无时不在上帝之左右，是以子孙蒙其福泽，而君有天下也。"马瑞辰通释："《集传》之说是也……古者言天及祖宗之默佑，皆曰陟降。《敬之》诗曰：'无曰高高在上，陟降厥士，日监在兹。'此言天之陟降也。《闵予小子》诗曰：'念兹皇祖，陟降庭止。'《访

落》诗曰：‘绍庭上下，陟降厥家。’此言祖宗之陟降也。天陟降，文王之神亦随天神为陟降。故曰‘文王陟降，在帝左右’。”后因以为祖宗神灵暗中保佑之义。

【导读】：

此处指出赵宋既无功又无绩，反而用心于治理，这也算是上天启迪的功劳。

兵不血刃而三方夷，刑不姑试而悍将服，无旧学之甘盘[1]而文教兴，染掠杀之余风而宽仁布，是岂所望于兵权乍拥、寸长[2]莫著之都点检[3]哉？启之、牖之、鼓之、舞之，俾其耳目心思之牖，如披云雾而见青霄者，孰为为之邪？非殷勤佑启于形声之表者，日勤上帝之提撕[4]，而遽能然邪！佑之者，天也；承其佑者，人也。于天之佑，可以见天心；于人之承，可以知天德矣。

【注释】：

［1］甘盘：生卒年不详，中国商朝名臣，甘姓始祖之一。殷之贤臣，是当时全国有名的有道德者。

［2］寸长：长处。

［3］都点检：官名。五代后唐时，每逢皇帝巡行和出征，置大内都点检。后周世宗整顿军队，选武艺超绝士兵为禁卫军，称殿前诸班，置殿前都点检为最高 指挥官。赵匡胤以殿前都点检夺取后周政权后废。

［4］提撕：拉扯：提携。教导：提醒。振作。

【导读】：

指出宋初的局面是天所佑而必有所承，天心天德不出人所为。

夫宋祖受非常之命，而终以一统天下，底于大定，垂及百年，世称盛治者，何也？唯其惧也。惧者，恻悱不容自宁之心，勃然而猝兴，怵然[1]而不昧，乃上天不测之神震动于幽隐[2]，莫之喻而不可解者也。

【注释】：

［1］怵然：害怕的样子。

［2］幽隐：隐晦，隐蔽。

【导读】：

此处指出宋太祖能够统一天下并能大治是因为他有惧怕之心。

然而人之能不忘此心者，其唯上哲乎！得之也顺，居之也安，而惧不忘，乾龙之惕[1]也；汤、文之所以履天祐人助之时，而惧以终始也。下此，则得之顺矣，居之安矣，人乐推之而己可不疑，反身自考而信其无歉；于是晏然忘惧，而天不生于其心。乃宋祖则幸非其人矣。以亲，则非李嗣源之为养子，石敬瑭之为爱婿也；以位，则非如石、刘、郭氏之秉钺专征，据岩邑[2]而统重兵也；以权，则非郭氏之篡，柴氏之嗣，内无赞成之谋，外无捍御之劳，如嗣源、敬瑭、知远、威之同起而佐其攘夺也。推而戴之者，不相事使之俦侣也；统而驭焉者，素不知名之兆民也；所与共理者，旦秦暮楚[3]之宰辅也；所欲削平者，威望不加之敌国也。一旦岌岌然[4]立于其上，而有不能终日之势。权不重，故不敢以兵威劫远人；望不隆，故不敢以诛夷待勋旧；学不夙，故不敢以智慧轻儒素[5]；恩不洽，故不敢以苛法督吏民。惧以生慎，慎以生俭，俭以生慈，慈以生和，和以生文。而自唐光启以来，百年嚣陵[6]噬搏[7]之气，寖衰寖微，以消释于无形。盛矣哉！天之以可惧惧宋，而日夕迫动其不康之情者，"震惊百里，不丧匕鬯[8]"。帝之所出而天之所以首物者，此而已矣。然则宋既受命之余，天且若发童蒙，若启甲坼[9]，萦回于宋祖之心不自谌，而天岂易易哉！

【注释】：

［1］乾龙之惕：《易传·文言》："九三曰：'君子终日乾乾，夕惕若，厉，无咎。'何谓也？子曰：'君子进德修业，忠信，所以进德也。修辞立其诚，所以居业也。知至至之，可与几也。知终终之，可与存义也。是故，居上位而不骄，在下位而不忧。故乾乾，因其时而惕，虽危而无咎矣。'"

［2］岩邑：险要的城邑。

［3］旦秦暮楚：即朝秦暮楚。

［4］岌岌然：危险的样子。

［5］儒素：宿儒，名儒；泛指儒士。

［6］嚣陵：嚣张凌辱，嚣张气盛。

［7］噬搏：咬啮搏击。喻残害。

［8］震惊百里，不丧匕鬯：《易·震》："震惊百里，不丧匕鬯。"孙星衍集解引郑玄曰："雷发声，闻于百里，古者诸侯之象。诸侯之教令，能警戒其国内，则守其宗庙社稷，为之祭主，不亡匕与鬯也。"匕、鬯，古代祭祀宗庙用物，借指宗庙祭祀。后以"不丧匕鬯"形容军纪严明，百姓安堵，不废宗

庙祭祀。

［9］甲坼：《易·解》："天地解而雷雨作，雷雨作而百果草木皆甲坼。"孔颖达疏："雷雨既作，百果草木皆孚甲开坼，莫不解散也。"

【导读】：

此处指出宋太祖与其他登大位者相比无任何依凭，因而就"惧以生慎，慎以生俭，俭以生慈，慈以生和，和以生文"。

虽然，彼亦有以胜之矣，无赫奕[1]之功而能不自废也，无积累之仁而能不自暴也；故承天之佑，战战栗栗[2]，持志于中而不自溢。则当世无商、周、汉、唐之主，而天可行其郑重仁民之德以眷命[3]之，其宜为天下之君也，抑必然矣。

【注释】：

［1］赫奕：形容光辉炫耀貌，或者显赫貌；美盛貌。

［2］战战栗栗：因戒惧而小心谨慎的样子。

［3］眷命：指垂爱并赋予重任。《书·大禹谟》："皇天眷命，奄有四海，为天下君。"

【导读】：

此处指出宋太祖以郑重仁民之德为上天眷顾。

二　韩通以死抗太祖

韩通[1]足为周之忠臣乎？吾不敢信也。袁绍、曹操之讨董卓，刘裕之诛桓玄，使其不胜而身死，无容不许之以忠。吾恐许通以忠者，亦犹是而已矣。藉通跃马而起，闭关而守，禁兵内附，都人协心，宋祖且为曹爽，而通为司马懿，喧呼万岁者，崇朝瓦解，于是众望丕[2]属，幼君托命，魁柄在握，物莫与争，贪附青云之众，已望绝于冲人[3]，黄袍猝加，欲辞不得，通于此时，能如周公之进诛管、蔡，退务明农，终始不渝以扶周社乎？则许之以忠而固不敢信也。

【注释】：

［1］韩通：韩通历仕后晋、后汉、后周三朝，在周世宗柴荣在位时期屡建奇功，官至检校太尉、同平章事，充侍卫亲军马步军副都指挥使。柴荣驾

崩后，赵匡胤发动陈桥兵变，韩通打算组织军队抵抗，为王彦升所杀。赵匡胤登基后，追赠其为中书令。

［2］丕：大。

［3］冲人：年幼的人。

【导读】：

此处指出周通抗宋太祖未必尽忠于后周。

然则通之以死抗宋祖者，其挟争心以逐柴氏之鹿乎？抑不敢诬也。何也？宋祖之起，非有移山徙海之势，蕴崇[1]已久而不可回。通与分掌禁兵，互相忘而不相忌。故一旦变起，奋臂以呼而莫之应。非若刘裕之于刘毅，萧道成之于沈攸之，一彼一此，睨神器而争先获，各有徒众，以待决于一朝者也。无其势者无其志，无其志者不料其终，何得重诬[2]之曰：通怀代周之谋而忌宋祖乎？

【注释】：

［1］蕴崇：积聚，堆积。

［2］重诬：严重的不实之词。

【导读】：

此处指出周通并没有与宋太祖争夺至高之位的野心。

夫通之贸死以争者，亦人之常情，而特不可为葸怯[1]波流者道耳。与人同其事而旋相背，与人分相齿而忽相临，怀非常之情而不相告，处不相下之势而遽视之若无；有心者不能不愤，有气者不能不盈。死等耳，亦恶能旦颉颃[2]而夕北面，舍孤弱而即豪强乎！故曰：贸死以争，亦人之常情，而勿庸逆料其终也。

【注释】：

［1］葸怯：害怕。

［1］颉颃：鸟上下飞；泛指不相上下，相抗衡。

【导读】：

此处指出周通抗宋太祖是人之常情，对地位相同、势力相当的人不愿意臣服。

呜呼！积乱之世，君非天授之主，国无永存之基，人不知忠，而忠岂易言哉？人之能免于无恒者，斯亦可矣。冯道、赵凤、范质、陶谷之流，初所驱使者，已而并肩[1]矣；继所并肩者，已而俯首矣；终所俯首者，因以稽颡[2]称臣，骏奔鹄立，而洋洋自得矣；不知今昔之面目，何以自相对也！则如通者，犹有生人之气[3]存焉，与之有恒也可矣，若遽许之曰周之忠臣也，则又何易易邪！

【注释】：

［1］并肩：同列。

［2］稽颡：古代一种跪拜礼，屈膝下拜，以额触地，表示极度的虔诚。

［3］生人之气：活人之气，应指有个性、有坚持的人之气。

【导读】：

此处指出在乱世，忠诚的品德不多见，能有所坚持就不错了，周通就是这样的人，应该称他为忠臣。

三　勒石三戒

太祖勒石，锁置殿中，使嗣君即位，入而跪读。其戒有三：一、保全柴氏子孙；二、不杀士大夫；三、不加农田之赋。呜呼！若此三者，不谓之盛德[1]也不能。德之盛者，求诸己而已。舍己而求诸人，名愈正，义愈伸，令愈繁，刑将愈起；如彼者，不谓之凉德[2]也不能。求民之利而兴之，求民之害而除之，取所谓善而督民从之，取所谓不善而禁民蹈之，皆求诸人也；驳儒[3]之所务，申、韩之敝帚也。

【注释】：

［1］盛德：崇高的品德。《易·系辞上》：“日新之谓盛德。”

［2］凉德：薄德，缺少仁义。《左传·庄公三十二年》：“虢多凉德，其何土之能得！”

［3］驳儒：驳杂之儒。

【导读】：

此处指出宋太祖的三戒条是其盛德的表现，其重要之处在于严格要求自己，而不是苛求别人。

夫善治者，己居厚而民劝矣，谗顽[1]者无可逞矣；己居约而民裕矣，贪冒[2]者不得黩矣。以忠厚养前代之子孙，以宽大养士人之正气，以节制养百姓之生理，非求之彼也。捐其疑忌之私，忍其忿怒之发，戢其奢吝之情，皆求之心、求之身也。人之或利或病，或善或不善，听其自取而不与争，治德蕴于己，不期盛而积于无形，故曰不谓之盛德也不能。

【注释】：

［1］谗顽：好进谗言又愚顽。

［2］贪冒：贪得，贪图财利。《左传·成公十二年》："诸侯贪冒，侵欲不忌。"

【导读】：

此处指出宋太祖所为：以忠厚养前代之子孙，以宽大养士人之正气，以节制养百姓之生理，是求自己之心、自己之身，不外求他人，不称之为盛德都是不行的。

求之己者，其道恒简；求之人者，其道恒烦。烦者，政之所由紊，刑之所由密，而后世儒者恒挟此以为治术，不亦伤乎！子曰："道之以政，齐之以刑。[1]"政刑烦而民之耻心[2]荡然，故曰不谓之凉德也不能。

【注释】：

［1］道之以政，齐之以刑：语出《论语·为政第二》，原文云："子曰：'道之以政，齐之以刑，民免而无耻；道之以德，齐之以礼，有耻且格。'"

［2］耻心：知耻之心。

【导读】：

此处指出求己与求人会带来政简、政繁的区别，政繁者使民众丧失知耻之心，不符合圣人之教。

文王之治岐者五，五者皆厚责之上而薄责之吏民者也。五者之外，有利焉，不汲汲[1]以兴；有害焉，不汲汲以除；有善焉，不汲汲督人之为之；有不善焉，不汲汲禁人之蹈之。故文王之仁，如天之覆下土，而不忧万物之违逆[2]。夫治国、乱国、平国，三时也。山国、土国、泽国，三地也。愿民[3]、顽民[4]、庸民[5]，三材也。积三三而九，等以差；其为利、为害、为善、为不善也，等以殊；而巧历不能穷其数。为人上者必欲穷之，而先丧德于己矣。

言之娓娓[6]，皆道也；行之逐逐[7]，皆法也；以是为王政，而俗之偷、吏之冒、民之死者益积。无他，求之人而已矣。

【注释】：

［1］汲汲：心情急切貌。

［2］违逆：违抗；不遵从。

［3］愿民：谨慎朴实之民。《荀子·王霸》："无国而不有愿民，无国而不有悍民。"

［4］顽民：本指殷代遗民中坚决不服从周朝统治的人。《书·毕命》："毖殷顽民，迁于洛邑，密迩王室，式化厥训。"孔传："惟殷顽民，恐其叛乱，故徙于洛邑，密近王室，用化其教。"亦指愚妄不化的人。

［5］庸民：平民；普通的人。《墨子·亲士》："君子进不败其志，内究其情；虽杂庸民，终无怨心。"

［6］娓娓：勤勉不倦貌；滔滔不绝貌。

［7］逐逐：奔忙貌；匆忙貌。

【导读】：

周文王治国有多种措施，其根本是严格要求官员而薄责民众，故文王实行的是仁治。后之王者，说得漂亮，做得积极，但社会动乱不已，其根本原因是苛求别人。

宋有求己之道三焉，轶汉、唐而几于商、周，传世百年，历五帝而天下以安，太祖之心为之也。逮庆历[1]而议论始兴，逮熙宁[2]而法制始密，舍己以求人，而后太祖之德意渐以泯。得失之枢，治乱之纽，斯民[3]生死之机，风俗淳浇之原，至简也。知其简，可以为天下王。儒之驳者，滥于申、韩，恶足以与于斯！

【注释】：

［1］庆历：为宋仁宗赵祯年号，北宋使用该年号共计 8 年。

［2］熙宁：北宋时宋神宗赵顼的一个年号，共计 10 年。

［3］斯民：指老百姓。《孟子·万章上》："予将以斯道觉斯民也。"《管子·侈靡》："天之所覆，地之所载，斯民之良也。"

【导读】：

此处指出宋太祖三戒为求己之道远超汉、唐，接近商、周，但其后继者舍己而求人，效申、韩之术，放弃了太祖的传统。

四　太祖不杀士大夫

自太祖勒不杀士大夫之誓以诏子孙，终宋之世，文臣无欧刀[1]之辟。张邦昌躬篡，而止于自裁；蔡京、贾似道陷国危亡，皆保首领于贬所。语曰："周之士贵[2]"，士自贵也。宋之初兴，岂有自贵之士使太祖不得而贱者感其护惜之情乎？

【注释】：

［1］欧刀：刑人之刀或良剑。

［2］周之士贵：语出扬雄《法言》，曰："周之士也贵，秦之士也贱。"

【导读】：

此处指出宋太祖不杀士大夫并不是因为士人自身高尚使他不能得到他们的支持而爱惜他们。

夷考自唐僖、懿以后，迄于宋初，人士之以名谊自靖[1]者，张道古、孟昭图而止；其辞荣引去、自爱其身者，韩偓、司空图而止；高蹈[2]不出、终老岩穴者，郑遨、陈抟而止。若夫辱人贱行之尤者，背公死党，鬻贩宗社，则崔胤、张浚、李磎、张文蔚倡之于前，而冯道、赵凤、李昊、陶谷之流，视改面易主为固然，以成其风尚。其他如和凝、冯延巳、韩熙载之俦，沉酣倡俳之中，虽无巨慝，固宜以禽鱼畜玩而无庸深惜者也。士之贱，于此而极。则因其贱而贱之，未为不惬也。恶其贱，而激之使贵，必有所惩而后知改，抑御世之权也。然而太祖之于此，意念深矣。

【注释】：

［1］自靖：自谋行其志。《书·微子》："自靖。人自献于先王。"孔传："各自谋行其志，人人自献达于先王。"

［2］高蹈：指隐居。

【导读】：

此处指出五代的士大夫品德高尚的不多，贱劣甚多，宋太祖应是通过不杀士大夫的措施使他们有所改进。

昔者周衰，处士横议[1]，胁侯王，取宠利，而六国以亡。秦恶其嚣，而坑儒师吏以重抑之。汉之末造，士相标榜，鸷击[2]异己，以与上争权，而汉以熸[3]。曹孟德恶其竞，而任崔琰、毛玠督责吏治以重抑之。然秦以贾怨于天下，二世而灭。孟德死，司马氏不胜群情，务为宽纵，而裴、王之流，倡任诞[4]以大反曹氏之为，而中夏沦没。由此观之，因其贱而贱之，惩其不贵而矫之者，未有能胜者也。激之也甚，则怨结而祸深；抑之也未甚，则乍伏而终起。故古之王者闻其养士也，未闻其治士也。聪明才干之所集，溢出而成乎非僻，扶进而导之以兴，斯兴矣。岂能舍此而求椎鲁犷悍之丑夷，以与共天下哉！

【注释】：

［1］处士横议：意思是没有做官的读书人纵论时政。《孟子·滕文公下》："圣王不作，诸侯放恣，处士横议。"

［2］鸷击：猛烈击搏。

［3］熸：烧毁；灭亡。

［4］任诞：任性，放诞。

【导读】：

此处指出士要养而非治，要扶进引导，整个国家兴盛，不能外求异族共治天下。

其在诗曰："鸢飞戾天，鱼跃于渊[1]"；"周王寿考，遐不作人[2]"。飞者，不虞其飏击[3]也。跃者，不虞其纵壑也。涵泳[4]于天渊之中，而相期以百年之效，岂周士之能自贵哉？文王贵之也。老氏之言曰："民不畏死，奈何以死威之？[5]"近道之言也。民不畏死，而自有畏者。并生并育于天地，独以败类累人主之矜全[6]，虽甚冥顽[7]，能弗内愧于心？况乎业已为士，聪明才干不后于人，诗书之气，耳已习闻，目已习见，安能一旦而弃若委土哉！

【注释】：

［1］鸢飞戾天，鱼跃于渊：《诗经·大雅·文王之什·旱麓》："鸢飞戾天，鱼跃于渊。岂弟君子，遐不作人。"

［2］周王寿考，遐不作人：《诗·大雅·棫朴》："周王寿考，遐不作人。"孔颖达疏："作人者，变旧造新之辞。"后因称任用和造就人才为作人。

［3］飏击：飞翔于天。

［4］涵泳：潜游，浸润；沉浸，深入领会。

［5］民不畏死，奈何以死威之：出自《老子》第七十四章："民不畏死，奈何以死惧之。"

［6］矜全：怜惜而予以保全。

［7］冥顽：昏庸顽钝；愚钝无知。

【导读】：

此处指出周之士人之贵是文王使他们尊贵，虽然有不惧死的人，但士人大部分还是有所考虑不能虚度一生的，能自我贵重的。

夫太祖，亦犹是武人之雄也。其为之赞理[1]者，非有伊、傅之志学[2]，睥睨士气之淫邪而不生傲慢，庶几乎天之贮空霄以翔鸢，渊之涵止水以游鱼者矣。可不谓天启其聪，与道合揆[3]者乎！而宋之士大夫高过于汉、唐者，且倍蓰而无算，诚有以致之也。因其善而善之，因其不善而不善之，以治一家不足，而况天下乎？河决于东，遏而回之于西，未有能胜者也。以吏道名法虔矫[4]天下士，而求快匹夫婞婞[5]之情，恶足以测有德者之藏哉！

【注释】：

［1］赞理：代理；助理。《国语·晋语九》："士景伯如楚，叔鱼为赞理。"韦昭注："赞，佐也。景伯如楚，故叔鱼摄其官也。"

［2］志学：专心求学。

［3］揆：道理、准则，揣测。

［4］虔矫：诈称上命强夺他人财物，泛指敲诈掠夺。

［5］婞婞：倔强貌，引申为忿恨不平貌。

【导读】：

此处指出宋太祖虽然是武人，但天给予他启示，使他所为与天道相符，导致宋代士大夫远高于汉、唐时代。

五 殿试进士禁称门生

语有之曰："得士者昌。[1]""得"云者，非上必自得之以为己德也。下得士而贡之于上，固上之得也；下得士而自用之以效于国，亦上之得也。故人君之病，莫大乎与臣争士。与臣争士，而臣亦与君争士；臣争士，而士亦与士争其类；天下之心乃离散而不可收。《书》曰：“受有亿兆人，离心离德。[2]”非徒与纣离也，人自相离，而纣愈为独夫也。人主而下，有大臣，有师儒[3]，有长吏，皆士之所自以成者也。人主之职，简大臣而大臣忠，择师儒而师儒正，选长吏而长吏贤。则天下之士在岩穴者，以长吏为所因；入学校者，以师儒为所因；升朝廷者，以大臣为所因。如网在纲，以群效于国。不背其大臣，而国是定；不背其师儒，而学术明；不背其长吏，而行谊[4]修。悉率左右以燕天子，群相燕也。合天下贤智之心于一轨，而天子之于士无不得矣。和气翔洽，充盈朝野，寖荣寖昌，昌莫盛焉。“得士者昌”，此之谓也。

【注释】：

［1］得士者昌：语出《吴越春秋》，曰：“昔太公，九声而足，磻溪之饿人也，西伯任之而王；管仲，鲁之亡囚，有贪分之毁，齐桓得之而霸。故传曰：‘失士者亡，得士者昌。’愿王审于左右，何患群臣之不使也?”

［2］受有亿兆人，离心离德：语出《尚书·泰誓中》。

［3］师儒：古代指教官或学官。《周礼·地官·大司徒》：“四曰联师儒，五曰联朋友。”郑玄注：“师儒，乡里教以道艺者。”

［4］行谊：品行，道义。

【导读】：

此处分析了“得士者昌”的意思，强调所谓得士并不是要国君自己得到士人，下面的人得到也是国君得到了。

大臣不以荐士为德，而士一失矣；师儒不以教士为恩，而士再失矣；长吏不以举士为荣，而士蔑[1]不失矣。乃为之语曰：“拜爵公门，受恩私室，非法也。”下泮涣[2]而不相亲，上专私[3]而不能广，亿兆其人而亿兆其心，心离而德离，鲜不亡矣。故人主之病，莫甚于与下争士也。

【注释】：

［1］蔑：无，没有。

［2］泮涣：融解；分散；涣散。

［3］专私：专谋私利。《左传·哀公十六年》：“若将专利以倾王室，不顾楚国，有死不能。”

【导读】：

此处指出国君与下争士势必会造成下面的人不荐士、不教士、不举士，天下离心离德。

自唐以来，进士皆为知举门生[1]，终其身为恩故；此非唐始然也，汉之孝廉[2]，于所举之公卿州将，皆生不敢与齿，而死服三年之丧，亦人情耳。持名法[3]以绳人者，谓之曰不复知有人主。人主闻之，愤恚不平，曰：彼得士而我失之矣。由是而猜妒刻核[4]之邪说，师申、韩以束缚缙绅[5]，解散士心，使相携贰，趋邪径，腾口说，以要人主。怀奸擅命之夫，自矜孤立，而摇荡国是。大臣不自信，师儒不相亲，长吏不能抚。于是乎纲断纽绝，而独夫之势成。故曰："不信乎朋友，弗获乎上矣。[6]"朋友不信，上亦恶得而获之哉！少陵长，贱妨贵，疏间亲，不肖毁贤，胥曰："吾知有天子而已。"岂知天子哉？知爵禄而已矣。

【注释】：

［1］门生：指求取知识学问的学子与学生，或者是受到有知识与德望的人家与学术界长者授业之人的称呼，科举考试中考生得中进士后，对主考官亦称门生，有投靠援引之意。

［2］孝廉：是汉武帝时设立的察举考试，以任用官员的一种科目，孝廉是"孝顺亲长、廉能正直"的意思。"孝廉"这个称呼，也变成明朝、清朝对举人的雅称。

［3］名法：名分与法律。《尹文子·大道下》："政者，名法是也，以名法治国，万物所不能乱。"

［4］刻核：苛刻。

［5］缙绅：原意是插笏（古代朝会时官宦所执的手板，有事就写在上面，以备遗忘）于带，旧时官宦的装束，转用为官宦的代称。

［6］不信乎朋友，弗获乎上矣：语出《中庸》，云："在下位不获乎上，民不可得而治矣。获乎上有道：不信乎朋友，不获乎上矣；信乎朋友有道：不顺乎亲，不信乎朋友矣；顺乎亲有道：反诸身不诚，不顺乎亲矣；诚身有道：不明乎善，不诚乎身矣。"

【导读】：

此处指出几种错误的说法，表面上是为君得士，实际上摧毁了人际关系只为取获爵禄。

夫士之怀知己也，非徒其名利也；言可以伸，志可以成，气以类而相孚，业以摩而相益。易曰：“拔茅茹以其汇。[1]”拔不以其汇，而独茎之草，不足以葺大厦久矣。大臣，心腹也；师儒，耳目也；长吏，臂指也。以心应耳目之聪明，以耳目应臂指之动作，合而为一人之身，而众用该焉。其互相离者，不仁者也。不仁者痿[2]以死，如之何君臣争士而靳为己得也！

【注释】：

[1] 拔茅茹以其汇：“初九：拔茅茹，以其汇，征吉。”这是泰卦第一爻。茅，茅草；茹，根；汇，类。意指拔去茅草连根一起拔掉，表示吉利的征兆。

[2] 痿：筋肉萎缩，不能举动。

【导读】：

此处指出士怀知己并不仅仅是为名利，而其志气得伸，相互信任、促进，国君、大臣、师儒、长吏是一个整体，谁得士都是为了国家，不能割裂开来。

太祖之欲得士也已迫，因下第举人挝鼓[1]言屈，引进士而试之殿廷，不许称门生于私门。赖终宋之世不再举耳。守此以为法，将与孤秦等。察察[2]之明，悁悁[3]之忿，呴呴[4]之恩，以抚万方[5]，以育多士，岂有幸哉！岂有幸哉！

【注释】：

[1] 挝鼓：击鼓。

[2] 察察：明辨；清楚；洁净的样子。《老子》：“众人察察，我独闷闷。”

[3] 悁悁：忧闷貌。亦指忿怒貌，恳切貌。

[4] 呴呴：鸟鸣声。又指温和貌。

[5] 万方：指万国，各地诸侯；各地方。

【导读】：

此处指出宋太祖不许称门生于私门是错误的，后继者并没有执行此法，不然又与孤秦一样。

六　太祖数微行

太祖数微行[1]，或以不虞为戒，而曰：“有天命者，任自为之。”英雄欺人，为大言[2]耳。其微行也，以己之幸获，虞人之相效，察群情以思豫制，私利之褊衷[3]，猜防[4]之小智，宋德之所以衰也。野史载其乘辇以出，流矢忽中辇板，上见之，乃大言曰："射死我，未便到汝。"流矢者，即其使人为之也。则微行之顷，左右密护之术，必已周矣。而谏者曰"万一不虞"，徒贻之笑而已。

【注释】：

［1］微行：帝王或高官便服私访。

［2］大言：夸大的言辞，大话。

［3］褊衷：褊狭的内心。

［4］猜防：猜疑防范。

【导读】：

此处指出宋太祖微服私访并不是什么好的行为，反而是宋德败落的表现。

凡人主之好微行也有三，此其一也。其下，则狂荡嬉游，如刘子业[1]诸君耳。其次，则苛察以为能，而或称其念在国民，以伺官箴[2]之污洁、民生之苦乐、国事之废举者也。若此者，其求治弥亟，其近道弥似，其自信弥坚；而小则以乱，大则以亡。迨乎乱与亡而不悔其失，亦愚矣哉！何也？两足之所至，两目之所觇，两耳之所闻，斤斤[3]之明，詹詹[4]之智，以与天下斗捷，未有能胜者也。

【注释】：

［1］刘子业：小字法师，彭城绥舆里（今江苏徐州市）人，南北朝时期南朝宋第六位皇帝，南北朝时期著名的暴君。

［2］官箴：做官的戒规。

［3］斤斤：形容明察，引申为琐碎细小。

［4］詹詹：言词烦琐、喋喋不休的样子。

【导读】：

此处指出帝王好微服私访有三个目的：猜防、游玩、苛察，这种做法是会带来不好后果，恃一人之能力敌天下之人是不能取胜的。

且夫人主而微行，自以为密，而岂果能密邪？趾未离乎禁闱[1]，期已泄于近幸[2]；形一涉乎通逵，影已彻乎穷巷；此之伺彼也有涯，而彼之伺此也无朕[3]。于是怀私挟佞者，饰慧为朴，行谄以戆，丑正而相讦，党奸而相奖，面受其欺，背贻其笑，激怒沽恩，而国是不可复诘矣。即令其免乎此也，一事之得，不足以盖小人；一行之疵，不足以贬君子；一人之恩怨，不足以定仁暴；一方之利病，不足以概海隅[4]。而偶得之小民者，无稽弗询，溢美溢恶，遂信为无心之词，自矜其察微之睿，以定黜陟，以衡兴革，以用刑赏，以权取与，而群臣莫敢争焉。此尤不待奸人之诡道相要，而坐受其蠹[5]。小之以乱，大之以亡，振古如斯，而自用者不察，良足悲已！

【注释】：

［1］禁闱：宫廷门户，指宫内或朝廷。

［2］近幸：指帝王宠爱的人。

［3］无朕：没有迹象或先兆。

［4］海隅：常指僻远的地方。

［5］蠹：蛀虫，损害。

【导读】：

此处指出帝王微服私访很难保密从而受蒙蔽，以此决策会招来祸乱：小之以乱，大之以亡。

夫欲成天下之务，必详其理；欲通天下之志，必达其情。然而人主之所用其聪明者，固有方也。以求俊乂[1]，冢宰[2]公而侧陋举矣；以察官邪，宪臣[3]廉而贪墨屏矣；以平狱讼，廷尉[4]慎而诬罔消矣；以处危疑，相臣[5]忠而国本固矣。故人主之所用智以辨臧否者，不出三数人，而天下皆服其容光之照。自朝廷而之藩牧，自藩牧而之郡邑，自郡邑而之乡保。听乡保之情者，邑令也；听邑令之治者，郡守也；听郡守之政者，藩牧也。因是而达之廷臣，以周知天下之故。遗其小利，惩其大害，通其所穷，疏其所壅。于是而匹夫匹妇私语之情，天子垂旒纩而坐照之以无遗。天下之足，皆吾足也；天下之目，皆吾目也；天下之耳，皆吾耳也。能欺其独知，而不能掩其众著，明主之术，恃此而已矣。愚氓一往之情辞，不屑听也。而况宵人之投隙以售奸者哉！

【注释】：

［1］俊乂：亦作“俊艾”。才德出众的人。

［2］冢宰：周官名，为六卿之首，亦称太宰。又称吏部尚书为冢宰。

［3］宪臣：御史，宋代指提点刑狱，即后之按察使。

［4］廷尉：古代官名，秦置，为九卿之一。掌刑狱。秦汉至北齐主管司法的最高官吏。汉景帝中元六年（前 144）改名大理，武帝建元四年（前 137）恢复旧称，哀帝元寿二年（前 1）又改为大理寺。新莽时改名作士，东汉时复称廷尉。汉末复为大理。魏黄初元年（221）改称廷尉，后代沿袭未改。北齐以大理寺为官署名，大理寺卿为官名，历代遵行。魏晋南北朝廷尉职掌与两汉无区别，北齐易廷尉名为大理寺卿。唐代形成京师案件由大理寺卿负责审理、判刑，由刑部复核的制度。元代不设大理寺，审判由刑部直接进行。明代恢复大理寺后，受元制影响，又改变成京师案件之审判归刑部，大理寺卿仅负责复核的制度。地方上所呈报的重罪案件，也是先经刑部评议，再经大理寺卿最后复核。清制与明同。

［5］相臣：宰相。亦泛指大臣。

【导读】：

此处指出帝王用好大臣，大臣尽责，一级负责一级，则天下无不在其掌握之中。

古之圣王，询刍荛[1]、问工瞽[2]、建鞀鼓[3]、以达臣民之隐者，为己救过也，非以察人也。微行者反是，察愈密，听愈惑，自贻败亡而不悟。故曰良足悲已！故微行者有三，而皆君道之所恶。若宋祖者，即不微行，亦岂有攘臂相仍以夺其所夺于人者乎？则亦均之乎愚而已矣。

【注释】：

［1］刍荛：指草野之人。

［2］工瞽：古代乐官。

［3］鞀鼓：鼗鼓，夏时代，鼗被用于告诫程序，禹作规定，有申冤弹劾者，则击鼗。

【导读】：

此处指出古代圣王询问百姓让人申诉不是为了考察臣下而是为了弥补自己的过失，微服私访的三个目的都是君道所不允许的。

七　太祖优处降王

刘禅、孙皓之容于晋，非晋之厚也，诚有以致之也。刘先主以汉室之裔，保蜀土，奉宗祧，任贤图治，民用乂安[1]，尚矣。孙文台奋身郡将，讨董卓，复洛京，父子三世，退保吴、楚，民不受兵者百余年。天之所佑，人之所怀，司马氏弗能重违而绝其世，有不可绝者在也。禅虽暗，皓虽虐，非称兵首难[2]、爚乱[3]天纪[4]者；降为臣仆，足偿其愆，而恶容殄灭乎？

【注释】：

［1］乂安：太平、安定。

［2］首难：首先发难起事。

［3］爚乱：炫惑扰乱。

［4］天纪：上天规定的法度。

【导读】：

此处指出刘禅、孙皓作为降王有其被优待的理由。

李煜、孟昶[1]、刘鋹[2]以降王而享国封，受宾恪[3]之礼，非其所应得者也，宋之厚也。迹其先世，无积累之功，无巩固之守，存乎蓬艾之闲，偷以自王，不足以当白马之淫威久矣。其降为皂隶[4]，可无余憾。而优渥之礼加乎其身，故曰：宋之厚也。

【注释】：

［1］孟昶：五代末年后蜀皇帝，宋灭后蜀孟昶降。

［2］刘鋹：原名刘继兴，南汉中宗刘晟长子，五代十国时期南汉君主，宋朝派潭州防御使潘美攻南汉，刘鋹投降，南汉亡。宋太祖赵匡胤赦免刘鋹，并任命其为金紫光禄大夫、检校太保、右千牛卫大将军，封恩赦侯。

［3］宾恪：封前代三王朝的子孙，给以王侯名号。

［4］皂隶：古代贱役。后专指衙门里的差役。

【导读】：

此处指出南唐、后蜀、南汉降王在宋的待遇是给予了优待。

虽然，责蜀、粤、江左[1]之亢僭争衡，不夙奉正朔于汴、洛，而以俘虏之刑处之，则又不可。臣服者，必有所服也；归命者，必有所归也；有君而后有臣，犹有父而后有子也。唐亡以来，天下之无君久矣。朱温，贼也；李存勖、石敬瑭，沙陀之部夷也；刘知远、郭威，乘人之熸，乍踞其位，犹萤之耀于夜也。剖方州[2]而称帝，仅得其十之二三。特以汴、洛之墟为唐故宫之趾，乘虚袭处，而无识者遂题之以正统。如是而欲雄桀足恃者纳土称臣，以戴为共主，天其许之而人其顺之乎？故徐温、孟知祥、刘岩之与朱、李、石、刘相为等夷，而非贼非夷，较犹愈焉。则其后嗣之守土不臣，势穷而后纳款[3]，固君子所矜，而弗容苛责者也。

【注释】：

［1］江左：江东，指长江下游以东地区。

［2］方州：指州郡。

［3］纳款：归顺；降服。

【导读】：

指出不能以俘虏对待后蜀、南汉、南唐的降王。

若夫因乱窃立，穷蹙而俘，宜膺王者之诛；则抑必首乱以劫夺，而非有再造之志者耳。项羽虽负罪有十，而诛秦犹因义愤，故汉高封鲁公以厚葬之，而不掩其功。王莽之乱，人心思汉，诸刘鹊起，而隗嚣、公孙述、张步、董宪之流，俶扰[1]天纪，以殃求莫之民。杨广凶淫，民虽靡止，而窦建德、萧铣，徐圆朗乘之以掠杀既困之民；刘武周、梁师都、薛仁杲倚戎狄以戕诸夏；王世充受隋宠命，狐媚而售其攘夺。凡此者，皆首祸于天下，无已乱之情而利于乱者也。故虽或降附，而槀街[2]之悬，邱民咸快。其与蜀、粤、江南，不可同日而语矣。王者上溯天心，下轸民志，操不爽之权衡以行诛赏，差等之殊，不容紊也。

【注释】：

［1］俶扰：开始扰乱；动乱；骚乱。

［2］槀街：即“藁街”，出自《汉书·陈汤传》载汤疏：“斩郅支首及名王以下，宜悬头槀街蛮夷邸间。”槀街为汉长安街名，乃其时外国使节或宾客所居之处。

【导读】：

此处指出要区别对待降王，或诛或赏。

徐温佐杨行密以御毕师铎、秦宗权之毒，而江、淮安。江、淮之乱，非杨、徐始之也。刘岩坐拥百粤[1]，闭关自擅，而不毒民以与吴、楚争强。孟知祥即不据蜀疆，石、刘惴惴以偷立，契丹外逼，诸镇内讧，救死不遑，固无能越剑阁以绥两川也。则此三方者，未尝得罪于天人，嗣子保其遗业，婴城以守，众溃而后降，苟非残忍惎害[2]以为心，亦恶能以窦建德、萧铣之诛，违理而逞其淫刑乎！

【注释】：

［1］百粤：古代散居南方各地越族的总称。

［2］惎害：毒害。

【导读】：

进一步说明后蜀、南唐、南汉未曾得罪天人，不能与那些残忍毒害之人相提并论。

天之所怒者，首乱[1]者也；人之所怨者，强争者也。仁有不可施，义有不可袭，必如宋祖之优处[2]降王，而后可曰忠厚。

【注释】：

［1］首乱：带头为乱。

［2］优处：优待。

【导读】：

指出宋太祖优待降王是忠厚之人。

八　赵普论取幽州一

口给[1]以御人，不能折也。衡之以理，度之以势，即其御我者以相诘，而固无难折。夫口给者，岂其信为果然哉？怀不可言之隐，相诱以相劫，而有口给之才，以济其邪说[2]，于是坐受其穷。唯明主周知得失祸福之原，秉无私以照情伪之始终，则不待诘而其辩穷矣。曹翰献取幽州之策，太祖谋之赵普。普曰："翰取之，谁能守之？"太祖曰："即使翰守之。"普曰："翰死，谁守之？"而帝之辩遂穷。是其为言也，如春冰之脆[3]，不待凿而自破，而胡为受普之御也！

【注释】：

［1］口给：口才敏捷，能言善辩。

［2］邪说：不正当的议论、主张，歪理邪说。

［3］胞：古同“脆”。

【导读】：

指出赵普以善辩而对付宋太祖。

取之与守，其难易较然矣。劳佚饥饱之势既殊，而攻者处可进可退之地，人无固志，守则生死之争也。能夺之于强夷之手，而畏其不保乎？因其城垒，用其人民，收其刍粮[1]，则蚁附[2]者不能争我于散地。况幽州者，负西山，带卢沟，沓嶂重崖以东迤于海，其视瀛、莫、河朔之旷野千里，可恣胡骑之驰突者奚若？得幽州，则河朔之守撤；不得幽州，则赵、魏之野，莫非边徼。能守赵、魏，而不能守幽州乎？忧曹翰死而无能守幽州者，则姑置之，徒不忧守赵、魏之无人，抑将尽取大河南北而授之契丹也与？翰死而不能更得翰，则幽州之取愈亟矣。所患者，幽州不易得耳。既已得之，而使翰经理守之之事，则虽不如翰者，倚其所缮之营堡，食其所储之米粟，用其所备之甲兵，自可百年而屹然以山立。由汉以来，踞燕山以扼北狄，岂人皆如翰，而短垣卒不可逾，又何忧翰之不再得哉？

【注释】：

［1］刍粮：粮草。多指供军队用的饲料和粮食。

［2］蚁附：像蚂蚁一样趋集缘附。

【导读】：

分析赵普议曹翰能攻不能守之荒谬。

虑之远者，亦知其所可知而已。吕后问汉高以社稷之臣，至于一再，则曰：“非汝所知。”非独吕后之不知，汉高亦不知也。所可知者，育材有素，抡选[1]有方，委任之以诚，驾驭之以礼，则虽百年以后之干城[2]，皆早卜其勋名之不爽。何事于曹翰膂力方刚之日，而忧其难继哉？逆料后之无良将，而靳复其故宇；抑将料子孙之无令人[3]，而早举中夏授之戎敌，以免争战之劳与？

【注释】：

［1］抡选：选拔，挑选。

［2］干城：盾牌和城墙。比喻捍卫者。

［3］令人：品德美好的人。

【导读】：

指出赵普之论完全是猜测之辞，或许有投降夷狄之心。

故普之说，口诚给也；以其矛，攻其盾，破之折之，不待踟蹰，而春冰立泮。然而以太祖之明，终屈于其邪说也，则抑有故矣。谓谁能守者，非谓才不足以守也；谓翰死无能如翰者，非谓世无如翰之才者也。普于翰有重疑矣。而太祖曰："无可疑也。"普则曰："舍翰而谁可弗疑也?"幽燕者，士马之渊薮[1]也。天宝以来，范阳首乱，而平卢、魏博、成德相踵以叛。不惩其失，举以授之亢衡强夷之武人，使拊河朔以瞰中原，则赵氏之宗祏[2]危矣！呜呼！此其不言之隐，局蹐[3]喔嘶于闺闱，而甘于朒缩[4]者也。不亦可为大哀者乎！

【注释】：

［1］渊薮：比喻人或事物集中的地方。

［2］宗祏：宗庙中藏神主的石室。亦借指宗庙，宗祠。

［3］局蹐：畏缩恐惧的样子；狭隘；不舒展；狭窄。

［4］朒缩：行动迟缓貌；退缩不前貌。

【导读】：

此处指出赵普其论倡猜疑之心，是可悲的。

夫直北[1]塞垣之地，阻兵而称乱者，诚有之矣。汉则卢绾、陈豨、彭宠、卢芳；唐则始于安禄山，终于刘仁恭父子。然方跃以起，旋仆以灭，亡汉唐者，岂在是哉? 且其拥兵自保，而北狄阑入[2]之祸消，虽倔强不戢，犹为我吠犬以护门庭也。迨及朱温屠魏博，李存勖灭刘守光，而后契丹之突骑长驱于河、汴，而莫之能遏。御得其道，则虽有桀骜之夫而无难芟刈。即其不然，割据称雄者，犹且离且合，自守其疆域，以为吾藩棘。此之不审，小不忍而宁掷之敌人，以自贻凭陵之祸。四顾怀疑，密谋而安于弃割，弗能告人曰吾之忧在此也，则口给之言，入乎耳而警于心；普曰："翰未可信也，继翰者愈可疑也"，则画河自守，鞭易及而马腹无忧耳。宋之君臣匿情自困，而贻六百年衣冠之祸，唯此而已矣。

【注释】：

［1］直北：正北。

［2］阑入：指擅自闯入。

【导读】：

此处指出宋代皇帝的猜疑之心导致了中国六百年的祸患。

乃若普者，则又不仅是。以幕客[1]之雄，膺元勋之宠，睥睨将士，奄处[2]其上，而固无以服其心也。陈桥之起，石守信等尸之，而普弗与；下江南，收西川，平两粤，曹彬、潘美等任之，而普弗与；则当时推诚戮力[3]之功臣，皆睨普而愤其轧己，普固有不与并立之势，而日思亏替[4]之以自安。所深结主知以使倚为社稷臣者，岂计安天下以安赵氏哉？唯折抑武臣，使不得立不世之功以分主眷而已。故其受吴、越之金，而太祖曰："彼以为天下事尽由书生也。"则太祖亦窥见其情，徒疑忌深而利其相制耳。

【注释】：

［1］幕客：古代以西东分宾主，家塾教师和做官僚们私人秘书的"幕客"，都称为"西宾"，又称"西席"，主人称为"东家"。

［2］奄处：疑为"燕处"。

［3］戮力：勉力；并力。戮，通"勠"。《书·汤诰》："聿求元圣，与之戮力，以与尔有众请命。"孔颖达疏："戮力，犹勉力也。"

［4］亏替：丧失；损坏；废除。

【导读】：

此处分析赵普导宋太祖猜疑的内在原因是固宠。

惟然，而太祖之任普也亦过矣。不仁者，不可与托国。则他日之惎害其子弟以固宠禄，亦何不可忍也！诚欲崇文治以消桀骜[1]与！则若光武之进伏湛、卓茂，以敦朴纯雅之风，抑干戈之气，自足以靖方夏而化强悍。若湛、茂等者，皆忠厚立心，而无阴鸷[2]钳伏[3]之小知者也。故功臣退处，而世效其贞。当宋之初，岂无其人，而奚必此怀橥倚门、投身戎幕之策士乎？弗获已，而窦仪、吕余庆之犹在也，其愈于普也多矣。险诐[4]之人，居腹心之地，一言而裂百代之纲维。呜呼！是可为天下万世痛哭无已者也。

【注释】：

［1］桀骜：泛指凶残蛮横的人。

［2］阴鸷：狠毒、阴险。

［3］钳伏：被约束限制低服。

［4］险诐：阴险邪僻。

【导读】：

此处指出宋太祖重任赵普也太过了，赵普是阴险小人，所进之言带来无穷祸患。

九　赵普论取幽州二

曹翰之策取幽州，勿虑其不可守也，正惟欲取之而不克。何以明其然也？兵者，非可乍用而胜者也，非可于小康之世[1]，众志惰归而能当大敌者也。宋承五代之余，人厌干戈，枭雄之气[2]衰矣。江南、蜀、粤之君臣，弄文墨，恣嬉游，其甚者淫虐逞而人心解体，兵之所至，随风而靡，宋于是乘之以有功。彼未尝誓死以守，此未尝喋血以争，如项羽、公孙述、窦建德、薛举之几胜几负而始克者也。乃天下已收其八九，而将卒之情胥泮涣[3]矣。以此而骤与强夷相竞，始易视之，中轻尝之，卒且以一衄而形神交馁。故太宗之大举北伐，惊溃披离而死伤过半。孰是曹翰之奋独力以前，而可保坚城之遽下邪？

【注释】：

［1］小康之世：语出《礼记礼运》，原文云："孔子曰：'大道之行也，与三代之英，丘未之逮也，而有志焉。大道之行也，天下为公，选贤与能，讲信修睦。故人不独亲其亲，不独子其子，使老有所终，壮有所用，幼有所长，矜寡孤独废疾者皆有所养，男有分，女有归。货恶其弃于地也，不必藏于己；力恶其不出于身也，不必为己。是故谋闭而不兴，盗窃乱贼而不作，故外户而不闭。是谓大同。今大道既隐，天下为家，各亲其亲，各子其子，货力为己，大人世及以为礼，域郭沟池以为固，礼义以为纪，以正君臣，以笃父子，以睦兄弟，以和夫妇，以设制度，以立田里，以贤勇知，以功为己。故谋用是作，而兵由此起。禹、汤、文、武、成王、周公由此其选也。此六君子者，未有不谨于礼者也。以着其义，以考其信，着有过，刑仁讲让，示民有常，如有不由此者，在埶者去，众以为殃。是谓小康。'"

［2］枭雄之气：枭雄，骁悍雄杰之人，犹言雄长，魁首，多指强横而有野心之人；枭雄之气，强横而野心的气概。

［3］泮涣：解；分散；涣散。

【导读】：

指出赵普论曹翰取幽州之策隐于其中还是不能取胜。

虽然，抑岂无以处此哉？汉高帝尝困于白登矣[1]，至武帝而幕南可无王庭[2]；唐高祖尝称臣于突厥矣[3]，至太宗而单骑可使却走。夫汉与唐，未尝不偃戈息马以靖天下也；未尝不制功臣使蹲伏而不敢窥天位也；特不如赵普者惴惴畏人之有功，而折抑解散之，以偷安富贵。则迟之又久，而后起者藉焉，何忧天下之无英杰以供驱使哉？句践，一隅之君耳，生聚之，教训之，卒以沼吴。惟长颈鸟喙之难与共功，而范蠡去，文种诛，以终灭于楚。一得一失之几，决于君相之疑信，非繇天下之强弱，其亦审矣。

【注释】：

［1］汉高帝尝困于白登矣：《史记匈奴传》载："是时汉初定中国，徙韩王信于代，都马邑。匈奴大攻围马邑，韩王信降匈奴。匈奴得信，因引兵南逾句注，攻太原，至晋阳下。高帝自将兵往击之。会冬大寒雨雪，卒之堕指者十二三，于是冒顿详败走，诱汉兵。汉兵逐击冒顿，冒顿匿其精兵，见其羸弱，于是汉悉兵，多步兵，三十二万，北逐之。高帝先至平城，步兵未尽到，冒顿纵精兵四十万骑围高帝于白登，七日，汉兵中外不得相救饷。匈奴骑，其西方尽白马，东方尽青駹马，北方尽乌骊马，南方尽骍马。高帝乃使使间厚遗阏氏，阏氏乃谓冒顿曰：'两主不相困。今得汉地，而单于终非能居之也。且汉王亦有神，单于察之。'冒顿与韩王信之将王黄、赵利期，而黄、利兵又不来，疑其与汉有谋，亦取阏氏之言，乃解围之一角。于是高帝令士皆持满傅矢外乡，从解角直出，竟与大军合，而冒顿遂引兵而去。汉亦引兵而罢，使刘敬结和亲之约。"

［2］武帝而幕南可无王庭：《史记匈奴传》载："汉骠骑将军之出代二千余里，与左贤王接战，汉兵得胡首虏凡七万余级，左贤王将皆遁走。骠骑封于狼居胥山，禅姑衍，临翰海而还。是后匈奴远遁，而幕南无王庭。汉度河自朔方以西至令居，往往通渠置田，官吏卒五六万人，稍蚕食，地接匈奴以北。"

［3］唐高祖尝称臣于突厥矣：《旧唐书李靖传》云："太宗初闻靖破颉利，大悦，谓侍臣曰：朕闻'主忧臣辱，主辱臣死'。往者国家草创，太上皇

（高祖）以百姓之故，称臣于突厥，朕未尝不痛心疾首，志灭匈奴，坐不安席，食不甘味，今者暂动偏师，无往不捷，单于款塞，耻其雪乎。”

【导读】：

此处以史实批判赵普之策。

以普忮害[1]之小慧，而宋奉之为家法，上下师师，壹于猜忌。狄青[2]、王德用[3]且如芒刺之在背，惟恐不除焉。故秦桧相，而叩马[4]之书生知岳侯之不足畏。则赵普相，而曹翰之策不足以成功，必也。翰之以取幽州自任也，翰固未之思也。

【注释】：

［1］忮害：忌刻残忍；嫉妒陷害。

［2］狄青：字汉臣，汾州西河（今山西）人，出身贫寒，自少入伍，面有刺字，善骑射，人称“面涅将军”，后以功升枢密副使。狄青生前备受朝廷猜忌，导致最后抑郁而终。死后却受到了礼遇和推崇，追赠中书令，谥号“武襄”。

［3］王德用：字元辅。赵州（今河北赵县）人，祖籍真定（今河北正定县以南），早年荫补衙内都指挥使。至道二年（996），随父出击李继迁，担任先锋，沉着应战，使宋军全师而还。此后历任巡检、指挥使、刺史、团练使、知州、观察使等职，颇著政绩。宋仁宗亲政后，召王德用为签署枢密院事，旋拜枢密副使。累迁定国节度使、宣徽南院使。后降知随州、曹州等地。庆历二年（1042），辽朝聚兵边境。王德用再获起用，出判定州，兼三路都部署。他镇守前线，加强边备。庆历六年（1047），以使相出判澶州。官终同群牧制置使，封鲁国公。王德用的威名天下皆知。他的相貌奇伟，有人认为这不是作为大臣的相貌。御史中丞孔道辅便上奏请罢王德用枢密职，仁宗无奈，只得让王德用出任武宁军节度使、徐州大都督府长史。王德用去徐州上任之前，仁宗赐手诏来抚慰送别他。不久后又遭人诬陷，被降为右千牛卫上将军、知随州（今湖北随州）。许久后，徙知曹州（今山东菏泽）。

［4］叩马：勒住马。叩，通“扣”。

【导读】：

指出赵普之猜忌武臣，被赵宋君臣奉为家法。

十　太祖享太庙欲撤礼器而用常膳

记曰："礼从其朔。[1]"朔者，事之始也；从之者，不敢以后起之嗜欲狎鬼神也。又曰："礼，时为大。[2]"时者，情之顺也；大之者，不忍于嗜欲之已开，而为鬼神禁之也。是故燔黍而有敦黍[3]，捭豚[4]而有燔肉[5]，玄酒[6]而有三酒[7]，太羹[8]而有和羹[9]。不废其朔，质也，而将其敬，不从其情，则文也；不违其时，文也，而致其爱，不蕲乎美，则质也。兼敦而互成，仁人孝子之以事鬼神者乃尽之。

【注释】：

［1］礼从其朔：按此出自《礼运》，当作"皆从其朔"。

［2］礼，时为大：出自《礼记·礼器》，原文云："礼，时为大，顺次之，体次之，宜次之，称次之。尧授舜，舜授禹；汤放桀，武王伐纣，时也。《诗》云：'匪革其犹，聿追来孝。'天地之祭，宗庙之事，父子之道，君臣之义，伦也。社稷山川之事，鬼神之祭，体也。丧祭之用，宾客之交，义也。羔豚而祭，百官皆足；大牢而祭，不必有余，此之谓称也。"

［3］敦黍：《仪礼·少牢馈食礼》："尔上敦黍于筵上右之。"敦是中国古代食器，在祭祀和宴会时放盛黍、稷、稻、粱等作物。出现在春秋时期，后来逐渐演变出盖。到战国时多为盖形同体。常为三足，有时盖也能反过来使用。

［4］捭豚：捭，撕裂。《礼记·礼运》："夫礼之初，始诸饮食，其燔黍捭豚，污尊而抔饮。"郑玄注："中古未有釜、甑，释米捭肉，加于烧石之上而食之耳。"孔颖达疏："燔黍者，以水洮释黍米，加于烧石之上而燔之。捭豚者，捭析豚肉，加于烧石之上而熟之。"朱彬训纂引段玉裁曰："擘豚，谓手裂豚肉也。"亦作"燔黍擘豚"。

［5］燔肉：祭肉。燔，通"膰"。

［6］玄酒：古代祭礼中当酒用的清水。《礼记·礼运》："故玄酒在室，醴醆在户。"孔颖达疏："玄酒，谓水也。以其色黑，谓之玄。而太古无酒，此水当酒所用，故谓之玄酒。"

［7］三酒：事酒、昔酒和清酒。《周礼·天官·酒正》："辨三酒之物，一曰事酒，二曰昔酒，三曰清酒。"郑玄注："郑司农云：'事酒，有事而饮也；昔酒，无事而饮也；清酒，祭祀之酒。'玄谓事酒，酌有事者之酒，其酒

则今之醳酒也。昔酒，今之酋久白酒，所谓旧醳者也。清酒，今中山冬酿接夏而成。”孙诒让正义：“三酒之中，事酒较浊，亦随时酿之，酋绎即孰。昔酒较清，则冬酿春孰。清酒尤清，则冬酿夏孰。”

［8］太羹：意思是不加五味的肉汤。羹是中国古代很流行的馔品，它是将肉物菜料一锅煮的食法，尤其是在油炒方法没有推行的时代，人们享用的美味多半是由羹法得到的。

［9］和羹：配以不同调味品而制成的羹汤。《书说·命下》：“若作和羹，尔惟盐梅。”孔传：“盐，咸；梅，醋。羹须咸醋以和之。”

【导读】：

指出兼敦而互成，仁人孝子之以事鬼神者乃尽之。

祭用笾、豆[1]，周制也；夏殷以上，固有不可尽考者矣。不可考者，无自而仿为之，则以古之所可考者为朔。祭之用笾、豆、铏、俎、敦、彝[2]，仿周制而备其器，所以从朔而将其敬，非谓必是而后为鬼神之所歆也。尊其祖而不敢亵，文治也，而质为之诎矣。太祖欲撤之，而用当时之器，过矣。过则自不能晏然于其心，而必为之怵惕[3]，故未几而复用之。然而其始之欲用当时之器，以顺情而致养，亦未甚拂乎道也。歉然不惬，而用祖考之所常御；怵然中变，而存古人之所敬陈；皆心也。非资闻见以仿古，徇流俗以从时也。爱不忍忘，而敬不敢弛；质不忍靳，而文不敢替；故两存之。于其必两存者，可以察仁孝之动以天者矣。

【注释】：

［1］笾、豆：古代祭祀及宴会时常用的两种礼器。竹制为笾，木制为豆。借指祭仪。

［2］铏、俎、敦、彝：祭器。铏，古代盛羹的鼎，圆口、身长、有盖、上宽下窄、如杯，两耳三足，有盖，常用于祭祀。俎，古代祭祀时放祭品的器物。敦，是中国古代食器，在祭祀和宴会时放盛黍、稷、稻、梁等作物。彝是古代中国先民用于盛酒的器具，亦泛指古代宗庙常用的祭器。

［3］怵惕：戒惧；惊惧。

【导读】：

指出宋太祖祭祖由其心，可以察其仁孝。

虽然，其未研诸虑而精其义也。古者天子诸侯之事其先，岁有祫[1]，时有享[2]，月有荐[3]。荐者，自天子达于庶人，而祭以等降。祭以文昭敬，位未尊而敬不得伸；荐以质尽爱，苟其亲者而爱皆可致。夫祭必有尸[4]，有尸而后有献，有献斯有酢[5]，有酢斯有酬[6]，有酬斯有绎[7]，周洽弥纶，极乎文而不欲其相渎。故尊罍设，玄酒陈，血膋[8]燔，牲升首，太羹具，振古如斯。而笾、豆、铏、俎、敦、彝，皆法古以重用其文，而后尊之也至；尊之也至，而后敬无不伸。若夫荐，则有不必其然者矣。荐非不敬，而主乎爱；主乎爱，则顺乎其时，而以利得其情。古之荐者，所陈之器、所献之味无考焉。意者唯其时而不必于古与！其器，习用而安之；其味，数尝而甘之；仁人孝子弗忍绝也，则于荐设之焉可矣。且夫笾、豆、俎、铏，亦非隆古之器矣；和羹、燔炙，亦非隆古之食矣；古今相酌，而古不废今，于祭且然，而况荐乎？汉、唐以下，所谓祭者皆荐也，未有舍今以从古者也。唯不敢不以从朔之心，留十一于千百，则笾豆相仍，用志追崇之盛。而古器与今器杂陈，古味与今味互进，酌其不相拂者，各以其候而递用之，极致其敬爱，必有当也。而太祖未之讲耳，卒然而撤之，卒然而复之，义不精而典礼不定，过矣。然而其易之之情、复之之心，则固诚有于中憬然而不容抑者存也。有王者起，推此心以求合精于义，而质文交尽，存乎其人焉。非可以意之偶发而废兴之也。

【注释】：

［1］祫：古代天子或诸侯把远近祖先的神主集合在太庙里进行祭祀。

［2］享：祭献，上供。用物品进献人，供奉鬼神使其享受。

［3］荐：进献，祭献。

［4］祭必有尸：古代祭祀时，生者因不忍见至亲之不在，乃以活人“尸”代表死者接受祭礼，甚至享用祭品。《礼记·曾子问》：“曾子问曰：‘祭必有尸乎？若厌祭亦可乎？’孔子曰：‘祭成丧者必有尸，尸必以孙。孙幼，则使人抱之。无孙，则取于同姓可也。祭殇必厌，盖弗成也。祭成丧而无尸，是殇之也。’”

［5］酢：报祭，谢神的祭祀。

［6］酬：劝酒。

［7］绎：祭名。《左传·宣八年》：“壬午犹绎。”《注》绎，又祭，陈昨日之礼，所以宾尸。《公羊传》：“绎者何，祭之明日也。”

［8］血膋：血和脂膏。《诗·小雅·信南山》：“执其鸾刀，以启其毛，取其血膋。”郑玄笺：“膋，脂膏也。血以告杀，膋以升臭。”

【导读】：

分析宋太祖享太庙欲撤与复的内在原因与意义。

一一　省州县官而增其俸

省官以清吏治，增俸以责官廉，开宝[1]之制，可谓善矣。虽然，有说。语云：“为官择人，不为人建官。”此核名实、求速效之说也，非所以奖人材、厚风俗、劝进天下于君子之道也。郡县之天下，其为州者数百，为县者千余。久者六载，速者三载，士人之任长吏者，视此而已。他则委琐之簿、尉，杂流兼进者也。以千余县岁进一人，十年而溢于万，将何以置此万人邪？且夫岁进一人之不足以尽天下之才也，必矣。古之建国也，其子、男之国，提封之壤，抵今县之一二乡耳。而一卿、三大夫、九上士、二十七中士、八十一下士，食禄于国，为君子而殊于野人者且如此。进而公、侯，又进而天子之廷，凡其受田禄而世登流品者，不可以纪。故其诗云：“济济多士，文王以宁。[2]”以文王之德，且非是而无以宁也。育人材以体天成物，而天下以靖。故易曰：“上天下泽，履，君子以辨上下，定民志。[3]”民志于民而安于利，士志于士而安于义，勿抑其长，勿汙其秀，乃以长养善气，礼乐兴，风俗美，三代之所以敦厚弘雅，迎天地之清淑者，岂在循名责实、苟求速效之间哉？

【注释】：

［1］开宝：宋太祖赵匡胤的年号，共计9年。

［2］济济多士，文王以宁：语出《诗经·小雅·文王》。

［3］上天下泽，履，君子以辨上下、定民志：《易·传象》曰：“上天下泽，履；君子以辩上下，定民志。”

【导读】：

批评“为官择人”并未知其本，重要的是育人才以体天成物。

士之有志，犹农之有力也。农以力为贤，力即不勤，而非无其力；士以志为尚，志即不果，而非无其志。士之知有善，犹工贾之知有利也。工贾或感于善，而既已知利，必挟希望之情；士或惑于利，而既已知善，必忌不肖之名。为人上者，因天之材，循人之性，利导之者顺，屈抑之者逆。学而得禄者，分之宜也；菀[1]而必伸者，人之同情也。今使为士者限于登进之途，虽受一命，抑使迁延[2]坷坎，白首而无除授[3]之实，则士且为困穷之渊薮。则志之未果者，求为农而力不任，且疾趋工贾，以不恤旧德之沦亡。其黠者，弄唇舌，舞文墨，炫淫巧，导讼讦，以摇荡天下，而为生民之大蠹。然后从而禁之，乱且自此而兴矣。是故先王建国，星罗棋布，而观之于射[4]，进之于饮[5]，一乡一遂[6]，皆有宾兴之典[7]，试于司马而授之以事，岂其人之果贤于后世哉？所以诱掖而玉之成者，其道得也。

【注释】：

［1］菀：通“蕴”，郁结。

［2］迁延：徘徊，停留不前貌，拖延。

［3］除授：拜官授职。

［4］射：指古代礼、乐、射、御、书、数六种才能技艺之一的“射”，射箭。

［5］饮：指“乡饮酒礼”，古代汉族宴饮风俗。中国自古重仕途，古时有贤者荐升，由乡大夫作主人设宴为之送行。后演为地方官设宴招待应举之士，此宴为“乡饮酒”。

［6］一乡一遂：《周礼》规定周王室是六乡六遂，公国三乡三遂，侯国、伯国二乡二遂，子国、男国一乡一遂。六乡：比、闾、族、党、州、乡。五家为比，五比为闾，四闾为族，五族为党，五党为州，五州为乡，一乡有一万两千五百人。六遂：邻、里、酂、鄙、县、遂。五家为邻，五邻为里，四里为酂，五酂为鄙，五鄙为县，五县为遂。

［7］宾兴之典：周代举贤之法。谓乡大夫自乡小学荐举贤能而宾礼之，以升入国学。《周礼·地官·大司徒》：“以乡三物教万民而宾兴之。”郑玄注：“兴，犹举也。民三事教成，乡大夫举其贤者能者，以饮酒之礼宾客之。既则献其书于王矣。”

【导读】：

指出士农各有其长，要想士人成材必须注意教育引导。

夫论者但以吏多而扰民为忧耳。吏之能扰民者，赋税也，狱讼也，工役也。虽衰世之政，三者之外无事焉。抑考周官六典[1]，任此以督民者，十不二三；而兴学校、典礼乐、治宾旅、莅祀事、候灾祥、庀器服者，事各一司，司各数吏，咸以上赞邦治、下修邦事，劝相之以驯雅之业，而使向于文明。固不能以其喜怒滥施于卑贱，贪叨猎取于贫民弱族也。则吏虽繁，而治固不棼[2]；又何十羊九牧[3]，横加鞭挞之足忧哉？任之以其道也，兴之以其贤也，驭之以其礼也，黜之陟之以其行也。而赋税、狱讼、工役之属，无冗员，无兼任，择其人而任之以专。则吏治之清，岂犹有虑；而必芟之夷之，若芒刺在体之必不能容邪？乃若无道之世，吝于俸而裁官以擅利，举天下之大，不能养千百有司。而金蚀于府，帛腐于笥[4]，粟朽于窌[5]，以多藏而厚亡。天所不佑，人所必仇，岂徒不足以君天下哉？君子所弗屑论已。

【注释】：

［1］周官六典：《周礼》之六典（周官太宰之职），治典：以经邦国，以治官府，以纪万民；教典：以安邦国，以教官府，以扰万民；礼典：以和邦国，以统百官，以谐万民；政典：以平邦国，以正百官，以均万民；刑典：以诘邦国，以刑百官，以纠万民；事典：以富邦国，以任百官，以生万民。

［2］棼：通“紊”。纷乱，紊乱。

［3］十羊九牧：十头羊倒用九个人放牧。比喻官多民少，赋税剥削很重。也比喻使令不一，无所适从。

［4］笥：盛饭或衣物的方形竹器。

［5］窌：收藏东西的地洞。

【导读】：

指出官员多并不是问题，需要适宜管理充分发挥其作用。

一二　置封椿库

军兴，刍粮、糗糒[1]、器仗、舟车、马牛、扉屦[2]、帟幕[3]、械具，日敝日增，重以椎牛酾酒赏功酬谋之费，不可殚极，未有储畜未充而能兴事以图功者也。于是而先储其盈以待事，谋国者所务详也。虽然，岁积月累，希一旦而用，则徒以受财之累，而事卒不成。太祖立封椿库[4]，积用度之余，曰：“将以图取燕、云。”志终不遂，而数传之后，反授中国于北狄，则事卒不成之验也。积财既广，既启真宗骄侈之心以奉鬼神，抑使神宗君臣效之以箕敛[5]天下，而召怨以致败亡，则财之累也。

【注释】：

［1］糗糒：干粮。糗，炒熟的米或面等，饭或面食粘连成块状或糊状；糒，干粮。

［2］扉屦：《左传·僖公四年》。疏：“丝作之曰履，麻作之曰扉，粗者谓之屦。”

［3］帟幕：帐幕。

［4］封椿库：椿有固定的意思，封有封存的意思，所谓封椿库，就是封存起来不能随便动用的仓库。根据大宋祖宗家法，封椿库是专门用来为打仗做准备的军需储备库，并不是普通的仓库。各地方各机构如果想动用封椿库，必须向朝廷请示，由宰相、参政（副宰相）、枢密使（国防部长）、三司使（北宋前期的财政部长，王安石变法后，财政大权改由户部尚书执掌）等大臣集体会议表决，再由皇帝下旨。

［5］箕敛：以箕收取。谓苛敛民财。《史记·张耳陈馀列传》：“外内骚动，百姓罢敝，头会箕敛，以供军费，财匮力尽，民不聊生。”裴骃集解引《汉书音义》：“家家人头数出谷，以箕敛之。”

【导读】：

指出宋太祖置封椿库未达到预期目的，反而遗患于后代。

财可以养士，而士非待余财以养也。谢玄用北府兵[1]以收淮北，刘宋资之以兴；郭子仪用朔方兵[2]以挫禄山，肃宗资之以振。岂有素积以贸死士哉？非但拔起之英，徒手号召，百战而得天下也。盖兵者，用其一旦之气也，用其相习而不骇为非常之情也，用其进而利、坐而不足以享之势也。恃财积而求士以养之，在上者，奋怒之情已奄久而不相为继；在下者，农安于亩，工安于肆，商安于旅，强智之士，亦既清心趋于儒素之为；在伍者，既久以虚名食薄糈，而苦于役；应募者，又皆市井慵惰之夫，无所归而寄命以糊口。国家畜积丰盈，人思猎得，片言之合，一技之长，饰智勇以前，而坐邀温饱，目睨朝廷，如委弃之余食，唯所舐龁，而谁恤其匮？一日之功未奏，则一日之坐食有名，稍不给而溃败相寻以起，夫安所得士而养之哉？锱铢[3]敛之，日崩月坼以尽之，以是图功，贻败而已矣。

【注释】：

［1］北府兵：中国东晋孝武帝初年谢玄组建训练的军队。太元二年（377），朝廷因前秦强大，诏求文武良将镇御北方。朝廷拜谢玄建武将军、兖州刺史，领广陵相、监江北诸军事，镇广陵，招募劲勇，徐（治京口）、兖（治广陵）流民纷纷应募入伍。谢玄以刘牢之为参军，常领精锐为前锋，战无不捷。太元四年（379），谢玄加领徐州刺史，镇京口。东晋称京口为“北府”，所以称这支军队为北府兵。

［2］朔方兵：唐郭子仪任朔方节度使，所以称其统领下的军队为朔方兵。

［3］锱铢：旧制锱为一两的四分之一，铢为一两的二十四分之一。比喻极其微小的数量。

【导读】：

指出士非待余财以养。

且夫深智沉勇，决于有为者，非可望于中材以下之子孙也。吾之积之，将以有为也，而后之人不能知吾之所为，而但守吾之所积，以为祖德。其席丰[1]而奢汰[2]者勿论矣；驯谨[3]之主，以守藏[4]为成宪[5]，尘封苔蔽，数无可稽，犹责填入者无已。奸人乘之，窃归私室，而不见其虚。变乱猝生，犹将死护其藏，曾不敢损其有余以救祸。迨其亡，徒赠寇仇，未有能藉一钱之用，以收人心而拯危败者。财之累，于斯酷矣！岂非教积者之作法于凉哉？

【注释】：

［1］席丰：饮食丰盛，生活阔绰。

［2］奢汰：是指没有节制地挥霍浪费。

［3］驯谨：和顺谨慎。

［4］守藏：贮藏保管财物。

［5］成宪：原有的法律、规章制度。

【导读】：

指出后世帝王即使是那种守成者都不能继承先帝遗志谨守国库，积财无益于救亡。

天下之财，自足以应天下之用，缓不见其有余，迫不见其不足。此有故存焉：财盈，则人之望之也赊；财诎，则人之谅之也定。见有余者，常畏其尽；见不足者，自别为图。利在我，则我有所恋，而敌有所贪；利不在我，则求利于敌，而敌无所觊。向令宋祖乘立国之初，兵狃[1]于战而幸于获，能捐疑忌，委腹心[2]于虎臣[3]，以致死于契丹，燕、云可图也。不此之务，而窃窃然[4]积金帛于帑[5]，散战士于郊，曰："吾以待财之充盈，而后求猛士，以收百年已冷之疆土"，不亦迷乎！翁妪之智，畜金帛以与子，而使讼于邻，为达者笑。奈何创业垂统思大有为者，而是之学也！

【注释】：

［1］狃：习惯；习以为常。

［2］腹心：犹言至诚之心。

［3］虎臣：比喻勇武之臣。《诗·鲁颂·泮水》："矫矫虎臣，在泮献馘。"

［4］窃窃然：暗中；偷偷地。

［5］帑：古代指收藏钱财的府库或钱财。

【导读】：

进一步批评宋太祖积财以战之误。

一三　宋定妇为舅姑服及封赠本生父母之礼

宋初定开宝通礼，书佚不传。大抵自唐开元礼而上至于周礼，皆有所损益矣。妇服舅姑[1]斩衰[2]三年，则乾德[3]三年从大理寺尹拙等奏也。本生父母得受封赠，则淳化[4]四年允李昉之请，赠其所生父超太子太师、母谢氏太夫人始；而真宗天禧元年，遂令所后父母亡、得封本生父母，遂为定制也。斯二者，皆变古制，而得失可考焉。

【注释】：

［1］舅姑：古代称丈夫的父亲和母亲。

［2］斩衰：亦作"斩缞"。旧时五种丧服中最重的一种。用粗麻布制成，左右和下边不缝。服制三年。子及未嫁女为父母，媳为公婆，承重孙为祖父母，妻妾为夫，均服斩衰。先秦诸侯为天子、臣为君亦服斩衰。

［3］乾德：是北宋太祖赵匡胤的年号。

［4］淳化：宋太宗的年号，北宋使用这个年号共 5 年。

【导读】：

述说北宋开宝通礼几条新定的礼仪。

礼有不可变者，有可变者。不可变者，先王亦既斟酌情理，知后之无异于今，而创为万世法；变之者非大伦之正也。可变者，在先王之世，尊尊亲亲[1]，各异其道，一王创制，义通于一，必如是而后可行；时已变，则道随而易，守而不变，则于情理未之协也。

【注释】：

［1］尊尊亲亲：是宗法制度的原则，要求人们根据血缘、宗法关系的亲疏远近，确定各人在社会身份上的高低尊卑，并要尊其尊者，亲其亲者。

【导读】：

指出礼有不可变者和可变者。

人之大伦五，唯君臣、父子、夫妇极恩义之至而服斩，兄弟则止于期[1]矣，朋友则心丧而止矣，其他皆君臣、父子、夫妇之推也。舅姑虽尊，由夫妇而推，非伦之正也。妇人不贰斩，既嫁从夫者，阴阳合而地在天中，均之于一体，而其哀创也深。夫死从子，其义虽同，而庶子不为其长子斩，庶子之妻亦如之，则非适长之不斩，不视从夫而重，虽夫殁无异，一姓之中，无二斩也。是则伉夫于父，而妻道尽矣。推而之于舅姑，不容不降也。异姓合，而有宾主之道焉。故妇初执笲[2]以见舅姑，拜而舅姑答之。生答其拜，殁而服期，君子不以尊临人而废礼，所以昭人伦之辨也。

【注释】：

［1］期：期服，齐衰为期一年的丧服。旧制，凡服丧为长辈如祖父母、伯叔父母、未嫁的姑母等，平辈如兄弟、姐妹、妻，小辈如侄、嫡孙等，均服期服。又如子之丧，其父反服，已嫁女子为祖父母、父母服丧，也服期服。

［2］执笲：《礼记·昏义》："赞见妇于舅姑，执笲枣栗段修以见。"陆德明《经典释文·卷一四·礼记音义之四》："笲，器名，以苇若竹为之，其形如莒，衣之以青缯，以盛枣、栗、腶修之属。"

【导读】：

强调人之大伦五，唯君臣、父子、夫妇极恩义之至而服斩，兄弟则止于期矣，朋友则心丧而止矣，其他皆君臣、父子、夫妇之推也。

今之夫妇，犹古之夫妇也。则自唐以上，至于成周，道立于不易，情止于自靖[1]，而奚容变焉？若尹拙之言曰："夫居苫块[2]，妇被罗绮，夫妇齐体，哀乐宜同。"其言陋矣。哀乐者，发乎情，依乎性者也。人各自致，而奚以同于夫哉？妇之于夫，其视子之于父也奚若？父斩子期，亦云哀乐异致非父子之道乎？子之居丧也，非见母不入于内，则妇之得见于夫者无几。虽不衰麻[3]，自有质素，祭不行，而无馈笾亚献盛饰之服，苟为礼法之家，亦何至被罗绮以与衰麻相间乎？妇有父母之丧，夫不举乐于其侧，缘情居约，哀者哀而哀已节者固不以乐乱之，亦无倈强与同哀而为不及情之贰斩矣。自宋失之，而相沿迄今以渎典礼，此不可变者，变而失其正也。

【注释】：

［1］自靖：各自谋行其志。

［2］苫块："寝苫枕块"的略语。苫，草席；块，土块。古礼，居父母之丧，孝子以草荐为席，土块为枕。

［3］衰麻：丧服，衰衣麻绖。本义，旧时用麻做的丧带，系在腰或头上，古代用麻做的丧带，在头上为首绖，在腰为腰绖。

【导读】：

进一步论述妇为舅姑服斩衰之误。

若夫为人后者，以所后之父母为父母，而不得厚其私亲，周礼也；非周之尽天下万世于不可变者也。夫周则有厚道矣，天子诸侯则有世守，卿大夫则有世禄，仰承天职、上事宗庙者，相承也。抑有百世之宗，五世之宗，以合族而饬家政。故嗣国嗣位之适子与其宗子而未有子，则必豫择其昭穆[1]之等，亲且贤者，以建为嗣。大位奸窥，危病邪伺，不豫则争乱由此而作。汉之桓、灵，唐之武、宣，听废置于妇寺之手，其炯鉴已。立后以承统，而道壹于所尊，不得以亲间之，示所重也。后世自天子而外，贵贱无恒，奋身自致，庙祧[2]不立，宗子不尊。所谓为人后者，以私爱置，以利赖干，未尝见贵游之子出后于寒门，素封之支承嗣于窭室[3]。又况鄫灭于莒、贾篡于韩之渎伦败化者，相仍以乱。则"谓他人父"，"谓他人母"，割其天性之恩，以希非望之获，何有于尊亲？而执古以律今，使推恩靳[4]于罔极[5]，不亦悖乎？

【注释】：

［1］昭穆：古代宗法制度，宗庙或宗庙中神主的排列次序，始祖居中，

以下父子（祖、父）递为昭穆，左为昭，右为穆。《周礼·春官·小宗伯》："辨庙祧之昭穆。"郑玄注："父曰昭，子曰穆。"

［2］庙祧：指祖庙。《周礼·春官·小宗伯》："辨庙祧之昭穆。"

［3］窭室：犹贫家。

［4］靳：吝惜，不肯给予。

［5］罔极：无极，无穷尽，无边际；无所不用其极；指人子对于父母的无穷哀思。

【导读】：

指出周礼也有可变的地方，以尊亲为重。

若李昉[1]者，吾不知其何以出后于人，而致青云、依白日，极人世之通显。或怀呴呴[2]之惠，忘覆载[3]之恩，曾不念位晋三公之身为谁氏之身也，其忍也乎哉！非以世禄而受荣名，非以宗祧[4]故而为养子，前之失也，补过未晚也。且夫古非尽人而有为之后者也，故礼有无后之祭焉。苟非宗子与有世禄，庙祀不因己而存亡，从子可资以继祖，则子之有无，天也；人不可以其伪干天而强为骈拇枝指者也。僭立后者非法，觊觎以忘亲为人后者非人，古所不敢不忍者也，奚容假古礼以薄于所生也哉？今之后，非古之后也。李昉之请，天禧之制，变之正也。

【注释】：

［1］李昉：字明远，（《直斋书录解题》作明叔），深州饶阳（今河北饶阳县）人。后汉时期，李昉登进士第。累官至右拾遗、集贤殿修撰。后周时任集贤殿直学士、翰林学士。北宋初年，为中书舍人。宋太宗时任参知政事、平章事，终以特进、司空致仕。至道二年（996），李昉去世，年七十二。获赠司徒，谥号"文正"。典诰命共三十余年，曾参与编写宋代四大类书中的三部（《太平御览》《文苑英华》《太平广记》），有文集五十卷，今已佚。

［2］呴呴：温和貌，鸟鸣声。

［3］覆载：覆盖与承载。谓覆育包容。

［4］宗祧：宗庙。《左传·襄公二十三年》："纥不佞，失守宗祧，敢告不吊。纥之罪，不及不祀。"杜预注："远祖庙为祧。"

【导读】：

指出李昉请封本生父母有其合理之处。

是故因亦一道也，革亦一道也。其通也，时也；万古不易者，时之贞也。其塞也，时也；古今殊异者，时之顺也。考三王[1]，俟百世，精义[2]以中权，存乎道而已矣。

【注释】：

［1］三王：夏朝的第一位帝王大禹、商朝的第一位帝王周武王、周朝的第一位帝王周文王的合称。

［2］精义：精辟的义理。

【导读】：

指出因革自有其道。

一四　太祖遵杜太后传位之命

将欲公天下而不私其子乎？则亦惟己之无私，而他非所谋也。将欲立长君、托贤者，以保其国祚[1]乎？则亦惟己之知所授，而固不能为后之更授何人者谋也。故尧以天下授舜，不谋舜之授禹也；舜以天下授禹，不谋禹之授启也。授禹，而与贤之德不衰；授启，而与子之法永定。舜、禹自因其时、行其志，而上协帝心，下顺民志，尧、舜岂能豫必之哉？

【注释】：

［1］国祚：国统，皇位。

【导读】：

指出立贤与立子均有其理。

吴寿梦[1]为四世之谋[2]，而僚死于光；宋穆公[3]为三世之谋，而与夷死于冯。杂公私以行其意欲，及乱之生，慝作于骨肉而不可止。宋太祖惩柴氏之托神器于冲人[4]而传之太宗，可也。乃欲使再传廷美，三传德昭，卒使相戕，而大伦灭裂，岂不愚乎！我以授之太宗，我所知也。太宗之授廷美，廷美之授德昭，非我所能知也。臣民之不输心于太宗之子，而奉廷美、德昭，非我所能知也。尧、舜不能必之于舜、禹，而已欲恃赵普之一人，以必之于再传之后乎？

【注释】：

［1］吴寿梦：吴王寿梦（前 620—前 561），姬姓，名寿梦（一名乘），字熟姑，亦称攻卢王、吴兴王，吴侯仲雍十九世孙，吴侯去齐之子，春秋时

期吴国国君，公元前585年—公元前561年在位。公元前586年，吴侯去齐去世，寿梦继位。寿梦在位期间，奠定吴国的强盛基础，始称吴王。公元前561年，寿梦去世，其子诸樊继位。

［2］四世之谋：寿梦年老时，遇到和老祖宗古公亶父一样头疼的问题。寿梦有四个儿子：长子诸樊、次子余祭、三子夷昧、四子季札。季札是寿梦四子中最知书达礼、仁爱贤明，因而深得寿梦的宠爱，寿梦想要把王位传给季札，可是季札不肯接受。于是寿梦临终前，把儿子们都叫到身边，并嘱咐长子诸樊，王位一定要兄终弟及，以便最后传到季札的手中，诸樊感泣而应。公元前561年，寿梦去世，其子诸樊继位。

［3］宋穆公：子姓，宋氏，名和，宋武公之子，宋宣公之弟，春秋时期宋国第十四任国君，公元前728年—公元前720年在位。公元前729年，宋宣公病重，舍弃太子与夷，传位给宋穆公。公元前720年，宋穆公病重，宋穆公为报宋宣公舍子立己之恩，决定传位给与夷，让自己的儿子公子冯出居郑国。同年八月，宋穆公去世，与夷继位，是为宋殇公。

［4］冲人：年幼的人。

【导读】：

指出宋太祖欲安排太宗之后的帝位传递是愚蠢的想法。

变不可知者，天之数也；各有所怀而不可以强者，人之情也。以人而取必于天，以一人而取必于无定之臣民，则天人无权，而惟己之意欲；圣人之不为此也，所以奉天而顺人也。且使太宗而能舍其子以传之弟与从子也，不待吾之郑重[1]也。如其不能，则骨已朽，言已寒，与闻顾命[2]之赵普且笑我为误，而况拜爵衔恩于太宗之廷者乎？以己意期人，虽公而私；观之不达，虽智而愚；乃以不保其子弟，不亦悲乎！

【注释】：

［1］郑重：《汉书·王莽传中》："然非皇天所以郑重降符命之意。"颜师古注："郑重，犹言频烦也。重，音直用反。"

［2］顾命：《书》的篇名，取临终遗命之意。后因称帝王临终前的遗诏为顾命。

【导读】：

进一步分析宋太祖想法之误。

一五　太祖之慈俭简

三代以下称治者三：文、景之治，再传而止；贞观之治，及子而乱；宋自建隆[1]息五季之凶危，登民于衽席[2]，迨熙宁[3]而后，法以斁[4]，民以不康。由此言之，宋其裕矣。夫非其子孙之克绍、多士之赞襄也。即其子孙之令，抑家法为之檃括[5]；即其多士之忠，抑其政教为之薰陶也。呜呼！自汉光武以外，爰求令德，非宋太祖其谁为迥出者乎？

【注释】：

［1］建隆：是北宋太祖赵匡胤开始使用的年号，也是宋朝的第一个年号。

［2］登民于衽席：使人安睡，使人民太平安居。

［3］熙宁：北宋时宋神宗赵顼的一个年号，共计10年。

［4］斁：败坏。

［5］檃括：约束矫正。

【导读】：

指出中国古代三代以下号称治理好的时期有三，其中宋太祖是最突出的。

民之恃上以休养者，慈也、俭也、简也；三者于道贵矣，而刻意以为之者，其美不终。非其道力之不坚，而不足以终也；其操心之始无根，而聊资以用，怀来之不淑[1]，不能久掩也。文、景之修此三者无余力矣。乃其慈也，畜刑杀于心而姑忍之；其俭也，志存厚实而靳用之；其简也，以相天下之动而徐制其后也。老氏之术，所持天下之柄者在此，而天人不受其欺。故王道至汉而阙，学术之不贞者为之也。唐太宗之慈与俭，非有异心也，而无固志。故不为已甚之行以售其中怀之秘，与道近矣；然而事因迹袭，言异衷藏，蒙恩者幸承其惠，偏枯[2]者仍罹其伤。若于简，则非其所前闻矣。繁为口说，而辨给[3]夺人；多其设施，而吏民滋扰。夫惟挟恢张喜事之情，则慈穷而忿起，俭困而骄生，恶能凝静以与人休息乎？是三君者，有老氏处錞之术[4]以亘于中，既机深而事必诡；有霸者假仁之美以著于外，抑德薄而道必穷。及身不偾，犹其才足以持之，不能复望之后嗣，固其宜矣。

【注释】：

［1］不淑：不善；不良。

［2］偏枯：偏于一方面，照顾不均，失去平衡。

［3］辨给：谓言谈或写作敏捷流利。

［4］处錞之术：《淮南子·原道训》："刃犯难而錞无患者，何也？以其托于后位也。"

【导读】：

指出百姓期待掌权者能让其休养生息的是慈、俭、简，而号称能治之汉文帝、汉景帝、唐太宗，实际上并未做到。

宋祖则二者之患亡矣，起行间[1]，陟大位，儒术尚浅，异学不乱其心。怵于天命之不恒，感于民劳之已极，其所为厚柴氏、礼降王、行赈贷、禁淫刑、增俸禄、尚儒素者，一监于夷狄盗贼毒民侮士之习，行其心之所不安，渐损渐除，而苏其喘息。抑未尝汲汲然[2]求利以兴，求病以去，贸愚氓之愉快于一朝，以不恤其久远。无机也，无袭也，视力之可行者，从容利导，而不尸自尧自舜之名，以矜其美，而刻责于人。故察其言，无唐太宗之喋喋于仁义也；考其事，无文、景之忍人之所不能忍，容人之所不能容也；而天下丝纷之情[3]，优游[4]而就绪[5]；瓦解之势，渐次以即安。无他，其有善也，皆因心者也。惟心之绪，引之而愈长；惟心之忱，出之而不妄；是以垂及百年，而余芳未歇。无他，心之所居者本无纷歧，而行之自简也。简以行慈，则慈不为沽恩之惠；简以行俭，则俭不为贪吝之媒。无所师，故小疵不损其大醇；无所仿，故达情而不求详于文具。子曰："善人为邦百年，可以胜残去杀。"或以文、景当之者，非也；老氏之支流，非君子之所愿见也。太祖其庶几矣！

【注释】：

［1］行间：行伍之间，指军中。

［2］汲汲然：《礼记·问丧》："其往送也，望望然，汲汲然，如有追而弗及也。"孔颖达疏："汲汲然者，促急之情也。"

［3］丝纷之情：像丝一样纷繁之情。

［4］优游：从容，不急迫。

［5］就绪：一切安排妥当，一切安排完成。

【导读】：

指出宋太祖顺其仁善之心从容施治，不求虚名，不求速效。

虽然，尤有其立本者存焉。忍者薄于所厚，则慈亦非慈；侈者必夺于人，则俭亦非俭。文帝之忮淮南，景帝之削吴、楚，太宗之手刃兄弟也；本已削，而枝叶之荣皆浮荣矣。宋祖受太后之命，知其弟不容其子，而赵普密谮之言，且不忍著闻，而亟灭其迹。是不以天位之去留、子孙之祸福，斫其恻怛[1]之心；而不为之制，廓然[2]委之于天人，以顺母而爱弟，蹈仁者之愚而固不悔。汉、唐之主所安忍怀惭而不能自戢者，太祖以一心涵之，而坦遂以无忧。惟其然也，不忍之心所以句萌甲坼，而枝叶向荣矣。不忍于人之死，则慈；不忍于物之殄，则俭；不忍于吏民之劳，则简。斯其慈俭以简也，皆惟心之所不容已。虽粗而不精，略而不详，要与操术而诡于道、务名而远于诚者，所由来远矣。仁民者，亲之推也；爱物者，民之推也。君子善推以广其德，善人不待推而自生于心。一人之泽，施及百年，弗待后嗣之相踵以为百年也。故曰：光武以后，太祖其迥出矣。

【注释】：

［1］恻怛：哀伤。

［2］廓然：形容空旷寂静的样子。

【导读】：

指出宋太祖慈、俭、简皆出于一心之所不容已，自能做到仁民爱物。

《宋论》卷十

高宗

一 宗泽收集忠义民兵

光武跳身河北，仅有渔阳一旅，而平定天下者，收群盗之用也，故有铜马[1]帝之号焉。宗汝霖[2]之守东京以抗女直[3]，用此术也。考之史册，光武所受群盗之降，几二千万。王莽之季，盗虽蜂起，亦不应如彼其多。盖降而或复叛，归于他盗，已而复降，至于三四，以有此数。不然，则建武之初，斥土未广，何所得粟以饲此众邪？宗汝霖所收王善等之众二百余万，其聚而有此众者，亦非尽剽悍贸死之壮夫也。徽宗之世，河北之盗已兴。迨及靖康，女直破汴京而不有，张邦昌[4]僭大号而不尸，高宗远处淮左[5]而不能令。郡邑无吏，吏无法。游奕[6]之虏骑，往来蹂践，民莫能自保其命。豪强者聚众砦处，而农人无可耕之土，市肆无可居之廛，则相率依之，而据太行之麓，以延旦夕之命。室无终岁之计，瓮无宿舂之粮，鸟兽聚而飞虫游，勿问强弱，合而有此数也。闻汝霖受留守之命，依以自活，为之美名曰“忠义”以抚之，抑岂诚为忠义者哉？故汝霖之用之也，欲其急也。

【注释】：

［1］铜马：即铜马军。《后汉书·光武帝纪上》：“又别号诸贼铜马、大彤……等，各领部曲，众合数百万人，所在寇掠。”

［2］宗汝霖：宗泽，字汝霖，浙东乌伤（今浙江义乌）人，南宋大臣。刚直豪爽，沉毅知兵。进士出身，历任县、州文官，颇有政绩。宗泽在任东京留守期间，曾 20 多次上书宋高宗赵构，力主还都东京，并制定了收复中原的方略，均未被采纳。他因壮志难酬，忧愤成疾，七月，临终三呼“过河”而卒。死后追赠观文殿学士、通议大夫，谥号忠简。著有《宗忠简公集》。

［3］女直：女真族，别称女贞、女直，源自 3000 多年前的肃慎，汉至晋时期称挹娄，南北朝时期称勿吉，隋至唐时期称黑水靺鞨，辽朝时期称“女真”“女直”（避辽兴宗耶律宗真讳）。基本形成民族形态的时期大约是在唐朝时。“女真”一名最早见于唐初。11 世纪向契丹称臣。辽朝女真有生女真、熟女真之分。完颜绥可定居在按出虎水（今黑龙江省哈尔滨市东南阿什河）。其子完颜石鲁作酋长后征服了附近部落，成立了部落联盟。石鲁之子完颜乌古乃又合并了许多部落。1115 年，完颜阿骨打统一女真各部，并驱逐契丹的统治，建立金朝。1234 年，蒙古人摧毁了金朝。元朝政府在松花江下游和黑龙江设斡朵里、胡里改、桃温、脱斡怜、孛苦江五万户府，管辖当地女真人和水达达。

［4］张邦昌：字子能，北宋末年宰相，主和派代表人物。永静军东光张家湾人（今河北省阜城县大龙湾）。进士出身，宋徽宗、宋钦宗时期，历任尚书右丞、左丞、中书侍郎、少宰、太宰兼门下侍郎等职务。金兵围汴京时，他力主议和，与康王赵构作为人质前往金国，请求割地赔款以议和。靖康之难后，被金国强立为大楚皇帝，建立伪楚，历时一月。金撤兵后，逊位还政赵构，但迫于叛国时舆压力，终被赐死。

［5］淮左：淮河以东地区。

［6］游奕：指游弋，巡逻。

【导读】：

分析宗泽所收民兵的构成。

光武之用群盗，唯知此也。故用之以转战，而不用之以固守。来者受之，去者不追，迨其有可归农之日，则自散归其田里。是以天下既定，此千余万者，不知其何往。用之以转战，而不用之以固守者，乘其方新之气也。来者受之，去者不追，可不重劳吾河内、宛、洛之民，竭赀力以养之也。汝霖之在当日，盖东京尚有积粟，可支二百万人一二岁之食，过此而固不能矣。是以汝霖自受命守京，迄于病卒者仅一年，而迫于有为，屡请高宗归汴，以大举渡河，知其乍用而可因粮于敌，不可久处而变生于内也。奸邪中沮[1]，志不遂而郁邑[2]以陨命。渡河之呼，岂徒恸大计之不成，抑且虑此二百余万人非一汴之所能留也。汝霖卒，而复散为盗，流入江、湘、闽、粤，转掠数千里，不待女直之至，而江南早已糜烂。非韩、岳亟起而收之，宋必亡矣。

【注释】：

［1］中沮：从中阻止。

［2］郁邑：指愁闷不安的样子。

【导读】：

指出宗泽请渡河进击金军亦有安置所收民兵之意。

无食不可以有兵，无土不可以得食，不进不可以有土。待食足而兴兵者，处全盛之宇，捍一方之寇，如赵充国[1]之策羌是也。不可以用乌合之众，撄方张[2]之虏，保已破之国，审矣。念吾之且必穷，知众之不久聚，忧内之必生变，更无余法以处此，惟速用其方新之气而已。急用而捷，所杀者敌也。急进而不利，所杀者盗也。鼓之舞之，使无倒戈内向者，则存乎主帅之恩威。夫此二百余万之盗，固皆有山砦可为退处之穴；而收吾简练之禁旅[3]，进可为之援，退亦不恣其反噬。然此要非久留聚处，耗吾刍粟，扰吾农人，以生其狎侮之所能胜。是则汪、黄[4]内蛊，高宗中馁，旷日迁延，迟回汴土，即令汝霖不没，而事亦渐难矣。群盗之流入内地者，韩、岳[5]竭力以芟夷之，歼杀过半，弱者抑散而佣食于四方，然后收其仅存之可用者以为吾用。非尽此食葚之鸮，可帅之以所向无前也。故汝霖亦知独力任此之不足也，亟请高宗返驾京阙以弹压群桀，且可辇输东南之粟帛，调发入援之兵卒，而为可继之图。若孤恃汝霖之志义，而无刘裕匡复之威望以詟群雄，抑无郭子仪朔方之部曲以立根本，仰给不赀，徒贻怨玩，刘越石[6]之困于段匹磾者，其前鉴也。上无君，内无相，始而盛者渐以衰，悲愤中来，坐视其败，虽欲不悒悒以自陨天年，其可得乎？

【注释】：

［1］赵充国：字翁孙，汉族，原为陇西上邽（今甘肃天水）人，后移居湟中（今青海西宁地区）。赵充国为人有勇略，熟悉匈奴和氐羌的习性。汉武帝时，随贰师将军李广利出击匈奴，率七百壮士突围，被拜为中郎，历任车骑将军长史、大将军都尉、中郎将、水衡都尉、后将军等职。他率军击败武都氐族叛乱，并出击匈奴，俘虏西祁王。汉昭帝死后，与霍光等拥立汉宣帝，封营平侯。累官蒲类将军、后将军、少府。神爵元年（前61），计定羌人叛乱，并开展屯田。

［2］方张：谓正当扩展、强大之际。

［3］禁旅：禁军。

［4］汪、黄：汪，指汪伯彦，字廷俊，徽州祁门（今安徽祁门）人，南宋初年宰相、著名奸臣。奸相秦桧的老师，主和派重要人物。黄，指黄潜善，字茂和，邵武（今福建邵武）人，南宋初年宰相，奸臣，官至左仆射兼门下侍郎。

［5］韩、岳：韩，指韩世忠，字良臣，自号清凉居士。延安（今陕西省绥德县）人，南宋名将、词人，与岳飞、张俊、刘光世合称“中兴四将”。岳，指岳飞。

［6］刘越石：名琨，字越石，西晋中山魏昌（今河北省无极县东北）人，好老庄之学，曾任并州刺史，忠于晋室，后为段匹磾杀害。

【导读】：

指出依宗泽之请进军可得土、得食、得兵。

故谓汝霖不死，凭恃此众可席卷燕、云者，非能知汝霖茹荼[1]之苦心也。驭之必有其权，养之必有其具，然后此二百余万乌合之旅，可收其利而不逢其害。非光武之聪明神武，而欲驯扰[2]不轨之徒，以与虎狼争生死，岂易言哉！岂易言哉！

【注释】：

［1］茹荼：比喻受尽苦难。荼，苦菜。

［2］驯扰：使顺服；使和顺。

【导读】：

指出宗泽进军之请有其良苦用心。

二　高宗屈辱于女直

高宗之畏女直也，窜身而不耻，屈膝而无惭，真不可谓有生人之气矣。乃考其言动，察其志趣，固非周赧[1]、晋惠[2]之比也。何以如是其馁也？李纲之言，非不知信也；宗泽之忠，非不知任也；韩世忠、岳飞之功，非不知赏也；吴敏、李梲、耿南仲、李邦彦主和以误钦宗之罪，非不知贬也。而忘亲释怨，包羞丧节，乃至陈东[3]、欧阳澈[4]拂众怒而骈诛于市，视李纲如仇仇，以释女直之恨。是岂汪、黄二竖子之能取必于高宗哉？且高宗亦终见其奸而斥之矣。抑主张屈辱者，非但汪、黄也。张浚、赵鼎力主战者，而首施两端[5]，前却无定，抑不敢昌言和议之非。则自李纲、宗泽而外，能不以避寇求和为必不可者，一二冗散敢言之士而止。以时势度之，于斯时也，诚有旦夕不保之势，迟回葸畏，固有不足深责者焉。苟非汉光武之识量[6]，足以屡败而不挠，则外竞者中必枵，况其不足以竞者乎？高宗为质于虏廷，熏灼于剽悍凶疾之气，俯身自顾，固非其敌。已而追帝者，滨海而至明州，追隆祐太后者，薄岭而至皂口，去之不速，则相胥为俘而已。君不自保，臣不能保其君，震慑无聊，中人之恒也。亢言[7]者恶足以振之哉？

【注释】：

［1］周赧：周赧王，姬姓，名延，亦称王赧，周慎靓王之子，东周第25位君主，也是东周最后一位君主，公元前315—前256年在位，共59年。公元前256年，周赧王崩，宣告东周覆灭，周民东亡，秦取九鼎。后七年，秦庄襄王灭东周国。

［2］晋惠：晋惠帝司马衷，字正度，河内温县（今河南省温县）人，晋武帝司马炎次子，晋怀帝司马炽异母兄，母为武元皇后杨艳。泰始三年（267），册为皇太子，太熙元年（290），正式即位。痴呆不能任事，由太傅杨骏辅政。皇后贾南风谋害杨骏家族，掌握实际大权。八王之乱时，赵王司马伦篡位，以为太上皇，幽禁于金墉城。由诸王辗转挟持，沦为傀儡，受尽凌辱。光熙元年（306），被东海王司马越迎回洛阳。光熙元年（307年1月8日），去世，时年四十八，谥号孝惠皇帝，葬于太阳陵。

［3］陈东：字少阳，北宋末年太学生，为国事敢于上书朝廷，发动除“六贼”的活动。高宗即位后，多次上书高宗，建炎元年（1127）八月二十五日，陈东与欧阳澈一起被杀于集市上。

［4］欧阳澈：字德明，抚州崇仁（今属江西）人。少年时即喜谈世事，尚气大言，慷慨不稍屈。靖康初应诏上疏，奏论朝廷弊政三十余事，陈安边御敌十策。金兵南侵，徒步赴行在，伏阙上书，力诋和议。建炎元年（1127）八月，与陈东同时被杀，年三十一（《宋史》本传作年三十七，误）。绍兴间，追赠秘阁修撰。

［5］首施两端：在两者之间犹豫不决右动摇不定。同“首鼠两端”。

［6］识量：识见与度量。

［7］亢言：高谈阔论。

【导读】：

分析高宗屈辱于女直的原因。

靖康之祸，与永嘉等，而势则殊矣。怀、愍虽俘，晋元犹足以自立者，以外言之，晋惠之末，五胡争起，乱虽已极，而争起者非一，则互相禁制[1]，而灭晋之情不果。女直则势统于一，唯其志之欲为而无所顾也。以内言之，江南之势，荆、湘为其上游，襄、汉为其右臂。晋则刘弘夙受方州之任，财赋兵戎听其节制，而无所掣曳，顾、陆、周、贺诸大族，自孙氏以来，世系三吴之望，一归琅玡[2]，而众志交孚，王氏合族拥众偕来以相扶掖。宋则虽有广土，而无绥辑之人，数转运使在官如寄，优游偃息，民不与亲，而无一兵之可集、一粟之可支。高宗盱衡四顾，一二议论之臣，相与周旋之外，奚恃而可谋一夕之安？琐琐一苗、刘之怀忿，遽夺其位而幽之萧寺[3]，刘光世、韩世忠翱翔江上，亦落拓而不效头目之捍。自非命世之英，则孑然孤处，虽怀悲愤，抑且谁为续命之丝？假使晋元处此，其能临江踞坐，弗忧系组之在目前哉？故高宗飘摇而无壮志，诸臣高论而无特操，所必然矣。

【注释】：

［1］禁制：控制；约束。

［2］琅玡：古代写作琅邪，后期亦作琅玡，是山东省东南沿海地区的古老地名，历史上曾有琅邪邑（县）、琅琊国、琅琊郡、琅琊道，位于今山东临沂、青岛、诸城、日照一带。琅琊王氏是琅琊临沂之郡望，临沂还是东晋司马睿皇族龙兴之地。

［3］萧寺：唐李肇《唐国史补》卷中：“梁武帝造寺，令萧子云飞白大书‘萧’字，至今一‘萧’字存焉。”后因称佛寺为萧寺。

【导读】：

指出南宋与西晋末，江南形势的不同造成高宗飘摇而无壮志，诸臣高论而无特操。

于是而知国之一败而不可支者，唯其孤也。有萧何在关中，而汉高泗水之败，得有所归。有寇恂[1]在河内，而邓禹[2]长安之败，散而复合。崛起者且如是矣。若夫唐室屡覆，而朔方有可藉之元戎，江、淮有可通之财赋，储之裕而任之人者夙猜，非一朝一夕之积矣。宋则奄有九土，北控狡夷，西御叛寇，而州无绥抚之臣，郡无持衡之长，军卫为罪人之梏，租庸归内帑之藏。吏其土者，浮游以需，秩满而飏去。一旦故国倾颓，窜身无所，零丁江介，頫[3]海澨[4]以容身。陈东、欧阳澈慷慨而谈，其能保九子仅存之一线，不随二帝以囚死于燕山乎？传曰："周之东迁，晋、郑焉依。[5]"言其必有依也。诗曰："池之竭矣，不云自频。[6]"外已久枯，而中存之勺水一涸而无余也。宋自置通判[7]于诸州，以夺州镇之权，大臣出而典郡者，非以逸老，则为左迁。富庶之江南，无人也；岩险之巴、蜀，无人也；扼要之荆、襄，无人也；枢要之淮、徐，无人也。峨冠长佩，容与于天下，贤者建宫墙以论道，其次饰亭榭以冶游，其下攘民财以自润。天子且安之，曰："是虽不肖，亦不至攘臂相仍，而希干吾神器者也。"则求如晋元以庸懦之才，延宗社而免江、淮之民于左衽，不亦难乎？故以走为安，以求和为幸，亦未可遽责高宗于一旦也。

【注释】：

［1］寇恂：字子翼，汉族，上谷昌平（今北京市）人，东汉开国名将，云台二十八将第五位。寇恂出身世家大族，原是新朝上谷功曹，后与耿弇一起投奔刘秀，被任命为偏将军、承义侯。此后，寇恂镇守河内，治理颍川、汝南，协助刘秀建立东汉。

［2］邓禹：字仲华，南阳新野人，东汉初年军事家，云台二十八将第一位。邓禹年轻时曾在长安学习，与刘秀交好。更始元年（23 年），刘秀巡行河北，邓禹前往追随，提出"延揽英雄，务悦民心，立高祖之业，救万民之命"的方略，被刘秀"恃之以为萧何"。邓禹协助刘秀建立东汉，"既定河北，复平关中"，功劳卓著。

［3］頫：同"俯"，低头，面向下。眺。《管子·小匡》："以极聘頫于诸

侯，以安四邻，则邻国亲我矣。”一本作“眺”。尹知章注：“頫，见也。”

［4］海澨：海滨之意。南朝梁江淹《杂体诗·效谢灵运》：“且泛桂水潮，映月游海澨。”

［5］周之东迁，晋、郑焉依：语出《左传·隐公六年》：郑伯如周，始朝桓王也。王不礼焉。周桓公言于王曰：“我周之东迁，晋、郑焉依。善郑以劝来者，犹惧不《蔇既》，况不礼焉？郑不来矣！”

［6］池之竭矣，不云自频：语出《诗经·大雅·召旻》，原文云：“池之竭矣，不云自频。泉之竭矣，不云自中。溥斯害矣，职兄斯弘，不烖我躬。”

［7］通判：唐末五代，藩镇武将专权，天下动乱不已，中央集权始终巩固不下来。宋初，统治集团解除武将兵权以朝臣身份出守州郡，官名为“权知军、州事”。“权”，有临时之意，意谓随时可以罢去，从名称上亦注意矫正藩镇的父死子继之锢弊。同时，为了防止州郡官尾大不掉，又在州郡设通判，作为副职，与权知军、州事共同处理政事，其职责为：“凡兵民、钱谷、户口、赋役、狱讼听断之事，可否裁决，与守臣通签书施行。”通判还有一个职责：“所部官有善否及职事修废，得刺举以闻。”到了南宋，通判更可以直接向皇帝奏报州郡内的包括州郡官、县官在内的一切官员的情况，又见通判的兼有监察官性质。但直隶州通判级别多数为从五品和正六品，散州通判级别为从七品和正八品。而直隶州知军、州事为从三品和正四品，散州知军、州事为从六品和正七品。与权级别有一定的相差，亦为大小相制之意。

【导读】：

指出宋代“孤”之策导致天下无人守土，宋高宗以走为安、以求和为幸是必然结果。

乃其后犹足以支者，则自张浚宣抚川、陕而奉便宜之诏始。宋乃西望而犹有可倚之形。且掣肘之防渐疏，则任事之心咸振。张、韩、岳、刘诸将竞起，以荡平群盗，收为部曲。宋乃于是而有兵。不絷其足者，不仆其身；不刘[1]其枝者，不槁其本。故垂及秦桧栎削之余，而逆亮临江，高宗不为骇走，且下亲征之诏。则使前此者，有威望之重臣镇江、淮，以待高宗之至，亦未必气沮神销之至于如斯也。

【注释】：

［1］刘：最早见于甲骨文。本义是杀，后延伸至表示斧钺类武器等。

【导读】:

指出宋高宗稍微放松对武官的钳制，军事力量就会得到增强。

首其谋者，唯恐天下之不弱；继其后者，私幸靡散之无忧。国已蹙，寇已深，而尸位之臣，争战争和，穴中相讼，无一人焉惩诸路勤王之溃散，改覆辙以树援于外。宋本不孤，而孤之者，猜疑之家法也。以天子而争州郡之权，以全盛而成贫寡之势，以垂危而不求辅车之援，稍自树立，而秦桧又以是惑高宗矣。和议再成，依然一毕士安之策也。岳飞诛死，韩世忠罢，继起无人，阃帅[1]听短长于文吏，依然一赵普之心也。于是举中原以授蒙古，犹掇之矣。岂真天骄之不可向迩哉？有可藉之屏藩，高宗犹足嗣唐肃之平安、史；无猜忌之家法，高宗犹足似唐德之任李晟。故坏千万世中夏之大闲者，赵普也。以太祖之明，而浸润之言，已沁入于肺腑。况后之豢养深宫，以眇躬[2]莅四海者乎？光武不师高帝之诛夷，上哲能之，非可期于中材以下也。

【注释】:

［1］阃帅：指地方上的军事统帅。

［2］眇躬：旧时帝后自称之词。

【导读】:

指出“宋本不孤，而孤之者，猜疑之家法”，赵普建言的猜忌的赵宋家法，宋高宗袭之，不能振作。

三　李纲之建言

言有纲，道有宗；纲宗者，大正者也。故善言道者，言其宗而万殊得；善言治者，言其纲而万目张。循之而可以尽致，推之而可以知通，传之天下后世而莫能擿其瑕璺[1]。然而抑必有其立诚者，而后不仅以善言著也。且抑必听言者之知循知推，而见之行事者确也。抑亦必其势不迫，而可以徐引其绪；事不疑，而可以弗患其迷也。如是，则今日言之，今日行之，而效捷于影响。乃天下之尚言也，不如是以言者多矣。疏庸之士，剽窃正论，亦得相冒以自附于君子之言；宗不足以为万殊之宗，纲不足以为万目之纲，寻之不得其首，究之不得其尾，泛然而广列之，若可以施行，而莫知其所措。天下有乐道之者，而要为鞶帨[2]之华，亦奚用此喋喋者为哉？

【注释】:

［1］瑕璺：斑点和裂纹。

［2］鞶帨：腰带和佩巾。比喻雕饰华丽的辞采。

【导读】:

指出言有真言其道并有其系统，使人能知循知推。

高宗南渡，李伯纪[1]之进言数矣。其言皆无可非也。顾其为纲宗者，报君父之仇也，复祖宗之宇也。又进而加详焉，远小人，亲君子也；议巡幸，决战守也；择将帅，简兵卒也；抚河北，镇荆、襄也。如纲之言，循之推之，以建中兴之业，允矣其无瑕璺矣。故天下后世无有得议其非者，而咎高宗之不用。虽然，以实求之，而奚足以当纲宗哉？足以立纲宗而非其诚，则纲宗者，虚设之纲宗，固无当也。

【注释】:

［1］李伯纪：李纲，字伯纪。

【导读】:

指出李纲进之言合乎常理，但不足以当有纲领、有系统、有成效之称。

君父之痛，土宇之蹙，诚不容已者。然其容已与不容已，系乎嗣君之志而已。有其志，不待言也；无其志，言无益也。有其志而不知所以为之，弗示以方，固弗能奖也。故此二言者，人皆可言，人皆可信，而究止于空言也。进而加详，则固愿终其说以导之而出于迷途，天下后世之所乐听，或亦高宗之所欲闻乎！其云亲君子，远小人，尚矣。苟非清狂不慧者，孰以为不然？乃君子小人，有定名而无定指者也。以小人为君子，而君子矣；以君子为小人，而小人矣。故诸葛出师表必目列其人以当之。今不直简贤而求其进，斥奸而请其退，则奚以知汪伯彦、黄潜善之非君子，而赵鼎[1]、胡寅[2]之非小人邪？议巡幸，决战守，急矣。而行伍之凭借，孰为干城？强敌之争趋，何从控御？刍粮何庤以不匮？器仗何取以求精？岂天子匹马以前，疲卒扶羸以进，遂足定百年之鼎，成三捷之功乎？择将帅，简兵卒，尤其要者。抑就莅戎行而数奔者择之邪？无亦求之偏裨，求之卒伍，求之草泽而择之邪？天子自择之邪？纲可代为之择邪？天子自择之，则亦非不有所任用矣。纲可代择之，则胡不心维口诵于坐论之下，如赵普之为太祖谋者，而但虚悬一择之之号，以听人之诡遇乎？惊奔之余，兵卒之不足久矣。集之必有其方，部之伍之，必有其制；教之练之，督之绥之，必有其将。河北之南来，闽海、楚、蜀之新募，必有其可使战可使守之势。合其散而使壹，振其弱而使强，必有其道。纲诚以一身任安危之寄，则躬任之，默识[3]之，日积月累，以几于成，尤非大声疾呼，悬一榜、下一令之所能胜也。则尤不可以空言效也。抚河北，镇襄、邓，诚形势之不容缓矣。河北之待抚，岂徒号于上曰“吾不割也”，众志遂以成城乎？其吏民为朝廷守者，孰可任也？孰未可任，而急须别拣将帅以任之也？张所、傅亮固未足以胜任。即令任之，而所以安所、亮而使尽其力者何术也？襄、邓之财赋兵戎，其可因仍者何若？其所补葺者何从？专任而无旁挠者何道？凡此，皆就事而谋之，因势而图之，非可一言而据为不拔之策。国政在握，成败在于目睫，迫与天子谋之，进群策以酌之，固有密藏于夙夜而研几于俄顷者，岂建鼓而亡子可追哉？乃纲但琅琅乎其言之矣。一言而气已竭矣。则汪、黄之党且笑之曰：是老生之常谈，谓饥当食，而为无米之炊者也。恶足以拯吾君于危殆而措之安哉？于斯时也，二帝俘矣，两宫陷矣，自河朔以向江、淮，数千里城空野溃，飘摇徐、兖之郊，内顾而零丁孑处。纲以一身系九鼎之重，则宜以一言而析众论之归。犹且组练[4]篇章，指未可遽行之规画，以祈免乎瑕舋。夫岂贾、董际汉盛时，高论以立令名之日？则言之善者，不如其无言也。

【注释】:

［1］赵鼎：字元镇，号得全居士，南宋解州闻喜东北（今属山西闻喜礼元镇阜底村）人。赵鼎早孤，由母樊氏抚养成人。崇宁五年（1106）登进士第。累官河南洛阳令。高宗即位，除权户部员外郎。建炎三年（1129），拜御史中丞。建炎四年（1130），签书枢密院事，旋出知建州、洪州。绍兴年间几度为相，任内推崇洛学，巩固政权，号称“小元佑”。后因反对和议，为秦桧所构陷，罢相，出知泉州。旋即谪居兴化军，移漳州、潮州安置，再移置吉阳军。赵鼎在吉阳三年，知秦桧必欲杀己，不食而卒，年六十三。宋孝宗时，追赠太傅、丰国公，赐谥“忠简”。

［2］胡寅：字明仲，学者称致堂先生，宋建州崇安（今福建武夷山市）人，后迁居衡阳。胡安国弟胡淳子，奉母命抚为己子，居长。著作有《论语详说》《读史管见》《斐然集》等。

［3］默识：暗中记住的意思。语出《论语·述而》：“默而识之。”

［4］组练：借指精锐的部队或军士的武装军容。此处指编撰文章。

【导读】：

详细分析李纲建言空疏，没有实际的措施。

夫宋之所以浸弱浸削至于亡者，始终一纲宗之言，坐销岁月而已。继纲而献策者，杨中立[1]、胡敬仲犹是也。后乎此而陈言者，刘共父[2]、真西山[3]犹是也。乃前乎此而倡之者，景祐以来，吕、范诸公以洎王介甫之邪僻[4]，苏子瞻之纵横，无非是也。以拟诸道，皆提其宗；以考诸治，皆挈其纲；孰得指其瑕璺者？而求其言之即可行，行之即可效者，万不得一焉。故曰："其言之不怍，则为之也难。[5]"不怍者，可正告于天下后世，而不违于纲宗之大正者也。叩其所以为之而不得，则难矣。夫言也，而仅以祈免于怍也与哉？陆敬舆[6]以奏议辅德宗，而反奉天之驾，一议为一事而已，非建立纲宗、统万殊万目于数纸之中也。斯则诚为善言者乎！

【注释】：

［1］杨中立：杨时，字中立，号龟山，祖籍弘农华阴（今陕西华阴东），南剑西镛州龙池团（今福建省三明市将乐县）人。熙宁九年（1076）进士，历官浏阳、余杭、萧山知县、荆州教授、工部侍郎、以龙图阁直学士专事著述讲学。先后学于程颢、程颐，同游酢、吕大临、谢良佐并称程门四大弟子，晚年隐居龟山，学者称龟山先生。

［2］刘共父：刘珙，字共父，崇安（今福建崇安）人，登进乙科，官资政殿大学士，淳熙二年（1175）卒，谥忠肃，工书，学颜书鹿脯帖，卒年五十七。《宋史》本传载：

除资政殿学士、知荆南府、湖北安抚使，以继母忧去。起复同知枢密院事、荆襄安抚使。珙六上奏恳辞，引经据礼，词甚切，最后言曰："三年通丧，三代未之有改，汉儒乃有'金革无避'之说，已为先王罪人。今边陲幸无犬吠之惊，臣乃欲冒金革之名，以私利禄之实，不亦又为汉儒之罪人乎？"

服阕，再除知潭州、湖南安抚使。过阙入见，极论时事，言甚切至，上再三加劳，进资政殿大学士以行。安南贡象，所过发夫除道，毁屋庐，数十州骚然。珙奏曰："象之用于郊祀，不见于经，驱而远之，则有若周公之典。且使吾中国之疲民，困于远夷之野兽，岂仁圣之所为哉！"湖北茶盗数千人入境，疆吏以告，珙曰："此非必死之寇，缓之则散而求生，急之则聚而致死。"

揭榜谕以自新，声言兵且至，令属州县具数千人食，盗果散去，其存者无几。珙乃遣兵，戒曰："来毋亟战，去毋穷追，不去者击之耳。"盗意益缓，于是一战败之，尽擒以归，诛首恶数十，余隶军籍。

［3］真西山：真德秀，本姓慎，因避孝宗讳改姓真，始字实夫，后更字景元，又更为希元，号西山。福建路建宁府浦城县（今福建省浦城县仙阳镇）人。南宋后期理学家、大臣，学者称其为"西山先生"。庆元五年（1199），真德秀进士及第，开禧元年（1205）中博学宏词科。理宗时擢礼部侍郎、直学士院。史弥远惮之，被劾落职。起知泉州、福州。端平元年（1234），入朝为户部尚书，改翰林学士、知制诰。次年拜参知政事，旋即逝世，获赠银青光禄大夫，谥号"文忠"。真德秀立朝有直声，于时政多所建言，奏疏不下数十万字。学宗朱熹。修《大学衍义》，称可作《大学章句》之佐。庆元党禁后，程朱理学得以复盛，他与力为多。真德秀为继朱熹之后的理学正宗传人，与魏了翁齐名，在确立理学正统地位的过程中发挥了重大作用，创"西山真氏学派"。有《真文忠公集》传世。

［4］邪僻：乖谬不正。品行不端的人。

［5］其言之不怍，则为之也难：语出《论语·宪问》，意思是说话如果大言不惭，那么实现这些话就是很困难的了。

［6］陆敬舆：陆贽，字敬舆。苏州嘉兴（今浙江嘉兴）人，为唐代宗大历八年（773）进士，中博学宏辞科。唐德宗即位，由监察御史召为翰林学士。"泾原兵变"后，随德宗出逃奉天，起草诏书，情词恳切。贞元七年（791），拜兵部侍郎。贞元八年（792），迁中书侍郎、同平章事。为相时，指陈弊政、废除苛税。贞元十年（794），遭构陷后罢相。永贞元年（805）在忠州去世，年五十二。追赠兵部尚书，谥号"宣"。

【导读】：

指出赵宋一代真正能言而可行、行而有可效者万不得一，强调一议为一事，不要立大纲建大宗。

四　吕好问朱胜非之同逆

屈身逆乱之廷，隐忍以图存社稷，人臣之极致也，而抑视乎其所处矣。测其有可图之几，以待天下之变，姑且就之，两处于有余之地，以存其身与其禄位，而遽许之为行权以济险；则名义之途宽，而忠孝之防裂，君子所必严为之辨者也。其所处者可以置吾身，身虽危，犹安也。安其身而动，动而利，可以出君父于险；动而不利，不丧其身之所守；则生死成败，皆可以自靖，如是者尚矣。其次，则身非可安，而无可安之土，乃以身试不蠲，而思以济其志。志之得，则可以大有为于天下；志之不得，犹不以身为罪罔[1]，而毁分义之防[2]。故陈平、周勃俯仰于吕后之侧，非徒志在安刘也。惠帝崩，后宫之子，犹高帝之苗裔，可以为君者，依之以待吕氏之变，而伸其诛锄，固未尝一日辱其身于异姓也。王导之于苏峻，王坦之、谢安之于桓温，忍其熏灼，阳与相亲，贼未篡，吾君尚在，弗容立异以激祸之成。峻诛、温死，而其志伸；峻不诛，温不死，晋社已移，终弗能救，而后死之，未晚也。"苏武节[3]"之诮，不足以为之病矣。狄仁杰[4]之仕于伪周也，庙已改，君已囚，无可仕矣。而仁杰当高宗之世，未与大臣之列，则舍武氏不仕，而更无可执国柄、进忠贤、以为兴复之基。灼知其逆，而投身以入，不恤垢辱以与从逆之臣齿，非但一死之不惜，操心愈隐，怀贞愈烈，尤非夫人之所可托者也。审此，则吕好问[5]、朱胜非[6]无所逃其同逆之辜，不能为之掩覆矣。

【注释】：

［1］罪罔：犯罪诱陷。

［2］分义之防：君臣之分与华夷之防。

［3］苏武节：典故名，指苏武出使匈奴时所持的符节。典出《汉书》卷五十四。

［4］狄仁杰：字怀英，并州太原（今山西太原市）人，早年以明经及第，历任汴州判佐、并州法曹、大理寺丞、侍御史、度支郎中、宁州刺史、冬官侍郎、江南巡抚使、文昌右丞、豫州刺史、复州刺史、洛州司马等职，以不畏权贵著称。天授二年（691）九月，升任宰相，担任地官侍郎、同平章事。四个月后，为酷吏来俊臣诬以谋反，夺职下狱，贬为彭泽县令。营州之乱时，得到起复。神功元年（697），再度拜相，担任鸾台侍郎、同平章事，迁纳言。勇于犯颜直谏，力劝武则天复立庐陵王李显为太子，培植举荐忠于唐朝的势力，成为大唐社稷得以延续的重要支柱。久视元年（700），拜内史令。同年九月，病逝，追赠文昌右相，谥号文惠。唐中宗复位后，追赠司空、梁国公，累赠太师，配享中宗庙廷。

［5］吕好问：字舜徒，司空吕公著之孙，侍讲吕希哲之子，寿州（今安

徽寿县）人，南宋初封东莱郡侯，定居婺州金华（今属浙江）。以荫补官。钦宗时（1126 年）任御史中丞，不久改兵部尚书，建炎元年（1127）知宣州。靖康之难后，金人立张邦昌，以好问为事务官。吕好问劝他迎立赵构为帝。他也曾替张邦昌说公道话，责问李纲说：“王业艰难，正纳污含垢之时，今对诸人绳以峻法，惧者众矣。”但最后张邦昌仍被赐死。与杨时并列道学家。吕本中是他的长子。《宋史》卷 362 有传。

[6] 朱胜非：字藏一，蔡州（今河南上蔡）人，南宋初年宰相。朱胜非于崇宁二年（1103）进士及第，北宋靖康元年（1126）任东道副总管、兼管南京应天府（今河南商丘），劝宋高宗赵构继位。南宋建炎二年（1128），除尚书右丞，迁中书侍郎、尚书右仆射等职。苗刘之变时，他善事斡旋，平乱后，引咎罢政，授观文殿大学士、知洪州，继除江西安抚大使兼知江州。后因江州失陷，他赴镇太慢，被降授中大夫、分司南京、江州居住。绍兴二年（1132），经宰相吕颐浩力荐，再拜尚书右仆射、同中书门下平章事兼知枢密院事，后乞请免职奉祠。绍兴五年（1135），应诏疏奏战、守四事，历知湖州、宣州等地。秦桧为相后，朱胜非与其不合，废居八年。

【导读】：

指出士人在国亡时期的种种做法，但有些行为是有罪的，如吕好问、朱胜非。

好问自中丞迁少宰，参国政久矣。张邦昌受虏册以篡大位，此何时也？马伸[1]等犯死以争，而好问无言；赵鼎、胡寅洁身以逃，而好问不出。邦昌舞蹈以受冕旒[2]，好问从容而充陪列。已知众志之不归，乃问邦昌曰：“真欲立邪？否邪？”邦昌遽有“不敢当”之对。则亦探邦昌不决之情，而姑为变计。然则高宗不系人望于济州，通国且戴邦昌以为主，好问受伪命之已久，又奚以自拔于逆廷哉？夫好问之心，固非若吴开、莫俦之夸佐命也；亦非决志不污，如洪皓之誓死以不从刘豫也。权处于进可宋、退可邦昌之歧途，以因风而草偃；则募人通帛书于高宗，亦游移两全之巧，无往而不足以自容。及王宾擿发已穷，犹曰：“世被国恩，受贤者之责。”将谁欺邪？且使于邦昌无“真立”之问，于高宗无尺帛之书，宋遂终无如邦昌何哉？密奏不足为有无，嗣君非因其护戴，唯此七尺之躯，一污而终不可浣。好问曰：“闭门洁身，实不为难。”洁身而身存之非难，洁身而身死之岂易乎？果其为段司农不辱之身，则又能闭门而全其躯命邪？以此质之，好问之论定矣？

【注释】：

［1］马伸：字时中，东平人。绍圣四年（1097）进士。靖康初，孙傅以卓行荐召，御史中丞秦桧迎辟之，擢监察御史。及汴京陷，金人立张邦昌，集百官，环以兵胁之，俾推戴。众唯唯，伸独奋曰："吾职谏争，忍坐视乎！"乃与御史吴给约秦桧共为议状，乞存赵氏，复嗣君位。会统制官吴革起义，募兵图复二帝，伸预其谋。

［2］冕旒：古代帝王的礼冠和礼冠前后的玉串，也用作皇帝的代称。

【导读】：

指出吕好问因言行暧昧而节操有亏。

若夫朱胜非者，尤不足齿于士类者也。苗、刘，二健卒耳。权藉不重，党类不滋，逆谋不夙，所欲逞志者，王渊[1]、康履[2]而止。浸淫及上，遂敢废人主而幽之萧寺。胜非躬秉大政，系百僚之望，使有不可夺之节，正色立朝，夫二贼者，讵敢尔哉？乃内禅之举，胜非且尸陪列之长，为下改元之诏。德不重，才不赡，志不固，贼之藐之也久，故其胁之也轻，而胜非之从也易。乃使其祸不徭，则宋之危也亦亟矣。夫二贼所挟持以逞者，其心可洞见也。女直临江而思渡，江东之不保在旦夕矣。二贼岂有为宋守吴会[3]之心乎？始立婴儿以待变，女直至，则弑高宗，执子旉以纳降；女直不至，则徐揽众权，要九锡而规篡。藉令三方之义师不星驰而至，贼势已成，虏兵且进，胜非其能事从中起，枭贼首以复辟乎？如其能之，则他日之自辩曰："偷生至此，欲图今日之事。"固可解也。而悲愤始于张浚，成谋定于吕颐浩，奋勇决于韩世忠，胜非何与焉？其志欲图者，果何图也？察所怀来，一冯道、范质之心而已。胜非之生，无豪毛之益也。如其死也，则以明夫苗、刘之为贼，而激忠义之人心以起，诚重于泰山矣。无靖康之祸，有所奉之君，名义自己而立衡，存亡即于己而取决。事易于邦昌挟女直之势，而抑无好问通闲道之书。事定之余，优游以去，而贬窜不加焉，宋安得复有王章哉？

【注释】：

［1］王渊：熙州（今甘肃临洮）人，后迁居环州。他轻财好义，善骑射，勇谋兼备。宋徽宗时，应募伐西夏，屡立战功，被朝廷授以熙河兰湟路第三将部将，权知巩州宁远寨。诸羌入寇，渊随经略使讨伐获胜，移同总领

湟州番兵将兼知临宗寨主。靖康元年（1126），擢升真定府总管、都统制。时，赵州吴湛叛乱，渊领兵讨平。金人攻汴京、河东，北宣抚使范讷统领勤王兵屯驻雍丘，渊为先锋，便以所部归康王（赵构）府。翌年，金国立张邦昌为皇帝。康王在济州命渊领三千兵入围宗庙。渊至汴京说服邦昌除去帝号，拥立康王赵构为帝。康王即位，是为高宗，对渊极器重，誉为柱臣。始置御营司，以渊为都统制，授龙、神卫四厢都指挥，继而改称捧日、天武四厢都指挥使，进保大军承宣使。建炎三年（1129）二月，金人攻扬州，高宗仓皇渡江出逃，渊与内侍康履护驾至镇江。奉国军节度使刘光世未赶上护驾，怕高宗怪罪于他，便在驾前哭泣诬告王渊专管江上海船，不给他所部兵马渡江。王渊一气之下，斩江北都巡检皇甫佐以自解。自此，王渊失众将心。统制官苗傅自负世代为将，因渊被重用，嫉妒不服。时，宦官康履专权，与渊关系甚密，及渊入枢密府，傅等疑其由康履推荐，由此更怀恨在心，便暗中与中大夫王世修密谋，以除宦官为名，设伏兵于城北桥下，待渊退朝，一拥而上，将其擒拿，诬以勾结宦官谋反，先斩渊，后除康履等宦官百余人。逼高宗退位，拥立先皇幼子赵旉为帝，改元明受，隆佑太后垂帘听政，史称“明受之变”。渊卒年 53 岁。宋高宗复辟，王渊案得以昭雪，追赠渊开府仪同三司，累加少保，封他的子孙 8 人为官。绍兴四年（1134），又封他的子孙 2 人为官。

［2］康履：南宋宦官。初为康王府都监，曾从康王赵构使金营，后主管大元帅府机宜文字。高宗即位，恃宠用事，凌忽诸将。迁内侍省押班。扬州之变，从高宗逃往杭州，犹射鸭观潮为乐。苗刘之变时被腰斩。

［3］吴会：东汉分会稽郡为吴会稽二郡，并称吴会。后亦泛称此两郡故地为吴会。

【导读】：

指出朱胜非节操比吕好问更差应受惩处。

士所出身以事者，君也；所以事君者，身也。身之已辱，功且不足以盖之，而况其不足以言功也。身之所履，因乎心之所安；心之所安，因乎时之所处。有以处身而心乃裕，有以处心而事乃贞。大白不缁[1]，有其大白者存也。屈以求伸，有其必伸者在也。功名授之事外之人，节义存乎当局之正。好问死，不患拥戴康王之无将相；胜非死，不患革除明受之无义师。王蠋捐躯而齐复振，翟义夷族而汉复兴。死且非徒死而无益也，然而非果于义者之所期也。立身则有本末矣，立朝则有风裁矣，立志则有衾影矣。安能一日缓颊[2]于乱贼之前，以观望其情，而徐图转计哉？留余地以待他日之辩，辩则辩矣，吾不知其启口之际，何以自扪其心也！

【注释】：

［1］缁：黑色。

［2］缓颊：婉言劝解或代人讲情。

【导读】：

指出士安身立节不能苟且。

五　兀术南侵旋引兵北归

兀术渡江而南，席卷吴会，追高宗于四明[1]，东迤海滨；其别将追隆祐太后，南至于虔州之皂口，西掠楚疆，陷岳、潭，而武昌在其怀袖。当是时也，江南糜烂[2]，宋无一城之可恃，韩、岳浮寄于散地，而莫能自坚。此苻坚所几幸而不得，拓拔佛狸[3]所迁延而惮进者也。举天下而全有之，奚待蒙古于他日哉？然而兀术急于渡河而归，高宗且可画淮而守，此可以知国家安危之机，非一朝一夕之故矣。

【注释】：

［1］四明：山名。在浙江省宁波市西南。自天台山发脉，绵亘于奉化。道书以为第九洞天，又名丹山赤水洞天。

［2］糜烂：腐烂；腐朽。

［3］拓拔佛狸：北魏拓跋焘（太武帝）的小字。

【导读】：

指出兀术渡江而南，宋无一城可守，如果兀术不北归，宋早就亡了。

女直之不能久处江东也，若有所怵惕，而梦寝不安。非其欲之有所厌也，非其力之不足恃也；攻有余而守不足者，无与[1]故也。杜充[2]之降，疑有与矣。而充不足以当有无之数，孑然自以其身降，而号令不能及众；则女直之不能凭借以有江、淮，深知之矣。深入国境而能因而据之者，必有拥众降附代为招集之人。故刘整[3]、吕文焕[4]降于蒙古，而后宋不能免于土崩。地非其地也，人非其人也，风土之刚柔，山川之险易，人心之向背，乍履其地而无以相知。安能孤军悬处，设守令，索刍粮，以无忧其困？师行千里而不见敌者，心必危；乌合以附而无任其安辑者，信之必不固。则兀术之方胜而惧，得地而不敢有，所必然矣。

【注释】：

［1］无与：不参与；不相干。《左传·襄公十四年》："诘朝之事，尔无与焉，与，将执女。"《汉书·张汤传》："汤念独丞相以四时行园，当谢；汤无与也，不谢。"颜师古注："与读曰豫。无豫，谓不干其事也。"

［2］杜充：字公美，相州（今河南安阳）人，哲宗绍圣间进士。靖康初年，知沧州。建炎二年（1128），代为东京留守。但杜充害怕和金军打仗，先是全部放弃了抗金起义不断的河北各地，以致河北所有起义都被金军镇压，由此彻底丢掉了北宋末年被金国侵占的三分之一多的土地。建炎三年（1129），南逃建康府，丢掉了长江以北的所有宋朝领土，却被拜为右相，旋为江淮宣抚使驻守建康。未几，金兵渡江，遂降。绍兴七年（1137），任金朝燕京三司使。绍兴九年（1139），迁燕京行台右丞相。《绍兴和议》签订时死去。

［3］刘整：字武仲，邓州穰城（今河南邓州市）人，本为宋朝名将，由于受到吕文德的陷害，被迫降元，提出"欲灭南宋，先取襄阳"的关键战略，官至骠骑卫上将军、行中书左丞，卒赠龙虎卫上将军、中书右丞，谥号"武敏"。

［4］吕文焕：号常山，小名吕六，安丰军霍丘县（今安徽霍邱）人。吕文焕在宋蒙襄樊之战后期任宋朝守将，与蒙元相持达 6 年之久。1273 年，襄阳兵尽粮绝，吕文焕投降元朝，并为元朝策划攻打鄂州（今湖北武汉），自请为先锋。随后为伯颜向导，引元军东下，攻破及招降沿江诸州。1276 年，元军占领南宋都城临安（今浙江杭州），吕文焕与伯颜一起入城。他官至江淮行省右丞，1286 年告老还乡，大德年间卒于家。

【导读】：

指出兀术不能久留江南的原因是因为没有得到当地有势力人的支持。

夫宋之得此，于天下虽无片土之安，而将帅牧守相持以不为女直用，固有以致之也。其于士大夫也，亦几失其心矣；然而诛夷不加也，鞭笞愈不敢施也。祖宗之家法定，奸邪虽逞，而天子不为之移，则奸邪亦知所禁而弗能播其凶德。其于武臣也，猜防之而不使展其勇略，是以弱也；然而有功而未尝故挫抑之，有过而未尝深求之，危困而未尝割弃之，败衄[1]而未尝按诛之。待之也既使有余，而驭之也亦有其制。不使之擅部曲[2]而听其去来，不使之幸寇存以胁吾权宠。不纵之于先而操之于后，则怨不深；不操之已穷而纵之使傲，则情不悖。故武人犹思媚于君，而部曲不从逆以靡。天下之大势，十已去其八九，而士心协，民志定，军情犹固；宋之所以立国百余年如一日，而滨危不改其恒也。

【注释】：

［1］败衄：失败，大败。

［2］部曲：本为军队编制及私兵之称。后又为家仆之称。

【导读】：

指出宋代对于文武官员的使用管理，使其未能离心离德。

至于史嵩之[1]、贾似道[2]起，尽毁祖宗之成法，理宗汶弱[3]而莫能问，士心始离，民心始散。将帅擅兵，存亡自主，而上不与谋，然后望风瓦解。蒙古安驱以入，晏坐以抚，拾天下如一羽而无所疑。不然，刘、吕虽降，安能举我所豢养之吏士直前相搏，而乐附狡夷如其父兄也哉？斩刈亟，则小人易激；鞭笞用，则君子亦离。部曲众而封赏早，则去来自恣；孤旅危而应援绝，则反噬必深。上与下泮涣而不相知，敌乃坐收之，而反为吾腹心之患。宋之乱政，至蔡京当国、童贯临戎而极矣。而凡数者之病犹未剧也。是以高宗跳身航海而终不亡也。

【注释】：

［1］史嵩之：字子由，一作子申，鄞县（今浙江宁波）人。南宋大臣，尚书右仆射史浩之孙、右丞相史弥远之侄。嘉定十三年（1220）进士，调光化军司户参军。后任襄阳户曹，历任襄阳通判、京湖制置使、参知政事等要职。嘉熙四年（1240），入朝拜右丞相兼枢密使，都督两淮、四川京湖军马。淳祐四年（1244），遭父丧，夺情起复，因主和议，为公论所不容，闲居十三年。宝祐五年（1257），史嵩之去世，年六十九。

［2］贾似道：字师宪，号悦生，浙江天台屯桥松溪人。端平元年（1234）以父荫为嘉兴司仓、籍田令。嘉熙二年（1238）登进士，为理宗所看

重。淳祐初以宝章阁直学士为沿江制置副使，任江州知州，兼江南西路安抚使，再调京湖制置使，兼江陵知府。加宝文阁学士、京湖安抚制置大使。宝祐二年（1254）加同知枢密院事，临海郡开国公，后晋参知政事、知枢密院事，开庆初年于军中拜为右丞相兼枢密使，宋理宗以“师臣”相称，百官都称其为“周公”。宋理宗驾崩后，立理宗养子赵禥为帝，是为宋度宗，度宗即位后不久，贾似道升任太师、平章军国重事。咸淳九年（1273），襄樊陷落。德祐元年（1275），贾似道以精兵 13 万出师应战元军于丁家洲（今天安徽铜陵东北江中），大败，乘单舟逃奔扬州。群臣请诛，乃贬为高州团练副使，循州安置。行至漳州木棉庵，为监押使臣会稽县尉郑虎臣所杀。

［3］汶弱：应是“文弱”，文雅柔弱。

【导读】：

指出南宋末尽祖宗家法，使士心离、民心散。

六　林勋上书请行什一之税

人之为言也，贸贸[1]而思之，绵绵[2]而弗绝，天可指，地可画，圣人可唯其攀引，六经可唯其摭拾，而以成乎其说。违道之宜而以为德，大害于天下而以为利。探其所终，必不能如其言以行，而辄欲行之。时而有达情以体物、因势以衡理者，主持于上，必不听之以行。乃以号于天下曰：“吾说之不行，世衰道降，无英君哲相志帝王之盛治者使然也。”于是而有传于世，乃使殃民病国之邪臣，窃其说以文其恶，则民之憔悴，国之败亡，举由乎此。要其徒以贼民而无能利国，则亦终莫能如其说以行也，祇为乱而已矣。

【注释】：

［1］贸贸：纷乱貌。

［2］绵绵：微细；连续不断的样子。

【导读】：

指出一些似是而非之说贼民害国。

当建炎之三年，宋之不亡如缕，民命之死生，人心之向背，岌岌乎求苟安而不得矣。有林勋者，勒为成书，请行十一之税。一夫限田五十亩，十六夫为井，井赋二兵一马，丝麻之税又出其外。书奏，徼一官以去。呜呼！为勋干禄之资，则得矣。其言之足以杀天下而亡人之国，亦惨矣！时亦知其不可而弗行，而言之娓娓[1]，附古道以罔天下，或犹称道之弗绝。垂至于贾似道，而立限以夺民田为公田，行经界以尽地力而增正赋，怨讟[2]交起，宋社以墟，盖亦自此启之也。

【注释】：

[1] 娓娓：勤勉不倦貌；滔滔不绝貌。

[1] 怨讟：亦作“怨黩”。怨恨诽谤。《左传・宣公十二年》：“昔岁入陈，今兹入郑，民不罢劳，君无怨讟，政有经矣。”杜预注：“讟，谤也。”

【导读】：

指出林勋以复古为名建言上书，实有害于国。

古之言十一者，曰中正之赋。而孟子曰：“轻之者貉道也。[1]”汉乃改之为三十而一。然则汉其貉乎？何以一人陶济万室之邑，历千年而不忧其匮也？夫以天下而奉一人，礼际禄廪宫室车服之费，则已约矣，非百里一邦，制度繁殷之比也。而不但此也，古者建国分土，民各输于其都，自远郊而外，道里之远者，即在王畿，亦五百里而近。莫大诸侯，不过二百余里而已。而大夫之有采地者，即其都邑以出纳。唯然，则名十一而实亦十一已耳。自汉合四海以贡天府，郡县去天子之畿，有逾于五千里者矣。其以输塞下养兵卫民者，又过于是。逆流而漕，车舆驴马任辇以行，其费不赀。使必盈十一以登太仓，三倍而不足以充。故合计民之所输将，名三十而实且溢于十一矣。且欲立取民之制，求盈于十一，民之膏脂尽于此，而尚足以生乎？今使勋计其亩田，令输十一于京、边，勋其能之而无怨邪？抑徒为此不仁之言，以导君于贪暴邪？况乎古之十一者，有田有莱[2]，有一易再易[3]之差，则亦名十而实二十。汉之更制，乃以革李悝之虐，而通周制之穷，百王之大法也。其何容轻议哉？

【注释】：

[1] 轻之者貉道也：语出《孟子告子下》，原文云：“白圭曰：‘吾欲二十而取一，何如？’孟子曰：‘子之道，貉道也。万室之国，一人陶，则可乎？’曰：‘不可，器不足用也。’曰：‘夫貉，五谷不生，惟黍生之。无城郭、宫室、宗庙、祭祀之礼，无诸侯币帛饔飧，无百官有司，故二十取一而足也。今居中国，去人伦，无君子，如之何其可也？陶以寡，且不可以为国，

况无君子乎？欲轻之于尧舜之道者，大貉小貉也；欲重之于尧舜之道者，大桀小桀也。’”朱熹集注：“貉，北方夷狄之国名也。”

［2］莱：郊外休耕的田。

［3］有一易再易：《周礼·地官·大司徒》：“不易之地，家百晦；一易之地，家二百晦；再易之地，家三百晦。”郑玄注引郑司农曰：“再易之地，休二岁乃复种，故家三百晦。”贾公彦疏：“以其地薄，年年佃百晦，废二百晦，三年再易，乃遍，故云再易也。”《汉书·食货志上》：“岁耕种者为不易上田；休一岁者为一易中田；休二岁者为再易下田。”

【导读】：

指出古代的什一之税放在秦汉以后是非常重的税，不能实施。

至欲于一井四百五十亩之中，赋二兵一马，以充戎行，不知勋之将以何为也。将以战与？则驱愿懦[1]之农人，以与闵不畏死之盗贼、乐杀无厌之夷狄，贸躯命于喋血屠肝之地，一兵死而更责一兵，不杀尽农人而不止。无诛夷之峻法以督之，则闻金鼓而骇溃，国疾以亡。将以戍与？则荷戈而趋数千里之绝塞，饥寒冰雪，仅存者其余几何？抑且重为征发，而南亩[2]之余以耕者，又几何也？三代之兵，所戍者，百里之疆埸也；所战者，乍相怨而终相好之友邦也；所争胜负者，车中之甲士也；追奔不穷日，俘馘不尽人。乃欲以行之后世流血成渠之天下，虽微仁人，亦不禁为之恸哭矣。若马，则国有坰牧[3]，而益以商贾之征，固未尝责农人供戎车之用。勋欲更取盈焉，商鞅、李悝所不忍为而欲为之，亦可谓覆载不容之凶人矣！

【注释】：

［1］愿懦：老实软弱。

［2］南亩：南坡向阳，利于农作物生长，古人田土多向南开辟，故称。

［3］坰牧：犹垧外，荒郊，远野之意。亦指牧场。

【导读】：

指出古代什一之税还要农人出兵出马，尤为害民。

夫勋固曰：“此先王之法也。”从而称之者，亦曰：“此先王之制也。”建一先王以为号，而胁持[1]天下之口，诚莫有能非之者。而度以先王之时，推以先王之心，其忍此乎？抑使勋自行之，而保民之不揭竿以起乎？且使行之于勋之田庐，而勋不弃产以逃乎？夫亦扪心而自问乎？

【注释】：

［1］胁持：威胁挟持。

【导读】：

指出林勋假以先王之名欺人而实无益。

奉一古人残缺之书，掠其迹以为言，而乱天下者，非徒勋也。庄周之言泰氏[1]也，许行之言神农也，墨翟之言大禹也。乃至御女烧丹之言黄帝也，篡国之大恶而言舜、禹也，犯阙之巨盗而言汤、武也，皆有古之可为称说者也。古先圣王之仁育而义正者，精意存乎象外，微言善其变通，研诸虑，悦诸心，征之民而无怨于民，质之鬼神而无恫于鬼神，思之慎而言之讷，恶容此吮笔濡墨求充其幅者为哉？前乎勋而为王安石，亦《周官》也；后乎勋而为贾似道，亦经界也。安石急试其术而宋以乱，似道力行其法而宋亡。勋惟在建炎惊窜不遑之日，故人知其不可行而姑置之。陈亮犹曰："考古验今，无以加也。[2]"呜呼！安得此不仁之言而称之也哉？

【注释】：

［1］泰氏：指太昊，即伏羲氏。语出《庄子应帝王》，原文云："蒲衣子曰：'而乃今知之乎？有虞氏不及泰氏。有虞氏，其犹藏仁以要人；亦得人矣，而未始出于非人。泰氏，其卧徐徐，其觉于于；一以己为马，一以己为牛；其知情信，其德甚真，而未始入于非人。'"

［2］考古验今，无以加也：林勋献《比较书》二篇大略谓："桂州地东西六百里，南北五百里，以古尺计之，为方百里之国四十，当垦田二百二十五万二千八百顷，有田夫二百四万八千，出米二十四万八千斛，禄卿大夫以下四千人，禄兵三十万人。今桂州垦田约万四十二顷，丁二十一万六千六百一十五，税钱万五千余缗，苗米五万二百斛有奇，州县官不满百员，官兵五千一百人。盖土地荒芜而游手末作之人众，是以地利多遗，财用不足，皆本政不修之故。"朱熹甚爱其书。东阳陈亮曰："勋为此书，考古验今，思虑周密，可谓勤矣。世之为井地之学者，孰有加于勋者乎？要必有英雄特起之君，用于一变之后，成顺致利，则民不骇而可以善其后矣。"

【导读】：

指出假古人之书而扰民乱政者宋代前后皆有。

七　绍兴诸帅用群盗而废其长

绍兴诸大帅所用之兵，皆群盗之降者也。高宗渡江以后，弱甚矣。张浚、岳飞受招讨之命，韩、刘继之。于是而范汝为、邵青、曹成、杨么之众皆降而充伍，乃以复振。走刘豫，败女直，风闻惊窜[1]之情，因以有定。盖群盗者，耐寒暑，撄锋镝[2]，习之而不惊；甲仗具，部队分，仍之而无待；故足用也。不然，举江南厢军[3]配囚脆弱之众，恶足以当巨寇哉？

【注释】：

［1］风闻惊窜：传闻得知而惊吓逃窜。

［2］锋镝：锋，刀口；镝，箭头。泛指兵器。

［3］厢军：宋初选诸州募兵之壮勇者，送京师充禁军。其余留驻各州，不加训练，只充劳役，称为厢军。也叫厢兵。

【导读】：

指出南宋初年，宋军诸帅用群盗，军力以振。

乃考之古今，用群盗者，大利大害之司也。受其归者有权，收其用者有制。光武收铜马而帝，曹操兼黄巾而强，唐昭用朱温[1]而亡，理宗抚李全[2]而削。盗固未可轻用也。以弱而受强，则宾欺其主；以强而受强，则相角以机；以强而受弱，则威生其信。无故而来归者，诈也。挫于彼而归于此者，弗能为助者也。以名相服，而无其实者，乍合而终离也。故欲抚群盗者，必先之以剿；而群盗之欲降也，抑先战胜而后从。虽已为我之部曲，犹以强弱与我争主客之权。唐何挟以受朱温？宋何恃以受李全？温与全且睥睨我而倒持其制，翱翔自得，复将谁与禁之？唯绍兴诸帅之知此也，风驰雨骤而急与之争。一败之，再败之，无不可败之盗，而后无不可受。群盗岂徒畏我哉？抑信其可恃为吾主，而可无衅折死亡之忧矣。此其受之之权也。

【注释】：

［1］朱温：五代时期梁朝第一位皇帝，宋州砀山（今安徽砀山县）人。乾符二年（875），参加王仙芝、黄巢领导的农民起义军，先后攻陷洛阳、长安等地，大大动摇了唐朝的统治地位。中和二年（882），他归附唐军，与李克用等联合镇压义军。因他镇压义军有功，唐僖宗赐名全忠，任河南中行营招讨副使，次年拜汴州刺史出宣武军节度使，继而又进封梁王。他以河南为

中心，极力扩大势力，逐渐推异，藩镇成了唐末最大的割据势力。天复元年（901），他率军进入关中，控制了唐朝的中央政权。天祐元年（904），他用武力把唐昭宗逼迁洛阳，不久把他杀死。立昭宗儿子李柷为帝，即昭宣帝。天祐四年（907），他通过禅让的形式夺取了宣帝位，代唐称帝，建国号梁，改年号为开平，史称后梁。梁开平三年（909）正月迁都洛阳，因袭隋唐洛阳城，开平五年（911）改元乾化。乾化二年（912）被亲子朱友珪所弑，朱友珪亲自用毯子把朱温包裹起来，埋于寝殿。同年十一月葬于宣陵。在位六年，卒年61岁。谥号神武元圣孝皇帝，庙号太祖，葬于宣陵。

［2］李全：金朝潍州北海（今山东潍坊）人，汉族，金末地方武装集团的首领。早在章宗泰和、大安年间，山东就有益都（今属山东）人杨安儿领导的起义。至宁元年（1213），蒙古军进攻山东，李全之母、长兄都被乱兵杀害。李全为复仇，与仲兄李福聚众数千起兵，响应杨安儿，攻打临朐（今属山东），进取益都。金兴定元年（1217），宋宁宗下诏伐金，并招安各路义军。宋嘉定十一年（1218）正月，李全等人依靠南宋。后由农民起义军将领蜕变为扩张个人势力的野心家，后李全更公开与宋敌对。金正大八年（1231），李全兵败而死。

【导读】：

指出用群盗的利害，南宋诸帅用群盗的方法得当。

若夫所以用之者，尤有可用不可用之辨焉。均为盗，而既为之长矣，固褏然[1]自大，而以为我有此众也。受命归降，而又崇其秩以统其众，则虽有居其上以控制之者，尊而不亲，而不能固保其尊。其来也，因之而来；则其去也，因之而去。其顺也，因之而顺；则其逆也，因之而逆。天子且拥虚名，元戎[2]徒为旒缀[3]。夫且肉袒[4]而市我于敌，夫且怀奸而代我以兴，匑望其策心戮力以死相报乎？故盗可用，而渠帅[5]不可用也。

【注释】：

［1］褏然：亦作“裒然”。枝叶渐长貌；杰出貌。

［2］元戎：大的兵车，大军，主将，统帅。

［3］旒缀：旌旗的垂饰。系结于旌旗之上。喻附属，附赘。

［4］肉袒：意思是脱去上衣，裸露肢体（古人在祭祀或谢罪时以此表示恭敬或惶恐。

［5］渠帅：首领，旧时统治阶级称武装反抗者的首领或部落酋长。泛指魁首。

【导读】：

指出用群盗其首领不能用。

乃尤有固不可用者，即其戢志无他，而必不可图功。盖其初起也，皆比闾[1]之俦伍[2]，无权藉以相事使，而群推一人以为长；此一人者，何以能折奡[3]傲之众使不离哉？固有工于为盗之术，而众乃弭耳以听。其为术也，非有规恢[4]天下之略也；抑非智勇过人，而战无不胜也。不以败为忧，不以走为耻，不以旦此夕彼为疑。进之务有所卤获[5]以饱众，退之知不可敌，而急去以全其军。得地而无固守之情，以善其规避；一战而不求再战，以节其劳疲；志在偷以求全其部曲，而不期乎功之必成。于是徜徉不幸之地，凭恃山川之险，以免其人于屠戮之苦，而有旁掠之利。于是贸贸而起者，乐推奉而戴之为尊。夫如是，欲使之争封疆于尺寸，贸身首以立功，未有能胜者也。败亦走，胜亦走，无所不走者，无所不掠。甚则坐视国家之倾危，而乘之收利。或叛或篡，皆其习气之无恒，熟用之而不恤者也。威不足以詟之，恩不足以怀之，非徒唐昭、宋理之无以驭之也；即光武亦奚能洗涤其顽诡，使媚己以共死生哉？故光武于赤眉之帅，诮以"铁中铮铮"，唯待以不死；曹操收黄巾之众，终不任以一将之功。而朱温、李全仍拥部曲，屹为巨镇，进则败而退则逆，为盗魁者，习与性成，终不能悛也。

【注释】：

［1］比闾：《周礼·地官·大司徒》："令五家为比，使之相保，五比为闾，使之相受。"比、闾为古代户籍编制基本单位。后因以"比闾"泛称乡里。

［2］俦伍：同类之人；同等之人。

［3］奡：古同"傲"，傲慢。

［4］规恢：规划恢张，规制恢宏。

［5］卤获：掳掠。卤，通"虏"。

【导读】：

指出群盗之长善于自全谋利，不会真为国所用，习与性成，最终不能改变。这或许是王船山于明末清初政治实践中的体会。

绍兴诸帅用群盗而废其长，张用、曹成、黄佐仅得生全，范汝为、杨么皆从斩馘[1]，李成、刘忠宁使之北降刘豫，而不加收录。则根既拔者枝自靡，垢已涤者色以新。人皆吾人也，用唯吾用也，指臂相使之形成，以搏撠[2]有余力矣。宋之抚有江、淮，贻数世之安，在此也。荡涤尽，则民力裕；战胜频，则士气张；大憝[3]诛，则叛逆警；部曲众，则分应周；控制专，则进退决。故以走刘豫，挫兀术，而得志于淮、汴。垂及异日，完颜亮犹不能以一苇杭江而逞，皆诸帅决于灭贼之功也。非高宗之志变，秦桧之奸售，宋其兴矣。

【注释】：

［1］斩馘：斩敌首割下左耳计功。亦泛指战场杀敌。

［2］搏撠：犹言揪住。

［3］大憝：极为人所怨恶。《书·康诰》："元恶大憝，矧惟不孝不友。"孔传："大恶之人犹为人所大恶。"后用以称极奸恶的人，首恶之人。

【导读】：

指出南宋诸帅用群盗而废其长，成效显著且久长。

八　胡安国与秦桧同情

上有不能言之隐，下有不能变之习，贤者且奉之以为道之纲，奸人遂乘之以售其忮害之术。迨乎害之已著，且莫知弊之所自，而但曰："知人其难!"故贤为奸惑，而庸主具臣[1]勿论也。夫岂然哉?

【注释】：

［1］具臣：《论语·先进》："今由与求也，可谓具臣矣。"朱熹集注："具臣，谓备臣数而已。"

【导读】：

指出以上隐与下习为道之纲是危害国家的做法。

尝读胡氏《春秋传》而有憾焉。是书也，著攘夷尊周之大义，入告高宗，出传天下，以正人心而雪靖康之耻，起建炎之衰，诚当时之龟鉴矣。顾抑思之，夷不攘，则王不可得而尊。王之尊，非唯诺趋伏之能尊；夷之攘，非一身两臂之可攘。师之武，臣之力，上所知，上所任者也。而胡氏之说经也，于公子翚[1]之伐郑，公子庆父[2]之伐于余邱，两发“兵权不可假人”之说。不幸而翚与庆父终于弑逆，其说伸焉。而考古验今，人君驭将之道，夫岂然哉？前之胤侯之于夏，方叔、召虎、南仲之于周；后之周亚夫、赵充国之于汉，郭子仪、李光弼之于唐；抑岂履霜弗戒，而必于“今将”也乎？“天下有道，征伐自天子出。[3]”自出者，命自上行之谓也。故《易》曰：“在师中，王三锡命。”锡命[4]者王，在师中者“长子”。在其中，任其事，而以疑忌置之三军之外，恩不浃，威不伸，乍然使之，俄然夺之，为“弟子”而已。弟子者，卑而无权之谓也。将而无权，舆尸之凶，未有免焉者也。唯胡氏之言如此，故与秦桧贤奸迥异，而以志合相奖。非知人之明不至也，其所执以为道者非也。

【注释】：

［1］公子翚：春秋时鲁国大夫。字羽父。鲁隐公十一年（前712），欲谋求作太宰，请隐公杀其弟轨，隐公不允。因惧轨知其事后于己不利，遂向轨谮隐公有谋杀之心，请杀隐公。同年十一月，使人杀隐公，立轨为桓公。

［2］公子庆父：姬姓，名庆父，字仲孙，春秋时期鲁国上卿，鲁桓公姬允之子，鲁庄公异母弟。作为鲁国三桓之一的孟孙氏之祖，鲁庄公去世后，庆父先后派人杀害国君公子般和鲁闵公，制造政治内乱。后来，逃亡莒国。莒国国君接受贿赂，遣送庆父回国，途中庆父自缢而死，谥号“共仲”。

［3］天下有道，征伐自天子出：语出《论语·季氏》，原文云：“孔子曰：‘天下有道，则礼乐征伐自天子出；天下无道，则礼乐征伐自诸侯出。自诸侯出，盖十世希不失矣；自大夫出，五世希不失矣；陪臣执国命，三世希不失矣。天下有道，则政不在大夫。天下有道，则庶人不议。’”

［4］锡命：天子有所赐予的诏命。《易·师》：“王三锡命。”孔颖达疏：“三锡命者，以其有功，故王三加锡命。”

【导读】：

指出胡安国讲《春秋》有其重要价值，但也有错谬之处，尤其是其倡猜忌武臣之说为害甚大。

然此非胡氏专家之说也。宋之君臣上下奉此以为藏身之固也，久矣。石守信、高怀德之解兵也，曹翰之不使取幽州也，王德用、狄青之屡蒙按劾也，皆畜菹醢[1]之心，而不惜长城之坏。天子含为隐虑，文臣守为朝章。胡氏沿染余风，沁入心肾，得一秦桧而喜其有同情焉。呜呼！夫岂知疑在岳、韩，而信在滔天之秦桧，其子弟欲为之盖愆[2]，徒触怒以窜死，而终莫能挽哉？

【注释】：

［1］菹醢：古时的一种酷刑，把人剁成肉酱。

［2］盖愆：指修德行善以弥补过去之罪恶。

【导读】：

指出胡安国所言实际上是赵宋长期以来奉行的家法，与秦桧所为同恶。

桧之自虏归也，自谓有两言可以耸动天下。两言者：以河北人归女直，河南人归刘豫也。是其为说，狂呆[1]而必不可行。匪直资千秋之笑骂，高宗亦怒而榜其罪于朝堂。然而胡氏以管仲、荀彧期之，高宗终委国而听之，虽不知人，宁至于是！夫桧所欲遣归女直、刘豫者，非泛谓沦处江东之士民也。凡扈从[2]南来，分节建旄诸大帅，皆夹河南北之部曲，各有其军。而高宗宿卫[3]之旅，不能与较盈虚。高宗惩苗、刘之难，心惴惴焉。桧以为尽遣北归，则枝弱者干自强，而芒刺[4]之忧以释。盖亦与胡氏春秋之旨相符。特其奸计未周，发言太骤，故高宗亦为之愕异。而韩、岳之勋名尚浅，高宗亦在疑忌相参之际，故不即以为宜。而胡氏促膝密谈，深相契合者，犹未可即喻之高宗也。

【注释】：

［1］狂呆：又狂又蠢。

［2］扈从：随从。

［3］宿卫：古时指在宫禁中值宿，担任警卫的人，现在一般指保卫，守护。

［4］芒刺：草木茎叶、果壳上的小刺。比喻隐患。

【导读】：

指出秦桧自金人放归即有两种建言轰动天下，虽不为宋高宗用，但为胡安国所肯定。

已而群盗平矣，诸帅之军益振矣，屡挫女直之功日奏矣。三军之归向已深，万姓之凭依已审，士大夫之歌咏已喧，河北之企望已至，高宗之忌之也始甚。桧抑术愈工，志愈惨，以为驱之北而不可者，无如杀之罢之，权乃尽削而事易成。故和议不成，则岳飞之狱不可起，韩世忠之兵不可夺，刘光世、张俊不戢翼而效媚以自全。高宗之为计也，以解兵权而急于和；而桧之为计也，则以欲坚和议而必解诸将之兵；交相用而曲相成。在廷之臣，且以为子翚、庆父之祸可永杜于百年。呜呼！亦孰知桧之别有肺肠[1]，睥睨宗社[2]，使不死，乌可制哉？

【注释】:

［1］肺肠：比喻内心；心思。

［2］宗社：宗庙和社稷，泛指国家。

【导读】:

指出宋高宗用秦桧对诸帅或杀或抑，实使国家危殆。

九　娄寅亮请立太祖后为嗣

高宗决策选太祖后立以为嗣，道之公也，义之正也，保固宗祧之大计也。而其议发于上虞丞娄寅亮。疏贱小臣，言出而天子之位定，大臣无与者，宋之无人久矣！寅亮之言，定一代之纲常，协千秋之公论，诚伟矣哉！顾其为人，前此无学术之表见，后此无德业之传闻，固非议定于诚，以天下为己任者也。高宗于此，犹在盛年，度以恒情，必逢恶怒。越位危言，曾不忧及罪罟，夫寅亮何以任此而无疑哉？盖高宗之畜此志久矣，其告范宗尹[1]者明矣。故溢传于外，寅亮与闻而深信之，以为先发夫人之所未发者，功可必，名可成，有荣而无辱也。是谋也，宗尹闻之，中外传之，寅亮处下位而深知之。在位大臣充耳结舌[2]，曾无有能赞一言者，故曰宋无人也。

【注释】:

［1］范宗尹：字觉民，襄阳邓城（今襄阳樊城区）人，南宋初大臣，少年好学，宣和三年（1121），上舍登进士第。累迁侍御史、右谏议大夫。建炎元年（1127），出京担任舒州知县，因反对李纲为相，又被劾曾受张邦昌伪命，责鄂州（今湖北武昌）安置。召为中书舍人，迁御史中丞。三年（1129），拜参知政事，四年（1130），守尚书右仆射、同中书门下平章事兼御营使，年仅三十为丞相，显赫一时。绍兴元年（1131）二月辛巳，日有黑子，宗尹认为辅政无能，请求罢免，不许。后为秦桧所排挤，出京担任温州知州。绍兴六年（1136），退居天台，不久卒。

［2］充耳结舌：听到后不敢说话。

【导读】：

指出宋高宗选太祖后为嗣，实出于他自己的决策。

夫宗尹诚不足道矣。张德远新平内难，任授分陕，赵惟重系属本支，尊参坐论；君有志而不能知，君有美而不能成，君有宗社生民之令图而不能决。所谓“焉用彼相”者，责奚辞哉？故高宗之任二相也不专，谋和与战也不定，以其无忧国之忱也。乃使自虏来归之秦桧，一旦躐级[1]其上，而执诛赏之大权，诚有以致之者，而不足深怪也。

【注释】：

［1］躐级：越级。

【导读】：

指出南宋初之宰相无忧国之心。

治末者先自本，治外者先自内。匡君之失者，必奖其善。欲行其志者，必有以大服君民上下之心。当其时，雪二帝之耻，复祖宗之地，正夷夏之防，诚切图矣，而抑犹其末也。阐太祖之幽，盖太宗之愆，立义自己，以感天人之丕应[1]，付畀[2]得人，以垂统绪于灵长者，本也。故张子房当草昧之初，而亟垂家法；李长源当扰乱之世，而决定嫌疑。然后天子知有忧国如家之忠爱，而在旁之浸润不入；宵人知我有赞定大策之元功，而瓯臾之流丸自止。自宫中以迄四海，咸知国家之祚胤[3]方新。而谋自我成，道惟君建，则倾心壹志以待我之敷施。身居百僚之长，日与密勿之谋，曾此弗图，而借手望轻志末之小臣，进而与天子商天位之简畀，是犹足推诚委国，争存亡胜败于强敌者乎？

【注释】：

［1］丕应：很好地应和。《书·皋陶谟》：“其弼直，惟动丕应。”孙星衍疏：“天下大应之。”

［2］付畀：授予；交给。犹托付，委托。

［3］祚胤：福运及于后代子孙。《诗·大雅·既醉》：“君子万年，永锡祚胤。”郑玄笺：“长予女福祚，至于子孙。”

【导读】：

指出定帝嗣为根本大计，但宰相不担责却借手小臣，不能担大任。

张德远[1]之不及此，犹有说也。皇子旉[2]之速毙，有物议焉，不敢称立嗣于高宗之前，有所避也。赵惟重[3]何为者，而亦懵然弗问耶？高宗之世，将不乏人，而相为虚设久矣。其贤者，皆矜气近名，一往而无渊停岳立之弘猷者也。高宗几信几疑，而不见其可恃。故汪、黄、秦、汤术虽陋，志虽邪，而犹倾心吐意，以违众直行，敢于自任，无迟回濡待之情。是以去此取彼，而从之若崩。藉令得韩、范以为肺腑之臣，则引社稷之存亡于一身，生死以之，而密谋皆夙，夫岂奸回之能遽夺哉？济济盈廷，而不能为寅亮之言，其为上所轻而斥之窜之，不伸其志，非其自处者之自致乎？

【注释】：

［1］张德远：张浚，字德远，世称紫岩先生。汉州绵竹（今属四川）人，宋徽宗政和八年（1118），张浚登进士第，历枢密院编修官、侍御史等职。苗刘之变时，约吕颐浩、张俊、韩世忠等勤王复辟有功，除知枢密院事。建炎四年（1130），提出经营川陕建议，出任川陕宣抚处置使。在川陕三年，虽于富平之战中大败，但他训练新兵，任用刘子羽、赵开、吴玠等人，也使江淮赖以安宁。后除同平章事兼知枢密院，都督诸路军马。部署沿江、两淮诸军防御，并谋求北伐。淮西军变后引咎求罢。秦桧及其党羽当权时，获贬十多年。金帝完颜亮南侵时，张浚再获起用，奉命督师北伐。虽初战告捷，但因部下将领不和，于符离之战大败。旋即再相，视师淮上，积极部署抗金措施，不久又为主和派排去。隆兴二年（1164），张浚病逝，累赠太师，谥号“忠献”。著有《紫岩易传》等。近人辑有《张魏公集》。

［2］皇子旉：宋简宗赵旉，南宋第二任皇帝，宋高宗的亲生独子、元懿太子赵旉。据《宋史》等正史的记载，建炎三年（1129）三月五日，南宋将领苗傅、刘正彦在杭州发动兵变，逼迫宋高宗禅位于年仅三岁的皇子赵旉。同年四月一日，在勤王军的攻势下，叛乱被平息，高宗赵构重新即位，赵旉依然为皇太子。建炎三年（1129）五月，宋高宗携太子赵旉离开杭州，北上建康。同年七月，赵旉在南京生了疟疾，在建康行宫治病期间，因为宫女碰倒了金香鼎，他受到噪音惊吓，竟然被吓死，时年仅三岁。

［3］赵惟重：似指赵鼎。

【导读】：

指出南宋初，宰相其贤者矜气近名不能得高宗信任，而奸者倾心为君而得重用。

十　颁戒石铭于州县

自宋以来，州县之庭立《戒石铭》[1]，蜀孟昶之词也。黄庭坚书之，高宗命刻石焉。读者佥曰："励有司之廉隅[2]，恤生民之疾苦，仁者之言也。"呜呼！儒术不明，申、韩杂进，夷人道之大经，蔑君子之风操，导臣民以丧其忠厚和平之性，使怀利以相接而交怨一方者，皆此言也。孟昶僭伪亡国之主，无择而言之，可矣。君天下者，人心风化之宗也，而可揭此以正告天下乎？

【注释】：

［1］《戒石铭》：江西泰和县博物馆珍藏着一块珍贵的碑刻——黄山谷书《戒石铭》。铭文出自五代蜀主孟昶的《令箴》，原文见宋张唐英的《蜀寿机》和洪迈哟《容斋续笔》，共24句。宋太宗删繁就简，摘取其中"尔俸尔禄，民膏民脂，下民易虐，上天难欺"四句，颁于州县，敕令勘石立于衙署大堂前。州主县令坐堂理事，即可见其16字，以警戒其秉公办事，从政为民，故称《御制戒石铭》。宋哲宗也曾御书《戒石铭》赐郡县。南宋高宗绍兴二年(1132)，黄山谷所书《戒石铭》于郡县。

［2］廉隅：棱角。比喻端方不苟的行为、品性。

【导读】：

指出孟昶《戒石铭》导致思想混乱。

夫谓吏之虐取于民者，皆其膏脂，谓夫因公而科敛者也，峻罚其锾金[1]者也，纳贿而鬻狱者也，市贾而无值者也。若夫俸禄之颁，惟王所诏，吏不自取也。先王所制，例非特创也。小人耕而以其有余养君子，君子治而受其食以勤民事。取之有经，班之有等，民不怨于输将，上不勤于督责。天尊地卑，而其义定；典叙礼秩，而其分明。若曰是民之膏脂也，则天子受万方之贡赋，愈不忍言矣。率此言也，必天下之无吏而后可也。抑将必天下之无君，而后无不可矣。是之谓夷人道之大经也。

【注释】：

［1］锾金：锾，古重量名。一锾为六两；又说一锾为六两又大半两；又说百锾为三斤。《书·吕刑》："墨辟疑赦，其罚百锾。"孔传："六两曰锾，锾，黄铁也。"《文选·王融》："徒以百锾轻科，反行季叶。"吕向注："百锾金，刑以金赎罪者。"

【导读】：

分析为何说《戒石铭》是夷人道之大经。

君子之道，以无伤于物者自旌其志，苟非人所乐与者，一介不取，弗待于人之靳之也。如其所受之禄，斥言之曰此民之膏脂矣，恶有君子而食人之膏脂者乎？上既酬而升之，揖而进之，寄之以民社，而谓之曰："吾取民之膏脂以奉汝。"辱人贱行，至于此极，欲望其戒饬自矜，以全素履[1]，其将能乎？是以谓毁君子之风操也。

【注释】：

［1］素履：用朴实无华、清白自守的处事态度面对心中所向往的事物。

【导读】：

分析为何说《戒石铭》是毁君子之风操。

易动而难静者，民之气也。得利为恩，失利则怨者，民之情也。故先王惧其怀私挟怨之习不可涤除，而政之所扬抑，言之所劝戒，务有以养之，而使泳游于雍和敬逊之休风[1]，以复其忠顺之天彝[2]。故合之于饮烝[3]，观之于乡射[4]，逸之于大蜡[5]，劳之于工作，叙之以礼，裁之以义，远之于利，禁之于争，俾怨讟不生，而民志允定。今乃揭而示之曰："凡吏之受禄于国者，皆尔小民之膏脂也。"于是乍得其欢心，而疾视其长上。其情一启，其气一奔，则将视父母之食于其子者，亦其子之膏脂；趋利弃义，互相怨怒，而人道夷于禽兽矣。先王以君子长者之道期天下，而人犹自弃，则克己自责，以动之于不言之化。今置其土木、狗马、声色、宴游之糜民财者，曾不自省；而以升斗之颁，指为朘削[6]，倡其民以嚣陵诟谇之口实，使贼其天良，是之谓导臣民以丧其忠厚和平之性也。

【注释】：

［1］休风：美好的风格、风气。

［2］天彝：犹天理，天常。

［3］饮烝：亦作"饮蒸"。古礼之一。农事完毕，君臣会宴于太学。《礼记·月令》："［孟冬之月］是月也，大饮烝。"郑玄注："十月农功毕，天子、诸侯与其群臣饮酒于大学，以正齿位……烝谓有牲体为俎也。"

［4］乡射：古代射箭饮酒的礼仪。乡射有二：一是州长春秋于州序（州

的学校）以礼会民习射，一是乡大夫于三年大比贡士之后，乡大夫、乡老与乡人习射。《周礼·地官·乡大夫》："退而以乡射之礼五物询众庶。"孙诒让正义："退，谓王受贤能之书事毕，乡大夫与乡老则退各就其乡学之庠而与乡人习射，是为乡射之礼。"秦汉以后，亦有仿行。《史记·太史公自序》："北涉汶泗，讲业齐鲁之都，观孔子之遗风，乡射邹峄。"《南史·蔡廓传》："三吴旧有乡射礼，元嘉中，羊玄保为吴郡行之，久不复修。"清赵翼《题黄陶庵手书诗册》诗："是时明社将为墟，方赴鹿鸣乡射耦。"

［5］大蜡：祭名。古代年终合祭农田诸神，以祈来年不降灾害。

［6］朘削：剥削。

【导读】：

分析为何说《戒石铭》是导臣民以丧其忠厚和平之性。

迪君子以仁民者，教之有术也；进贤士以绥民者，选之有方也；饰吏治以勿虐民者，驭之有法也。仁不能教，义不能择，法不能整，乃假祸福以恐喝之曰："上天难欺。"无可如何，而恃鬼神之幽鉴[1]。惟孟昶以不道[2]之身，御交乱之众，故不得已而姑为诅咒，为人君者而焉事此乎？

【注释】：

［1］幽鉴：犹玄鉴。喻微妙高深的见解。

［2］不道：无道；胡作非为。

【导读】：

指出不用仁、义、法而用鬼神之恐吓，是《戒石铭》又一错误。

王者之道，无不敬而已。敬天，而念天之所鉴者，惟予一人而已，非群工庶尹之得分其责也。敬民，而念民有秉彝[1]之性，不以怀利事其长上，务奖之以坦然于好义也。敬臣，而念吾之率民以养贤者，礼必其至，物必其备，辞必其顺，而与共尽天职勤民事也。天子敬臣民，臣民相胥以敬天子，而吏敬其民以不侮，民敬其吏以不嚣。无不敬者无不和，则虽有墨吏[2]，犹耻讥非；虽有顽民，犹安井牧[3]。畏清议也，甚于鬼神；贱货财也，甚于鞭挞。以宽大之心，出忠厚之语，平万族之情，定上下之纪，夫岂卞急[4]刻峭[5]之夫所得与也？君子出其言不善而千里违之，诅怨之言，何为在父母斯民者之庭哉？

【注释】：

［1］秉彝：持执常道。《诗·大雅·烝民》："天生烝民，有物有则。民之秉彝，好是懿德。"毛传："彝，常。"

［2］墨吏：贪官污吏。

［3］井牧：按土质区划田地，或为井田耕作，或为牧地畜牧，二牧而当一井，以便于授田、贡赋。

［4］卞急：急躁。

［5］刻峭：苛刻，严酷。

【导读】：

指出王者之道重在"敬"：敬天，敬民，敬臣。

一一　岳武穆渡河之志

尽南宋之力，充岳侯之志，益之以韩、刘锜[1]、二吴[2]，可以复汴京、收陕右乎？曰，可也。由是而渡河以进，得则复石晋所割之地，驱女直于塞外；不得，亦据三关，东有沧瀛，西有太原，仍北宋之故宇乎？曰，不能也。凡得失之数，度之于彼，必察其情；度之于此，必审其势；非但其力之强弱也。情有所必争，力虽弱，未可夺也，强者勿论已；势有所不便，力虽强，未可恃也，弱者勿论已。

【注释】：

［1］刘锜：字信叔。德顺军（今甘肃静宁）人，南宋初年名将，泸川节度使刘仲武之子，自少随父征战，宋徽宗时为合门祗候。南宋建立后被授为陇右都护，多次战胜西夏，颇著威名。之后受名臣张浚提拔，参与富平之战。又扈从宋高宗，两任权主管侍卫马军司公事。绍兴十年（1140），在顺昌之战中大破金将完颜宗弼军，并派兵协助岳飞北伐。次年，于柘皋之战再破金军。此后被罢去兵权，两知荆南府。晚年再获起用，率军抗击南下侵宋的金帝完颜亮，但因老病而无功。绍兴三十二年（1162），刘锜去世，获赠开府仪同三司，谥号"武穆"（一说武忠）。

［2］二吴：指吴玠、吴璘。吴玠，字晋卿。德顺军水洛城人（今甘肃省庄浪县），早年从军御边，抗击西夏。建炎二年（1128）起领兵抗金，与其弟吴璘都以勇略知名，先后归属于曲端、张浚麾下。富平之战失败后，吴玠扼

守和尚原、饶凤关、仙人关等地，屡败金军，史称“微（吴）玠身当其冲，无蜀久矣”。吴玠汰冗员、节浮费，广设屯田、修复废堰，与胡世将创转般折运法，使粮储充足。官至四川宣抚使。绍兴九年（1139），吴玠病逝，年四十七。追赠少师，谥号“武安”。吴璘，字唐卿。德顺军陇干县（今甘肃静宁）人，早年随兄长吴玠抵御西夏，自建炎二年（1128）起领兵抗金，二人均以勇略知名。富平之战失败后，吴璘、吴玠兄弟扼守和尚原、饶凤关、仙人关等地，屡败金军，为保卫秦陇、屏障巴蜀立下了汗马功劳。累官至奉国军节度使、御前诸军都统制等。绍兴三十一年（1161），金帝完颜亮派兵入侵，吴璘被授为四川宣抚使，带病抗敌，与金军互有胜负。乾道元年（1165），受封新安郡王，兼判兴元府。乾道三年（1167），吴璘病逝，年六十六。追赠太师、信王，谥号“武顺”，位列七王之一。

【导读】：

分析南宋在岳飞诸帅合力之下恢复国土所达到的极限。

以河南、陕右言之：女直之初起也，积怨于契丹而求泄，既胜以还，亦思夺其所有之燕、云而止。及得燕而俯视河朔，得云而下窥汾、晋，皆伸臂而可收也，遂有吞并关南之志。乃起海上，卷朔漠，南掩燕南，直数千里，斗绝而难于遥制，故乘虚袭取三河、两镇，而所欲已厌矣。汴、洛、关、陕，宋不能守，势可坐拥神皋[1]，而去之若惊，不欲自有，以授之叛臣，则中原之土非其必争之地，明矣。朱仙一败，卷甲思奔，非但其力之不足也，情不属也。而宋自收群盗以后，诸帅愤盈[2]，东西夹进，东清淮、泗，略梁、宋，有席卷之机；西扼秦、凤，指长安，有建瓴[3]之势；岳侯从中而锐进，交相辅而不虑其孤，走兀术，收京阙，画河以守新复之疆，沛然无不足者，故可必也。

【注释】：

［1］神皋：神明所聚之地；引申为神圣的土地；指京畿；肥沃的土地。

［2］愤盈：意为积满，充盈。亦指愤恨之极。

［3］建瓴：形容居高临下、难以阻挡的形势。

【导读】：

分析南宋初宋金战争河南、陕右态势，指出收京阙画河而守之势可成。

以河北、燕南言之：女直自败盟而后，力未能得，而胁割于众，以其为燕之外护也，以其为刍粮金帛之所取给也，以其士马之可抚有而弥强也。郭药师[1]一启戎心，而女直垂涎以歆其利，久矣为必争之地矣。军虽屡折，而宿将未凋，余威尚振。使宋渡河而北，则悉率海上之枭，决死以相枝拒，河阻其归，敌摧其进，求军之不覆没者，十不得一也。宋之诸将，位相亚，权相埒，力相等，功亦相次。岳侯以少年崛起而不任为元戎者，以张俊之故为主将，从中而沮之也。韩、刘、二吴，抑岂折节而安受其指麾？则雁行以进，麋骇而奔，功不任受，咎亦无归。故五国合从之师衅于函关，山东讨卓之兵阻于兖、豫，九节度北伐之军溃于河南，其不如刘裕孤军直进，擒姚泓、俘慕容超者，合离定于内，而成败券于外，未有爽焉者也。乃欲合我不戢，撄彼必争，当百战之骄虏，扼其吭而勿忧其反噬乎？若此，则虽高宗无疑畏之私，秦桧无腹心之蠹，张俊、刘光世无从旁之挠，且将忧为吴明彻[2]淮北之续，退且河南之不保；而遥指黄龙，期饮策勋之爵，亦徒有此言，而必不能几幸者也。

【注释】：

［1］郭药师：渤海铁州（今辽宁盖平东）人。辽募辽东人为兵，号称“怨军”，药师为帅。辽亡，药师以涿、易二州归宋，宋令副王安中守燕山。宗望军至三河，药师拒战于白河，兵败降金，太宗命为燕京留守，赐姓完颜氏，海陵即位，诏复本姓。

［2］吴明彻：字通昭（一作通照），南兖州秦郡（今江苏南京市六合区）人，幼年丧父，本性至孝。侯景之乱时，分粮于邻居。承圣三年（554），结交陈霸先于京口，拜戎昭将军、安州刺史。绍泰元年（555），随从周文育征讨杜龛、张彪。永定元年（557），陈霸先称帝后，拜安南将军，随从侯安都征讨王琳，平定华皎叛乱，大败周梁联军，夺取西梁三郡，拜开府仪同三司，加侍中。太建五年（573），兴兵北伐，大败北齐军队，收复淮南之地，升任司空、车骑大将军、南兖州刺史，封南平郡公。太建九年（577），再度北伐，屡败北周将领梁士彦。因背疾发作，作战失利，为北周名将王轨所俘，北周宣帝礼遇有加，拜大将军，封怀德郡公。太建十年（578），忧愤成疾，卒于长安。至德元年（583），回顾勋劳，追封邵陵县开国侯。

【导读】：

指出南宋诸帅互不相下，欲成功收复河北、燕南很难。

是故《易》言鬼方之伐[1]，忧其难为继也；《春秋》许陉亭之次[2]，谓其可以止也。自赵普沮曹翰之策，而燕、云不可问矣。自徽宗激郭药师之叛，而河北不可问矣。任诸帅阃外之权，斥奸人乞和之说，弃其所不争，攻其所不可御，东收徐、兖，西收关、陇，以环拱汴、洛而固存之；支之百年，以待兴王之起，不使完颜氏归死于蔡州，以导蒙古之毒流四海，犹有冀也。然抑止此而已矣。如曰因朱仙之捷，乘胜渡河，复汉、唐之区宇，不数年而九有廓清，见弹而求鸮炙，不亦诞乎！

【注释】：

［1］鬼方之伐：《易·既济》："高宗伐鬼方，三年克之。"

［2］《春秋》许陉亭之次：《春秋·僖公四年》："遂伐楚，次于陉。"《注》："楚地名，颍川召陵县南有陉亭。"

【导读】：

分析形势，朱仙大胜后不能恢复汉、唐之疆域。

一二　岳武穆之立身定交

相臣[1]而立武功，周公而后，吾未见其人也。帅臣[2]而求令誉，吾未知吉甫之果能称焉否也？帅臣之得令誉也有三：严军令以禁掠夺，为软语以慰编氓，则民之誉归之；修谦让以谨交际，习文词以相酬和，则士之誉归之；与廷议而持公论，屏奸邪以交君子，则公卿百僚之誉归之。岳侯之死，天下后世胥为扼腕，而称道之弗绝者，良由是也。唯然，而君子惜之，惜其处功名之际，进无以效成劳于国，而退不自保其身。遇秦桧之奸而不免，即不遇秦桧之奸而抑难乎其免矣。

【注释】：

［1］相臣：为相之大臣。

［2］帅臣：为帅之大臣。

【导读】：

指出岳飞作为帅臣而得庶民、士人、百官称誉，却进不能为国、退不能保身。

易曰："安其身而后动，定其交而后求。[1]"谓名之不可亟居，功之不可乍获也。况帅臣者，统大众，持大权，立大功，任君父安危存亡之大计，则求以安身而定上下之交，尤非易易矣。身不安则志不宁，交不定则权不重。志不宁，权不重，则力不足以宣，而挠之者起。挠之者起，则欲忘身以救君父之危，而不能毕遂其事；非但身试不测之渊而逢其沉溺也。君非大有为之君，则才不足以相胜；不足以相胜，则恒疑其不足以相统。当世材勇之众归其握，历数战不折之威，又为敌惮；则天下且忘临其上者之有天子，而唯震于其名，其势既如此矣。而在廷在野，又以恤民下士之大美竞相推诩。犹不审，而修儒者之容，以艺文抒其悲壮。于是浮华之士，闻声而附，诗歌咏叹，洋溢中外，流风所被，里巷亦竞起而播为歌谣，且为庸主宵人之所侧目矣。乃君之有得失也，人之有贤奸也，庙算之有进止也，廷臣无匡救之力，引己为援，己复以身任之；主忌益深，奸人之媢疾[2]益亟，如是而能使身安以效于国者，未之有也。

【注释】：

［1］安其身而后动，定其交而后求：语出《周易系辞》，原文云："子曰：'君子安其身而后动，易其心而后语，定其交而后求。君子修此三者，故全也。危以动，则民不与也；惧以语，则民不应也；无交而求，则民不与也。莫之与，则伤之者至矣。易曰："莫益之，或击之，立心勿恒，凶。"'"

［2］媢疾：妒忌。

【导读】：

指出岳飞在处理名、功等问题时考虑不周。

故汉之功臣，发纵指示[1]，一听之萧、张，绛、灌[2]无文，不与随、陆[3]争春华之美。郭子仪[4]身任安危，知李泌、崔祐甫之贤，而不与纳交以结君子之好；知元载、鱼朝恩之恶，而不相攻讦[5]以触奸佞之机。李光弼改纪其军政，而不竞其长；仆固怀恩固属其部曲，而甘与为伍。乃以废斥[6]之余，一旦跃起，而卒拯吐蕃之难。以是动，而动罔不利也；以是求，而求无不得也。岳侯诚有身任天下之志，以奠赵氏之宗祊[7]，而胡不讲于此耶？

【注释】：

［1］发纵指示：发现野兽的踪迹，指示猎狗跟踪追捕。比喻暗中操纵指挥。

［2］绛、灌：汉绛侯周勃与颍阴侯灌婴的并称。均佐汉高祖定天下，建功封侯。二人起自布衣，鄙朴无文，曾谗嫉陈平、贾谊等。

［3］随、陆：《晋书·刘元海载记》："吾每观书传，常鄙随陆无武，绛灌无文。"随指随河，西汉初年人，汉高祖军中的谒者（主管传达禀报的人），被派去说服九江王英布降汉。为英布分析了天下的形势，并在楚国使者来时说英布已降汉，使英布投降。灭楚后，汉高祖贬低他的功劳，他用分析推理的手段为自己的功劳辩护。官至护军中尉。陆指陆贾，汉初楚国人，早年追随刘邦，因能言善辩常出使诸侯。刘邦和文帝时，两次出使南越，说服赵佗臣服汉朝，对安定汉初局势做出极大的贡献。吕后时，说服陈平、周勃等同力诛吕。著有《新语》等。

［4］郭子仪：华州郑县（今陕西华县）人，祖籍山西太原，早年以武举高第入仕从军，积功至九原太守，一直未受重用。安史之乱爆发后，郭子仪任朔方节度使，率军勤王，收复河北、河东，拜兵部尚书、同中书门下平章事。757 年，郭子仪与广平王李俶收复西京长安、东都洛阳，以功加司徒，封代国公。758 年，进位中书令。759 年，因承担相州兵败之责，被解除兵权，处于闲官。762 年，太原、绛州兵变，郭子仪被封为汾阳王，出镇绛州，不久又被解除兵权。763 年，仆固怀恩勾结吐蕃、回纥入侵，长安失陷。郭子仪被再度启用，任关内副元帅，再次收复长安。765 年，吐蕃、回纥再度联兵内侵，郭子仪在泾阳单骑说退回纥，并击溃吐蕃，稳住关中。779 年，郭子仪被尊为"尚父"，进位太尉、中书令。781 年，郭子仪去世，追赠太师，谥号忠武。

［5］攻讦：揭发别人的过失或阴私而加以攻击（多指因个人或派系利害矛盾）。

［6］废斥：废黜屏斥。

［7］宗祊：宗庙；家庙。

【导读】：

指出岳飞未学唐代名将郭子仪处置各种关系，未能为赵宋作出更大的贡献。

宋氏之以猜防待武臣，其来已夙矣。高宗之见废于苗、刘而益疑，其情易见矣。张浚之褊而无定，情已见乎辞矣。张俊[1]、刘光世[2]之以故帅先达不能相下，其隙已成矣。秦桧之险，不可以言语争、名义折，其势已坚矣。而且明张纪律，柔声下气，以来牛酒之欢迎；而且缀采敷文，网罗文士，以与张九成等相为浃洽；而且内与谏臣迭相扬诩，以辨和议之非；而且崖岸自矜，标刚正之目，以与奸臣成不相下之势；而且讥评张俊，历诋群将，以折张浚之辨。合宰执、台谏、馆阁、守令之美，而皆引之于身，以受群言之赞颂。军归之，民归之，游士、墨客、清流、名宿莫不归之。其定交盛矣，而徒不能定天子之交；其立身卓矣，而不知其身之已危。如是而欲全其社稷之身以卫社稷也，庸可得乎?

【注释】:

［1］张俊：字伯英，凤翔府成纪（今甘肃省天水市）人，与岳飞、韩世忠、刘光世并称南宋“中兴四将”。十六岁时为弓箭手，在宋徽宗时期参与对西夏作战及镇压山东、河北农民起义。曾随种师中救援太原。康王赵构任兵马大元帅，他即率部往从。高宗赵构即位后，任张俊为御营司前军统制。苗刘之乱时，他和韩世忠等受张浚节制，平定事变。绍兴年间，镇压农民起义和叛将李成等部，并阻击伪齐刘豫及金军南侵。与岳飞、韩世忠合称三大将，所部称张家军。后首请纳兵权，被罢枢密使，进封清河郡王。又参与促成岳飞冤狱。张俊贪婪好财，大肆兼并土地，年收租米达六十万斛。高宗曾亲临其家，礼遇优厚。绍兴二十六年（1156），张俊去世，年六十九。追封循王，谥号“忠烈”，位列七王之一。

［2］刘光世：字平叔，保安军（今陕西延安志丹县）人。宋徽宗时，刘光世奉命镇压河南叛军张迪，因功授承宣使，充任鄜延路马步军副总管。靖康初率部戍边，败夏兵于杏子堡。金兵大举南侵，与韩世忠等共守江南，屡立战功，升司检校太保、殿前都指挥使，封荣国公。后率部抗金，但其“御军姑息，无克复志”，饱受诟病。绍兴七年（1137），引疾罢去兵权。绍兴十年（1140），再为三京招抚处置使。次年，罢为太保、万寿观使，累封杨国公。

【导读】:

指出宋有猜忌武臣的家法，岳飞却四方结交而不注意处理好与皇帝的关系，故自身不能保全更不能保卫国家。

呜呼！得失成败之枢，屈伸之间而已。屈于此者伸于彼，无两得之数，亦无不反之势也。故文武异用，而后协于一。当屈而屈者，于伸而伸，非迫求而皆得也。故进退无恒，而后善其用。岳侯受祸之时，身犹未老。使其弢光敛采[1]，力谢众美之名；知难勇退，不争旦夕之功；秦桧之死，固可待也。完颜亮之背盟，犹可及也。高宗君臣，固将举社稷以唯吾是听，则壮志伸矣。韩、刘锜、二吴不惩风波之狱，而畜其余威以待，承女直内乱以蹑归师，大河以南，无难席卷。即不能犁庭扫穴[2]以靖中原，亦何至日敝月削，以迄于亡哉？故君子深惜岳侯失安身定交之道，而尤致恨于誉岳侯者之适以杀岳侯也。悠悠之歌诵，毒于谤讻[3]，可畏矣夫！知畏之，则所以弭之者，亦必有其道矣。

【注释】：

［1］弢光敛采：常写为“韬光敛彩”，收敛光彩。比喻隐匿才华，无声无息。

［2］犁庭扫穴：犁平敌人的大本营，扫荡他的巢穴。比喻彻底摧毁敌方。庭，龙庭，古代匈奴祭祀天神的处所，也是匈奴统治者的军政中心。

［3］谤讻：诽谤。

【导读】：

指出岳飞未能知屈伸之道未能退避，而那些对他的赞美更是一种棒杀。

一三　义社豪杰之归岳

岳鹏举郾城之捷[1]，太行义社[2]，两河豪杰，卫、相、晋、汾，皆期日兴兵以会北讨，秦桧矫诏班师，而事不成。然则桧不中沮，率此竞起之众，可以长驱河朔乎？曰：所可望者，鹏举屡胜之兵，及刘锜、韩世忠、二吴之相为犄角[3]耳。若所谓豪杰义社者，固无能为也。奚以明其然邪？义兵之兴，始于翟义，嗣其后者为徐敬业，其志可嘉，而其成败固可睹矣。故定大略、戡大难、摧大敌、成大功者，无所恃于此焉。

【注释】：

［1］郾城之捷：《纲鉴易知录》卷八一：“岳飞击走金兀术于郾城，追至朱仙镇，大破之。遣使修治诸陵。飞留大军于颍昌，命诸将分道出战，自以轻骑往郾城，兵势甚锐。兀术大惧，合龙虎大王、盖天大王及韩常之兵逼郾城。飞遣子云领骑兵直贯其阵，戒之曰：‘不胜先斩汝！’云与金人战数十合，

金尸布野。兀术以拐子马五千来，飞戒步卒以麻扎刀入阵，勿仰视，第斫马足。拐子马相连，一马仆，二马不能行，飞军奋击，遂大破之。兀术大恸曰：'自海上起兵，皆以此胜，今已矣！'因复益兵而前，飞自以四十骑突战败之。兀术夜遁，追奔十五里，中原大震。飞谓子云曰：'贼屡败，必还攻颍昌，汝宜速援王贵。'既而兀术果至，贵将游弈，云将背嵬战于城西（游奕、背嵬皆军号），云以骑兵八百，挺前决战，步卒张左右翼继之，杀兀术胥夏金吾。飞又使梁兴会太行忠义、两河豪杰，败金人于垣曲，又败之于沁水，遂复怀、卫州，断金人山东、河北之道。金人大恐。飞进军朱仙镇，距汴京四十五里，与兀术对垒而阵，遣背嵬骑五百奋击，大破之，兀术还汴。飞檄陵台令行视诸陵，葺治之。"

［2］义社：旧谓立社以奉无主之魂者。南宋洪迈《容斋随笔·人物以义为名》："与众共之曰义，义仓、义社、义田、义学、义役、义井之类是也。"此指结义为武装团体。

［3］犄角：分兵牵制或夹击敌人。语出《左传·襄公十四年》："譬如捕鹿，晋人角之，诸戎犄之，与晋掊之。"孔颖达疏："角之谓执其角也；犄之言戾其足也。"

【导读】：

指出岳飞伐金不能靠义军。

夫恃人者，无之而可恃也，久矣。所恃者强于己乎？则是己固弱也。己弱而恃人，盻盻然[1]日有所望，而其志不坚。弱者为主，强者为宾，敌且攻其弱而主溃；强者失主，而骇散以失其强，莫能救己也。所恃者弱于己乎？则弱固不可恃也。己不弱而犹资弱以自辅，弱者不能胜敌，敌一当之而靡，则势且先挫，而三军之气为之馁；敌人之气，以胜而益为之增；己虽强，气不胜而必倾矣。定大略、戡大难、摧大敌、成大功者，力足以相格，智足以相乘，气足以相震，一与一相当，有死无生，有前无却，上不恃天时，下不恃地利，而后可以决胜于白刃之下，复奚恃而可哉？

【注释】：

［1］盻盻然：勤苦不休息貌。

【导读】：

指出决胜于敌必须一往无前，不依靠天时、地利。

况乎义兵者，尤其不足恃者也。义军之兴也，痛故国之沦亡，悲衣冠之灭裂，念生民之涂炭，恻怛发中而不惜九族之肝脑者，数人而已。有闻义之名，而美之以起者焉；有希功之成，而几幸其得者焉。其次，则有好动之民，喜于有事，而踸踔[1]以兴者焉。其次，则有徼幸掠获，而乘之以规利者焉。又其次，则有弱不能自主，为众所迫，不能自已者焉。又其次，则佃客厮养，听命于主伯，弗能自免焉。其名曰万，而实不得半也。即其实有万，而可战者，不得千也。可战者千，而能不大胜则前、小挫则却者，不得百也。无军令以整齐之，则游奕无恒；无刍粮以馈给之，则掠夺不禁。游奕无恒，则敌来而不觉；掠夺不禁，则民怨而反戈。故以王莽、武氏之易诛，而翟、徐旋起而旋仆，况女直之骍戾[2]驰突[3]而不易当者乎？梁兴渡河率之，而有垣曲、沁水之捷者，非其果足以胜也。义军之号，皆称“岳氏”，梁兴往而为之声援，女直不辨其非真，而为之震动。垣曲、沁水之守，抑河北初降之余烬，非海上鸷击之雄也，是以往而得志。浸令一试再试，情形尽见，女直且出锐师以捣之，则糜烂无余，所必然矣。一方既熸，而勃然以兴者，皆苶然[4]以返；屡前屡挫，则吾三军之气，亦沮丧而失所凭依。当日之未至于此也，班师故也。今试设身而审女直与宋彼己之情形，其坌涌而前，翻飞而散，不炯然在心目之闲乎？义社恃大军以成，故鹏举一班师，而数十万人不知何往。大军恃义社以进止，则义社一败衄，而大军不足以孤存。两相恃则两相失，女直以专壹之兵，直前而无待，左披右靡，又恶足以当之？

【注释】：

［1］踸踔：亦作“踔踔”。指跳跃貌；跛行貌。

［2］骍戾：蛮横凶暴。

［3］驰突：快跑猛冲。

［4］苶然：疲惫貌。或形容衰落不振。

【导读】：

分析义兵的种种情状与实际的战争态势，论述义兵不足恃。

夫用众不如用独久矣。故谢安石力却桓冲入援之兵而胜，苻坚兼帅鲜卑、氐、羌、河西之众而亡。揭竿以为帜，挥锄以为兵，野食鹑栖以为屯聚，此群羊距虎之形也，而安可恃也？宗汝霖之用群盗，犹之可也。已为盗，则不畏死者也。因为盗，则自我洗涤之，其不任为兵者可汰也。为盗而有渠帅，则固可使就吾束伍[1]也。去家为盗，则无身家之累，不以败为忧。故诸帅收之于江南，而藉其用。若义社，则既以义为名矣，汰之不忍其无归，帅之不能以行法。进退唯其意，而我不任为之主，则驭之也难矣。驭之且难，而况可恃之乎？宋之将亡也，江、湘、闽、广之间，起者众矣，而终不救硇门之祸。文信国无可恃而后恃之，不得已之极思，非有可恃者之所宜恃也。

【注释】：

［1］束伍：约束部队，治军。《尉缭子·束伍令》：“束伍之令曰：五人为伍共一符，收于将吏之所。”

【导读】：

指出义社之众不同于群盗，不能为用，恃之不能救国。

一四　秦桧诛逐异己

势无所藉，几无所乘，一念猝兴，图度天下，而期必于为天子者，自古迄今，未之或有。帝王之兴也，无心干禄，而天命自归，先儒之言详矣，非虚加之也。帝尧之世，岳牧[1]盈廷，九男非皆败类，耕稼陶渔者，而谓帝将禅我乎？武王养晦[2]，年已耄矣，使大命未就而崩，非不寿也，冲人方弱，保国不遑，而况及天下？然且俟之十三年，而后秉钺以麾，假之年而赞其精魄，天也，非武王之可必也。故圣王无取天下之心，而乘时以御，因之而已。圣人且不可必，而况下此者乎？

【注释】：

［1］岳牧：指传说中尧舜时四岳十二牧的简称。《书·周官》：“曰唐虞稽古，建官惟百，内有百揆四岳，外有州牧侯伯。”《史记·伯夷列传》：“尧将逊位，让于虞舜，舜禹之间，岳牧咸荐，乃试之于位，典职数十年。”后以“岳牧”泛称封疆大吏。

［2］养晦：谓隐居匿迹。语出《诗·周颂·酌》：“于铄王师，遵养时晦。”朱熹集传：“言其初有于铄之师而不用，退自循养，与时俱晦。”

【导读】：

指出圣王并不是预先有取天下之心，而是乘时以御致成功。

一介之士，策名于当时者，或为偏裨[1]，或为文吏，目之所规，心之所成，虽拓落而不可涯量，而其大概可知也。生死屈伸，荣辱贵贱，且乘于不测之数。志所至者，望之而不能必至；志所未至者，姑试之而渐进焉，非其所期也。使方小得志之日，遽踸踔以跃起，曰："吾将奄有方国，南面以驭四海之英尤，使俯首而称臣妾。"非狂人其孰念及此？藉其有此，必蹶然一起而疾就诛夷。故以知乱臣贼子之成乎篡夺者，亦初无此固获之情也。曹操之自言，"死而题征西将军之墓"，岂尽欺人哉？桥玄未尝期以天子，而操感其知己，则出身仕汉之初，无窥夺刘宗之志，明矣。知此，则人主之驭臣，防其所不必防，而不防其所防者，非明于豫防之道者也。

【注释】：

［1］偏裨：偏将，裨将。将佐的通称。

【导读】：

指出一般人在其初起时并未有一统天下之想法，即使是好些篡权者开始时也未想能篡权，因此人主驭臣必须要防其所必防。

秦桧专政之暮年，大起刑狱，将尽杀张、赵、胡、洪诸公，逮及宗室。当斯时也，诸公窜处遐方，不得复进一议，论和议之非，于桧无忤也。和已成，诸将之兵已解，桧总百揆[1]，膺世禄，其所欲者无不遂也。桧死，而高宗忽释赵汾[2]，召还迁客，则桧之深惎诸公，非必逢君也。桧之诛逐异己，不欲慭留一人者，岂仅快一时之忿忮哉？遍置其党于要津，而不使宋有一亲臣之可倚，骨鲠[3]已空，发蒙振落[4]者疾起而收之，桧之厚植其势者，势无不成也。高宗之年已耄矣，普安[5]拔自疏远，未正嫡嗣之名；一旦宫车晏驾[6]，桧犹不死，则将拔非所立之冲幼暂立之，旋起夺之；外有女直以为援引，内有群奸以为佐命，赵氏宗祊，且在其心目之中，易于掇芥。桧之志，岂待吹求而始见哉？

【注释】：

［1］百揆：各种政务。

［2］赵汾：南宋高宗时宰相赵鼎之子。

［3］骨鲠：鱼骨头，比喻个性正直、刚健。

［4］发蒙振落：把蒙在物体上的东西揭掉，把将要落的树叶摘下来。比喻事情很容易做到。蒙，遮盖，指物品上的罩物；振，摇动。

［5］普安：普安郡王，即宋孝宗赵昚，普安郡王是其即位前的爵位之一，

南宋绍兴十二年（1142）正月封，绍兴三十年（1160）二月，立为皇子，进封建王。

［6］宫车宴驾：封建时代称帝王死亡的讳辞。

【导读】：

指出秦桧包藏祸心。

乃当靖康之年，始立台端，与马伸等共请女直立赵后，未尝念及此也。及其自虏来归，受挞懒[1]旨，力主和议，亦祗求和成而居功受赏已也。即至逢高宗之欲，班北伐之师，解诸将之兵，独立百僚之上，犹未能遽取必于邪逆之成也。已而诸贤窜矣，岳侯死矣，韩世忠谢事闲居，刘锜、二吴敛手听命，张俊总领诸军之愿不遂，而亦废处矣。所欲为者，无不可为；所不可致者，无不致也。周回四顾，知天下之无能如己何，高宗亦惴惴然不知所以驭己；然后睥睨神器，而以诛逐先试其凶威。势之所激，鼠将变虎，亦奚待操心已久而后成乎大恶哉？故《易》曰："履霜，阴始凝也；驯致其道，至坚冰也。"驯致者，初非所至而渐以成乎至也。

【注释】：

［1］挞懒：完颜昌，女真名挞懒，虎水（今黑龙江省哈尔滨市阿城区）人，金朝宗室将领，金穆宗完颜盈哥之子，金太祖完颜旻堂兄弟，骁勇善战，辅佐金太祖参与抗辽之战。天辅六年（1122），擒下辽国枢密使萧得里底。迁为奚六路军帅，经略奚霫之地降伏奚部。带兵攻打北宋，历任六部路都统、元帅左监军，封为鲁国王。看到南宋军力快速增强，成为金国"主和派"大臣之一。金熙宗天眷二年（1139），参与政争失败，贬往行台，为主战派大臣完颜宗弼所杀。

【导读】：

指出秦桧权势滔天是在除其异己中一步一步形成的。

呜呼！宋之猜防其臣也，甚矣！鉴陈桥之已事，惩五代之前车，有功者必抑，有权者必夺；即至高宗，微弱已极，犹畏其臣之强盛，横加镂削[1]。乃桧以文墨起家，孤身远至，自可信其无他。而魄从中决，成巨浸[2]以滔天，成乎萧衍、杨坚之势。高宗藏刃韡中，思与争死，而莫能自振，固非前此所能逆睹。则欲辨霜冰于早，亦奚辨而可哉？

【注释】:

［1］锓削：雕刻割削。

［2］巨浸：大水。指大河流。

【导读】:

指出宋高宗用猜防之家法打击重臣，却未能料秦桧有篡逆之心而防之。

夫霜非冰也，而阴森惨冽[1]之气，一夕流空，则怆然怵栗[2]之情，自感人之志气，欲辨之，亦何难辨之有乎？不可辨者，志也；所可辨者，人也。志，无定者也。志于正者，势溢而志或以淫；志于邪者，力穷而志因以诎。人，有定者也。贤者之志虽已移，而必有所惮不敢为；奸人之志虽未萌，而必有所恃以操其利。故察之于始，桧非有操、懿之心，勿容苛论也。考之于其所行，不难为石敬瑭、刘豫之为者，岂有察之而不易知者乎？

【注释】:

［1］惨冽：寒冷，凛冽。

［2］怵栗：恐惧。

【导读】:

指出宋高宗对秦桧的考察不够。

其被囚而北也，与何㮚、孙傅、司马朴同系，而独不见杀；其羁于女直也，与洪皓、朱弁同留，而不与同拘；其脱身以返也，保有其妻孥[1]，而尽室以安归；则其狎凶狠之骄虏，使帖然听己之徜徉者，可畏也。张浚、赵鼎、李纲、胡寅皆高宗患难之君臣，屡退屡进，而莫能相舍；朝野兵民众望所归，而共倚其成；桧一得志，而屏息窜逐，莫敢与争者，可畏也。岳侯所收群盗，力战中原，将士乐为之死，而削之、斥之、囚之、杀之，曾莫有敢为之鸣控者，可畏也。韩世忠抚数万之众，脱高宗于幽絷[2]，上得君心，下孚群望；而独于桧不能一词相拒，俯首解兵，苟以自全者，可畏也。张俊位望最隆，与桧合谋，夷岳氏之族，思得其兵，而桧转盼相违，夺兵去位，曾不能以夙约责桧，而帖耳伏从，尤可畏也。挟此数可畏之才，欲为则为之，为之甫成而又进为之；力甚鸷，机甚巧，其锐往而无定情也甚狡，其执持扼要而操以必得也甚坚；则不必久怀篡夺之心，乘乎可篡而篡焉，复何所戢而中止乎？

【注释】：

［1］妻孥：妻子和儿女。

［2］幽縶：囚禁。

【导读】：

分析秦桧种种所为，指出其能力太强，篡逆是可预料的。

主和议者，前有汪、黄，后有汤、史，而人敢与争者，有可争之势也。君不固信者，无可信之术也。故旋用旋黜，而终不胜公论之归。桧独尽钳天下之口，尽反数十年之为，狡夷且入其牢笼，六军皆安其解散，爪牙角距[1]，岂一旦之能快搏噬哉？当其时，觌其面目，观其设施，闻其言说，苟有庸心于鉴微知著[2]者，奚问其志哉？即其人而知之有余矣。坚冰者，非霜志也，势也。或驯致之，或不终致之，存乎辨之者尔。弗庸猜防也，弗庸禁制也，尤弗进而问其心也，固已辨矣。胡康侯[3]之为桧欺也，据目前之志，忘驯致之变，宜其惑已。

【注释】：

［1］爪牙角距：比喻党羽。

［2］鉴微知著：见“见微知著”，从微兆中看出事物发展的趋向。

［3］胡康侯：胡安国（1074—1138），字康侯，谥号文定，宋建宁崇安（今福建武夷山市）人。湖湘学派的奠基人。绍圣四年（1097）进士，为太学博士，旋提举湖南学事。后迁居衡阳南岳，主要从事学术研究，创办碧泉、文定书院讲学，在南岳完成了理学史上的重要著作《春秋传》。胡安国为程颐门人，又与谢良佐、杨时等游，胡寅称其“宏纲大用，奥义微辞，既于笔削之书发挥底蕴”，而“记诵训诂、辨说词华之习，一不与焉”（《进先公文集序》），谢良佐称其“如严冬大雪，百草枯死，而松柏独秀”。清康熙皇帝颁赐其祠匾额称“霜松雪柏”。著有《春秋传》，今存三十卷；又有文集十五卷、《资治通鉴举要补遗》一百卷，今已佚。《全宋诗》卷一三七〇录其诗22首。《全宋文》卷三一四六收有其文。事迹见胡寅《先公行状》（《斐然集》卷二五）、《宋史》卷四三五本传。

【导读】：

指出用秦桧之人，只知辨其志而忘记会养成尾大不掉之势。

一五 虞允文甫至采石即决战

以势震人者，其倾必速；震之而不震者，其守必坚。其间必有非望之祸，与之相乘；非望之福，与之相就。非一幸而一不幸也，理之所必有，势之所必致也。楚虔之于干溪[1]，夫差之于黄池[2]，苻坚之于淝水，完颜之于瓜步，倾之速也，有合符焉。其恃威以震人者均，故其速倾均也。是以羊祜得西陵而固守，高颎闻陈丧而班师，拓拔佛狸临江而不渡，周世宗得淮南而许和。诚知夫极盛于外者，中且枵而难必起，自固其本，而后可徐图于后也。知此，则人震己以不可御之势，而凝立以待其自毙者，固必有道矣。

【注释】：

［1］楚虔之于干溪：《左传·昭公十三年》载："夏，四月，楚公子比自晋归于楚，弑其君虔于干溪。比去晋而不送，书归者，依陈、蔡以入，言陈、蔡犹列国也。比归而灵王死，故书弑其君。灵王无道而弑称臣，比非首谋而反书弑，比虽胁立，犹以罪加也。灵王死在五月，又不在干溪，楚人生失灵王，故本其始祸以赴之。"

［2］夫差之于黄池：《淮南子·泰族训》云："吴王夫差破齐艾陵，胜晋黄池，非不捷也，而子胥忧之，见其必禽于越也。"

【导读】：

指出遇强敌要自定，以待其自毙。

德不足以绥，义不足以正，名无可执，衅无可乘，竭己之威力以加于人，是浮动之气也。气者，一浮而无乎不动者也；合数十万人而动其浮气，则一夫蹶起，而九军之情皆荡。况乎不恤其内之已空，而淫于外，授人以余地，使无惮以生其心，有不可坐而待其毙者乎？且其极乎盛以相震者，数十万人也。其士卒，则强与弱之相间也；其将领，则忠与奸之相杂也。拊循[1]不能周，而怨起于内也；迁延以相待，而进无所决也。功成而无所专归，则欲进而情已漫也；奔北而无能尽诘，则虽退而罪可避也。部分进而不相知闻，则无望其相援也。簇进而壅于道路，则名众而实亦寡也。交相倚而恃人，则自固之谋必疏也。本以相震，而非以生死相贸，则不受其震而必自沮丧也。如是，则以我孤立之军，敌彼云集之旅，制在我而不在彼，明矣。故谢安谈笑而待捷书，虞允文乍至而决进战，非幸也，实有其可以相御之理也。

【注释】：

［1］拊循：亦作“拊巡”。安抚；抚慰。

【导读】：

分析强敌种种可能变化的情状，一定要掌握相御之理。

然则晋、郑锐起而向楚虔，当无楚矣；赵鞅蹶兴而薄夫差，当无吴矣。然而不能者，为其所震而不知其不足震也。若夫公子比之入，句践之兴，慕容垂之叛，完颜雍之篡，岂可几幸其必然哉？而一往之气，不恤其归；必得之情，不防其失；则不可几幸者，固可期也。是故居整以御散，用独以制众，散者必溃，众者必离。处静以待动，奋弱以抗强，动者必折，强者必摧。无他，虚与实之分，祸与福之纽也。君子观于此，而知所以自求，知所以应天下矣。见可忧者非忧也，见可惧者非惧也。所忧者无可忧之形，所惧者无可惧之迹也。姤之危也，始于羸豕[1]；剥[2]之孤也，终以得庐。守其大常，以御其至变，贞胜者，胜之以贞而已。

【注释】：

［1］姤之危也，始于羸豕：《易·姤》：“羸豕孚蹢躅。”王弼注：“羸豕，谓牝豕也。”孔颖达疏：“群豕之中，豭强而牝弱也，故谓牝豕为羸豕。”

［2］剥：剥卦。

【导读】：

指出应判断强敌的变化，守其学待其变。

一六　高宗内禅

荣悴之际，难言之已。贫贱者，悴且益难胜也；崇高者，荣愈不能割也。故代谢之悲，天子与匹夫均，而加甚焉。太宗册立爱子，犹不怿，曰：“人心遽属太子，置我何地？”高宗之于孝宗，未有毛裹之恩也。乃年方盛，而早育之宫中；天下粗定，而亟建为冢嗣[1]；精力未衰，而遽授以内禅。迨其退养德寿，岁时欢宴，如周密所记者，和气翔洽[2]，溢于色笑，脩然无累[3]，忘其固有天下之荣，得不谓高人一等乎？

【注释】：

［1］冢嗣：嫡长子。《国语·晋语三》：“十四年，君之冢嗣其替乎？”韦

昭注：“冢嗣，太子也。”

［2］和气翔洽：和睦的感情洋溢。

［3］翛然无累：无拘无束没有牵累。

【导读】：

质疑宋高宗内禅后的所谓快乐。

人之于得失也，甚于生死。一介之士，身首可捐，而不能忘情于百金之产。苟能夷然澹定[1]以处得失，而无悁忮[2]之心，是必其有定力者也。则以起任天下之艰危，眷怀君父之隐痛，复何所顾惜，而不可遂志孤行以立大节？物固莫御也。然而高宗忘父兄之怨，忍宗社之羞，屈膝称臣于骄虏，而无愧怍之色；虐杀功臣，遂其猜妒，而无不忍之心；倚任奸人，尽逐患难之亲臣，而无宽假之度。孱弱以偷一隅之安，幸存以享湖山之乐。惉滞残疆，耻辱不恤，如此其甚者，求一念超出于利害而不可得。由此言之，恬淡于名利之途者，其未足以与于道，不仅寻丈之间也。

【注释】：

［1］夷然澹定：从容镇定。

［2］悁忮：恼怒嫉恨。

【导读】：

指斥宋高宗残害忠良，苟且偷安。

人之欲有所为者，其志持之已盈，其气张之已甚，操必得之情，则必假乎权势而不能自释。人之欲有所止者，其志甫萌而即自疑，其气方动而遽求静，恒留余地以藏身，则必惜其精力而不能自坚。二者之患，皆本原于居心之量；而或逾其度，或阻其几，不能据中道[1]以自成。要以远于道之所宜而堕其大业，皆志气之一张一弛者为之也。夫苟弛其志气以求安于分量之所可胜，则于立功立名之事，固将视为愿外之图，而不欲与天人争其贞胜。故严光、周党、林逋、魏野之流，使出而任天下之重，非徒其无以济天下也，吾恐其于忠孝之谊，且有所推委而不能自靖者多也。诚一弛而不欲固张，则且重抑其情而祈以自保，末流之弊，将有不可胜言者矣。

【注释】：

［1］中道：中庸之道。

【导读】：

指出人的志气一张一驰与其本心有关，驰而求自保者既不能济天下而忠孝也未必能做得好。

己与物往来之冲，有相为前却之几焉。己进而加乎物，则物且退缩而听其所御；御之者，有得有失，而皆不能不受其御也。己退而忘乎物，则物且环至而反以相临；临己者，有顺有逆，而要不能胜其临也。夫苟不胜其临矣，力不可以相御与？则柔巽[1]卑屈[2]以暂求免于害者，无所复吝。力可以相御与？则畏之甚，疑之甚，忍于忮害以希自全。故庄生之沉溺于逍遥也，乃至以天下为羿之彀中，而无一名义之可恃，以逃乎锋镝。不获已而有机可乘，有威可假，则淫刑以逞，如锋芒刺于衾簟，以求一夕之安。惟高宗之如是矣。故于其力不可御者，称臣可也，受册可也，割地可也，输币可也。于其力可御者，可逐则逐之已耳，可杀则杀之已耳。迨及得孝宗而授之，如脱桎梏而游于阆风之圃[3]，不知有天子之尊，不知有宗社之重，不知有辱人贱行之可耻，不知有不共戴天之不可忘。萧然自遂，拊髀雀跃于无何有之乡，以是为愉快而已矣。

【注释】：

［1］柔巽：犹柔顺。

［2］卑屈：卑躬屈膝。

［3］阆风之圃：指仙境。阆风，即阆风巅。《楚辞·离骚》：“朝吾将济于白水兮，登阆风而绁马。”王逸注：“阆风 ，山名，在昆仑之上。”

【导读】：

指出宋高宗所为一切惟求个人的逍遥。

三代以下，人君之能享寿考者，莫高宗若也。其志逸，其气柔，其嗜欲浅，而富贵之戕生者无所耽溺，此抑其恬淡知足之自贻也。然而积渐以靡天下之生气，举皇帝王霸慭留之宇宙而授之异族，自此始矣。故曰：“无欲然后可以语王道。”知其说者，非王道之仅以无欲得也。退而不多取之利欲者，进而必极其道义之力。自非圣人，则乘权处势以免天下于凶危者，尚矣。是岂徒人主为然哉？鸡鸣不起，无所孳孳[1]，进不为舜，退不为跖，行吟坐啸，以求无所染。迨其势之已穷，则将滥入于跖之徒而不自戢，所必然矣。甯李纲，斩陈东，杀岳飞，死李光、赵鼎于瘴乡，其为跖之徒也，奚辞？君子鉴之，尚无以恬然自矜洁己哉！

【注释】：

［1］鸡鸣不起，无所孳孳：典出《孟子·尽心上》，原文云："孟子曰：'鸡鸣而起，孳孳为善者，舜之徒也；鸡鸣而起，孳孳为利者，跖之徒也。欲知舜与跖之分，无他，利与善之间也。'"

【导读】：

指责宋高宗实为盗跖之徒。

《宋论》卷十五

度宗

一　吴潜谏理宗之储

宋迨理宗[1]之末造[2]，其亡必矣。然使嗣立之主，愤耻自强，固结众志，即如刘继元[3]之乘城坚守，屡攻而不下，犹有待也。抑不能然，跳身而出，收溃散之卒，勉以忠义，如苻登之誓死以搏姚苌，身虽死，国虽亡，犹足为中原存生人之气。而偷一日之安富，怀拥立之私恩，委国以授之权奸，至于降席[4]稽颡[5]，恬不知怍，而后赵氏之宗祊瓦解灰飞，莫之能挽。呜呼！迹其为君，盖周赧、晋惠之流，得死牖间，犹为幸矣。

【注释】：

［1］理宗：原名赵与莒，嘉定十五年（1222）被立为宁宗弟沂王嗣子，赐名贵诚，嘉定十七年（1224）立为宁宗皇子，赐名昀。宋宁宗死后，赵昀被权臣史弥远拥立为帝，是为宋理宗。宋理宗继位的前十年都是在权相史弥远挟制之下，自己对政务完全不过问，尊崇理学，纵情声色，直到绍定六年（1233）史弥远死后，宋理宗才开始亲政。亲政之初立志中兴，采取罢黜史党、亲擢台谏、澄清吏治、整顿财政等改革措施，史称"端平更化"。执政后期，又沉湎于醉生梦死的荒淫生活中，朝政相继落入丁大全、贾似道等奸相之手，国势急衰。端平元年（1234），南宋联合蒙古国灭金。开庆元年（1259），蒙古攻鄂州，宰相贾似道以宋理宗名义向蒙古称臣，并将长江以北的土地完全割让给蒙古。景定五年（1264）11月16日，宋理宗在临安去世，在位40年，享年60岁，遗诏太子赵禥即皇帝位。咸淳元年（1265）三月葬

于会稽府永穆陵。咸淳二年（1266）十二月上谥号为建道备德大功复兴烈文仁武圣明安孝皇帝。

［2］末造：犹末世。指朝代末期。

［3］刘继元：本姓何，五代时期北汉君主，被辽朝册封为英武帝，世祖刘旻外孙，睿宗刘钧外甥、养子。

［4］降席：座席的西头。古代宾主相见，以西为尊，主东而宾西。

［5］稽颡：《荀子》云“平衡曰拜，下衡曰稽，首至地曰稽颡。”

【导读】：

批判宋理宗。

晋惠之立也，议者犹咎武帝之托非其人。以分则适，以年则长，嗣国之常经在焉，苟非通识，莫能易也。而度宗异是。理宗无子，谋立之于吴潜[1]，潜曰：“臣无弥远之才，忠王无陛下之福。”夫岂言之无择而卤戆[2]若斯哉？度宗之不任为君而足以亡宋者，臣民具知之矣。出自庶支，名位未正，非有不可废者存也。选于太祖之裔孙，岂无愈者，而必此是与；则理宗晚多内宠，宦寺内荧，奸臣外拥，度宗以柔选无骨，貌似仁孝，宵小以此惑上，幸其得立，而居门生天子之功也。故吴潜以为不可者，正似道之所深可。一立乎位，而屈膝无惭，江万里莫能掖止，果以遂小人之愿欲，其所以得立者可知已。河山虚掷，庙社邱墟，岂似道之所置诸怀抱者乎？则甚矣理宗之愚以召亡也。

【注释】：

［1］吴潜：字毅夫，号履斋，宣州宁国（今属安徽）人。宁宗嘉定十年（1217）举进士第一，授承事郎，迁江东安抚留守。理宗淳祐十一年（1251）为参知政事，拜右丞相兼枢密使，封崇国公。次年罢相，开庆元年（1259）元兵南侵攻鄂州，被任为左丞相，封庆国公，后改许国公。被贾似道等人排挤，罢相，谪建昌军，徙潮州、循州。

［2］卤戆：愚蠢鲁莽。卤，古同“鲁”，鲁莽。

【导读】：

指责理宗愚而立度宗。

夫选贤以建元良[1]，谋之大臣，以致慎也。而决之于独断者，大臣不敢尸焉。故与闻定策以相翼戴，虽优以恩礼，而必不可怀之以为私恩。非是，则权柄下移，而祸必中于家国。故昭子不赏竖牛[2]，而叔孙氏以安。汉文之于周勃，汉宣之于霍光，虽曰寡恩，亦宰制纲维之大义，不可徇矣。天子者，极乎尊而无上者也。有提之携之以致之上者，则德可市，功可居，而更临其上。故小人乐以其身任废立之大权，而贪立菲才，以唯己之志欲。乱之所由生，莫可救药，必然之券也。

【注释】：

［1］元良：大善，至德；太子的代称。

［2］昭子不赏竖牛：典出《孔子家语》：叔孙穆子避难奔齐，宿于庚宗之邑。庚宗寡妇通焉，而生牛。穆子反鲁，以牛为内竖，相家。牛谗叔孙二人，杀之。叔孙有病，牛不通其馈，不食而死。牛遂辅叔孙庶子昭而立之。昭子既立，朝其家众曰："竖牛祸叔孙氏，使乱大从，杀适立庶，又披其邑，以求舍罪。罪莫大焉！必速杀之。"遂杀竖牛。孔子曰："叔孙昭子之不劳，不可能也。周任有言曰：'为政者不赏私劳，不罚私怨。'《诗》云：'有觉德行，四国顺之。'昭子有焉！"

【导读】：

指出立嗣之权必须是皇帝慎重掌握。

且夫拔起而登天位，遗大投艰于眇躬，亦甚难矣。况在强寇压境之日，其难尤倍。锦衣玉食处堂之嬉，亦奚足为惠而怀之？即令膺祚[1]以及子孙，抑亦宗庙之灵，先君之义，天下臣民之所推戴，岂赞我以立者之可鬻贩以为厚德哉？自宁宗委废立于弥远，而理宗感之以为恩；弥远以享厚利，奸人垂涎而思效之，无足怪者。吴潜曰"臣无弥远之才"。非无其才也，无其市天位以擅大权之奸谋也。夫弥远避祸之情，深于邀福。虽怀私以废济王，犹知密访理宗之器识以冀得人。故理宗虽暗，早岁之设施，犹有可观者。其隙既开，其流愈下，似道乃利建此行尸坐肉之童昏，匍伏以听己；于是而一丝九鼎之残疆，唯其所弃掷，而莫敢谁何。要其祸之所自生，则宁宗始之，理宗成之，非旦夕之故也。夫以韩魏公之公忠，而两朝定策，引退不遑，岂可望之史、贾之流者乎？孝宗嗣而娄寅亮、张焘之赏不行。小人怀惠，而天下随倾，亦烈矣！故王圭之言曰："陛下有富贵传子孙，皆先帝之恩。"君子甚恶其言。以有天下享崇高之奉，而感之以为恩，此乡里小生得一举而感举主者，尊之为师，戴之如父，寒乞[2]之情也。然而不亡者，未之有也。

【注释】：

［1］膺祚：应同“祚胤”，福运及于后代子孙。

［2］寒乞：小家子气，不大方；寒酸。

【导读】：

指出立嗣之权交由臣下成市恩之具，国事糜烂。

恭宗　端宗　祥兴帝

一　文天祥奉太后命如元军

文信国[1]之言曰：“父母病，知不可起，无不下药之理。”悲哉！身履其时，为其事，同其无成，而后知其言之切也。今夫父母之病，当其未笃，则无妄之药，不敢轻试；无所补而或有所伤，宁勿药也。故《春秋传》曰：“于许世子止，见孝子之至。[2]”言孝子之情，不敢不慎也。迨及革矣，望其愈而终不可愈，冀其生而不可得生。于斯时也，苟有以疗之者，不以药之珍而患贫也，不以炮制之难而惮劳也，不以迂而罔济而忽之也，不以缓而弗及而辍之也，不以前之屡试无功而中沮也，不以后之追悔太过而怀疑也。其求之也，瞿瞿[3]乎其若贪也；其营之也，惘惘[4]乎其若愚也。夫岂不知有命自天之不可强哉？欲已之，而心不我许，抑竭力殚心以为其所能为而已矣。然而或为之谋者，留鸡封豕，以媚山巢妖狐之神而乞命，则孝子弗为。其弗为也，非有所吝也，不敢以辱吾亲，不忍以辱吾亲也。

【注释】：

［1］文信国：宋廷封文天祥为少保、信国公。

［2］于许世子止，见孝子之至：语出《春秋谷梁传·宣公二年》。

［3］瞿瞿：惊视不安貌。《易·震》：“震索索，视瞿瞿。”《礼记·玉藻》：“视容瞿瞿梅梅。”孔颖达疏：“瞿瞿，惊遽之貌。”

［4］惘惘：遑遽而无所适从，迷迷糊糊。

【导读】：

以治父母病喻尽力以救将亡之国。

夫忠臣于君国之危亡，致命以与天争兴废，亦如是焉而已。当德祐时，蒙古兵压临安，亡在旦夕，求所以存宋者终无术矣。诚不忍国亡而无能为救，则婴城死守，君臣毕命以殉社稷，可也。奉君出走，收余烬以借一[1]，不胜，则委骨于原隰[2]，可也。死不我值，求先君之遗裔，联草泽之英雄，有一日之生，尽一日之瘁，则信国他日者亦屡用之矣。乃仓卒之下，听女主乞活之谋，衔称臣纳贡之命，徼封豕长蛇[3]之恩，以为属国于江介[4]。爱君而非所以爱，存国而固不可存，信国之忠，洵[5]忠而过矣。

【注释】：

［1］借一：与敌人作最后的决战。《左传·成公二年》："子又不许，请收合余烬，背城借一。"杜预注："欲于城下，复借一战。"

［2］原隰：广平与低湿之地，亦泛指原野。

［3］封豕长蛇：贪婪如大猪，残暴如大蛇。比喻贪暴者、侵略者。

［4］江介：江岸；沿江一带。

［5］洵：实在，确实。

【导读】：

指出文天祥从太后之命乞降求苟安，是愚忠。

曾元请及旦以易箦，而曾子斥之曰："细人之爱人也以姑息。[1]"姑息云者，姑贷须臾之安，以求活鲋于沾濡，妇寺之忠孝也。以堂堂十五叶中国之天子，匍伏丐尺土于他族，生不如死，存不如亡，久矣。信国自处以君子，而以细人之道爱其君乎？且夫为降附称臣之说，其愚甚矣。即令蒙古之许之与！萧岿臣于宇文，以保一州，而旋以灭亡；钱俶臣于宋，以免征伐，而终于纳土。朝菌之晦朔，奚有于国祚之短长？况乎徐铉之辨言，徒供姗笑[2]；徽、钦之归命，祇取俘囚。已入虎吻，而犹祝其勿吞，词愈哀，志愈辱，其亡愈可伤矣！信国之为此也，摇惑于妇人之柔靡，震动于通国之狂迷，欲以曲遂其成仁取义之心，而择之不精，执之不固，故曰忠而过也。

【注释】：

［1］细人之爱人也以姑息：典出《礼记》：曾子寝疾，病。乐正子春坐于床下，曾元、曾申坐于足，童子隅坐而执烛。童子曰："华而睆，大夫之箦与？"子春曰："止！"曾子闻之，瞿然曰："呼！"曰："华而睆，大夫之箦与？"曾子曰："然。斯季孙之赐也，我未之能易也。元，起易箦。"曾元曰："夫子之病革矣，不可以变。幸而至于旦，请敬易之。"曾子曰："尔之爱我也不如彼。君子之爱人也以德，细人之爱人也以姑息。吾何求哉？吾得正而毙

焉斯已矣。”举扶而易之。反席未安而没。

［2］姗笑：讥笑，嘲笑。

【导读】：

分析为何说文天祥忠而过了。

或曰：句践之请命于吴也，自请为臣，妻请为妾，而卒以沼吴。信国之志，其在斯乎！而奚为不可？

曰：巽以行权[1]者，惟其理也；屈而能伸者，惟其势也。吴之与越，以爵土言，皆诸侯也；以五服言，皆蛮夷也；以先世言，一为泰伯之裔，一为大禹之胄也。春秋之世，友邦相伐，力不敌而请降者多矣。受其降者，不得而臣之，已而复与于会盟，仍友邦也。上有守府之天子，其以强大相役属，同是冠带之伦，而义可以相服者也。故句践即不沼吴，而终不为吴之臣妾。宋之于蒙古，岂其比哉？宋之亡，亡于屈而已。澶渊一屈矣，东京再屈矣，秦桧请和而三屈矣。至于此，而屈至于无可屈。以哀鸣望瓦全，弗救于亡，而徒为万世羞。时异而势异，势异而理亦异。句践之所为，非宋所得假以掩其耻也。故杨后之命可以不受，而后信国之忠，纯白而无疵。择义以行仁，去其姑息者而得矣。

【注释】：

［1］巽以行权：语出《周易·系辞下》。巽卦之用在于顺势利导，便宜行事。晋韩康伯注：“巽顺而后可行权也。”（《周易正义》卷八）唐孔颖达疏：“巽顺以既能顺时合宜，故可以权行也，若不顺时，制变不可以行权也。”把原则性与灵活性圆融地统一起来的经权思想，是儒家一大智慧。经是理想、原则，守经是对理想、原则的担当和坚持；权则是在不违反原则的前提下的灵活权变。

【导读】：

指出宋与蒙古的关系不是古之诸侯国之间的关系能类比的，而宋之亡就在于屈膝投降。

二　宋以河北无重兵而亡

汉、唐之亡，皆自亡也。宋亡，则举黄帝、尧、舜以来道法[1]相传之天下而亡之也。是岂徒徽、钦以降之多败德，蔡、秦、贯、史之挟奸私，遂至于斯哉？其所由来者渐矣。

【注释】：

［1］道法：道理法度。此处指道统法统。

【导读】：

指出宋亡与前代之亡不同，是亡文明传统。

古之言治者，曰“觌文匿武”。匿云者，非其销之之谓也，藏之也固，用之也密，不待觌而自成其用之谓也。故书曰：“迪惟有夏，乃有室大竞。[1]”竞之不大，栋折榱崩，欲支之也难矣！其竞之也，非必若汉武、隋炀穷兵远塞而以自疲也。一室之栋，一二而已，欂[2]、栌[3]、榱[4]、桷[5]，相倚以安，而不任竞之力。故用之专者，物莫能胜；守之壹者，寇莫能侵。率万人以相搏，而其相敌也，一与一相当，而群无所用。自辽海以西，迄于夏、朔；自贺兰以南，垂于洮、岷；其外之逐水草、工骑射、好战乐杀、以睥睨中土者，地犹是地，人犹是族，自古迄今，岂有异哉？

【注释】：

［1］迪惟有夏，乃有室大竞：《书·立政》：“古之人迪惟有夏，乃有室大竞。”孔传：“古之人道，惟有夏禹之时，乃有卿大夫，室家大强。”

［2］欂：椽子。

［3］栌：柱头承托栋梁的短木。即欂栌、斗栱。

［4］榱：椽子。

［5］桷：方形的椽子。

【导读】：

论述何为觌文匿武。

三代之治，千有余岁，天子不以为忧，其制之之道，无所考矣。自春秋以及战国，中国自相争战，而燕、赵独以二国之力，控制北陲[1]。秦人外应关东，而以余力独捍西圉[2]，东不贷力于齐，南不藉援于韩、魏。江、淮以南，则尤耳不闻朔漠之有骄虏也。及秦灭燕、代，并六合，率天下之力以防胡，而匈奴始大。汉竭力以御之，而终莫之能抑。至于灵、献之世，中国复分，而刘虞、公孙瓒、袁绍，不闻有北塞之忧。曹操起而抚之，鲜卑、匈奴皆内徙焉。蜀、吴不相闻也。晋兼三国，而五胡竞起。垂及于唐，突厥、奚、契丹相仍内扰。及安、史之乱，河北叛臣各据数州之土以抗天子，而蓟、云之烽燧不闻者百年。繇此言之，合天下以求竞而不竞，控数州以匿武，而竞莫加焉。则中国所以卫此麹文之区者，大略可知矣。

【注释】：

［1］北陲：北方边境地区。

［2］西圉：指西边的地方，西方。

【导读】：

指出匿武就是要加强地方防御。

东汉之强，不敌西汉，而无北顾之忧者，有黎阳之屯在也。天宝以后，内乱方兴，不敌开元以前，而无山后之警者，有魏博之牙兵在也。外重渔阳、上郡、云中之守，而黎阳承其后；外建卢龙、定难、振武之节，而魏博辅其威。以其地任其人，以其人守其地。金粟自赡也，士马自简也，险隘自固也，甲仗自营也。无巡边之大使以督其簿责，无遥制之廷臣以掣其进止，虽寡而众矣，虽弱而强矣。故曰“天子有道，守在四夷[1]”。言四裔之边臣各自守，而不待天子之守之也。牵帅海内以守非所自守之地，则漫不关情而自怠；奔走远人以战非所习战之方，则其力先竭而必颓。然而庸主具臣之谋，固必出于此者，事已迫，则不容不疲中国以争；难未形，则唯恐将帅之倚兵而侵上也。

【注释】：

［1］天子有道，守在四夷：《淮南子·泰族训》：“故天子得道，守在四夷；天子失道，守在诸侯。”后多引作“天下有道，守在四夷”。

【导读】：

指出应让地方官充分发挥其守土职责，才能建其功。

呜呼！宋之所以裂天维、倾地纪、乱人群、贻无穷之祸者，此而已矣。其得天下也不正，而厚疑攘臂[1]之仍；其制天下也无权，而深怀尾大之忌。前之以赵普之佞，逢其君猜妒之私；继之以毕士安之庸，徇愚氓姑息之逸。于是关南、河北数千里阒其无人。迨及勍敌介马而驰，乃驱南方不教之兵，震惊海内，而与相枝距。未战而耳目先迷于向往，一溃而奔保其乡曲。无可匿也，斯亦无能竞也。而自轩辕迄夏后以力挽天纲者，縻散于百年之内。呜呼！天不可问，谁为为之而令至此极乎？向令宋当削平僭伪之日，宿重兵于河北，择人以任之，君释其猜嫌，众宽其指摘，临三关以扼契丹；即不能席卷燕、云，而契丹已亡，女直不能内蹂。亦何至弃中州为完颜归死之穴，而召蒙古以临淮、泗哉？

【注释】：

［1］攘臂：指捋起袖子，露出胳膊表示振奋。语出《老子》："上礼为之而莫之应，则攘臂而扔之。"

【导读】：

痛悼宋亡之害，并指出宋决策之误。

人本自竞，无待吾之竞之也，不挫之而亦足以竞矣。均此同生并育于声名文物[1]之地，以相为主辅，而视若芒刺之在背。威之弗能也，信之弗固也，宰之弗法也。弃其人，旷其土，以榱支宇，而栋之折也已久。孰令宋之失道若斯其愚邪？天地之气，五百余年而必复。周亡而天下一，宋兴而割据绝。后有起者，鉴于斯以立国，庶有待乎！平其情，公其志，立其义以奠其维。斯则继轩辕、大禹而允为天地之肖子也夫！

【注释】：

［1］声名文物：即"声明文物"。语出《左传·桓公二年》："文物以纪之，声明以发之。"后以"声明文物"谓声教文明与典章制度。

【导读】：

指出宋亡由其自相摧残，期待未来中国必兴。

第四章 辨有无、原性命、论修养、辟异端

——《思问录内篇》注释与导读

一、《思问录》的写作时间与其主要思想

（一）《思问录》的写作时间

衷尔钜《王夫之》一书中指出了《思问录》的写作完成时间，说："成书于《正蒙注》之前，大约定稿于清康熙二十五年（1686）68岁时。"[①] 张西堂据王敔《大行府君行述》所言"《正蒙》一书人莫能读，因详释其义，与《思问录》内外编互相发明"，称"是书之作，当在《正蒙注》前"。[②] 由此可知，关于《思问录》完成时间都是一种推测。

（二）《思问录》的主要思想

关于《思问录》，衷尔钜说此书"系一部经长期思考的成熟的哲学和科学笔记。分内外篇，内篇着重哲学理论。外篇涉及许多科学问题"[③]。并认为其精湛思想有：一、量变质变观，二、时空无限观，三、有无观，四、理气观，五、道器观，六、动静观，七、古今观。[④]

我认为此书是王夫之一部系统的讨论哲学的专著。首先，其书名"思问

① 衷尔钜：《王夫之》，长春：吉林文史出版社1997年版，第343页。
② 张西堂：《王船山学谱》，长沙：商务印书馆1939年版，第187页。
③ 衷尔钜：《王夫之》，长春：吉林文史出版社1997版，第333页。
④ 衷尔钜：《王夫之》，长春：吉林文史出版社1997版，第333—334页。

录”就有其深意。孔子与其弟子的语录集命其名为“论语”。朱熹、吕祖谦的思想著作命名为“近思录”，王阳明的语录与论学书信命之曰“传习录”。王夫之命名自己的著作为“思问录”，明显是继承大儒传统并用此书教授弟子。① 其次，《思问录》一书讨论了许多哲学范畴如“有无”“理气”“道器”“体用”“太虚”“太极”“无极”等。最后，《思问录》有其系统性，由“学而时习之”始讨论“性命”“知”进而探讨“有无”“理气”“道器”“太虚”等哲学本体问题，批判了异端之谬，具体分析修养方面的种种问题并给出了自己的解释。

二、《思问录内篇》注释与导读

“学而时习之，不亦说乎！有朋自远方来，不亦乐乎！人不知而不愠，不亦君子乎！”[1]人性之善征矣。故以言征性善者，知性[2]，乃知善不易以言征也。必及乎此而后得之。诚及乎此，则若火之始然，泉之始达，道义之门[3]启而常存。若乍见孺子入井而怵惕恻隐[4]，乃梏亡[5]之余仅见于情耳。其存不常，其门不启；或用不逮乎体，或体随用而流；乃孟子之权辞[6]，非所以征性善也。

【注释】：

［1］不亦君子乎：语出《论语·学而》，原文云：“子曰：‘学而时习之，不亦说乎？有朋自远方来，不亦乐乎？人不知而不愠，不亦君子乎？’”《学而》为《论语》的第一篇，朱熹说：“此为书之首篇，故所记多务本之意，乃入道之门、积德之基、学者之先务也。”朱熹又在“学而时习之，不亦说乎”后注云：“学之为言效也。人性皆善，而觉有先后，后觉者必效先觉之所为，乃可以明善而复其初也。”

［2］知性：王船山撰《知性论》从辨名实相符，或者用现代术语来说是从知识如何产生的角度来论述对“性”这一概念的认识。

［3］道义之门：“成性存存，道义之门”语出《周易·系辞上》。“性”，本性；“存存”，存而又存。指用《周易》的道理修身养性，而成就仁善的德性；并且不断地涵养蕴存这种德性，就是找到了进入天地之道和义理真谛的门户。北宋司马光《温公易说》卷五：“人各有性，《易》能成之。存其可

① 罗正钧：《船山师友记》，长沙：岳麓书社1982年版，第163页

存，去其可去，道义之门皆由此途出。”宋朱熹《周易本义》：“成性，本之成性；存存，谓存而又存，不已之义。”宋张载认为圣人将高明的知识和谦卑的行为成就作为其德性，道和义从此而出。《横渠易说》卷二：“知礼成性，则道义至此而出也。道义之门者，由仁义行也。圣人亦必知礼，成性然后道义从此出。”

［4］乍见孺子入井而怵惕恻隐：原语出《孟子·公孙丑上》，原文云：“孟子曰：‘人皆有不忍人之心。先王有不忍人之心，斯有不忍人之政矣。以不忍人之心，行不忍人之政，治天下可运之掌上。所以谓人皆有不忍人之心者：今人乍见孺子将入于井，皆有怵惕恻隐之心；非所以内交于孺子之父母也，非所以要誉于乡党朋友也，非恶其声而然也。由是观之，无恻隐之心，非人也；无羞恶之心，非人也；无辞让之心，非人也；无是非之心，非人也。恻隐之心，仁之端也；羞恶之心，义之端也；辞让之心，礼之端也；是非之心，智之端也。人之有是四端也，犹其有四体也。有是四端而自谓不能者，自贼者也；谓其君不能者，贼其君者也。凡有四端于我者，知皆扩而充之矣。若火之始然，泉之始达。苟能充之，足以保四海；苟不充之，不足以事父母。’”又《孟子·告子上》曰：“孟子曰：‘乃若其情，则可以为善矣，乃所谓善也。若夫为不善，非才之罪也。恻隐之心，人皆有之；羞恶之心，人皆有之；恭敬之心，人皆有之；是非之心，人皆有之。恻隐之心，仁也；羞恶之心，义也；恭敬之心，礼也；是非之心智也。仁义礼智，非由外铄我也，我固有之也，弗思耳矣。故曰：求则得之，舍则失之。或相倍蓰而无算者，不能尽其才者也。《诗》曰：天生蒸民，有物有则。民之秉彝，好是懿德。孔子曰：为此诗者，其知道乎！故有物必有则；民之秉彝也，故好是懿德。’”

［5］梏亡：谓因受束缚而致丧失。《孟子·告子上》：“则其旦昼之所为，有梏亡之矣。”孙奭疏：“梏，手械也。利欲之制善，使不得为，犹梏之制手也。”一说：梏，搅。“梏亡”谓因受利欲搅扰而丧失本性。

［6］权辞：亦作“权词”，随机应变之词。

【导读】：

王夫之由《论语·学而》中一段话“学而时习之，不亦说乎！有朋自远方来，不亦乐乎！人不知而不愠，不亦君子乎”来分析人性之善可以被呈现，但不易用言语表现。了解此点，其意义重大。《论语·学而》中的这几句话是人性之善理解的关键：学习、讨论、自我修养。性既是天赋予人的，也必须是经学习而成之，而自我修养，要求人知而继善成性。因此，王船山的性论中强调学习，表明性是先天的又主要是后天通过学习养成的。这种观念远超前代哲人的性论。

目所不见，非无色也；耳所不闻，非无声也；言所不通，非无义也。故曰“知之为知之，不知为不知[1]”。知有其不知者存，则既知有之矣，是知也。因此而求之者，尽其所见，则不见之色章；尽其所闻，则不闻之声著；尽其所言，则不言之义立。虽知有其不知，而必因此以致之，不迫于其所不知而索之。此圣学[2]异端[3]之大辨。

【注释】：

［1］知之为知之，不知为不知：原文云：“知之为知之，不知为不知，是知也。”语出《论语·为政》。

［2］圣学：指孔子之学。

［3］异端：原义为异常之征兆，后引申为社会主流思想和意识形态对异己思想、理论的称呼。在中国古代，占统治地位的儒家常将儒家学说之外的其他学说、学派统称为异端。

【导读】：

指出圣学与异端最大区分之处在于圣学由不知而求未知，异端由不知直接否定世界的存在。此处既是认识论的问题更是本体论的问题。

目所不见之有色，耳所不闻之有声，言所不及之有义，小体[1]之小也。至于心而无不得矣；思之所不至而有理，未思焉耳。故曰“尽其心者知其性[2]”。心者，天之具体也。

【注释】：

［1］小体：指耳目之类。《孟子·告子上》：“从其大体为大人，从其小体为小人。”朱熹集注：“小体，耳目之类也。”

［2］尽其心者知其性：充分用心思考就会知晓人的本性，知晓人的本性，就知道天道。语出《孟子·尽心上》，原文云：“尽其心者，知其性也。知其性，则知天矣。存其心，养其性，所以事天也。夭寿不贰，修身以俟之，所以立命也。”

【导读】:

指出感性思维与理性思维的区别，强调富有理性的心是天的具体而微。

知、仁、勇，人得之厚而用之也至，然禽兽[1]亦与有之矣。禽兽之与有之者，天之道也。好学近乎知，力行近乎仁，知耻近乎勇[2]，人之独而禽兽不得与，人之道也。故知斯三者，则所以修身、治人、治天下国家以此矣。近者，天、人之词也；易之所谓继也。修身、治人、治天下国家以此，虽圣人恶得而不用此哉!

【注释】:

［1］禽兽：是鸟类和兽类的统称，古代也专指兽类；比喻卑鄙、无人性的人。语出《孟子・滕文公上》："草木畅茂，禽兽繁殖，五谷不登，禽兽逼人。"

［2］好学近乎知，力行近乎仁，知耻近乎勇：热爱学习就接近于智了，将学习的内容努力实践就接近于仁了，由学、行而知道羞耻就接近于勇了。语出《礼记・中庸》，原文云："子曰：'好学近乎知，力行近乎仁，知耻近乎勇。''知斯三者，则知所以修身。知所以修身，则知所以治人。知所以治人，则知所以治天下国家矣。'"

【导读】:

此处论"人禽之别"，人与禽兽有共性，是天之道；人有自己独有之道，即知、仁、勇等，谓人之道。知道人禽之别并通过修身、治人、治天下三种途径去实现圣人的天下大治。

太虚，一实者也[1]。故曰"诚者天之道也[2]"。用者，皆其体也。故曰"诚之者人之道也"。

【注释】:

［1］太虚，一实者也：谓宇宙。古代哲学概念。指宇宙万物最原始的实体——气。张载《正蒙・太和》："太虚无形，气之本体，其聚其散，变化之客形尔；至静无感，性之渊源，有识有知，物交之客感尔。"王船山注云："太虚即气，细缊之本体。"张载《正蒙・太和》："太虚不能无气，气不能不聚而为万物，万物不能不散而为太虚。""虚空即气，则有无、隐显、神化、性命通一无二，顾聚散、出入、形不形，能推本所从来，则深于易者也。"

“气之聚散于太虚，犹冰凝释于水，知太虚即气，则无无。”“由太虚，有天之名；由气化，有道之名；合虚与气，有性之名；合性与知觉，有心之名。”“两体者，虚实也，动静也，聚散也，清浊也，其究一而已。”“太虚一实”是王夫之在张载的基础上进一步的概括，形成关于本体的更准确的表述。

［2］诚者天之道也：真实无妄是天道法则。《孟子·离娄上》云：“诚者，天之道也；思诚者，人之道也。至诚而不动者，未之有也；不诚，未有能动者也。”

【导读】：

王船山认为宇宙的构成为气，是为太虚，而气又是真实存在的。因此，“诚者”就是宇宙的本质，即太虚一实，这就是天之道；而“诚之者”，即人类认识宇宙的本质是人之道。同时在此又显示了体用关系。

无极[1]，无有一极也，无有不极也。有一极，则有不极矣。“无极而太极[2]”也，无有不极，乃谓太极；故君子无所不用其极[3]。行而后知有道，道犹路也。得而后见有德，德犹得也。储天下之用，给天下之得者，举无能名言之。天曰无极，人曰至善，通天人曰诚，合体用曰中；皆赞辞也，知者喻之耳。喻之而后可与知道，可与见德。

【注释】：

［1］无极：“无极”出自《老子》，指称道的终极性的概念；无边无际，无穷无尽，有至极之意，即“无有一极，无有不极”。周敦颐《太极图说》云：“无极而太极。”朱熹解云：“上天之载，无声无臭，而实造化之枢纽，品汇之根柢也。故曰：‘无极而太极。’非太极之处，复有无极也。”

［2］太极：为天地未开、混沌未分阴阳之前的状态。《易经·系辞》：“是故易有太极，是生两仪。”

［3］君子无所不用其极：极就是极处、圆满，也就是《大学》开篇所说的“止于至善”。朱子对这句解释说，“自新新民，皆欲止于至善也”。有道君子，能够自己自新，明其明德，又能够新民，就是使大众也能明其明德，而且自新与新民没有一处不做到至善的地步，这就是明明德、亲民、止于至善，这就是所谓的“君子无所不用其极”。无所不用其极，就是讲自己尽心尽力，尽到自己的一切心思和力量，来达到止于至善的地步。语出《大学》，原

文云："汤之《盘铭》曰：'苟日新，日日新，又日新。'《康诰》曰：'作新民。'《诗》曰：'周虽旧邦，其命维新。'是故君子无所不用其极。"

【导读】：

这一段谈到"无极""太极"，"道"与"德"似乎是道家思想，实际是有根本的区别。此处王船山是强调人的能动性，将人之至善与天之无极并提，将人的知行能通天人、合体用称之为"诚"与"中"。

天不听物之自然，是故絪缊而化生。《乾坤》[1]之体立，首出以《屯》[2]。雷雨之动满盈，然后无为而成。若物动而已随，则《归妹》[3]矣。《归妹》，人道之穷也。虽通险阻之故，而必动以济之。然后使物莫不顺帝之则。若明于险阻之必有，而中虚以无心照之，则行不穷而道穷矣。庄生《齐物论》[4]，所凭者照也，火水之所以未济也。未济以明测险，人道之穷也。

【注释】：

［1］《乾坤》：指《易》的乾卦和坤卦。《彖·乾》："大哉乾元！万物资始，乃统天。……乾道变化，各正性命。"《彖·坤》："至哉坤元！万物资生，乃顺承天。"乾、坤共同作用，实现了万物的化与生，讲的是宇宙的生成体系。

［2］《屯》：屯卦是《易经》六十四卦第 3 卦，屯卦的主卦是震卦，客卦是坎卦。震卦的卦象是雷，代表新生。坎卦的卦象是水，表示客方日益衰落的状态是主方兴起的良机，同时客方力量仍然强大，主方的积极行动不一定取得好结果，主方应当耐心地囤聚力量。万物始生，充满艰难险阻，然而顺时应运，必欣欣向荣。

［3］《归妹》：《易·归妹》："归妹，征凶，无攸利。"王弼注："妹者，少女之称也。兑为少阴，震为长阳；少阴而乘长阳，说以动，嫁妹之象也。"孔颖达疏："妇人谓嫁曰归，归妹犹言嫁妹也。"

［4］《齐物论》：《齐物论》是《庄子·内篇》的第二篇。"齐物"的意思是：一切事物归根到底都是相同的，没有什么差别，也没有是非、美丑、善恶、贵贱之分。庄子认为万物都是浑然一体的，并且在不断向其对立面转化，因而没有区别。有云："物无非彼，物无非是。自彼则不见，自知则知之。故曰：彼出于是，是亦因彼。彼是方生之说也。虽然，方生方死，方死方生；方可方不可，方不可方可；因是因非，因非因是。是以圣人不由而照

之于天，亦因是也。是亦彼也，彼亦是也。彼亦一是非，此亦一是非，果且有彼是乎哉？果且无彼是乎哉？彼是莫得其偶，谓之道枢。枢始得其环中，以应无穷。是亦一无穷，非亦一无穷也。故曰：莫若以明。”

【导读】：

以《易经》“乾”“坤”等几个卦为例说明事物的变化，而人必须用无心之“照”之，即庄子所云“照之以天”才能掌握主动。

太极动而生阳，动之动也；静而生阴，动之静也。废然[1]无动而静，阴恶从生哉！一动一静，阖辟[2]之谓也。由阖而辟，由辟而阖，皆动也。废然之静，则是息矣。“至诚无息[3]”，况天地乎！“维天之命，于穆不已[4]”，何静之有？

【注释】：

［1］废然：指沮丧失望的样子，此处指静寂不动貌。

［2］阖辟：闭合与开启。

［3］至诚无息：《中庸》曰：“故至诚无息。不息则久，久则征，征则悠远。”

［4］维天之命，于穆不已：出自《诗经·周颂·维天之命》，诗云：“维天之命，于穆不已。于乎不显，文王之德之纯。假以溢我，我其收之。骏惠我文王，曾孙笃之。”“维天之命，于穆不已”是说上天所赋予人的命运，幽远深邃（在冥冥中主宰人的命运）永不停歇。

【导读】：

论宇宙“动”是绝对的，静是相对的，强调人的主观努力也是不能停息的。

时习而说，朋来而乐，动也。人不知而不愠，静也，动之静也。凝存植立即其动。嗒然若丧其耦[1]，静也，废然之静也。天地自生，而吾无所不生。动不能生阳，静不能生阴，委其身心，如山林之畏佳[2]、大木之穴窍，而心死矣。人莫悲于心死[3]，庄生其自道矣乎！

【注释】：

［1］嗒然若丧其耦：形容懊丧的神情。《庄子·齐物论》云：“仰天而嘘，嗒焉似丧其耦。”

［2］ 畏佳：亦作“嵔佳”，即嵬崔，山陵高峻的样子。

［3］ 人莫悲于心死：原文为“夫哀莫大于心死”，语出《庄子·外篇·田子方》，原文云：“颜渊问于仲尼曰：‘夫子步亦步，夫子趋亦趋，夫子驰亦驰，夫子奔逸绝尘，而回瞠若乎后矣！’夫子曰：‘回，何谓邪？’曰：‘夫子步亦步也，夫子言亦言也；夫子趋亦趋也，夫子辩亦辩也；夫子驰亦驰也，夫子言道，回亦言道也；及奔逸绝尘而回瞠若乎后者，夫子不言而信，不比而周，无器而民滔乎前，而不知所以然而已矣。’仲尼曰：‘恶！可不察与！夫哀莫大于心死，而人死亦次之。日出东方而入于西极，万物莫不比方，有目有趾者，待是而后成功。是出则存，是入则亡。万物亦然，有待也而死，有待也而生。吾一受其成形，而不化以待尽。效物而动，日夜无隙，而不知其所终。薰然其成形，知命不能规乎其前。丘以是日徂。吾终身与汝交一臂而失之，可不哀与？女殆著乎吾所以著也。彼已尽矣，而女求之以为有，是求马于唐肆也。吾服，女也甚忘；女服，吾也甚忘。虽然，女奚患焉！虽忘乎故吾，吾有不忘者存。’”

【导读】：

指出道德修养的天性的特点，学习、讨论就是万物之动的表现，而不求使人知是万物静的表现，庄子的心死是他自己个人的体悟，不能当作普遍的东西。

在天而为象，在物而有数，在人心而为理。古之圣人，于象数而得理也，未闻于理而为之象数也。于理而立之象数[1]，则有天道而无人道。疑邵子[2]。

【注释】：

［1］ 象数：易学术语，是《易》的组成要素。在《易经》中“象”指卦象、爻象，即卦爻所象之事物及其时位关系；“数”指阴阳数、爻数，是占筮求卦的基础。

［2］ 邵子：即邵雍（1011—1077），北宋哲学家、易学家，字尧夫，谥号康节，自号安乐先生、伊川翁，后人称百源先生。其先范阳（今河北涿县）人，幼随父迁共城（今河南辉县）。少有志，读书苏门山百源上。仁宗嘉祐及神宗熙宁中，先后被召授官，皆不赴。创“先天学”，以为万物皆由“太极”演化而成。

【导读】:

本质与现象的关系是无处不在的，但只是从本质去推导其现象，无视人在其中的作用，那么就只有自然的天道而没有寓含人的作为的人道。

乾以易知[1]，惟其健也。坤以简能[2]，惟其顺也。健则可大，顺则可久；可大则贤人之德，可久则贤人之业。久大者，贤人之以尽其健顺也。易简者，天地之道，非人之能也。

【注释】:

［1］乾以易知：意思是“乾”卦能够在变化中看到事物本质。

［2］坤以简能：意思是“坤”卦能够将复杂问题简单化从而体现事物本质。

【导读】:

在述《系辞》之言中强调人的主观性，强调天地之道的客观性。

“知至至之[1]”，尽人道也。“知终终之[2]”，顺俟天也。“九三，上不在天，下不在田[3]”，人道之所自立。故天寿[4]不贰，修身以俟命[5]，所以立人道也。非跃而欲跃，以强合乎天体；非潜而欲潜，以委顺[6]而无能自纪；人道不立矣，异端以之。

【注释】:

［1］知至至之：《易·乾》：“知至至之，可与言几也。”高亨注：“知至，预知事业发展将到某种地步。”

［2］知终终之：知道（修业的）结果，终于达到它。

［3］九三，上不在天，下不在田：出自《易传文言》，原文云：“九三重刚而不中，上不在天，下不在田，故乾乾因其时而惕，虽危无咎矣。”

［4］天寿：犹言天年。《史记·楚世家》：“今乃得以天寿终，孤之幸也。”

［5］俟命：听天由命，也可以释为等待时机之意。

［6］委顺：谓自然所赋予的和顺之气，也指顺从，顺应自然。

【导读】:

指出人在其有生之年不断修养等待时机，这样就可以顺着社会的规律而行动，不然，为人之道就不能建立，与异端相同。

诚[1]斯几[2]，诚几斯神。“诚无为[3]”，言无为之有诚也。“几善恶”，言当于几而审善恶也。无为而诚不息，几动而善恶必审。立于无穷，应于未著，不疾而速，不行而至矣，神也。

【注释】：

［1］诚：《礼记·中庸》说：“诚者天之道也，诚之者人之道也。”“诚”是天的根本属性，努力求诚以达到合乎诚的境界则是为人之道。又说：“诚者，物之终始，不诚无物。”认为一切事物的存在皆依赖于“诚”。孟子说：“是故诚者天之道也，思诚者人之道也。”（《离娄》上）又说：“反身而诚，乐莫大焉。”（《尽心》上）周敦颐《通书》云：“诚者，圣人之本，大哉乾元，万物资始，诚之源也。”朱熹说：“诚者，真实无妄之谓，天理之本然也。”（《四书集注·中庸注》）叶适说：“是故天诚覆而地诚载，惟人亦然，如是而生，如是而死。君臣父子，仁义教化，有所谓诚然也。”（《叶适集·进卷·中庸》）王船山提出“诚与道，异名而同实”。“诚”表示客观世界具有的客观规律。有时他又把“诚”直接解释为“实有”，用以说明物质世界的实在性，说：“夫诚者，实有者也，前有所始，后有所终也。实有者，天下之公有也，有目所共见，有耳所共闻也。”《尚书引义·说命上》

［2］几：《说文》：“微也。”《易·系辞》：“几者，动之微吉之先见者也。”《书·皋陶谟》：“兢兢业业，一日二日万几。”《传》言当戒惧万事之微。

［3］诚无为：周敦颐《通书·诚几德第三》云：“诚无为，几善恶，德爱曰仁，宜曰义，理曰礼，通曰智，守曰信；性焉安焉之谓圣，复焉执焉之谓贤，发微不可见、充周不可穷之谓神。”

【导读】：

解读“诚”“几”的关键就是：立于无穷，应于未著。

用知不如用好学，用仁不如用力行，用勇不如用知耻。故曰心能检性[1]，性不知自检其心[2]。

【注释】：

［1］性：《说文》：“性，人之阳气性善者也。”《礼记·中庸》：“天命之谓性。”又曰：“自诚明谓之性。”《荀子·性恶篇》：“不可学，不可事，而在人者谓之性。”《荀子·正名篇》：“生之所以然者谓之性。”

［2］心：指人的思维或理性。

【导读】:

强调人的道德自觉行为的重要。

庄周曰:“至人之息以踵。[1]”众人之言动喜怒,一从膺吻而出,故纵耳目之欲而鼓动其血气。引其息于踵,不亦愈乎!虽然,其多废也,浚恒[2]之凶也。五官百骸[3],心肾顶踵,雷雨之动满盈[4],积大明以终始[5],天下之大用,奚独踵邪?

【注释】:

[1] 至人之息以踵:原语应出自《庄子·大宗师》,云:“古之真人:其梦不寝,其觉无忧,其食不甘,其息深深。真人之息以踵,众人之息以喉。”王船山在《庄子通》中评曰:“必随气以升降,气归于踵,则心不浮动。”又曰:“敛浮明而返其真知,则气亦沉静以内向,彻乎踵矣。天机乘息以升降,息深则天机深矣。”

[2] 浚恒:谓求之太过,超出恒常。语出《易·恒》:“初六,浚恒贞凶,无攸利。”孔颖达疏:“浚,深也。最处卦底,故曰深也。深恒者,以深为恒是也。”

[3] 百骸:指人的各种骨骼或全身。

[4] 雷雨之动满盈:意为雷鸣雨降普及天下(万物皆生机勃发)。语出《周易·屯·彖》:“大亨贞,雷雨之动满盈。”“满盈”,普及之义。此释“大亨”。程颐说:“阴阳始交则难生,未能通畅,及其和给则成雷雨,满盈天地之间,生物乃遂,屯有大亨之道也。”(《尹川易传》卷一)

[5] 积大明以终始:语出《周易·屯·彖》,《彖》曰:“大哉乾元,万物资始,乃统天。云行雨施,品物流行。大明终始,六位时成。时乘六龙以御天。乾道变化,各正性命。保合大和,乃利贞。首出庶物,万国咸宁。”

【导读】:

强调人的修养内藏,即王船山在《庄子通》中所云:“此真知藏密之体也。”

过去,吾识[1]也;未来,吾虑[2]也;现在,吾思[3]也。天地古今,以此而成;天下之亹亹[4]以此而生,其际[5]不可紊,其备不可遗,呜呼难矣!故曰“为之难[6]”,曰“先难[7]”。泯三际者,难之须臾而易以终身,小人之侥幸也。

【注释】：

［1］识：《说文》：常也。一曰知也。《长笺》：训常无意义。《玉篇》：识，认也。《增韵》：能别识也。

［2］虑：《说文》：谋思也。从思，虍声。思有所图曰虑，虑，犹缕也。《增韵》：忧也，疑也。《书·太甲》：弗虑胡获。《注》：欲其谨思之也。《大学》：安而后能虑。《朱注》：谓处事精详。

［3］思：《说文》：睿也。《书·洪范》：思曰睿。《六书总要》：念也，虑也，绎理为思。

［4］亹亹：《楚辞·九辩》："时亹亹而过中兮，蹇淹留而无成。"王逸注："亹亹，进貌。"

［5］际：《说文解字注》：壁会也。两墙相合之缝也。引申之，凡合皆曰际。际取壁之合，犹闲取门之合也。

［6］为之难：《论语·颜渊》："司马牛问仁。子曰：'仁者，其言也讱。'曰：'其言也讱，斯谓之仁已乎?'子曰：'为之难，言之得无讱乎?'"

［7］先难：《论语·雍也》："仁者先难而后获，可谓仁矣。"

【导读】：

此处谓历史是由过去、现在、未来所构成，人必须不断认识、思考、谋划，更要不断进德，不能存侥幸之心理。

乾称父[1]。父，吾乾也。坤称母[2]。母，吾坤也。父母者，乾坤之大德，所以继吾善也。"我日斯迈，而月斯征，夙兴夜寐，无忝尔所生[3]"，思健顺之难肖也。

【注释】：

［1］乾称父：原文出自张载《西铭》，云："乾称父，坤称母；予兹藐焉，乃混然中处。故天地之塞，吾其体；天地之帅，吾其性。民，吾同胞；物，吾与也。""乾称父，坤称母"，显示作者把"乾坤"或下文所谓"天地"视作人类的"父母"。《西铭》还依据《诗经·周颂·我将》"畏天之威，于时保之"的诗意，把人子的孝行扩大为人类对天地父母行孝，也就是尊崇和敬畏天地父母，从而为"孝"注入了神圣性，使"孝"成为信仰的一个重要维度。《西铭》也实现了对早期儒家强调仁爱的血缘根据，主张爱有差等观念

的突破，重视仁爱的宇宙根据，以谋求平等之爱。《西铭》所谓“民胞物与”，与张载在《正蒙》中提出的“爱必兼爱”完全一致。张岱年先生指出，张载的仁爱观“综合了孔子的仁与墨子的兼爱”，他所谓“兼爱”是有进步意义的。“民胞物与”和“爱必兼爱”理念，对早期儒学而言真可谓石破天惊，是对传统仁爱观的突破。

［2］我日斯迈，而月斯征，夙兴夜寐，无忝尔所生：出自《诗经·小雅·节南山之什·小宛》，意思是：天天在外我奔波，月月在外我远行。起早贪黑不停歇，不辱父母的英名。

【导读】：

天地，我之父母，即德之来源，我们必须努力继善成性。在《周易外传》卷五云：“故成之而后性存焉，继之而后善著焉……故成之者人也，继之者天人之际也。天则道而已矣。道大而善小，善大而性小。道生善，善生性。”

不畏心之难操则健[1]，不疑理之难从则顺[2]。

【注释】：

［1］健：《说文》：伉也。《增韵》：强有力也。《易·乾卦》：天行健，君子以自强不息。

［2］顺：《说文》：理也。从页从巛，会意。川流也。《玉篇》：从也。《释名》：顺，循也，循其理也。

【导读】：

承上“健顺难肖”而言，应操心顺理。

力其心不使循乎熟，引而之于无据之地，以得其空微，则必有慧[1]以报之。释氏之言悟止此矣。核其实功，老氏之所谓专气[2]也。报之慧而无余功，易也。为之难者不然，存于中历至赜而不舍。温故而知新，死而后已；虽有慧，吾得而获诸？

【注释】：

［1］慧：佛教名词（般若）。意译为慧，智慧。明白一切事相叫做智；了解一切事理叫做慧。决断曰智，简择曰慧。俗谛曰智，真谛曰慧。《大乘义章九》曰：“照见名智，解了称慧，此二各别。知世谛者，名之为智，照第一义者，说以为慧，通则义齐。”

［2］专气：道教语。谓结聚精气使身体柔顺。《老子·道德经·第十章》："载营魄抱一，能无离乎？专气致柔，能如婴儿乎？"

【导读】：

不认同佛教之悟与道教之专气，而强调通过自己的践行，由旧而新，不断努力，才会有收获。

勇者，曾子[1]之实体也；乐者，颜子[2]之大用也。藏于无所用，体之不实者多矣；见于有所用，用之而不大也久矣。

【注释】：

［1］曾子：名参，字子舆，春秋末年鲁国南武城（今山东嘉祥）人，孔子的晚期弟子之一，是儒家学派的重要代表人物。

［2］颜子：曹姓，颜氏，名回，字子渊，鲁国宁阳（山东省泰安市宁阳县鹤山乡）人，尊称复圣颜子，春秋末期鲁国思想家，孔门七十二贤之一。《孟子·离娄下》："颜子当乱世，居于陋巷，一箪食、一瓢饮；人不堪其忧，颜子不改其乐，孔子贤之。"

【导读】：

指出学习曾子、颜子之"体"与"用"。

舜之饭糗[1]茹草，若将终身，及为天子，被袗衣[2]，鼓琴，二女果，若固有之。以处生死，视此尔。终日乾乾夕惕若[3]，故无不可用也。无立其大者，以尽人道，则如天之无不覆，地之无不载，近取诸身，饮食居处，富贵贫贱，兼容并包而无疑也。非此而欲忘之，卑者不可期月[4]守，高者且绝人理而刍狗天下，愈入于僻矣。

【注释】：

［1］糗：《书·费誓》："峙乃糗粮。"《疏》："糗，捣熬谷也。谓熬米麦使熟，又捣之以为粉。"

［2］袗衣：绘绣有文采的华贵衣服。指天子所穿的盛服。

［3］终日乾乾夕惕若：《周易·乾》："君子终日乾乾，夕惕若，厉，无咎。"意为君子应该整日自强不息、夜晚小心谨慎，就好像如临危境不能松懈，这样就没有灾难了。

［4］期月：典故名，典出《礼记·中庸》和《论语·子路》。指整月或

整年。

【导读】：

指出不论处在什么环境，人应兼容并包，立身不变。

"立人之道，曰仁与义[1]"，在人之天道也。"由仁义行[2]"，以人道率天道也。"行仁义"，则待天机之动而后行，非能尽夫人之所以异于禽兽者矣。天道不遗于禽兽，而人道则为人之独。由仁义行，大舜存人道；圣学也，自然云乎哉！

【注释】：

［1］立人之道，曰仁与义：《易传·说卦》曰："昔者圣人之作《易》也，将以顺性命之理，是以立天之道曰阴与阳，立地之道曰柔与刚，立人之道曰仁与义。"确立人的道理是仁与义两方面。"仁"，孔颖达疏："惠爱之仁。"即慈厚泛爱之德，立于柔；"义"，孔颖达疏："断刮（阮刻作刮，《校助记》作割）之义。"（《周易正义》卷九）即正大坚毅之德，主于刚。唐李鼎祚《周易集解》卷十七引崔憬说："此明一卦立爻有三才二体之义，故先明天道既立阴阳，地道又立刚柔，人道亦立仁义，以明之也。何则？在天虽刚，亦有柔德，在地虽柔，亦有刚德。故《书》曰'沈潜刚克，高明柔克'。人禀天地，岂可不兼仁义乎？所以《易》道兼之矣。"

［2］由仁义行：《孟子·离娄下》："舜明于庶物，察于人伦，由仁义行，非行仁义也。"

【导读】：

指出人道与天道的区别，强调舜行人道的重要意义，即人道有别于自然的独特之处。

阴礼阳乐，礼主乎减，乐主乎盈[1]，阴阳之撰可体验者，莫此为显。故曰明则有礼乐，幽则有鬼神。鬼神、阴阳之几也，礼乐之蕴也。幽者明之藏，明者幽之显也。知此则太极动而生阳，静而生阴，阳有条理，阴有秩叙[2]，非有以生之，则条理不成，秩叙亦无自而设矣。静生秩叙，非幽谧阒寂之为静可知。呜呼！静之所生秩叙之实，森森乎其不可数，而孰其见之！

【注释】：

［1］礼主乎减，乐主乎盈：《礼记·祭义》云："君子曰：'礼乐不可斯

须去身。’致乐以治心，则易直子谅之心油然生矣。易直子谅之心生则乐，乐则安，安则久，久则天，天则神。天则不言而信，神则不怒而威。致乐以治心者也，致礼以治躬则庄敬。庄敬则严威，心中斯须不和不乐，而鄙诈之心入之矣。外貌斯须不庄不敬，而慢易之心入之矣。故乐也者，动于内者也。礼也者，动于外者也。乐极和，礼极顺。内和而外顺，则民瞻其颜色而不与争也，望其容貌而众不生慢易焉。故德辉动乎内而民莫不承德，理发乎外而众莫不承顺。故曰：‘致礼乐之道而天下塞焉，举而错之无难矣。’乐也者，动于内者也。礼者也，动于外者也。故礼主其减，乐主其盈。礼减而进，以进为文；乐盈而反，以反为文。礼减而不进则销，乐盈而不反则放。故礼有报而乐有反，礼得其报则乐，乐得其反则安。礼之报、乐之反，其义一也。”

［2］秩叙：犹秩序。《周礼·地官·乡师》：“凡邦事，令作秩叙。”郑玄注：“秩，常也；叙，犹次也。事有常次，则不偪匮。”贾公彦疏：“谓营作之事多少，有常事，有次叙，则不为偪迫，又不匮乏。”

【导读】：

由礼乐而明阴阳动静的关系。

天者道[1]，人者器[2]；人之所知也。天者器，人者道；非知德者其孰能知之？“潜虽伏矣，亦孔之昭[3]”。“相在尔室，尚不愧于屋漏[4]”。非视不见，听不闻，体物而不可遗者乎！天下之器，皆以为体而不可遗也。人道之流行，以官天府地裁成万物而不见其迹。故曰天者器，人者道。

【注释】：

［1］道：意思是万事万物的运行轨道或轨迹，也可以说是事物变化运动的场所。

［2］器：用具的总称。此处，器与道要联系起来释义。《易·系辞上》：“形而上者谓之道，形而下者谓之器。”道器为中国哲学的一对基本范畴。道是无形的，含有规律和准则的意义；器是有形象的，指具体事物或名物制度。道器关系实即抽象道理与具体事物之间的关系问题。

［3］潜虽伏矣，亦孔之昭：语出《诗·小雅·正月》：“鱼有于沼，亦匪克乐。潜虽伏矣，亦孔之炤。”《礼记·中庸》：“诗云‘潜虽伏矣，亦孔之炤。’故君子内省不疚，无恶于志。”郑玄注：“孔，甚也。昭，明也。言圣人虽隐居，其德亦甚明矣。”

［4］相在尔室，尚不愧于屋漏：语出《诗经·大雅·抑》："相在尔室，尚不愧于屋漏。"

【导读】：

提出了一种新观念：天者器，人者道，人道为质，天为其器，强调人道尤其是人的努力的重要性。

人欲，鬼神之糟粕也。好学、力行、知耻，则二气[1]之良能[2]也。

【注释】：

［1］二气：指阴、阳。《易·咸》："柔上而刚下，二气感应以相与。"宋曾慥《高斋漫录》："天地尊位，二气合而万物生；日月并明，四时叙而百度正。"

［2］良能：天赋之能。《孟子·尽心上》："人之所不学而能者，其良能也。"

【导读】：

指出人欲与良能的区别。

甘食悦色，天地之化机[1]也，老子所谓犹橐籥动而愈出者也[2]，所谓"天地以万物为刍狗者[3]"也。非天地之以此刍狗万物，万物自效其刍狗尔。有气而后有几，气有变合而攻取生焉；此在气之后也明甚。告子以为性，不亦愚乎！

【注释】：

［1］化机：变化的枢机。

［2］犹橐籥动而愈出者也：语出《老子》，云："天地之间，其犹橐籥乎？虚而不屈，动而愈出。"橐籥，指古代鼓风吹火用的器具。

［3］天地以万物为刍狗者：语出《老子》，云："天地不仁，以万物为刍狗；圣人不仁，以百姓为刍狗。"刍狗，古代祭祀时用草扎成的狗，在祭祀之前是很受人们重视的祭品，但用过以后即被丢弃。

【导读】：

指出甘食悦色是人之欲，也是天地变化的表征，宇宙由气构成，气的变化必定会构成人性的演变，告子将之视为人性是愚蠢的。

天之使人甘食悦色，天之仁也。天之仁，非人之仁也。天有以仁人，人亦有以仁天、仁万物。恃天之仁而违其仁，去禽兽不远矣。

【导读】：

承上进而论之，人之欲是上天之仁，但这不是人之仁，即仁义道德。因此，不能凭借天之仁即人欲而违背仁义道德，不然就是类似禽兽之行。

有公理[1]，无公欲。私欲[2]净尽，天理流行，则公矣。天下之理得，则可以给天下之欲矣。以其欲而公诸人，未有能公者也。即或能之，所谓违道以干百姓之誉也，无所往而不称愿[3]人也。

【注释】：

［1］公理：依据人类理性和愿望发展起来而共同遵从的道理。在理学中，理为天理，是普遍的，故为公共的，必须遵循的。

［2］私欲：个人的欲望。《左传·昭公十三年》：“私欲不违，民无怨心。”《荀子·修身》：“此言君子之能，以公义胜私欲也。”

［3］称愿：指称心如愿，心愿得到满足。语出《礼记·祭义》：“君子之所谓孝也者，国人称愿然曰：‘幸哉，有子如此！’所谓孝也已。”

【导读】：

指出人欲是个人的，不可能是共同的，因此，只有以理为依归也就是说将个人的欲望融入天理当中才能使之私欲化为公。

风雨露雷之所不至，天之化不行。日月星之所不至，小天之神不行。君子之言天，言其神化[1]之所至者尔。倒景[2]之上，非无天也，苍苍者远而无至极，恶庸知之哉！君子思不出其位，至于神化而止矣。

【注释】：

［1］神化：指神灵的教化，犹言出神入化。语出《易·系辞下》：“神而化之，使民宜之。”

［2］倒景：倒影。

【导读】：

王船山或许在言外太空，或言宇宙起源，故地球环境中“神化”不能起作用。

神化之所不行，非无理也，所谓清虚一大也。张子。神化之所行，非无虚也，清虚一大者未丧也。清受浊，虚受实，大受小，一受赜[1]；清虚一大者不为之碍，亦理存焉耳。函此以为量，澄此以为安，浊而不滞，实而不塞，小而不烦，赜而不乱，动静各得其理而量不为诎，则与天地同体矣。若必舍其神化之迹而欲如倒景以上之天，奚能哉，抑亦非其类矣。神化者，天地之和也。天不引地之升气而与同神化，则否矣。仁智者，貌、言、视、听、思之和也。思不竭貌、言、视、听之材而发生其仁智，则殆矣。故曰“天地不交，否[2]”，“思而不学则殆[3]”。

【注释】:

［1］赜：博杂。

［2］天地不交，否：《象》曰：“天地不交，否。君子以俭德辟难，不可荣以禄。”

［3］思而不学则殆：语出《论语·为政》，云：“子曰：学而不思则罔，思而不学则殆。”

【导读】:

讨论天之外为清虚一大仍有理存，强调天地之交，尤其是仁智与人的言行外貌的融合的重要。

五性感而善恶分[1]，周子。故天下之恶无不可善也，天下之恶无不因乎善也。静而不睹若睹其善，不闻若闻其善，动而审其善之或流，则恒善矣。静而不见有善，动而不审善流于恶之微芒[2]，举而委之无善无恶，善恶皆外而外无所与，介然返静而遽信为不染，身心为二而判然无主；末流之荡为无忌惮之小人而不辞，悲夫！

【注释】:

［1］五性感而善恶分：语出周敦颐《太极图说》，云：“唯人也得其秀而最灵。形既生矣，神发知矣。五性感动而善恶分，万事出矣。圣人定之以中正仁义而主静，立人极焉。”所谓五性，人的五种性情，指喜、怒、欲、惧、忧。又《太极图说》云：“五行之生也，各一其性。”

［2］微芒：微茫，迷漫而模糊。

【导读】:

分析无善无恶之错误，谓善恶皆来自五性感动，并不是外在致使身心为二而有所谓无善无恶。

善恶，人之所知也。自善而恶，几微[1]之介[2]，人之所不知也。斯须移易而已，故曰独。

【注释】：

［1］几微：细微，细小；征兆，迹象。

［2］介：《说文》：介，画也。《传》：“介谓辨别之端。”

【导读】：

指出由善至恶，只有很小的界限，转变很快，人必须慎独。

不学而能，必有良能；不虑而知，必有良知[1]。喜怒哀乐之未发，必有大本[2]；敛精存理，翕气存敬，庶几遇之。堕气黜精以丧我而息肩[3]者，不知有也。

【注释】：

［1］良知：王阳明《大学问》：“良知者，孟子所谓‘是非之心，人皆有之’者也。是非之心，不待虑而知，不待学而能，是故谓之良知。”

［2］大本：根本。

［3］息肩：卸去负担，栖止休息；停止。

【导读】：

人性的本来状态就是良知良能，亦是情感之未发动，要保持就必须敛精翕气亦即保持初心。

能不以慕少艾妻子仕热中之慕慕其亲乎[1]，能不以羊乌之孝[2]、蜂蚁之忠事其君父乎[3]，而后人道显矣。顺用其自然，未见其异于禽兽也。有仁，故亲亲；有义，故敬长。秩叙森然，经纶[4]不昧，引之而达，推行而恒，返诸心而夔夔[5]齐栗，质诸鬼神而无贰尔心；孟子之所谓良知良能，则如此也。

【注释】：

［1］慕少艾妻子仕热中之慕慕其亲乎：典出《孟子·万章上》，原文云：“人少，则慕父母；知好色，则慕少艾；有妻子，则慕妻子；仕则慕君，不得于君则热中。大孝终身慕父母。五十而慕者，予于大舜见之矣。”少艾，指年轻美丽的女子。热中，焦急得心中发热。

［2］羊乌之孝：典出蔡邕《蔡中郎集七·为陈留太守上孝子状》："乌以反哺，托体太阴，羔以跪乳，为贽国卿。禽鸟之微，犹以孝宠。"乌鸦懂得反哺的孝顺，羔羊懂得跪乳的恩情。

［3］蜂蚁之忠事其君父乎：朱熹说："虎狼知父子能孝，蜂蚁知君臣能义，豺狼知报本能孝，雎鸠知别有能礼。"（《语类》）王夫之在此是说蜂蚁事其君是低层次的，与朱熹之意有所不同。

［4］经纶：整理丝缕、理出丝绪和编丝成绳；治理；施展抱负，有所作为。

［5］夔夔：戒惧敬慎貌。《书·大禹谟》："负罪引慝，祗载见瞽瞍，夔夔斋慄，瞽亦允若。"孔传："夔夔，悚惧之貌。"

【导读】：

指出有仁有义，心有诚敬，就是孟子所说的良知良能。

天地之塞[1]，成吾之体，而吾之体不必全用天地之塞。故资万物以备生人之用，而不以仁民之仁爱物。天地之帅，成吾之性，而吾之性既立，则志壹动气，斟酌饱满，以成乎人道之大用，而不得复如天地之帅以为帅。故喜怒哀乐有权，而生杀[2]不可以无心为用。

【注释】：

［1］天地之塞：语出张载《西铭》，云："乾称父，坤称母；予兹藐焉，乃混然中处。故天地之塞，吾其体；天地之帅，吾其性。"

［2］生杀：指萌生凋落、昭苏伏蛰、阴阳消长等自然规律。《庄子·天运》："怨恩取与谏教生杀八者，正之器也。"成玄英疏："应青春以生长，顺素秋以杀罚。"

【导读】：

对张载《西铭》进行解读，天地成我之体与性，但我的性又与天地之道有所区别，是为人道。

天气入乎地气之中而无不浃，犹火之暖气入水中也。性，阳之静也。气，阴阳之动也。形，阴之静也。气浃形中，性浃气中，气入形则性亦入形矣。形之撰[1]气也；形之理则亦性也。形无非气之凝，形亦无非性之合也。故人之性虽随习迁，而好恶静躁多如其父母，则精气之与性不相离矣。由此念之，耳目口体发肤皆为性之所藏，日用而不知者，不能显耳。鸢飞戾天，鱼跃于渊，道之察上下，于吾身求之自见矣。

【注释】:

［1］撰：动手帮助，写作，制造。

【导读】:

指出人之形、人之性均来源于阴阳，不能看作二物。

“主一之谓敬[1]”，非执一也。“无适之谓一[2]”，非绝物也。肝魂、肺魄、脾意、肾志、心神，不分而各营。心气交辅，帅气充体，尽形神而恭端，以至于有所事。敬，一之实也。

【注释】:

［1］主一之谓敬：程颐认为，进学在于致知，涵养则在于敬。内心涵养不是屏去闻见思虑的禅定，而在于交感万物的思虑中能使心有所主。“如何为主，敬而已矣”“所谓敬者，主一之谓敬”“一者无他，只是整齐严肃，则心便一”。意谓整饬自己的思虑，经常保持自觉的状态，心便能专一而不为外物所诱，敬能虚静，但敬不就是虚静。心有所主，还要处物行义，于事物上能明其是非。

［2］无适之谓一：专一，无杂念。《二程·粹言》卷上：“或问敬子曰：‘主一之谓敬。何谓一？’子曰：‘无适之谓一。’”

【导读】:

阐述并体悟所谓敬一。

无心而往，安而忘之曰适。主敬者必不使其心有此一几耳。

【导读】:

释无适。

“静无而动有。[1]”周子。天下皆静无而动有也，奚以圣人为！静无而不昧其有，则明远。动有者，有其静之所涵，感而通，而不缘感以生，则至正，乃以为五常[2]之本，百行[3]之原也。

【注释】:

［1］静无而动有：语出周敦颐《通书》，云：“圣，诚而已矣。诚，五常

之本，百行之源也。静无而动有，至正而明达也。五常百行，非诚非也，邪暗塞也，故诚则无事矣。至易而行难，果而确，无难焉。故曰：一日克己复礼，天下归仁焉。"

［2］五常：即仁、义、礼、智、信，是指"人"作为社会中的独立个体，为了自身的发展和社会的进步，而应该拥有的五种最基本的品格和德行。

［3］百行：各种品行、德行。

【导读】：

指出动要保持其本性而为至正。

颜子好学，知者不逮也。伊尹知耻，勇者不逮也。志伊尹[1]之志，学颜子之学，善用其天德[2]矣。

【注释】：

［1］伊尹：姒姓，伊氏，名挚，生于莘国（今河南洛阳伊河），夏末商初政治家、思想家。

［2］天德：指天的德性，出自董仲舒《春秋繁露·人副天数》："天德施，地德化，人德义。"

【导读】：

指出要学习先贤。

世教[1]衰，民不兴行，"见不贤而内自省[2]"，知耻之功大矣哉！

【注释】：

［1］世教：古代指正统思想、正统礼教，孔孟之道。

［2］见不贤而内自省：语出《论语里仁》，云："子曰：'见贤思齐焉，见不贤而内自省也。'"

【导读】：

孔孟之道影响有所削弱时，知耻尤为重要。

见不贤而内自省，求己严则为之难。为之难，则达情而无过量之求，亦可以远怨矣。

【导读】：

指出自省就是对自己要求严而对别人从宽，这样就会少怨。

攻人之恶，则乐察恶。乐察人之恶，则恶之条理熟，厉薰心矣。慎之哉！

【导读】：

热衷于攻人之恶，容易受恶的影响而为恶，要慎重。

同归而殊涂，一致而百虑[1]，故肫肫其仁，渊渊其渊，浩浩其天[2]，德无不备矣。诚未至者，奚以学之邪？“默而识之，学而不厌，诲人不倦[3]”，所以行殊涂，极百虑，而协于一也。

【注释】：

［1］同归而殊涂，一致而百虑：语出《周易·系辞下》，意指天下万事万物，通过不同的途径，可以走到同一个归宿，各种不同的思想，也会自然地趋向一致。

［2］肫肫其仁，渊渊其渊，浩浩其天：语出《中庸》。肫肫，与“忳忳”同，诚挚的样子。渊渊其渊，意为圣人的思虑如潭水一般幽深。渊渊，水深。浩浩其天，圣人的美德如苍天一般广阔。浩浩，原指水盛大的样子。

［3］默而识之，学而不厌，诲人不倦：语出《论语·述而》。

【导读】：

指出学习方法、途径不一样，最后都要达到一个相同的境界。

“天下何思何虑[1]”，言天下不可得而逆亿[2]也。故曰“无思，本也[3]”，周子。物本然也，义者心之制，思则得之，故曰“思，通用也”，周子。通吾心之用也。死生者亦外也，无所庸其思虑者也。顺事没宁[4]，内也，思则得之者也。不于外而用其逆亿，则患其思之不至耳，岂禁思哉！

【注释】：

［1］天下何思何虑：语出《周易·系辞下》。

［2］逆亿：猜想，预料。

［3］无思，本也：语出《通书·思第九》，原文云：“《洪范》曰：‘思曰睿’，‘睿作圣’。无思，本也；思通，用也。几动于彼，诚动于此。无思而无不通为圣人，不思则不能通微，不睿则不能无不通。是则无不通生于通微，通微生于思。故思者，圣功之本，而吉凶之机也。《易》曰：‘君子见几而作，不俟终日。’又曰：‘知几，其神乎！’”

［4］顺事没宁：语出张载《西铭》，云：“存，吾顺事；没，吾宁也。”

意思是：活着，是我值得庆幸的事，死亡，我就彻底得到了安宁。

【导读】：

指出天地万物是没有思维的，只有人有理性；理性是用来理解天地万物本性，无须花心思思考生死问题，而要思考如何为善。

“大匠能与人以规矩，不能使人巧。[1]”巧者，圣功[2]也，博求之事物以会通其得失，以有形象无形而尽其条理，巧之道也。格物穷理而不期旦暮之效者遇之。

【注释】：

［1］大匠能与人以规矩，不能使人巧：语见《孟子·尽心下》，原文云：“孟子曰：‘梓匠轮舆，能与人规矩，不能使人巧。’”

［2］圣功：谓至圣之功。《易·蒙》：“蒙以养正，圣功也。”

【导读】：

指出何为巧为圣功，其途径为：博求之事物以会通其得失，以有形象无形而尽其条理。

修辞立其诚[1]，无诚之辞，何以修之哉！修辞诚则天下之诚立，未有者从此建矣，已有者从此不易矣。孔子成《春秋》而乱臣贼子惧[2]，诚也。

【注释】：

［1］修辞立其诚：语出《周易·乾·文言》，原文云：“子曰：‘君子进德修业。忠信所以进德也。修辞立其诚，所以居业也。’”

［2］孔子成《春秋》而乱臣贼子惧：语出《孟子·滕文公下》。

【导读】：

指出使用语言必须要有真实无妄内涵，这样天下诚信才能建立，孔子《春秋》就是这样的代表。

“艮其背不获其身，行其庭不见其人[1]”，无咎之道焉耳。“观盥而不荐[2]”，非荐之时，然而必盥也。观我生君子而后可无咎[3]。观其生君子而后可无咎，不然咎矣。内不见己，外不见人，而后得所止焉。其为天理也孤矣。忧世之将剥而不与尝试，非与臣言忠，与子言孝。居处恭，执事敬，与人忠以为德，则且与之为婴儿，知之益明而益困矣。艮、观同道，故君子尤难言之。

【注释】：

［1］艮其背不获其身，行其庭不见其人：出自《易经》艮卦卦辞，云："艮其背，不获其身；行其庭，不见其人，无咎。"老子曰："吾所以有大患者，为吾有身，及吾无身，吾有何患?"辞异而理同也。盖咎之所生，莫不生于有欲，内欲不起，外物不接，咎无所由也。背，一身之静者，艮其背，止其所也。是故止而"不获其身"，行而"不见其人"。孟子曰："养心莫善于寡欲。"艮其背之谓也。

［2］观盥而不荐：出自《易经》观卦卦辞，原文："盥而不荐，有孚颙若。"此以祭祀礼仪明"观"义。"盥"，为祭祀的开始，主祭者净手，将酒灌入地求神降灵之时，此时庄严肃穆。"荐"为献牲贡奉之时，此时人心已浮动；"不荐"不是回避或不参加荐，而是荐时不缺减庄严肃穆。此句意为：将祭祀之始的诚敬庄严保持到献牲完毕。古代帝王举行祭祀大典时，持庄严的仪表，诚敬如一的态度，以便臣民观后受感化。这就是"观"之义。《彖》说："盥而不荐，有孚颙若，下观而化也。"北宋程颐说："盥，谓祭祀之始，盥手郁毯于地，求神之时也。荐，谓献腥献熟之时也。""至既荐之后，礼数繁缛，则人心散，而精一不若始盥之时矣。居上者正其表仪，以为下民之观。"（《伊川易传》卷二）

［3］观我生君子而后可无咎：出自《易经》观卦第五爻的爻辞，原文云："观我生，君子无咎。""九五"阳爻后至尊之位，德行中正。下临四个阴爻，象征有德行的君王，受到仰视，是这一卦的主体。"观我生"，在这里是观民众的人心向背来决定自己的前途。"象传"说："观我生，观民也。"即指下面四个阴爻；通过观察民心的向背，看出为君之道正或不正，也就是所谓观民以察己的意思。这一爻是说统治者要体察民情，了解人心，以断定自己的政绩如何。

【导读】：

分析艮卦与观卦。

"履，德之基也。[1]"集义[2]，素履也。宜兄弟，乐妻子，而一以戒慎不睹、恐惧不闻之德行之，所谓和而至也。九卦以处忧患，而此为基。君子坦荡荡[3]，修此故也。

【注释】:

[1] 履，德之基也：出自《周易·系辞下》，原文云："是故履，德之基也；谦，德之柄也；复，德之本也；恒，德之固也；损，德之修也；益，德之裕也；困，德之辨也；井，德之地也，巽，德之制也。"

[2] 集义：犹积善。谓行事合乎道义。《孟子·公孙丑上》："其为气也……是集义所生者，非义袭而取之也。"朱熹集注："集义，犹言积善，盖欲事事皆合于义也。"

[3] 君子坦荡荡：语出《论语·述而》。

【导读】:

指出复礼修德和而安。

见道义之重，则处物为轻，故铢视轩冕，尘视金玉。[1]周子。纯乎其体道义[2]者，天下莫匪道义之府，物不轻矣。一介不以与人，一介不以取诸人，非泛然而以铢尘挥斥之也。处贫贱患难而不易其官天地、府万物之心[3]，则道义不息于己，而己常重矣。

【注释】:

[1] 见道义之重，则处物为轻，故铢视轩冕，尘视金玉：语出周敦颐《通书》，原文云："君子以道充为贵，身安为富，故常泰无不足。而铢视轩冕，尘视金玉，其重无加焉尔!"

[2] 道义：是指道德义理。出处《易·系辞上》："成性存存，道义之门。"

[3] 官天地、府万物之心：语出《庄子·德充符》，原文云："常季曰：'彼为己以其知，得其心以其心。得其常心，物何为最之哉?'仲尼曰：'人莫鉴于流水而鉴于止水，唯止能止众止。受命于地，唯松柏独也在冬夏青青；受命于天，唯舜独也正，幸能正生，以正众生。夫保始之征，不惧之实；勇士一人，雄入于九军。将求名而能自要者，而犹若是，而况官天地，府万物，直寓六骸，象耳目，一知之所知，而心未尝死者乎！彼且择日而登假，人则从是也。彼且何肎以物为事乎!'"

【导读】:

指出道义远重于物质，但一个真正体悟道义的人不会计较外物的轻重，更不会忽视自己的重要。

独知[1]炯于众知[2]，昼气清于夜气，而后可与好仁恶不仁。

【注释】：

［1］独知：知人所不知；仅一人知。

［2］众知：流俗之见。

【导读】：

指出要独自坚持真理才能辨别善恶。

知地之在天中，而不知天之在地中，惑也。山川金石，坚确浑沦，而其中之天常[1]流行焉，故浊者不足以为清者病也。以浊者为病，则无往而不窒，无往而不疑，无往而不忧。“安汝止，惟几惟康[2]”，“被袗衣，鼓琴，二女果，若固有之[3]”，“箪食瓢饮，不改其乐[4]”，无所窒也，奚忧疑之有哉！

【注释】：

［1］天常：指自然界的常规。

［2］安汝止，惟几惟康：语出《尚书·益稷》，云：“禹曰：‘都！帝，慎乃在位。’帝曰：‘俞！’禹曰：‘安汝止，惟几惟康。其弼直，惟动丕应。徯志以昭受上帝，天其申命用休。’盖言人君奉天命以临民，安其位者，惟在慎几，惟在慎微。

［3］被袗衣，鼓琴，二女果，若固有之：《孟子·尽心下》说：“孟子曰：‘舜之饭糗茹草，将终身焉。及身为天子也，被袗衣，鼓琴，二女果，若固有之。’”赵歧注：“糗饭，干糒也。袗，画也。果，侍也。舜耕陶之时，饭糗茹草，若将终身如是。及为天子，被画衣，黼黻絺绣也，鼓琴以协音律也，以尧二女自侍奉，亦不佚豫，如固自当有之也。”

［4］箪食瓢饮，不改其乐：语出《论语·宪问》。

【导读】：

指出天理存在于万物万事之中，古圣贤不论贫穷富贵均安之若素。

言幽明而不言有无[1]，张子。至矣。谓有生于无，无生于有，皆戏论。不得谓幽生于明，明生于幽也。论至则戏论绝。幽明者，阖辟之影也。故曰是故知。原始反终，故知死生之说。“天尊地卑，乾坤定矣。卑高以陈，贵贱位矣。动静有常，刚柔断矣。[2]”此分而为二，倍而为四，参而为六，剖而为八，参乘四而为十二，五乘六而为三十，十二三十相乘而为三百六十，皆加一倍之定体也。邵子。知其说者，知天地之自然而已。若夫“鼓之以雷霆”，《震》。“润之以风雨”，《巽》。“日月运行，一寒一暑”，《坎》《离》。“乾道成男”，《艮》。“坤道成女”，《兑》。交相摩荡而可大可久之业著焉，则未可以破作四片、破作八片之例以例例神化，因其自然而衰其匕卺[3]，天下之理奚以得，而人恶足以成位于中乎？

【注释】：

［1］言幽明而不言有无：语出张载《正蒙太和篇》，原文云：

知虚空即气，则有无、隐显、神化、性命通一无二，顾聚散、出入、形不形，能推本所从来，则深于易者也。若谓虚能生气，则虚无穷，气有限，体用殊绝，入老氏“有生于无”自然之论，不识所谓有无混一之常；若谓万象为太虚中所见之物，则物与虚不相资，形自形，性自性，形性、天人不相待而有，陷放浮屠以山河大地为见病之说。此道不明，正由懵者略知体虚空为性，不知本天道为用，反以人见之小因缘天地。明有不尽，则诬世界乾坤为幻化。幽明不能举其要，遂躐等妄意而然。不悟一阴一阳范围天地、通乎昼夜、三极大中之矩，遂使儒、佛、老、庄混然一涂。语天道性命者，不罔于恍惚梦幻，则定以“有生放无”，为穷高极微之论。入德之途，不知择术而求，多见其蔽于诐而陷于淫矣。

气坱然太虚，升降飞扬，未尝止息，《易》所谓“细缊”，庄生所谓“生物以息相吹”、“野马”者与！此虚实、动静之机，阴阳、刚柔之始。浮而上者阳之清，降而下者阴之浊，其感（遇）聚（散），为风雨，为雪霜，万品之流形，山川之融结，糟粕煨烬，无非散也。

气聚则离明得施而有形，气不聚则离明不得施而无形。方其聚也，安得不谓之客？方其散也，安得遽谓之无？故圣人仰观俯察，但云“知幽明之故”，不云“知有无之故”。盈天地之间者，法象而已；文理之察，非离不相睹也。方其形也，有以知幽之因；方其不形也，有以知明之故。

气之聚散于太虚，犹冰凝释于水，知太虚即气，则无无。故圣人语性与天道之极，尽于参伍之神变易而已。诸子浅妄，有有无之分，非穷理之学也。

［2］天尊地卑，乾坤定矣。卑高以陈，贵贱位矣。动静有常，刚柔断矣：出自《易经·系辞》，原文云：“天尊地卑，乾坤定矣。卑高以陈，贵贱位矣。动静有常，刚柔断矣。方以类聚，物以群分，吉凶生矣。在天成象，在地成形，变化见矣。”

［3］匕鬯：《易·震》："震惊百里，不丧匕鬯。"王弼注："匕，所以载鼎实；鬯，香酒。奉宗庙之盛也。"后因代指宗庙祭祀。

【导读】：

指出宇宙的本体实有，宇宙变化无穷，不能以简单的数字去概括，批判邵雍的象数说。

吉凶、得失、生死，知为天地之常然[1]而无足用其忧疑，亦可以释然[2]矣。释然之余，何以继之？继之以恶而为余食赘行，继之以善而亦为余食赘行[3]，忧疑自此积矣。知者不惑，仁者不忧，惟其不于吉凶生死而谋道矣。

【注释】：

［1］常然：自然之性；常态。《庄子·骈拇》："天下有常然；常然者，曲者不以钩，直者不以绳，圆者不以规，方者不以矩。"

［2］释然：疑虑、嫌隙等消释后心中平静的样子，亦指领悟。

［3］余食赘行：吃剩的食物，身上的赘疣。比喻遭人讨厌的东西。《老子》："自伐者无功，自矜者不长，其在道也，曰余食赘行，物或恶之。"

【导读】：

指出不于吉凶生死谋道，才能不惑、不忧。

言无者激于言有者而破除之也，就言有者之所谓有而谓无其有也。天下果何者而可谓之无哉？言龟无毛，言犬也，非言龟也；言兔无角，言麋[1]也，非言兔也。言者必有所立，而后其说成。今使言者立一无于前，博求之上下四维[2]、古今存亡而不可得穷矣。寻求而不得，则将应之曰"无"。姚江之徒以之。天下之寻求而不得者众矣，宜其乐从之也。

【注释】：

［1］麋：兽名，即麋鹿。

［2］四维：犹言四方。

【导读】：

指出没有真正的"无"，关于"无"的论证是错误的，阳明后学却相信"无"的存在。

不略于明，不昧于幽，善学思者也。

【导读】:

指出善于学习思考的人不会忽略明显的表象，也不会不研究隐藏于内的本质。

画[1]前有《易》，无非《易》也。无非《易》而舍画以求之于画前，不已愚乎！画前有《易》，故画生焉。画者，画其画前之《易》也。

【注释】:

［1］画：卦画。

【导读】:

指出卦画是用来表现《易》的，《易》在画之前已存在，但不能舍画去寻找画之前的《易》。

两端者，虚实也，动静也，聚散也，清浊也，其究一也。[1]张子。实不窒虚，知虚之皆实。静者静动，非不动也。聚于此者散于彼，散于此者聚于彼，浊入清而体清，清入浊而妙浊，而后知其一也，非合两而以一为之纽也。

【注释】:

［1］两端者，虚实也，动静也，聚散也，清浊也，其究一也：此语原出张载《正蒙·太和篇》，原文云："两不立则一不可见，一不可见则两之用息。两体者，虚实也，动静也，聚散也，清浊也，其究一而已。"

【导读】:

王船山在《张子正蒙注》阐释说："虚必成实，实中有虚，一也。而来则实于此，虚于彼，其体分矣。止而行之，动动也；行而止之，静亦动也；一也。而动有动之用，静有静之质，其体分矣。聚者聚所散，散者散所聚，一也。而聚则显，散则微，其体分矣。清以为浊，浊固有清，一也。而清者通，浊者碍，其体分矣。使无一虚一实，一动一静，一聚一散，一清一浊，则可疑太虚之本无有，而何者为一。惟两端迭用，遂成对立之象，于是可知所动所静，所聚所散，为虚为实，为清为浊，皆取给于太和絪缊之实体。一之体立，故两之用行；如水唯一体，则寒可为冰，热可为汤，于冰汤之异，足知水之常体。"

节者，中之显者也。喜怒哀乐之未发而未有节者存，则发而中者谁之节乎？岂天下之有节乎？是从其白于外之说矣[1]。故周子曰“中也者，和也[2]”，张子曰“大和所谓道[3]”，卓矣。虽喜怒哀乐之未发，而参前倚衡[4]莫非节也。充气以从志，凝志以居德，庶几遇之，阒寂空窔者，失之远矣。迫发而始慎之，必有不审不及之忧。

【注释】：

［1］从其白于外之说矣：典出《孟子·告子》，云：“告子曰：‘食色，性也。仁，内也，非外也；义，外也，非内也。’孟子曰：‘何以谓仁内义外也？’曰：‘彼长而我长之，非有长于我也；犹彼白而我白之，从其白于外也，故谓之外也。’曰：‘异于白马之白也，无以异于白人之白也；不识长马之长也，无以异于长人之长与？且谓长者义乎？长之者义乎？’曰：‘吾弟则爱之，秦人之弟则不爱也，是以我为悦者也，故谓之内。长楚人之长，亦长吾之长，是以长为悦者也，故谓之外也。’曰：‘耆秦人之炙，无以异于耆吾炙。夫物则亦有然者也，然则耆炙亦有外与？’”

［2］中也者，和也：语出周敦颐《通书》，原文云：“惟中也者，和也，中节也，天下之达道也，圣人之事也。”

［3］大和所谓道：语出张载《正蒙·太和篇》，云：“太和所谓道，中含浮沉、升降、动静、相感之性，是生絪缊、相荡、胜负、屈伸之始。”

［4］参前倚衡：意指言行要讲究忠信笃敬，站着就仿佛看见“忠信笃敬”四字展现于眼前，乘车就好像看见这几个字在车辕的横木上。《论语·卫灵公》：“子张问行，子曰：‘言忠信，行笃敬，虽蛮貊之邦，行矣。言不忠信，行不笃敬，虽州里，行乎哉？立则见其参于前也，在舆则见其倚于衡也，夫然后行。’子张书诸绅。”

【导读】：

强调充气以从志、凝志以居德才能中节，达到好的修养境界。

“无不敬[1]”，慎其动也。“俨若思”，静而存也。“安定辞”，立诚于天下也。“俨若思”，于是而有思，则节无不中矣，仁之熟也。

【注释】：

［1］无不敬：语出《礼记·曲礼》，原文云：“毋不敬，俨若思，安定辞。安民哉！”

【导读】:

解释《礼记·曲礼》中一段话，如果能做到就中节了。

“视思明，听思聪，色思温，貌思恭[1]”，奚以思之哉？“俨若思”之谓也。旁行而不流[2]，安止而几，其功密矣夫。

【注释】:

［1］视思明，听思聪，色思温，貌思恭：语出《论语季氏》，原文云：“孔子曰：‘君子有九思：视思明，听思聪，色思温，貌思恭，言思忠，事思敬，疑思问，忿思难，见得思义。’”

［2］旁行而不流：语出《易·系辞上》，云：“旁行而不流，乐天知命，故不忧。”通晓易理、品德方正的人能应酬事物的万变而无流弊。

【导读】:

具体解释“俨若思”的具体内容。

恃一端之意知[1]以天下尝试之，强通其所不通，则私，故圣人毋意[2]。即天下而尽其意知，以确然[3]于一，则公，故君子诚意[4]。诚意者，实其意也，实体之之谓也。

【注释】:

［1］意知：觉知，晓得。《景德传灯录·迦毗摩罗》：“汝虽心语，吾已意知。”

［2］毋意：不主观臆断。《论语·子罕》：“子绝四：毋意，毋必，毋固，毋我。”何晏集解：“以道为度，故不任意也。”

［3］确然：刚强；坚定；信实；正确。

［4］诚意：一般指诚恳的心意；使其意念发于精诚，不欺人，也不自欺，一般用于人与人之间相处态度诚恳，真心实意。语出《礼记·大学》：“欲正其心者，先诚其意。”

【导读】:

指出不能恃一己之意知，要实其意。

意虚则受邪，忽然与物感通，物投于未始有之中，斯受之矣。诚其意者，意实则邪无所容也。意受诚于心知[1]，意皆心知之素，而无孤行之意，故曰无意。慎独[2]者，君子加谨之功，善后以保其诚尔。后之学者，于心知无功，以无善无恶为心知，不加正致之功[3]。始专恃慎独为至要，遏之而不胜遏，危矣。即遏之已密，但还其虚，虚又受邪之壑，前者扑而后者熹矣。泰州之徒[4]，无能期月守者，不亦宜乎！

【注释】：

［1］心知：心智。《礼记·乐记》："夫民有血气心知之性，而无哀乐喜怒之常。"陆德明释文："知，音智。"

［2］慎独：在独处中谨慎不苟。语出《礼记·大学》："此谓诚于中，形于外，故君子必慎其独也。"

［3］正致之功：出自《礼记·大学》："欲修其身者，先正其心；欲正其心者，先诚其意；欲诚其意者，先致其知；致知在格物。"

［4］泰州之徒：指阳明后学泰州学派，代表人物有王艮、颜钧、罗汝芳、何心隐等。

【导读】：

强调诚意必须做到意实，慎独建其功，否则危殆。

"欲修其身者，先正其心"，圣学提纲之要也[1]。"勿求于心[2]"，告子迷惑之本也。不求之心，但求之意，后世学者之通病。盖释氏之说暗中之，以七识为生死妄本。七识者，心也。此本一废，则无君无父，皆所不忌。呜呼！舍心不讲，以诚意而为玉钥匙，危矣哉！

【注释】：

［1］圣学提纲之要也：朱熹把《大学》从《礼记》里挑出来，大力加以改造。《大学》原来可以分为十二个自然段，朱熹将前三个自然段加在一起（删去最后两句），称之"经"；把剩下的九个自然段打散重排，又新补了一段，统称为"传"，也就是对经文的注释和阐发。朱熹在他所著的《大学章句》中，《大学》提出的"明明德""亲民""止于至善"三纲领，"格物""致知""诚意""正心""修身""齐家""治国""平天下"八项。后人称之为"三纲领八条目"，简称"三纲八目"。

［2］勿求于心：出于《孟子·公孙丑上》，云："告子曰：'不得于言，勿求于心；不得于心，勿求于气。'不得于心，勿求于气，可；不得于言，勿求于心，不可。"

【导读】:

强调正心的重要性。

求放心[1]，则全体立而大用行。若求放意[2]，则迫束[3]危殆，及其至也，逃于虚寂[4]而已。

【注释】:

［1］放心：指迷失了的“善心”。《孟子·告子上》：“学问之道无他，求其放心而已矣。”

［2］放意：纵情；恣意。

［3］迫束：束缚，不得伸展。

［4］虚寂：犹清静；虚无寂静。

【导读】:

指出放心与放意的区别。

“默而成之，存乎德行。[1]”故德不孤，必有邻[2]。灼然[3]有其几而不可以臆测，无他，理气相涵，理入气则气从理也。理气者，皆公也，未尝有封畛[4]也。知此，则亦知生死之说，存事没宁之道[5]也。

【注释】:

［1］默而成之，存乎德行：语出《周易·系辞上》，云：“默而成之，不言而信，存乎德行。”默，指静默无为。意思是宁静无为却可以使事情自然地获得成功，默默无言却可以使人产生信赖的感觉，这是因为一种深沉的力量存在于德行之中。

［2］德不孤，必有邻：出自《论语·里仁》。

［3］灼然：明显貌，焦急貌，嚣张貌。

［4］封畛：封地的边界。《左传·定公四年》：“封畛土略，自武父以南，及圃田之北竟。”

［5］存事没宁之道：出自宋代的张载的《西铭》，原文云：“存，吾顺事；没，吾宁也。”意思是活着，我顺天而事，死亡，我得到了安宁。

【导读】:

指出知生死之道则活着顺天而事，死了得到安宁，其中就是要明白理气相涵的道理。

“吉凶悔吝生于动。[1]”畏凶悔吝而始戒心于动，求其坦荡荡也，能乎哉！

【注释】：

［1］吉凶悔吝生于动：语出《易·系辞下》：“吉凶悔吝者，生乎动者也。”王弼注：“有变动而后有吉凶。”悔吝，灾祸。意谓人事之中，吉凶悔吝的产生是动作营为的结果。后常用于告戒人不要轻举妄动。

【导读】：

指出怕动不重要，要做到心定而坦荡荡。

“神之格思，不可度思。[1]”待平旦之气[2]而后好恶与人相近，危矣！危矣！不幸而仅有此，可不惧哉？

【注释】：

［1］神之格思，不可度思：出自《诗经·大雅·抑》，原文云：“相在尔室，尚不愧于屋漏。无曰不显，莫予云觏；神之格思，不可度思，矧可射思？”

［2］平旦之气：语出《孟子·告子上》，云：“其日夜之所息，平旦之气，其好恶与人相近也者几希。”

【导读】：

指出不能从流俗之人。

死生，昼夜也。“梏之反复，则夜气不足以存[1]”，故君子曰终，终则有始，天行也。小人曰死。

【注释】：

［1］梏之反复，则夜气不足以存：语出《孟子·告子上》，云：“孟子曰：‘牛山之木尝美矣，以其郊于大国也，斧斤伐之，可以为美乎？是其日夜之所息，雨露之所润，非无萌蘖之生焉，牛羊又从而牧之，是以若彼濯濯也。人见其濯濯也，以为未尝有材焉，此岂山之性也哉？虽存乎人者，岂无仁义之心哉？其所以放其良心者，亦犹斧斤之于木也，旦旦而伐之，可以为美乎？其日夜之所息，平旦之气，其好恶与人相近也者几希，则其旦昼之所为，有梏亡之矣。梏之反复，则其夜气不足以存；夜气不足以存，则其违禽兽不远矣。人见其禽兽也，而以为未尝有才焉者，是岂人之情也哉？故苟得其养，无物不长；苟失其养，无物不消。孔子曰：操则存，舍则亡；出人无时，莫

知其乡。惟心之谓与?”梏亡，谓因受束缚而致丧失。孟子这段话的意思是：仁义之心虽然人人都是具备的，但为什么有的人会丧失本来的良心？这也和用刀斧天天去砍伐山上的木树一样，怎么能长成美材呢？在这种人身上，虽然日夜也能生长一点清正之气，但由于他所喜欢和厌恶的和常人不同，日间的恶行就将夜间所萌生那点清正之气，全都压灭了；这样反复地“砍伐”，夜里生长的清正之气，就一点也不能存在；清正之气丧失殆尽，那就和禽兽相差不远了。后因以“夜气存”比喻人能保持善良的天性，以“夜气不存”比喻人丧失了善良的天性。

【导读】：

指出君子顺天道而尽人道，远超禽兽。

“浩然之气，直养而无害，则塞乎天地之间。[1]”塞乎天地之间，则无可为气矜[2]矣。“闲来无事不从容[3]”，无可为气矜者也。

【注释】：

［1］浩然之气，直养而无害，则塞乎天地之间：语出《孟子·公孙丑上》。

［2］气矜：犹气势。疑为“矜才使气”的紧缩，形容仗恃着有点能力就意气用事。

［3］闲来无事不从容：语出程颢《秋日偶成》一诗，其诗云：“闲来无事不从容，睡觉东窗日已红；万物静观皆自得，四时佳兴与人同。道通天地有形外，思入风云变态中；富贵不淫贫贱乐，男儿到此是豪雄。”其大意是：日子闲散的时候，没有一样事情不自如从容，往往一觉醒来，东边的窗子早已被日头照得一片通红。写闲散日子的从容、逍遥、快乐。无挂无愁，每天都睡到日头高高的。

【导读】：

指出养气就从容自然。

尽性以至于命[1]。至于命，而后知性之善也。天下之疑，皆允乎人心者也。天下之变，皆顺乎物则[2]者也。何善如之哉！测性于一区，拟性于一时，所言者皆非性也，恶知善！

【注释】：

［1］尽性以至于命：语出《易经·说卦》，原文曰：“穷理、尽性，以至

于命。”意思是穷究天下万物的根本原理，彻底洞明源于理的人之性，使人类行为与自然规律契合。

［2］物则：事物的法则。《国语·周语上》：“考中度衷以莅之，昭明物则以训之，制义庶孚以行之。”韦昭注：“物，事也。则，法也。”

【导读】：

指出尽性知命，才能知性之善。

命曰降，性曰受。性者，生之理，未死以前皆生也，皆降命受性之日也。初生而受性之量，日生而受性之真。为胎元[1]之说者，其人如陶器乎！

【注释】：

［1］胎元：胎元又称“胎月”，即投胎的月份，此说指生命的开始在于投胎，而非出生，故投胎的时刻也必定和其后的命运有某些密不可分的关系。

【导读】：

指出命是天理降之于人，而性是人受之于天理，因此性就是生的道理。

“成性存存[1]”，存之又存，相仍不舍。故曰“维天之命，于穆不已[2]”。命不已，性不息矣。谓生初之仅有者，方术家所谓胎元而已。

【注释】：

［1］成性存存：语出《周易·系辞上》，云：“成性存存，道义之门。”“性”，本性；“存存”，存而又存。指用《周易》的道理修身养性，而成就仁善的德性；并且不断地涵养蕴存这种德性，就是找到了进入天地之道和义理真谛的门户。

［2］维天之命，于穆不已：上天所赋予人的命运，幽远深邃（在冥冥中主宰人的命运）永不停歇。语出《诗经·周颂·维天之命》。

【导读】：

指出性与命相联，人的心性在不断发展、成长。

感而后应者，心得之余也。无所感而应者，性之发也。无所感而兴，若火之始然，泉之始达，然后感而动焉，其动必中，不立私以求感于天下矣。“寂然不动，感而遂通天下之故[1]”，鬼谋[2]也，天化[3]也，非人道也。诚不必豫，待感而通，惟天则然。下此者，草木禽虫与有之，蓍龟之灵[4]是也。

【注释】：

［1］寂然不动，感而遂通天下之故：出自《周易·系辞上》，云："《易》无思也，无为也，寂然不动，感而遂通天下之故。"意思是说《易》无思无为，故"寂然不动"，有感必应，万事皆通，是"感而遂通天下之故"也。

［2］鬼谋：指占卜吉凶。《易·系辞下》："人谋鬼谋，百姓与能。"孔颖达疏："卜筮于鬼神，以考其吉凶，是与鬼为谋也。"

［3］天化：自然的化机。

［4］蓍龟之灵：古人以蓍草与龟甲占卜凶吉，因以指占卜，这里指主占卜吉凶的神灵。

【导读】：

强调无所感的性之发，其动必符合礼。

大匠之巧，莫有见其巧者也。无感之兴，莫有见其兴者也。"明发不寐，有怀二人[1]"，寻过去也。"视于无形，听于无声[2]"，豫未来也。舍其过去未来之心，则有亲而不能事，况天下之亹亹者乎？

【注释】：

［1］明发不寐，有怀二人：语出《诗·小雅·小宛》："明发不寐，有怀二人。"朱熹集传："明发，谓将旦而光明开发也。二人，父母也。"

［2］视于无形，听于无声：语出《礼记·曲礼上》，意谓能在无声之中有所听闻，能在无形之中有所察见。

【导读】：

指出无所感的性之发是难以体悟到的，尤其是不以事亲处体悟就更不能做到。

孩提之童之爱其亲，亲死而他人字[1]之，则爱他人矣。孟子言不学不虑之中，尚有此存，则学虑之充其知能[2]者可知。断章取此以为真，而他皆妄，洵夏虫之于冰[3]也。

【注释】：

［1］字：抚养，养育，教养。

［2］知能：指智慧才能。泛指知性方面的精神活动。

［3］夏虫之于冰：通常写作"夏虫语冰"，比喻人囿于见闻，知识短浅。

典出《庄子集释》卷六下《外篇·秋水》："夏虫不可以语于冰者，笃于时也。"

【导读】：

举孩童爱亲为例说明性之明确为难。

质[1]以忠信为美，德以好学为极。绝学而游心于虚，吾不知之矣。导天下以弃其忠信，陆子静[2]倡之也。

【注释】：

［1］质：事物的根本、特性，本体，本性。《论语·卫灵公》云："君子义以为质，礼以行之。"

［2］陆子静：陆九渊，字子静，抚州金溪（今江西省金溪县）人，南宋哲学家、官员，陆王心学的代表人物。因书斋名"存"，世称存斋先生。又因讲学于象山书院，被称为"象山先生"，学者常称其为"陆象山"。

【导读】：

批判陆九渊提倡游心于虚。

"天下何思何虑[1]"，则天下之有无，非思虑之所能起灭，明矣。妄者犹惑焉。

【注释】：

［1］天下何思何虑：语出《周易·系辞传》，原文云："子曰：'天下何思何虑？天下同归而殊途，一致而百虑。'"

【导读】：

指出客观存在不是人的思维所决定的。

"有不善未尝不知[1]"，豫也，"知而未尝复行"，豫也。诚积于中，故合符而爽者觉。诚之者[2]裕于用，故安驱而之善也轻。

【注释】：

［1］有不善未尝不知：《论语》卷六，孔颖达"正义"云：此章称颜回之德。"哀公问：弟子孰为好学"者，鲁君哀公问于孔子曰："弟子之中，谁为乐于好学者？""孔子对曰：有颜回者好学，不迁怒，不贰过。不幸短命死矣。今也则亡，未闻好学者也"者，孔子对哀公曰："有弟子颜回者，其人好

学。”迁，移也。凡人任情，喜怒违理。颜回任道，怒不过分而当其理，不移易，不迁怒也。人皆有过惮改。颜回有不善，未尝不知；知之，未尝复行，不贰过也。凡事应失而得曰幸，应得而失曰不幸，恶人横夭则惟其常。颜回以德行著名，应得寿考，而反二十九发尽白，三十二而卒，故曰不幸短命死矣。亡，无也。言命则无好学者矣，未闻更有好学者也。

［2］诚之者：《中庸》云：“诚者，天之道也；诚之者，人之道也。诚者，不勉而中，不思而得，从容中道，圣人也。诚之者，择善而固执之者也。”

【导读】：

指出修养中必须做到真诚无妄。

闻善则迁，见过则改，损道也，而非益不能[1]。无十朋之龟[2]为之宝鉴，则奚所迁而又恶得改之道哉？惘于道，则惮于改矣。

【注释】：

［1］损道也，而非益不能：《老子》云：“为学日益，为道日损，损之又损，以至于无为，无为而无不为。取天下常以无事，及其有事，不足以取天下。”此处王船山应是反用其义，必须通过学习才能改过为善。

［2］十朋之龟：谓用以占吉凶、决疑难的十类龟。古人视为大宝。《易·损》：“十朋之龟，弗克违。”王弼注：“朋，党也。龟者，决疑之物也。”孔颖达疏：“朋、党也者，马、郑皆案《尔雅》云：十朋之龟者，一曰神龟，二曰灵龟，三曰摄龟，四曰宝龟，五曰文龟，六曰筮龟，七曰山龟，八曰泽龟，九曰水龟，十曰火龟。”

【导读】：

指出改过为善的重要性。

水之为沤[1]为冰，激之而成，变之失其正也。沤冰之还为水，和而释也。人之生也，孰为固有之质，激于气化之变而成形！其死也，岂遇其和而得释乎！君子之知生者，知良能之妙也。知死，知人道之化也。奚沤冰之足云！张子亦有沤冰之喻[2]，朱子谓其近释氏。

【注释】：

［1］沤：水泡。

［2］张子亦有沤冰之喻：张载《正蒙·动物篇》云："海水凝则冰，浮则沤；然冰之才，沤之性，其存其亡，海不得而与焉。推是足以究死生之说。"

【导读】：

通过生死来理解人性。

至于不可谓之为"无"，而后果无矣。既可曰"无"矣，则是有而无之也。因耳目不可得而见闻，遂躁言之曰"无"，从其小体而蔽也。善恶可得而见闻也，善恶之所自生，不可得而见闻也。是以躁言之曰"无善无恶[1]"也。

【注释】：

［1］无善无恶：语出王阳明《传习录》，原文云："无善无恶心之体，有善有恶意之动，知善知恶是良知，为善去恶是格物。"

【导读】：

从有与无的辨别来论证性无善恶之误。

"我战则克[1]"，慎也。"祭则受福"，慎也。福者，礼成而敏，知神享之，君子以为福莫大焉。慎于物，慎于仪，慎于心，志壹气合，雍雍肃肃，不言而靡争，则礼成而敏，神斯享焉。疾风雷雨不作，灾眚不生，气志之感盛，孝子之养成矣。君子之所谓福也。若《春秋》所记仲遂叔弓之卒，皆人变也。

【注释】：

［1］我战则克：语出《礼记·礼器》，原文云："孔子曰：'我战则克，祭则受福。'盖得其道矣。"意思是说懂得礼的人，碰到战事，一定能够得到胜利，祭祀时，一定能够获得福佑，这是因为得到了至道。

【导读】：

指出慎重对事物、礼仪、内心，会得到神佑，自然有福。

事人，诚而已矣。正己而无求于人，诚也。诚斯上交不谄，下交不渎[1]，故子路问事鬼神[2]，而夫子以事人告之。尽其敬爱，不妄冀求，必无非鬼而祭之谄，再三不告之渎[3]。无他，不以利害交鬼神而已。

【注释】：

［1］上交不谄，下交不渎：语出《易·系辞下》："君子上交不谄，下交

不渎。”意思是说与居高位的人交往，不拍马奉承；与地位低的人交往不骄傲怠慢。

［2］子路问事鬼神：语出《论语·先进》，原文云：“季路问事鬼神。子曰：‘未能事人，焉能事鬼？’曰：‘敢问死。’曰：‘未知生，焉知死？’”

［3］再三不告之渎：语出《易·蒙》，云：“匪我求童蒙，童蒙求我。初噬告，再三渎，渎则不告。”

【导读】：

指出事人敬神均以正己无求为上。

道莫盛于趋时。富贵、贫贱、夷狄、患难，极于俄顷之动静、云为以与物接，莫不有自尽之道[1]。时驰于前，不知乘以有功，逮其失而后继之以悔，及其悔，而当前之时又失矣。故悔者，终身于悔之道也。动悔有悔，终身于葛藟[2]。往而即新，以尽其乾惕[3]，然后得吉焉。故曰吉行[4]，吉在行也。

【注释】：

［1］自尽之道：自尽，尽自己的才力；详尽陈述自己的意见。《书·咸有一德》：“无自广以狭人，匹夫匹妇，不获自尽。”自尽之道，指尽自己才力解决问题之道。

［2］葛藟：《诗经·王风·葛藟》云：“绵绵葛藟，在河之浒。终远兄弟，谓他人父。谓他人父，亦莫我顾。绵绵葛藟，在河之涘。终远兄弟，谓他人母。谓他人母，亦莫我有。绵绵葛藟，在河之漘。终远兄弟，谓他人昆。谓他人昆，亦莫我闻。”后以“葛藟”借指流亡他乡者的怨诗。

［3］乾惕：语出《周易·乾》，云：“君子终日乾乾，夕惕若，厉，无咎。”意思是君子不仅要整天自强不息，勤奋谨慎；而且一天到晚都要心存警惕，好像有危险发生一样，才能免除灾祸，顺利发展。

［4］吉行：谓行必获吉。

【导读】：

阐述道莫盛于趋时。

“君子之过，如日月之食[1]”，更新而趋时尔。以向者之过为悔，于是而有迁就[2]补缀[3]之术，将终身而仅给一过也。

【注释】：

［1］君子之过，如日月之食：语出《论语·子张》，云：“子贡曰：‘君子之过也，如日月之食焉：过也，人皆见之；更也，人皆仰之。’”

［2］迁就：降格相就，曲意迎合。

［3］补缀：指缝补连缀；泛指修补。

【导读】：

指出人应更新趋时而不能止步于“悔”。

“人役而耻为役[1]”。如耻之，莫如为仁。若子路，人告之以有过则喜[2]，善用其耻矣。夫唯不以悔累其心也。

【注释】：

［1］人役而耻为役：语出《孟子·公孙丑上》，原文云：“孟子曰：‘矢人岂不仁于函人哉？矢人唯恐不伤人，函人唯恐伤人。巫匠亦然，故术不可不慎也。孔子曰：“里仁为美。择不处仁，焉得智？”夫仁，天之尊爵也，人之安宅也。莫之御而不仁，是不智也。不仁、不智、无礼、无义，人役也。人役而耻为役，由弓人而耻为弓，矢人而耻为矢也。如耻之，莫如为仁。仁者如射，射者正己而后发。发而不中，不怨胜己者，反求诸己而已矣。’”

［2］若子路，人告之以有过则喜：语出《孟子·公孙丑上》，原文云：“子路，人告之以有过则喜。禹闻善言则拜。”

【导读】：

指出人要知耻。

于不可耻而耻，则移其良耻以从乎流俗，而耻荡然矣。故曰：知耻者，知所耻也。

【导读】：

强调知耻就要知其所耻。

“一以贯之[1]”，圣人久大之成也。“曲能有诚[2]”，圣功专直之通也。未能即一，且求诸贯，贯则一矣。贯者，非可以思虑材力强推而通之也。寻绎其所已知，敦笃其所已能，以熟其仁，仁之熟则仁之全体现，仁之全体既现，则一也。

【注释】：

［1］一以贯之：语出《论语·里仁》，原文云：“子曰：‘参乎！吾道一以贯之’曾子曰：‘唯。’子出，门人问曰：‘何谓也?’曾子曰：‘夫子之道，忠恕而已矣。’”

［2］曲能有诚：语出《中庸》，原文云：“其次致曲，曲能有诚。诚则形，形则著，著则明，明则动，动则变，变则化。唯天下至诚，为能化。”

【导读】：

阐述“一以贯之”就是仁之熟。

“群龙无首[1]”，故一积众精以自强，无有遗也。有首焉，则首一矣，其余不一也。然后以一贯之，不然者而强谓之然，不应者而妄亿[2]其应。佛、老以之，皆以一贯之之术也。

【注释】：

［1］群龙无首：比喻没有领头的，无法统一行动。原意指出现各种龙但不见其首，即不知其全貌或真相。《易·乾》：“用九，见群龙无首，吉。”

［2］亿：通“臆”。臆测，预料。

【导读】：

指出不能勉强以一贯之。

主静，以言乎其时也。主敬，以言乎其气象也。主一，以言乎其量也。摄耳目之官以听于心，盈气以充志，旁行[1]于理之所昭著而不流，雷雨之动满盈，而不先时以发，三者之同功也。

【注释】：

［1］旁行：遍行。《易·系辞上》：“旁行而不流，乐天知命，故不忧。”

【导读】：

指出主静、主敬、主一三者同功。

“天地之生人为贵[1]”，惟得五行敦厚之化，故无速见之慧。物之始生也，形之发知，皆疾于人，而其终也钝[2]。人则具体而储其用，形之发知，视物而不疾也多矣，而其既也敏。孩提始知笑，旋知爱亲，长始知言，旋知敬兄，命日新而性富有也。君子善养之，则耄期[3]而受命[4]。

【注释】：

［1］天地之生人为贵：意思是世上以人为最宝贵。《孝经·圣治》：“天地之性人为贵。人之行莫大于孝，孝莫大于严父。”

［2］钝：迟钝，愚钝。

［3］耄期：高年。《书·大禹谟》：“朕宅帝位，三十有三载，耄期倦于勤。”孔传：“八十、九十曰耄，百年曰期颐。言己年老，厌倦万机。”

［4］受命：受天之命。

【导读】：

指出人命日新而性富有。

程子谓“鸡雏可以观仁[1]”，观天地化机之仁也。君子以之充仁之用而已。

【注释】：

［1］鸡雏可以观仁：《二程集·河南程氏遗书卷第三》：“鸡雏可以观仁。”意谓看到鸡蛋孵化出小鸡，这种自然界“生生”的现象就是仁。《二程集·河南程氏粹言》：“子曰：观生理可以知道。”

【导读】：

指出从自然化机处体仁。

佛、老之初，皆立体而废用。用既废，则体亦无实。故其既也，体不立而一因乎用。庄生所谓“寓诸庸[1]”，释氏所谓“行起解灭[2]”是也。君子不废用以立体，则致曲有诚；诚立而用自行；逮其用也，左右逢原而皆其真体。故知先行后之说，非所敢信也。《说命》曰：“非知之艰，惟行之难。[3]”次第井然矣。

【注释】：

［1］寓诸庸：出自《庄子齐物论》，云：“唯达者知通为一，为是不用而寓诸庸。庸也者，用也；用也者，通也；通也者，得也；适得而几矣。因是已。已而不知其然，谓之道。”意思是惟有领悟了道的人才知道万物本为一体，因此就不用分别的眼光看待事物而是寄之于庸常生活。所谓“庸”，就是在平常日用中去领会；在平常日用中去领会，就可以通达于道；通达于道之后，就可以心意自得；达到心意自得的状态也就差不多了。这也不过就是顺

其自然而已，成了之后却不知其所以然就叫做道。

［2］行起解灭：亦谓“由解起行，行起解绝。”由信解开始修行，当修行生起来时，要把解全都放下。

［3］非知之艰，惟行之难：《尚书·说命中》：“说拜稽首曰：‘非知之艰，行之惟艰。’”孔传：“言知之易，行之难。”

【导读】：

批评了佛、道的以用废体，强调行为其本。

百物不废，故惧以终始[1]。于物有废，偷安而小息，亦为之欣然，学者之大害也。人欲暂净，天理未远，介然而若脱于桎梏，其几可乘，而息肩之心起矣，危矣哉！惧以终始，故愤；百物不废，故乐。愤乐互行，阴阳之才各尽则和。和而后与道合体。

【注释】：

［1］百物不废，故惧以终始：意是万物之间互相都有一种关系存在，一直都应该有敬畏之心。《易经·系辞下传》云：“危者使平，易者使倾，其道甚大，百物不废，惧以终始，其要无咎，此之谓易之道也。”

【导读】：

指出人应该理解万物之间的关系，始终谨慎小心，与道合体。

极深而研几[1]，有为己、为人之辨焉。深者，不闻不见之实也；几者，隐微之独也。极之而无间，研之而审，则道尽于己而忠信立。忠信立，则志通而务成，为己之效也。求天下之深而极之，迎天下之几而研之，敝敝[2]以为人而丧己，逮其下流，欲无为权谋术数之渊薮，不可得也。

【注释】：

［1］研几：亦作“研机”。穷究精微之理。《易·系辞上》：“夫易，圣人之所以极深而研几也。”

［2］敝敝：疲困貌。

【导读】：

分析极深研几之为己为人的不同。

言无我者，亦于我而言无我尔。如非有我，更孰从而无我乎！于我而言无我，其为淫遁之辞可知。大抵非能无我，特欲释性流情，恣轻安以出入尔。否则惰归之气[1]，老未至而耄[2]及之者也。公者，命也，理也，成之性也。我者，大公之理所凝也。吾为之子，故事父。父子且然，况其他乎！故曰："万物皆备于我。[3]"有我之非私，审矣。迭为宾主，亦飨舜，尧之无我也。《春秋》书归郓、讙、龟阴之田，自序其绩，孔子之无我也。无我者，为功名势位而言也，圣人处物之大用也。于居德之体而言无我，则义不立而道迷。

【注释】：

［1］惰归之气：惰性回归之气。

［2］耄：形容年老，引申为昏乱之义。

［3］万物皆备于我：指世上的一切完全为我所有，语出《孟子·尽心上》。

【导读】：

强调这是从修德的角度来说，有我必有其所负之责；从功名权势角度来说，无我是处物的大原则。

有性之理，有性之德。性之理者，吾性之理即天地万物之理，论其所自受，因天因物，而仁义礼知浑然大公[1]，不容以我私之也。性之德者，吾既得之于天而人道立，斯以统天而首出万物，论其所既受，既在我矣，惟当体之知能为不妄，而知仁勇之性情功效效乎志以为撰，必实有我以受天地万物之归，无我则无所凝矣。言无我者，酌于此而后不徇辞以贼道[2]。

【注释】：

［1］浑然大公：完整不可分割的公理。

［2］贼道：损害仁义之道。

【导读】：

指出"我"能知天地万物之理，又是接受天地万物之理且用的载体。

"鱼在于渚，或潜于渊[1]"，逐物者不能得也。故君子为己而天下之理得矣。

【注释】：

［1］鱼在于渚，或潜于渊：出自《诗·小雅·鹤鸣》，原文云："鹤鸣于九皋，声闻于野。鱼潜在渊，或在于渚。"

【导读】:

强调君子修德为己必得天下之理。

耳目口体互相增长以为好恶，则淫矣。淫于众人之淫习，舍己而化之，则溺矣。耳目口体各止其所，节自具焉。不随习以迁，欲其所欲，为其所为，有过则知，而节可见矣。“艮其背，不获其身”，背非身也，不于身获之。“行其庭，不见其人”，身非人也，不于人见之。能止其所，遏恶之要也。循而持之，安而中节，耳顺、从欲不逾矩[1]，自此驯致[2]。

【注释】:

[1] 耳顺、从欲不逾矩：语出《论语·为政》，原文云：“子曰：‘吾十有五而志于学，三十而立，四十而不惑，五十而知天命，六十而耳顺，七十而从心所欲，不逾矩。’”

[2] 驯致：亦作“驯至”。逐渐达到；逐渐招致。《易·坤》：“履霜坚冰，阴始凝也；驯致其道，至坚冰也。”

【导读】:

强调修养要循而持之，安而中节。

己十九而非己也。天下善人恒少，不善人恒多。诐而淫，邪而遁，私欲私意，不出于颎[1]而迭为日新。喜其新而惊为非常之美，惊喜移情而遂据为己之畛域，故曰“习与性成”。苟能求其好恶之实而不为物迁，虽不即复于礼，不远矣。故曰“为仁由己”。

【注释】:

[1] 不出于颎：语出《诗·小雅·无将大车》，云：“无思百忧，不出于颎。”郑玄笺：“思众小事以为忧，使人蔽暗，不得出于光明之道。”一说为忧愁；心烦耳热。朱熹集传：“颎，与耿同，小明也。在忧中耿耿然不能出也。”

【导读】:

指出辨善恶不为物迁，才能做到为仁由己。

佛、老之言，能动刍荛而警之。然刍荛可询而佛、老不可询，何也？“人之患，在好为人师[1]”，但好为师，则无父无君，皆可不恤。刍荛[2]，无为师之心也，以刍荛视佛、老而夺其为师之说，可也；片辞[3]有采于其为师之说，隐恶而扬善，不可也。隐恶扬善，则但得其为师之邪，而不知用其刍荛也。

【注释】：

［1］人之患，在好为人师：语出《孟子·离娄上》。

［2］刍荛：指割草打柴的人。

［3］片辞：亦作“片词”。简短的言词。

【导读】：

批判佛、老对大众的影响。

不出于颎，一间而已矣。舜与蹠[1]之分，利与善之间也。尽用其视听心思于利害，则颎。超于利害，则如日月之明离于重云之中，光明赫然，不可涯量[2]。

【注释】：

［1］蹠：亦作“跖”，相传为古时民众起义的领袖，又为盗贼或盗魁的代称。

［2］涯量：限度；限量。

【导读】：

指出不趋于利而为善，则光明赫然。

因得失而有利害[1]。利害生而得失隐昏也。不昧于利害之始，则动微而吉先见，奚利害之足忧！驰驱于生死之涂，孰为羿之彀中[2]乎？

【注释】：

［1］利害：利益和损害；利弊。《易·系辞下》：“情伪相感而利害生。”韩康伯注：“情以感物则得利，伪以感物则致害也。”

［2］彀中：弩射程所及的范围，比喻圈套、陷阱。

【导读】：

指出不要陷入得失利害之中。

待物感之不交而后欲不妄，待闻见之不杂而后意不私，难矣哉！故为二氏[1]之学者，未有能守之终身者也。推而极之于其意之萌，未有能守之期月者也。

【注释】:

［1］二氏：佛、道两家。韩愈《重答张籍书》：“今夫二氏之所宗而事之者，下乃公卿辅相，吾岂敢昌言排之哉？”

【导读】:

指出佛、道二氏之学不能守终身。

以天下而试吾说，玩人丧德[1]之大者也。尽其才以应天下，发己自尽，循物无违，奚伎俩[2]之可试哉！

【注释】:

［1］玩人丧德：戏弄他人，以致失去做人的道德。《尚书·旅獒》：“不役耳目，百度惟贞，玩人丧德，玩物丧志。”

［2］伎俩：是指技能、手段的意思，尤指不正当的手段。

【导读】:

指出不能以天下为自己学说的试验品。

为因物无心之教者，亦以天下而试吾无心之伎俩者也。无所不用其极之谓密。密者，圣人之藏，异端窃之以为诡秘[1]。

【注释】:

［1］诡秘：隐秘不易捉摸。

【导读】:

指出异端窃儒学思想为己用。

气者，理之依也。气盛则理达。天积其健盛之气，故秩叙条理，精密变化而日新[1]。故天子之齐，日膳大牢，以充气而达诚也。天地之产，皆精微茂美之气所成。人取精[2]以养生[3]，莫非天也。气之所自盛，诚之所自凝，理之所自给，推其所自来，皆天地精微茂美之化。其酝酿变化，初不丧其至善之用。释氏斥之为鼓粥饭气，道家斥之为后天之阴，悍而愚矣。

【注释】:

［1］日新：每天都在更新，每月都有变化。指发展或进步迅速，不断出现新事物、新气象。《礼记·大学》：“苟日新，日日新，又日新。”

［2］取精：原出“取精用弘”，谓从大量材料中选取精华充分加以运用。

语出《左传·昭公七年》："蕞尔国，而三世执其政柄，其用物也弘矣，其取精也多矣。"

［3］养生：保养身体，维持生命。

【导读】：

指出理依于气，而人类所有均源于物质世界，释、道的指责是没有道理的。

"先天而天弗违[1]"，人道之功大矣哉！邵子乃反谓之后天。

【注释】：

［1］先天而天弗违：语出《周易·乾·文言》："先天而天弗违，后天而奉天时，天且弗违，而况于人乎，况于鬼神乎。"意思是先于天时而天不违背人意，后于天而人则尊奉天时。前者是说，兴人事得天相合；后者是说，人知晓天时或天理而奉行之。

【导读】：

指出人要在天影响人之先体察天意而有所作为，这就是人道最大的功劳，邵雍认识不清反说这是后天之为。

知见之所自生，非固有[1]。非固有而自生者，日新之命也。原知见之自生，资于见闻。见闻之所得，因于天地之所昭著，与人心之所先得。人心之所先得，自圣人以至于夫妇，皆气化之良能也。能合古今人物为一体者，知见之所得，皆天理之来复而非外至矣。故知见不可不立也，立其诚也。介然恃其初闻初见之知为良能，以知见为客感[2]，所谓不出于颍者也，悲夫！

【注释】：

［1］固有：本来就有。《易·益》："益用凶事，固有之也。"明王守仁《传习录》卷中："是盖性分之所固有，而非有假于外者。"

［2］客感：非固有的，来于外的认识。

【导读】：

分析知见的来源。

尧、舜、禹、汤、文、武、周、孔相师而道不同，无忌惮之小人[1]不相师而所行若合符节。道理一而分殊[2]。不学不虑[3]，因意欲[4]而行，则下流同归也。谓东海西海此心此理之同者，吾知其所同矣。

【注释】：

［1］无忌惮之小人：语出《礼记·中庸》："小人之中庸也，小人而无忌惮也。"

［2］道理一而分殊：常写作为"理一分殊"，是中国宋明理学里讲"一理"与"万物"关系的重要命题，源于唐代华严宗和禅宗。华严宗在四法界中讲理法界和事法界时，认为理是全遍，不是分遍。所谓理一分殊，就是说天地间有一个理，而这个理又能在万事万物之中得以体现，即每个事物中存在自己的一个理。朱熹是用"太极"的观点来论述这一思想的。

［3］不学不虑：《明儒学案·南中王门学案一》云：王龙溪曰："良知者，不学不虑，自然之明觉，无欲之体也。吾人不能纯于无欲，故有致知之功。学也者，复其不学之体也；虑也者，复其不虑之体也。故学虽博而守则约，虑虽百而致则一，非有假于外也。若见闻测识之知，从门而入，非良知之本然矣。吾人谨于步趋，循守方圆，谓之典要；致知之学，变动周流，惟变所适。盖规矩在我，而方圆自不可胜用，此实毫厘之辩也。"此处应该是用其字面意义。

［4］意欲：欲望。

【导读】：

强调圣人是理一分殊，小人是意欲相同。

上天下地曰宇，往古来今曰宙，虽然，莫为之郛郭[1]也。惟有郛郭者，则旁有质而中无实，谓之空洞[2]可矣，宇宙其如是哉！宇宙者，积而成乎久大者也。二气絪缊，知能不舍，故成乎久大。二气絪缊而健顺章，诚也。知能不舍而变合禅，诚之者也。谓之空洞而以虚室触物之影为良知，可乎！

【注释】：

［1］郛郭：外城。《韩非子·难二》："赵简子围卫之郛郭。"

［2］空洞：物体内的空隙，不着边际，缺乏实质内容，空虚而无内涵。

【导读】：

论述何为宇宙，二气絪缊成乎久大。

不玩空而丧志[1]，不玩物而骄德，信天地之生而敬之。言性道而能然者，鲜矣。

【注释】:

［1］玩空而丧志：沉溺于虚无之说而丧失其志。

【导读】:

指出性道为实。

病则喜寂，哀则喜愍。喜者，阳之舒；寂、愍者，阴之惨。阴胜而夺其阳，故所喜随之而移于阴，非病与哀，则小人而已矣。“帝出乎震[1]”，“震来虩虩，笑言哑哑[2]”；乐在其中矣。故曰“吾未见刚者[3]”。喜流于阴柔，而以呴沫[4]为仁，以空阒[5]为静者，皆女子小人之道也。

【注释】:

［1］帝出乎震：语出《周易·说卦传》：“帝出乎震，齐乎巽，相见乎离，致役乎坤，说言乎兑，战乎乾，劳乎坎，成言乎艮。”“帝”指天帝、上帝，统治万物的“上天”，也可以理解统治万物的“天道”。在中国的传统文化思想之中，认为有一种力量在决定着宇宙中的一切、主宰着宇宙中的一切。“震”是八卦之一，在文王的后天八卦图中居于东方，五行属木。

［2］震来虩虩，笑言哑哑：语出《周易》，云：“震：亨。震来虩虩，笑言哑哑，震惊百里，不丧匕鬯。”虩虩，恐惧的样子。哑哑，笑声。

［3］吾未见刚者：语出《论语·公冶长第五》：“子曰：‘吾未见刚者。’或对曰：‘申枨。’子曰：‘枨也欲，焉得刚？’”

［4］呴沫：语出《庄子·大宗师》。喻指抚慰或救助。

［5］空阒：空虚而寂静。

【导读】:

批判释、道及阳明之说。

“形而下者谓之器[1]”，器则老子所谓“当其无、有车器之用[2]”也。君子之所贵者道也，以诚体物也，车器云乎哉！

【注释】:

［1］形而下者谓之器：语出《易经·系辞》：“形而上者谓之道，形而下者谓之器，化而裁之谓之变；推而行之谓之通，举而措之天下之民，谓之事业。”“形而上者谓之道，形而下者谓之器”，形而上的东西就是指道，既是指

哲学方法，又是指思维活动；形而下则是指具体的，可以捉摸到的东西或器物。

［2］当其无、有车器之用：语出《老子》，云：“三十辐共一毂，当其无，有车之用。埏埴以为器，当其无，有器之用。凿户牖以为室，当其无，有室之用。故有之以为利，无之以为用。”三十根辐条汇集到毂中的孔洞当中，有了车毂中空的地方，才有车的作用。揉和陶土做成器皿，有了器具中空的地方，才有器皿的作用。开凿门窗建造房屋，有了门窗四壁内的空虚部分，才有房屋的作用。所以，“有”给人便利，“无”发挥了它的作用。

【导读】：

阐述器与道。

无心而待用者，器而已矣。镜与衡，皆器也。“君子不器[1]”，而谓圣人之心如镜空衡平，可乎？镜能显妍媸[2]而不能藏往，衡能测轻重而随物以轻重：本无故也。明其如日乎，继明以照于四方也。平其如水平，维心横行险而不失其信也。继，恒也，信，恒也，有恒者，圣功之藏也。

【注释】：

［1］君子不器：君子不像器具那样，作用仅仅限于某一方面。用于赞美别人多才多艺。语出《论语·为政》，云：“子曰：‘君子不器。’”

［2］妍媸：表示美和丑，出于《文赋》。

【导读】：

辨析“君子不器”。

“道远人则不仁[1]”，张子。夫孰能远人以为道哉！杨、墨、佛、老，皆言人也，诞而之于言天，亦言人也，特不仁而已矣。人者，生也。生者，有也。有者，诚也。礼明而乐备，教修而性显，彻乎费隐[2]而无不贯洽[3]之谓仁。窃其未有之几，舍会通之典礼，以邀变合往来之几，斯之谓远人已耳！

【注释】：

［1］道远人则不仁：语出张载《正蒙·至当篇》。

［2］费隐：谓政治主张不同则隐居不仕。语出《礼记·中庸》：“君子之道，费而隐。”郑玄注：“言可隐之节也。费犹佹也，道不费则仕。”孔颖达疏：“言君子之人，遭值乱世，道德违费，则隐而不仕；若道之不费，则当

仕也。”

[3] 贯洽：融会贯通。

【导读】：

论述“道不远人”之理，批判杨、墨、佛、老远人不仁。

“谦亨，君子有终。[1]”君子望道未见，而爱人不忍伤之，故能有终。小人欲取固与[2]，柔逊卑屈以行其钩致[3]之术，则始于谦恒者，终于行师[4]，谦不终矣。谦者，仁之不容已，而或流于忍，故戒之。

【注释】：

[1] 谦亨，君子有终：语出《易·谦》：“谦：亨。君子有终。”言谦虚则亨通，君子得好的结局。

[2] 欲取固与：语出《老子》，云：“将欲取之，必固与之。”

[3] 钩致：钩取深处的，招致远方的。

[4] 行师：用兵；出兵。《易·豫》：“豫，利建侯行师。”

【导读】：

解释“谦亨，君子有终”。

先难则愤，后获则乐[1]，“地道无成[2]”，顺之至也。获与否无所不顺，其乐不改，则老将至而不衰。今之学者姚江之徒。速期一悟之获，幸而获其所获，遂恣以佚乐[3]。佚乐之流，报以尫羸[4]惰归之戚，老未至而耄及之，其能免乎？

【注释】：

[1] 先难则愤，后获则乐：《论语·雍也》：“仁者先难而后获，可谓仁矣。”意谓先劳苦而后才有收获，谓只问自己的努力如何，而不计较得失。朱熹《答林退思书》：“故夫子尝以先难后获为仁，又以先事后得为崇德。”

[2] 地道无成：语出《易传·文言》：“阴虽有美，含之以从王事，弗敢成也。地道也，妻道也，臣道也。地道无成而代有终也。”意思是说阴虽有柔顺谦让之美，却不显扬，随从君王治国平天下，也不敢归功于己。这正是地道的法则，妻道的法则，臣道的法则。地的法则就是成功不必在我，别人的成功，也即是自己的成功。

[3] 佚乐：悠闲安乐。《商君书·算地》：“羞辱劳苦者，民之所恶也；

显荣佚乐者，民之所务也。”

［4］ 卼臲：动摇不安貌。《易·困》：“困于葛藟，于臲卼。”

【导读】：

强调不懈努力才能成功，批评阳明之学走捷径。

诚则形，形乃著明，有成形于中，规模条理未有而有，然后可著见而明示于天下。故虽视不可见，听不可闻，而为物之体历然矣。当其形也，或谓之“言语道断[1]”，犹之可也；谓之“心行路绝[2]”，可乎！心行路绝则无形，无形者，不诚者也。不诚，非妄而何！

【注释】：

［1］ 言语道断：原为佛家语，指意义深奥微妙，无法用言辞表达。后指不能通过交谈、谈判的方法解决问题。《缨珞经》：“言语道断，心行所灭。”

［2］ 心行路绝：佛学术语，又云心行处灭言语道断。究竟之真理，言语之道断而不可言说。心念之处灭而不可思念也。心行者心念之异名，心者迁流于刹那，皆云心行。璎珞经下曰：“一切言语断道心行处灭。”维摩经阿閦佛品曰：“一切言语道断。”止观五上曰：“言语道断，心行处灭，故名不可思议境。”仁王经中曰：“心行处灭，言语道断。同真际，等法性。”俗作“同断”者误。

【导读】：

指出诚能以形示，而佛教所谓“心行路绝”是错误的。

“名之必可言[1]”，言或有不可名者矣。“言之必可行”，行或有不容言者矣。能言乎名之所不得限，则修辞之诚尽矣。能行乎言之所不能至，则藏密[2]之用备矣。至于行而无所不逮，行所不逮者，天也，非人之事也。天之事，行不逮而心喻之，心止矣，故尽心则知天。放其心于心行路绝者，舍心而下从乎意以迁流[3]者也。志神气交竭。其才笃实[4]以发光辉，谓之尽心。

【注释】：

［1］ 名之必可言：语出《论语·子路》，原文云：“子曰：‘野哉！由也！君子于其所不知，盖阙如也。名不正，则言不顺；言不顺，则事不成；事不成，则礼乐不兴；礼乐不兴，则刑罚不中；刑罚不中，则民无所措手足。故君子名之必可言也，言之必可行也，君子于其言，无所苟而已矣。’”

［2］藏密：应指“退藏于密”，意思是后退隐藏于秘密之处，不露行迹。谓哲理精微深邃，包容万物。《易·系辞上》：“圣人以此洗心，退藏于密，吉凶与民同患，神以知来，知以藏往。”韩康伯注：“言其道深微，万物日用而不能知其原，故曰退藏于密，犹藏诸用也。”宋王安石《涟水军淳化院经藏记》：“盖有见于无思无为，退藏于密，寂然不动者，中国之老庄，西域之佛法也。”宋朱熹《中庸章句》引程子曰：“其书始言一理，中散为万事，末复合为一理，放之则弥六合，卷之则退藏于密，其味无穷，皆实学也。”

［3］迁流：流动；移动不定。

［4］笃实：忠诚老实，实在，坚实。语出自《易·大畜》：“大畜刚健，笃实辉光，日新其德。”

【导读】：

分析名与言及行，必须尽心知天。

不识，无迹可循，不能为之名也。不知，不豫测其变也。知能日新，则前未有名者也，礼缘义起。俟命不贰[1]，则变不可知者，冥升不息[2]。以斯而顺帝之则[3]，乃无不顺也。识所不逮，义自喻焉，况其识乎！知所不豫，行且通焉，况其知乎！此文王之德之纯也，非谓绌识泯而后帝则可顺也。

【注释】：

［1］俟命不贰：语出《孟子·尽心上》，原文云：“夭寿不贰。修身以俟之，所以立命也。”

［2］冥升不息：《易·升》：“上六，冥升，利于不息之贞。”孔颖达疏：“冥升者，冥犹暗也，处升之上，进而不已，则是虽冥犹升也。”后谓不断向上攀登。

［3］顺帝之则：语出《诗·大雅·皇矣》，云：“帝谓文王：予怀明德，不大声以色，不长夏以革。不识不知，顺帝之则。帝谓文王：詢尔仇方，同尔弟兄。以尔钩援，与尔临冲，以伐崇墉。”“顺帝之则”，意思是顺乎自然法则。

【导读】：

指出识知并不是最重要的，要认真地顺天而行。

诚于为，则天下之亹亹者皆能生吾之心。物，无非天象也。变，无非天化也。凶吉、得失、亨利、悔吝，无非天教也。或导之以顺，或成之以逆，无不受天之诏。故曰“帝谓文王，无然畔援，无然歆美[1]”，诚于为而已矣。

【注释】：

［1］帝谓文王，无然畔援，无然歆羡：语出《诗·大雅·皇矣》：“帝谓文王，无然畔援，无然歆羡。”朱熹集传：“歆，欲之动也；羡，爱慕也。”无然，是指不要这样。畔援，亦作“畔换”，亦作“畔涣”，指跋扈，专横暴戾。

【导读】：

阐述“诚于为”。

天继，故善。圣人缉[1]，故熙。人能有恒，则曲能有诚而形著明矣。

【注释】：

［1］圣人缉，故熙：典出《晏子春秋》，云：“晏子至，楚王赐晏子酒，酒酣，吏二缚一人诣王。王曰：‘缚者曷为者也?’对曰：‘齐人也，坐盗。’王视晏子曰：‘齐人固善盗乎?’晏子避席对曰：‘婴闻之，橘生淮南则为橘，生于淮北则为枳，叶徒相似，其实味不同。所以然者何? 水土异也。今民生长于齐不盗，入楚则盗，得无楚之水土使民善盗耶?’王笑曰：‘圣人非所与熙也，寡人反取病焉。’”

【导读】：

指出继天而成善，则诚。

能一能十[1]，非才之美者也。能百能千而不厌不倦，其才不可及已。得天之健，故不倦。得地之顺，故不厌。好学、力行、知耻皆秉此以为德。其有恒者，生知安行者也。

【注释】：

［1］能一能十：语出《礼记·中庸》：“人一能之，己百之；人十能之，己千之。果能此道矣，虽愚必明，虽柔必强。”

【导读】：

指出付出比别人百倍的努力才能修德成功。

吉凶成败皆有自然之数，而非可以人力安排。淡于利欲者，廓其心于俯仰倚伏之间而几矣。乃见仅及此，而以亿天理之皆然，遂以谓莫匪自然，而学问、思辨、笃行皆为增益，而与天理不相应，是以利之心而测义也，陋矣！故人心不可以测天道，道心[1]乃能知人道。言自然者虽极观物知化[2]之能，亦尽人心之用而已。尽其心者，尽道心也。

【注释】:

［1］道心：它指人天生的仁、义、礼、智、信之心，即儒家“五常”，其与“人心”的对称，成正比，道心越胜，人心越善，道业越深；反之，亦然。

［2］观物知化：观万物而知天地变化。

【导读】:

指出要以道心率人心。

禹之治水，行其所无事，循乎地中，相其所归，即以泛滥之水为我用，以效濬涤之功[1]。若欲别凿[2]一空洞之壑以置水，而冀中国之长无水患，则势必不能，徒妄而已，所谓凿也。言性者舍固有之节文条理，凿一无善无恶之区以为此心之归，讵不谓之凿乎！凿者必不能成，迨其狂决奰发[3]，舍善而趋恶如崩，自然之势也。

【注释】:

［1］濬涤之功：疏通、导流之功。

［2］凿：穿凿。

［3］奰发：勃发。

【导读】:

指出对于人性只能按其规律导引而不能凿空乱引。

心浮乘于耳目而遗其本居[1]，则从小体。心不舍其居而施光辉于耳目，则从大体。虽从大体，不遗小体，非犹从小体者之遗大体也。

【注释】:

［1］本居：此处指原居之处，籍贯。

【导读】:

指出应从理性而信从感性。

天不言，物不言，其相授受，以法象相示而已。形声者，物之法象[1]也。圣人体天以为化，故欲无言。言者，人之大用也，绍天有力而异乎物者也。子贡求尽人道，故曰："子如不言，则小子何述焉?[2]"竖指摇拂[3]，目击道存[4]者，吾不知之矣。

【注释】:

［1］法象：古代哲学术语。对自然界一切事物现象的总称。《易·系辞上》："是故法象莫大乎天地，变通莫大乎四时。"宋张载《正蒙·太和》："凡天地法象，皆神化之糟粕尔。"

［2］子如不言，则小子何述焉：语出《论语·阳货》，云："子曰：'予欲无言。'子贡曰：'子如不言，则小子何述焉？'子曰：'天何言哉？四时行焉，百物生焉。天何言哉？'"

［3］竖指摇拂：疑指禅宗悟道的方式。

［4］目击道存：意思是形容悟性好，眼睛一看便知道"道"存在着。《庄子·田子方》："仲尼曰：'若夫人者，目击而道存矣，亦不可以容声矣。'"

【导读】:

指出语言可以表现事物的现象，人们可以由语言求其道。

子孙，体之传也。言行之迹，气之传也。心之陟降，理之传也。三者各有以传之，无戕贼[1]污蚀之，全而归之[2]者也。

【注释】:

［1］戕贼：伤害，残害。

［2］全而归之：《老子》："夫唯不争，故天下莫能与之争，古之所谓曲则全者，岂虚言哉。诚全而归之。"《礼记·祭义》："父母全而生之，子全而归之，可谓孝矣。不亏其体，不辱其身，可谓全矣。"

【导读】:

指出人体、言行、理，均为传承，不能损害，要完整无缺传承归依。

但为魂，则必变矣。魂日游而日有所变，乃欲拘其魂而使勿变，魏伯阳[1]、张平叔[2]之鄙也，其可得乎！魂之游变，非特死也，死者，游之终尔。故鬼神之事，吾之与之也多矣，灾祥、险易、善恶、通否[3]日生于天地之间者，我恒与之矣。唯居大位、志至道者，为尤盛焉。

【注释】：

［1］魏伯阳：东汉著名的黄老道家、炼丹理论家，名翱，字伯阳，道号云牙子，会稽上虞（今浙江省绍兴市上虞区）人，生性好道，不肯仕宦，闲居养性，时人莫知之。其所著的《周易参同契》，五行相类，共三卷，是现存系统阐述炼丹理论的最早著作。该书思想来源本于黄老与《周易》，并参考古炼丹术及炼丹古书，假借爻象，以论作丹之意，奠定了道教丹鼎学说的理论基础。

［2］张平叔：张伯端，字平叔，号紫阳、紫阳仙人，后改名用成（或用诚）。人称"悟真先生"，传为"紫玄真人"，又尊为"紫阳真人"。北宋时天台（今浙江临海）人。自幼博览三教经书，涉猎诸种方术。《悟真篇·序》云："仆幼亲善道，涉躐三教经书，以至刑法书算、医卜战阵、天文地理、吉凶死生之术，靡不留心详究"。曾中进士，后谪戍岭南。曾于成都遇仙人（一说此仙人即为刘海蟾）授道，后著书立说，传道天下。北宋元丰五年（1082）仙逝，飞升前留有《尸解颂》一首："四大欲散，浮云已空，一灵妙有，法界通融。"

［3］通否：犹否泰。指命运好坏、仕途升降等。

【导读】：

论鬼神。

"惠迪吉，从逆凶[1]"之不差，居天下之广居者，如视诸掌。欲速见小者不能知尔。

【注释】：

［1］惠迪吉，从逆凶：语出《尚书·大禹谟》，云："禹曰：'惠迪吉，从逆凶，惟影响。'"意思是说顺着正道就吉祥，跟着逆行就凶险，这就像影子随形、声音有回响一样。

【导读】：

指出要顺天而从。

习气熺然[1]充满于人间，皆吾思齐自省[2]之大用，用大，则体非妄可知。勿以厌恶之心当之，则心洗而藏密矣。"三人行必有我师[3]"，非圣人灼知天地充塞无间之理，不云尔也。

【注释】：

［1］熺然：光明貌。

［2］思齐自省：语出《论语·里仁》：“见贤思齐焉，见不贤而内自省也。”

［3］三人行必有我师：出自《论语·述而》。原文是：“子曰：‘三人行，必有我师焉；择其善者而从之，其不善者而改之。’”

【导读】：

指出向他人学习的重要性。

无妄，灾也[1]。灾而无妄，孰为妄哉？故孟子言好色好货，于王何有。眚且不妄[2]，而况灾乎！“诚者，天之道也[3]”，无变而不正也，存乎诚之者尔。

【注释】：

［1］无妄，灾也：语出《周易大传·杂卦传》：“损、益盛衰之始也。大畜，时也。无妄，灾也。萃聚而升不来也。谦轻而豫怠也。”

［2］眚且不妄：语出《周易·无妄》：“上九，无妄行有眚，无攸利。”眚，灾祸。此句犹说：处无妄之时行则有灾祸。上九爻处卦之终，终则有变，无妄变有妄。

［3］诚者，天之道也：语出《中庸》：“诚者，天之道也；诚之者，人之道也。”

【导读】：

指出要以真诚无妄的态度对待天道。

“形色，天性也[1]”，故身体发肤，不敢毁伤[2]，毁则灭性以戕天矣。知之，始有端；志之，始有定；行之，始有立。其植不厚而以速成期之，则必为似忠似信似廉洁者所摇，仁依姑息[3]，义依曲谨[4]，礼依便僻[5]，知依纤察[6]。天性之善，皆能培栽而覆倾，如物之始蒙，勿但忧其稚弱。正恐欲速成而依非其类，则和风甘雨亦能为之伤，故曰“蒙以养正[7]”。养之正者，学以聚之，问以辨之，宽以居之，仁以行之，则能不依流俗之毁誉，异端之神变，以期速获而丧其先难，故曰“利御寇[8]”。

【注释】：

［1］形色，天性也：语出《孟子尽心上》，云："孟子曰：'形色，天性也；惟圣人然后可以践形。'"意思是：孟子说形体容貌是天生的，只有成了圣人才能无愧于（他的）形体容貌。

［2］身体发肤，不敢毁伤：出自《孝经·开宗明义》："身体发肤，受之父母，不敢毁伤，孝之始也。立身行道，扬名后世，以显父母，孝之终也。"

［3］姑息：苟且求安，无原则地宽恕别人；迁就，纵容，不加限制，出于照顾或好心肠而迁就或容忍。

［4］曲谨：谨小慎微。

［5］便僻：谄媚逢迎。《论语·季氏》："友便辟，友善柔，友便佞，损矣。"邢昺疏："便辟，巧辟人之所忌以求容媚者也。"

［6］纤察：苛察，苛求。

［7］蒙以养正：指从童年开始，就要施以正确的教育。语出《易·蒙》："蒙以养正，圣功也。"

［8］利御寇：典出《周易》卷一《蒙卦》，原文云："上九，击蒙。不利为寇，利御寇。"王弼注："击去童蒙，以发其昧。"击，一本作："系"。意思是说在敲击振聩蒙昧时，千万不宜过急过激，不然将激化矛盾，反而酿成仇寇；但如治理蒙昧得当，自当防止了仇寇的发生。也即是说在治理蒙昧时，千万不要导致仇寇，而要防止仇寇的发生。

【导读】：

指出童蒙的教育从爱护身体发肤开始，从知、志、行着手，不求速成。

"默而成之[1]"，乐也。"不言而信[2]"，礼也。乐存乎德，礼存乎行，而乐以养德，礼以敦行，礼乐德行，相为终始。故君子之于礼乐，不以斯须[3]去身。然则无礼之则而言尚行，无乐之意而言养德者，其为异端可知已。

【注释】：

［1］默而成之：谓躬行不言，默而成事。语出《易·系辞上》："默而成之，不言而信，存乎德行。"

［2］不言而信：旧指君子不用说什么就能得到别人的信任。形容有崇高的威望。《庄子·田子方》："夫子不言而信，不比而周。"

［3］斯须：片刻，一会儿。

【导读】:

指出乐与礼的不同功用：乐潜移默化，礼身体力行，相辅相成；提醒人们注意异端在此认识方面的错误。

知崇法天[1]，天道必下济而光明。礼卑法地，或从王事，则知光大与天洁矣。天一而人之言之者三：有自其与地相细缊化成而言者，有自清晶以施光明于地而言者，有以空洞无质与地殊绝而言者。与地殊绝而空洞无质，讵可以知法乎！法其与地细缊成化者以为知，其不离乎礼固已。即其清晶以施光明于地者，亦必得地而光明始凝以显。不然，如置灯烛于辽廓之所，不特远无所丽，即咫尺之内亦以散而昏。彼无所丽而言良知者，吾见其咫尺之内散而昏也。

【注释】:

［1］法天：出自《老子》，原文云："有物混成，先天地生。寂兮寥兮，独立而不改，周行而不殆，可以为天地母。吾不知其名，字之曰道，强为之名曰大。大曰逝，逝曰远，远曰反。故道大，天大，地大，人亦大。域中有四大，而人居其一焉。人法地，地法天，天法道，道法自然。"

【导读】:

从天、地、人的关系讨论天、地、人之实有，并指出阳明良知说的谬误。

知者，知礼者也。礼者，履其知也。履其知而礼皆中节，知礼则精义入神，日进于高明而不穷。故天地交而泰，天地不交而否。是以为良知之说者，物我相拒，初终相反，心行相戾，否道[1]也。

【注释】:

［1］否道：壅蔽之道。

【导读】:

从知与礼的关系批良知之说。

"苟志于仁矣，无恶也。[1]"物之感，己之欲，各归其所，则皆见其顺而不逾矩，奚恶之有？灼然见其无恶，则推之好勇、好货、好色而皆可善，无有所谓恶也。疑恶之所自生以疑性者，从恶而测之尔。志于仁而无恶，安有恶之所从生而别为一本哉！言性之善，言其无恶也。既无有恶，则粹然一善而已矣。有善者，性之体也；无恶者，性之用也。

【注释】：

［1］苟志于仁矣，无恶也：语出《论语·里仁》：子曰："苟志于仁矣，无恶也。"

【导读】：

指出从志于仁则无恶，论述性善以及其体与用。

从善而视之，见性之无恶，则充实而不杂者显矣。从无恶而视之，则将见性之无善，而充实之体堕矣。故必志于仁，而后无恶。诚，无恶也，皆善也。苟志于仁，则无恶；苟志于不仁，则无善，此言性者之疑也。乃志于仁者，反诸己而从其源也，志于不仁者，逐于物而从其流也。体验乃实知之。夫性之己而非物、源而非流也明矣，奚得谓性之无善哉！

【导读】：

指出视角可能致误，据仁为要。

气质之偏[1]，则善隐而不易发、微而不克昌者有之矣，未有杂恶于其中者也。何也？天下固无恶也，志于仁则知之。

【注释】：

［1］气质之偏：张载《正蒙·诚明篇》："人之刚柔、缓急、有才与不才，气之偏也。"

【导读】：

指出本源处没有恶，从据于仁的体验中可能会明白。

五行无相克之理，言克者[1]，术家[2]之肤见[3]也。五行之神，不相悖害，木神仁，火神礼，土神信，金神义，水神知[4]。充塞乎天地之间，人心其尤著者也。故太虚无虚，人心无无。

【注释】：

［1］言克者：指"五行相克"之说，木、火、土、金、水之间存在着有序的递相克制、制约的关系。五行相克次序是：木克土、土克水、水克火、火克金、金克木。

［2］术家：指操占验、阴阳等方术的人。晋葛洪《抱朴子·勤求》："方

策既山积于儒门，而内书亦鞅掌于术家。”

［3］肤见：浅薄的见解。

［4］木神仁，火神礼，土神信，金神义，水神知：东汉班固《白虎通》中，又将五行、五德与人的五脏相对应，认为“肝，木之精也；仁者，好生……肺者，金之精；义者，断决……心，火之精也……礼有尊卑……火照有似于礼，上下分明……肾者，水之精。智者，进止无所疑惑，水亦进而不惑……脾者，土之精也。土尚任养，万物为之象，生物无所私，信之至也”。《礼记·王制》：“天子将出，类乎上帝。”孔颖达疏引庾蔚之曰：“五行各有德，故谓五德之帝。木神仁，金神义，火神礼，水神知，土神信。”

【导读】：

指出仁、礼、信、义、知由自然之五行而生，太虚为实，人心亦为实。

得五行之和气[1]，则能备美而力差弱。得五行之专气[2]，则不能备美而力较健。伯夷、伊尹、柳下惠不能备美而亦圣。五行各太极，虽专而犹相为备，故致曲而能有诚。气质之偏，奚足以为性病哉！

【注释】：

［1］和气：古人认为天地间阴气与阳气交合而成之气。万物由此“和气”而生。《老子》：“万物负阴而抱阳，冲气以为和。”《韩非子·解老》：“孔窍虚，则和气日入。”

［2］专气：道教语。固守精气。此处应指属五行某一行之气。

【导读】：

指出得五行之和气和专气均能成圣，由此而证气质之偏对性不能有坏的影响。

“乘六龙以御天[1]”，位易而龙不易也，乘之者不易也。“博学而详说之以反约[2]”，则潜见跃飞[3]，皆取诸源而给之，奚随时而无适守乎！此之不审，于是无本之学托于乘时观化以逃刑而邀利，其说中于人心，而末流不可问也。

【注释】：

［1］乘六龙以御天：语出《周易·乾·彖》：“六位时成，时乘六龙以御天。”“时”为因时，“乘”为驾，引义为运用，“六龙”即乾卦飞、潜、跃等

六龙；“御”为驾御。凭因不同时机分别运用飞、潜等六龙以驾御天道。

［2］博学而详说之以反约：语出《孟子·离娄下》：“博学而详说之，将以反说约也。”意思是广泛地学习，详细地解说，在融会贯通以后，返回或把握大义。

［3］潜见跃飞：以乾卦为例，该卦以“天”为象征体，以龙为象征物，其六爻以初至上，潜、见、跃、飞至于亢，显示出一系列的变化、发展，而这种变化、发展又必然是在时间条件下进行的，且呈现着特定的时间背景状态。

【导读】：

指出抓住时机，其学博约皆重尤不能无本。

天德不可为首[1]，无非首也，故“博学而详说之以反说约”。学以聚之，问以辨之，宽以居之，仁以行之，不执一以贯万，乃可行乎变化，而龙德全也。

【注释】：

［1］天德不可为首：《象》曰：“用九，天德不可为首也。”“用九”的爻象说明，天虽生万物，但却不居首、不居功。用九，即首尾交接，天人合一。

【导读】：

指出不能强调天德，人必须努力学习、修养才能成德。

统此一物，形而上[1]则谓之道，形而下则谓之器，无非一阴一阳之和而成。尽器，则道在其中矣。

【注释】：

［1］形而上：出自《易经·系辞》，原文：“形而上者谓之道，形而下者谓之器。”是中国古代哲学的重要范畴、儒家哲学中指无形的或未成形体的东西，与表示有形的或已成形的东西的“形而下”的对称。用来说明“道”（形而上）与“器”（形而下）的关系，即本源、本体和器物、现象的关系。

【导读】：

论述道器之关系。

圣人之所不知不能者，器也。夫妇之所与知与能者，道也。故尽器难矣。尽器则道无不贯。尽道所以审器，知至于尽器，能至于践形[1]，德盛矣哉！

【注释】：

[1] 践形：古代哲学术语，指体现人所天赋的品质。《孟子·尽心上》："形色，天性也，惟圣人然后可以践形。"

【导读】：

论述知与能的区别，要有盛德就要做到知至于尽器，能至于践形。

"一阴一阳之谓道[1]"，不可云二也。自其合则一，自其分则多寡随乎时位[2]，繁赜细密而不可破，亹亹而不穷，天下之数不足以纪之。参差裒益[3]，莫知其畛，乃见一阴一阳之云，遂判然分而为二，随而倍之，瓜分缕析，谓皆有成数之不易，将无执与！

【注释】：

[1] 一阴一阳之谓道：语出《易经·系辞上》："一阴一阳之谓道，继之者善也，成之者性也。"

[2] 时位：指时势地位。

[3] 裒益：减少和增加。

【导读】：

指出一阴一阳之谓道是就其总体规律来说的，不能简单瓜分缕析。

"继之者善也"，善则随多寡损益以皆适矣。"成之者性也"，性则浑然一体，而无形埒[1]之分矣。

【注释】：

[1] 形埒：界域，形迹，迹象。

【导读】：

析继善与成性。

以数言理，但不于吉凶成败死生言之，则得。以数言吉凶、成败、死生，喻义[1]乎，喻利乎？吾不知之也。

【注释】：

[1] 喻义：出自《论语·里仁》子曰："君子喻于义，小人喻于利。"

【导读】:

以数言理可行，以数来看其社会作用则不妥。

“成章而后达[1]”。成章者，不杂也，不黯也。“言顾行，行顾言[2]”，则不杂；“较然易知而易从”，则不黯。异端者始末倏忽，自救其弊以无恒，人莫能执其首尾，行所不可逮，而姑为之言说，终身而不得成其章，奚望达乎！

【注释】:

［1］成章而后达：《孟子·尽心上》：“孟子曰：‘孔子登东山而小鲁，登泰山而小天下，故观于海者难为水，游于圣人之门者难为言。观水有术，必观其澜。日月有明，容光必照焉。流水之为物也，不盈科不行；君子之志于道也，不成章不达。”其大意是：孟子说：孔子登上了东山，觉得鲁国变小了，登上了泰山，觉得天下变小了，所以看过大海的人，就难以被别的水吸引了，在圣人门下学习的人，就难以被别的言论吸引了。观赏水有一定的方法，一定要观赏它的波澜。日月都有光，细小的缝隙必定都照到。流水这东西，不流满洼坑就不再向前流；君子有志于道，不到相当程度就不可能通达。

［2］言顾行，行顾言：意思是说话时要顾虑到能不能做到，做事时也要顾虑到与自己所说的话是不是一致。语出《中庸》，原文云：“庸德之行，庸言之谨，有所不足，不敢不勉，有余不敢尽。言顾行，行顾言，君子胡不慥慥尔！”

【导读】:

论成章而后达。

德成而骄，非其德矣。道广而同，非其道矣。“泰而不骄，和而不同[1]”，君子之守也。“惟精惟一，允执其中[2]”，至矣，而申之以“无稽之言勿听，弗询之谋勿庸[3]”。酌行四代之礼乐，盛矣，而申之以“放郑声，远佞人[4]”。圣人洗心退藏[5]而与民同患。邪说佞人，移易心志，凡民[6]之公患也，圣人不敢不以为患。若庞然自大，谓道无不容，三教百家可合而为一治，亦无忌惮矣哉！

【注释】:

［1］泰而不骄，和而不同：泰而不骄，语出《论语·子路》：“子曰：‘君子泰而不骄，小人骄而不泰。’”意为态度安详舒泰却不骄傲。和而不同，

和睦地相处，但不随便附和。语出《论语·子路》："君子和而不同，小人同而不和。"

［2］惟精惟一，允执其中：意思是说，用功精深，用心专一，诚恳地秉执其中正之道，才能把事做好。语出《尚书·大禹谟》："人心惟危，道心惟微，惟精惟一，允执厥中。"

［3］无稽之言勿听，弗询之谋勿庸：指没根据的话不要听，设有征询过谋划不可用。语自《尚书·大禹谟》："惟精惟一，允执厥中。无稽之言勿听，弗询之谋勿庸。"

［4］放郑声，远佞人：意思是要禁绝郑国音乐，要远离奸佞之徒。语出《论语·卫灵公》："放郑声，远佞人，郑声淫，佞人殆。"

［5］洗心退藏：洗心，就是清心之意，心中无一毫私意；退藏，即不仅无一毫私意，亦不产生任何欲念。

［6］凡民：指普通百姓、一般民众。

【导读】：

指出君子修行的态度，强调要辟邪说远佞人。

谓井田[1]、封建[2]、肉刑[3]之不可行者，不知道也。谓其必可行者，不知德也。勇于德则道凝，勇于道则道为天下病矣。德之不勇，褊宽博且将惴焉，况天下之大乎！

【注释】：

［1］井田：指的是具有一定规划的方块田，井田制是我国奴隶社会的土地国有制度，西周时盛行。那时，道路和渠道纵横交错，把土地分隔成方块，形状像"井"字，因此称做"井田"。井田属周王所有，分配给奴隶主使用。奴隶主不得买卖和转让井田，还要交一定的贡赋。奴隶主强迫奴隶集体耕种井田，无偿占有奴隶的劳动成果。《谷梁传·宣公十五年》："古者三百步为里，名曰井田。"

［2］封建：出自《诗·商颂·殷武》："命于下国，封建厥福。"毛传："封，大也。"郑玄笺："则命之于小国，以为天子，大立其福。谓命汤使由七十里王天下也。"《左传·僖公二十四年》："昔周公吊二叔之不咸，故封建亲戚，以蕃屏周。"孔颖达疏："故封立亲戚为诸侯之君，以为蕃篱，屏蔽周室。"

［3］肉刑：指施加于罪犯或犯过者的肉体的惩罚。语出《荀子·正论》："治古无肉刑，而有象刑。"

【导读】：

论道与德的不同作用。

所欲与聚，所恶勿施[1]，然匹夫匹妇，欲速见小，习气之所流，类于公好公恶而非其实，正于君子而裁成[2]之。非王者起，必世而仁，习气所扇，天下贸贸然[3]胥欲而胥恶之，如暴潦之横集，不待其归壑而与俱泛滥，迷复之凶，其可长乎！是故有公理，无公欲，公欲者习气之妄也。不择于此，则胡广[4]、谯周[5]、冯道[6]，亦顺一时之人情，将有谓其因时顺民如李贽[7]者矣，酷矣哉！

【注释】：

［1］所欲与聚，所恶勿施：意思是说百姓想要的东西，想法让他们满足；百姓厌恶的东西，不要施加给他们。语出《孟子·离娄上》，原文云："桀纣之失天下也，失其民也；失其民者，失其心也。得天下有道：得其民，斯得天下矣；得其民有道：得其心，斯得民矣；得其心有道：所欲与之聚之，所恶勿施尔也。"

［2］裁成：指筹谋而成就之。《易·泰》："天地交泰，后以财成天地之道。"《汉书·律历志上》引作"裁成"。

［3］贸贸然：意思是昏昏沉沉、两眼昏花的样子。对事情或者当时的情况未能了解全面就做出的决定或行为。多用来形容不假思索而做出的行为。

［4］胡广：字伯始，南郡华容（今湖北监利）人，东汉时期重臣，历任尚书郎、尚书仆射、汝南太守、大司农、司徒、太尉等职，因拥立汉桓帝有功，获封安乐乡侯；性格圆滑，柔媚宦官，以奉行中庸之道著称，历事六朝，为官三十余年。权德舆评其"多方善柔，保位持禄"。

［5］谯周：字允南，巴西西充国（今四川西充槐树镇）人，三国时期蜀汉学者、官员。王船山《读通鉴论》云："人知冯道之恶，而不知谯周之为尤恶也。……国尚可存，君尚立乎其位，为异说以解散人心，而后终之以降，处心积虑，唯恐刘宗之不灭，憯矣哉！读周仇国论而不恨焉者，非人臣也。周塞目箝口，未闻一谠言之献，徒过责姜维，以饵愚民、媚阉宦，为司马昭先驱以下蜀，国亡主辱，己乃全其利禄；非取悦于民也，取悦于魏也，周之

罪通于天矣。服上刑者唯周，而冯道末减矣。”

［6］冯道：字可道，号长乐老，瀛州景城（今河北沧州西北）人，早年曾效力于燕王刘守光，历仕后唐、后晋、后汉、后周四朝，先后效力于后唐庄宗、后唐明宗、后唐闵帝、后唐末帝、后晋高祖、后晋出帝、后汉高祖、后汉隐帝、后周太祖、后周世宗十位皇帝，其间还向辽太宗称臣，始终担任将相、三公、三师之位。欧阳修骂他“不知廉耻”，司马光更斥其为“奸臣之尤”。

［7］李贽：初姓林，名载贽，后改姓李，名贽，字宏甫，号卓吾，别号温陵居士、百泉居士等，历共城教谕、国子监博士，万历中为姚安知府。旋弃官，寄寓黄安（今湖北省红安县）、湖北麻城芝佛院；在麻城讲学时，从者数千人，中间还有不少妇女。晚年往来南北两京等地，最后被诬下狱，自刎于狱中。李贽在社会价值导向方面，批判重农抑商，扬商贾功绩，倡导功利价值，其重要著作有《藏书》《续藏书》《焚书》《续焚书》《史纲评委》。他曾评点过的《水浒传》《西厢记》《浣纱记》《拜月亭》等。

【导读】：

论述有公理无公欲。

性者善之藏，才者善之用。用皆因体而得，而用不足以尽体，故才有或穷，而诚无不察。于才之穷，不废其诚，则性尽矣。“多闻阙疑，多见阙殆[1]”，“有马者借人乘之[2]”，借犹请也，谓有马而自不能御，则请善御者为调习，不强所个能以侥幸。玩“之”字可见。皆不诎诚以就才也。充其类，则知尽性者之不穷于诚矣。

【注释】：

［1］多闻阙疑，多见阙殆：多闻阙疑，意即说话时要多听，面对有疑问之处加以保留，其他拿得准的地方谨慎地表达出来，能减少错误，简言之，就是要慎言。多见阙殆，做事时要多观察，面对有疑问的加以保留，其余有自信之处就谨慎地加以实行，能减少懊悔。简言之，就是要慎行，在决定实施某种行为时要三思而后行，以免为轻率、冲动的行为而感到后悔。语出《论语·为政》：“多闻阙疑，慎言其余，则寡尤。多见阙殆，慎行其余，则寡悔。言寡尤，行寡悔，禄在其中矣。”

［2］有马者借人乘之：语出《论语·卫灵公》：“子曰：‘吾犹及史之阙文也；有马者借人乘之，今亡矣夫！’”史之阙文，一说是史官记载，有疑则

阙。一说是史者掌书之吏，遇字不知，阙之待问，不妄以己意别写一字代之。有马者借人乘之，一说是如子路车马与朋友共；一说是马不调良，借人服习之。借，犹藉义。借人之能以服习己马也。史阙文，以待问。马不能驭，借人之能代己调服。此皆谨笃服善之风。一属书，一属御，孔子举此为学六艺者言，即为凡从事于学者言。孔子早年犹及见此二事，后遂无之，亦举以陈世变。

【导读】：

论性、善与体、用的关系。

“不屑之教诲，是亦教诲之[1]”。教诲之道有在，不屑者默而成之，卷而怀之，以保天地之正，使人心尚知有其不知而不逮，亦扶世教[2]之一道也。释氏不择知愚、贤不肖而皆指使之见性[3]，故道贱，而托之者之恶不可纪极，而况姚枢[4]、许衡[5]之自为枉辱哉！

【注释】：

［1］不屑之教诲，是亦教诲之：语出《孟子·告子下》：“孟子曰：‘教亦多术矣，予不屑之教诲也者，是亦教诲之而已矣。’”

［2］世教：指当世的正统思想、正统礼教。《汉书·叙传上》：“既系挛于世教矣，何用大道为自眩曜？”

［3］见性：是见到自己本来的真性。明本心，见不生不灭的本性，乃禅宗悟道之境界。

［4］姚枢：字公茂，号雪斋、敬斋，洛阳人，金末元初政治家、理学家。金朝末年，蒙古军破许州城，姚枢到燕京投靠杨惟中，被引荐北觐窝阔台汗。皇子阔出统兵攻南宋，姚枢随杨惟中访求儒、道、释、医、卜等类人才。蒙古军陷德安，他从俘虏中访得名儒赵复，力劝其北上讲学授徒，使理学在北方传布渐广。姚枢从赵复处尽得程朱传注诸书，始攻习理学。后出任燕京行台郎中，旋即弃官隐居于辉州苏门。忽必烈召姚枢至漠北访问治道，他陈述儒家传统的帝王之学、治国之道，深受器重。忽必烈受命总制漠南汉地军事，姚枢建议他在与南宋接壤地区屯兵，积谷守边，徐图灭宋，被采纳。后随忽必烈攻大理、鄂州，他屡谏屠戮。忽必烈即位后，姚枢以藩府旧臣预议朝政，参定一代制度，官至翰林学士承旨。

［5］许衡：字仲平，号鲁斋，怀庆路（今河南省焦作市中站区）人，元

初著名思想家、教育家、天文学家。许衡自幼勤读好学，之后为避战乱，常来往于河、洛之间，从姚枢得宋二程及朱熹著作，与姚枢及窦默相讲习。元宪宗四年（1254），许衡应忽必烈之召出任京兆提学，授国子祭酒。至元六年（1269），奉命与徐世隆定朝仪、官制。至元八年（1271），拜集贤大学士兼国子祭酒。又领太史院事，与郭守敬修成《授时历》。至元十七年（1280），因病归怀庆休养。至元十八年（1281），许衡去世，年七十三，赠荣禄大夫、司徒，谥号“文正”，后加赠正学垂宪佐运功臣、太傅、开府仪同三司、魏国公。皇庆二年（1313），从祭孔庙。著有《读易私言》《鲁斋遗书》等。

【导读】：

指出不教也是一种教育方式，批判异端的人人见性。

“居处恭，执事敬，与人忠，虽之夷狄不可弃[1]”，自尽之道也。“不可与言而不言[2]”，卫道之正也。“不可与言而与之言”，必且曲道以徇之，何以回天而俟后乎！

【注释】：

［1］居处恭，执事敬，与人忠，虽之夷狄不可弃：语出《论语·子路》，原文云：“樊迟问仁。子曰：‘居处恭，执事敬，与人忠。虽之夷狄，不可弃也。’”

［2］不可与言而不言：语出《论语·卫灵公》，原文云：“子曰：‘可与言而不与之言，失人；不可与言而与言，失言。知者不失人，亦不失言。’”

【导读】：

指出修养必须严谨，教化人的时候更应如此。

第五章　“春秋大义”的继承与转化

——王夫之民族精神之新说

王夫之一生著述丰富，内容涵盖经、史、子、集四部，多达四百多卷。关于其学，赞誉者众。有谓“其学圆融通达而大本在《易》，其行义方端严而用在《春秋》，是知其学始于《易》而终于《春秋》也”①。唐君毅先生谓“船山之学，归本在史”。《春秋》亦是史，《春秋》之学为船山之学之本乎？考王夫之一生的学术生涯，与《春秋》之学是有其深厚的渊源的。王夫之四岁从长兄王介之读书，七岁读毕十三经，十三经中就有《春秋》。十岁从父王朝聘受经义，经义中当然也有《春秋》。二十四岁与长兄赴武昌应乡试，以《春秋》第一，中式第五名。科举考试中还因《春秋》而中举，不能不说年青的王夫之与《春秋》就结下了不解之缘。身历明朝覆亡和清军的占领，王夫之在二十八岁时受父命作《春秋家说》，颠沛流离中始终没有忘记父亲的嘱托，三十六岁避兵徙居常宁西南乡小祇园侧之西庄园，为常人说《周易》《春秋》，三十七岁春游兴宁山中，寓居僧寺，为从游者说《春秋》。其诗《为晋宁诸子说春秋口占自笑》云：

腹借征南库，灯邀汉寿光。伤心难自遣，开卷是春王。
蠹死墨魂失，（鸢）饥远视仍。纸窗钻不透，大抵是痴蝇。
南岳经声苦，东林眉宇嚬。似他添强笑，犹恐隔邻嗔。
荧泽宏演肝，伊川辛有泪。未知家则堂，云何宣此义。②

① 招祥麟：《王夫之〈春秋稗疏〉研究》，上海：上海古籍出版社2010年版，第2页。
② 王夫之：《王船山诗文集》上册，北京：中华书局1962年版，第145—146页。

王夫之一生，自少及老，出入《春秋》未尝间断。在父亲嘱托的二十二年后，王夫之五十岁之时终于完成了《春秋家说》《春秋世论》，五十一岁时完成了《续春秋左氏传博议》。而另一部重要的《春秋》之学著作《春秋稗疏》完成时间，有学者认为是完成于晚年，但也有人认为完成于早年，云："窃以《春秋稗疏》与《周易稗疏》《书经稗疏》《诗经稗疏》诸书比而观之，信为王夫之早年进入经学大门扎根之作，其后又加修订、补充，甚或增加条目。"① 实际上，王夫之的史学著作如《读通鉴论》《宋论》也应该是《春秋》之学方面的著作。从这一角度来说，《春秋》之学在王夫之之学中确实有着非常重要的地位。本文重点不是全面探讨王夫之的《春秋》之学，而是讨论王夫之对春秋大义的理解及其对社会的价值评判，由此而呈现出他对民族精神的认知。

一、王夫之的《春秋》学研究

王夫之一生对《春秋》有深研，其成果也巨大，其根源还是来自家传。关于这种《春秋》家传的情况，王夫之在《春秋家说·叙》讲得非常清楚。王夫之云：

> 先征君武夷府君早受《春秋》于酉阳杨氏，进业于安成刘氏。毕业而疑，疑贴《经》之术已疏，守《传》之述未广也。已乃研心旷目，历年有得，惜无传人。夫之夙赋钝怠，欲请而不敢。岁在丙戌，大运倾覆，府君于时春秋七十有七，悲天闵道，誓将谢世，乃呼夫之而命之曰："详者，略之开也；明者，晦之迪也。虽然綦详而得略，綦明而得晦，不鲜矣。二《传》之折衷，得文定而明；河南之举要，得文定而详，习其读之所知也。经之纬之穷于幅，日之月之翳于阴，习其读其读者之未知也。小子其足以知之乎？"
>
> 夫之蹴然而对曰："敢问何谓也？"
>
> 曰："文定之于《春秋》也，错综已密，所谓经纬也；昭回不隐，所谓日月也。虽然有激者焉，有疑者焉。激于其所感，疑于当时之险阻。方其激，不知其无激者之略也；方其疑，不知厚疑之以得晦也。"

① 招祥麟：《王夫之〈春秋稗疏〉研究》，上海：上海古籍出版社2010年版，第5页。

夫之请曰：“何谓激？”

曰：“王介甫废《春秋》，立新说，其言曰：‘天戒不足畏，人言不足恤。’文定激焉，覈灾异，指事应，祖向歆，尚变复。孔子曰：‘畏天命’，非此之谓也。畏刑罚而忠者，臣之道薄；畏谴责而孝者，子之谊衰。若此者，激而得滞而得略，天人之征不详矣。载愤辨之心以治经，而略者不一一也。”

夫之进请曰：“何谓疑？”

曰：“宋之南渡，金挟余毒，逼称臣妾，韩岳刘张，拥兵强盛。建炎臣主，外忧天福之覆车，内患陈桥之反尔。外忧者，正论也；内患者，邪说也。文定立廷论道，引经比义，既欲外亢，伸首趾之尊；复欲内防，削指臂之执。外亢抑疑于内僭；内削又疑于外疏。心两疑，说两存，邪正参焉。其后澹庵南轩师其正，斥王伦之奸；秦、张、万俟师其邪，陷武穆之死。而一出于文定之门，效可睹矣。《春秋》贵夏必先赵武，尊王授权桓文，其义一也。以赵普偏制之术，说《春秋》经世之略，恶乎其不晦哉？或明之，或晦之，而得失相杂，不一而足矣。”

夫之受命怵惕，发蒙执经而进，敢问其所未知。府君更端博说，浚其已浅，疏其过深，折其同三《传》之未广，诘其异三《传》之未安，始于元年统天之非，终于获麟瑞应之诞，明以详者不复申，略以晦者弗有诎也，几于备矣。越岁不辰，岁在丁亥，黄地既裂，昊天复倾，不吊毒酷，府君永逝。迄今二十有二载，夫之行年五十，悼手口之泽空存，念菌蟪之生无几，恐将佚坠，敬加诠次，稍有引伸，尚多疏忘，岂曰嗣先，聊传童稚云尔。①

由上一段话，我们可知以下几点。一是交代了王夫之之父王朝聘《春秋》学传自谁：“先征君武夷府君早受《春秋》于酉阳杨氏，进业于安成刘氏”。酉阳杨氏为谁，安成刘氏又为谁，现不可考。有人推测这两人是不出名的私塾先生。既然王夫之在此点出这二人，说明这两人在当时不是无名之辈。二是交代了王夫之接受其父嘱托的时间以及研究《春秋》学的时间长达二十多年等情况。三是介绍了王朝聘《春秋》学观点。王朝聘肯定了胡安国治《春

① 王夫之：《春秋家说》，《船山全书》第五册，长沙：岳麓书社 1996 年版，第 105—107 页。

秋》的贡献，也指出其不足。一所谓“激”，胡安国激于王安石的变法，大讲灾异，其结果是通过灾变示警并不能使大臣从内心上忠君，也不能使孝子之孝纯粹。二是所谓“疑”，胡安国面对外要抗金兵的侵凌，内要防武臣的叛乱，所以既要抗外敌又要防内乱，在主张上就存在矛盾之处，甚至为迫害忠臣张目。由此，胡氏的《春秋》学就有了严重的问题，一方面给治《春秋》带来问题，另一方面给国家的兴亡也埋下了隐患。

王夫之的《春秋》学首先是阐释其家说，故名之曰《春秋家说》。从这部书里，有大量的阐述如何读《春秋》的文字。《春秋家说》卷中《宣公》：

> 善治《春秋》者，先大义后微言。求诸大义而不得，于是求之于微言；求之大义而得矣，抑舍而求之微言，则大义蚀，而党人之邪说进。故大义已昭，信圣人焉足矣，党人之言勿庸也。三《传》者，皆习闻见于党人以蚀义者也。故我知赵盾之弑其君，而他无问焉矣。①

这是从大的方面论述《春秋》要如何治。还谈及治《春秋》囿于师说的危害，说：“由是推之，《春秋》之教，悬其实以待人之求，功罪得失，咸取照于平衡。弗之思者，固无能得也，授之以例，俾易知焉。专家之学，所以自标榜于师说者，譬之以饴饲婴儿而使去其母。圣学不传，邪说益逞，可胜道哉！”② 通过具体文句的解读，指出《春秋》应如何理解。《春秋家说》卷上《桓公》：

> 《春秋》书曰：“日有食之，鼓用牲于社。”猝然读之，而其文之乖情，事之离理，夫人而知之矣。日自食焉，鼓者自鼓焉，用牲者自用焉，日何与社相及？鼓用牲何与日食相应？杳不相当而漫有事，夫人知之，而贤智者顾为之说曰：天与地均化，人与天同情，故治目眚炙其肘。斯言也，其以螵蛸之化蝶，拟人之且化虎也。肘之于目，炙之于眚，络相系而气相攻，远不必乖之道也。藉令眚在目而咒其肘，非闾里之妄人，有不目笑之者乎？故君子遇灾而惧，惧天之不淑，人将受之，则治人事以慎所受而已。日之食，月之掩也。月且不可求而责，乃悬揣阴阳之消长，推之于社，一为责之，一为求之，为之者已疑于狂，复从而辨其鼓

① 王夫之：《春秋家说》，《船山全书》第五册，长沙：岳麓书社 1996 年版，第 218 页。

② 王夫之：《春秋家说》，《船山全书》第五册，长沙：岳麓书社 1996 年版，第 233 页。

之得而用牲之失，天子之可而诸侯之否。如是以为贤智，曾不如其愚也。以是知《春秋》之书此，显其左道不经，以与天下后世共知之而已。①

《春秋家说》中有对王安石的指责。《春秋家说》卷上《桓公》：“《易》无定变，《春秋》无定征。……知其无定，任之以无定，则废人之天，王安石之悖也；以其有定，定天之无定，则罔天之天，汉儒之凿也。”②

《春秋家说》还有对胡安国解《春秋》的批评。《春秋家说》卷上《桓公》：

武人不可与议刑，儒者不可与议兵。武人言刑，宜若失之猛，覆失之宽；儒者言兵，宜若失之纵，覆失之操。此非能矫其习也，歉于所不足，疑天下之相期于猛而相怨，故益宽之；相恃以相纵而相凌，故益操之也。故善治天下者，无与武人言刑，无与儒者言兵。曹参以野战致元功，而纵狱市容奸，汉于是乎无善治；赵普以学究宰天下，而解兵权以弱国，宋于是乎无盈宇。汉法苟简而盗始倡，宋兵解散而敌始帝。乃以两者衡之，宋祸为尤烈。兵者，不祥之器，人主所制，非人主之所得操也。兵者，神用之事，举国之所有事，非举国之所共司也。汉高能将将而不能将兵，乃卒以王天下。成败之机，生死之介，无使习之，骤使司之；暂令司之，抑又掣之。呜呼！宋之所以失五帝三王之大宝于他族，唯此而已矣！赵普以之始，秦桧以之终，端开于杯酒之间，而祸成于风波之狱。畏子弟之渔盐米，而以授之仆妇，家未有不毁者也。胡氏之于《春秋》言兵，皆普之余智也。③

王夫之《春秋》学没有停留在述其父之说，而是有他自己的研究目标。王夫之在《春秋世论·序》中评论《春秋》时说：“即春秋之世，沿夏商，循西周，极七国，放秦汉。源流所自，合离之势，盛衰之迹，本于王道之通塞，堙邪说之利害，旁引兵略，画地形，订国是，粗陈其得失，具矣。”又说研究《春秋》者应该有所作为，云：“虽然，一王之臣有合离焉，一姓之主有盛衰焉。王道之塞，得其意者通之也；邪说之害，弃其利者远之也；兵略之

---

① 王夫之：《春秋家说》，《船山全书》第五册，长沙：岳麓书社1996年版，第147页。
② 王夫之：《春秋家说》，《船山全书》第五册，长沙：岳麓书社1996年版，第132页。
③ 王夫之：《春秋家说》，《船山全书》第五册，长沙：岳麓书社1996年版，第147—148页。

诡，从其正者常之也。地无异形，国无两是。故曰不知《春秋》之义者，守经事而不知宜，遭变事而不知权。知其义，酌其理，纲之以天道，即之以人心，揣其所以失，远其所以异，正之以人禽之类，坊之以君臣之制，策之以补救之宜。世论者非一直世之论者也。治不一君均乎治，乱不一族均乎乱。涖广土、抚万民而不缺；匹夫行于家，幽人潜于野，知进退，审存亡而不溢。观诸天下，揆诸心，即今日以印合于春秋之世而不疑。……"[①] 研究《春秋》的目的就是"观诸天下，揆诸心，即今日以印合于春秋之世而不疑"。

那么对《春秋》应该怎么看？在这方面，王夫之似乎与前人的观点相同。一方面说"王道衰而《春秋》作。《春秋》者，以续王道之绝也"[②]，"昔者，夫子惩祸乱，表殷忧，明王道，作《春秋》；后儒绍隆其说，董、胡为尤焉，莫不正王道，细权谋"[③]。另一方面又说："《春秋》，天下之公史，王道之大纲也。"[④] 又将《春秋》当作史书来看。由此可见，王夫之的《春秋》学仍未超出传统的《春秋》学的范围。

二、王夫之的春秋大义价值观

我们的主要目的不是全面探讨王夫之《春秋》学，而是探讨王夫之的春秋大义的认知及其新创。在讨论王夫之春秋大义价值观之前，我们先看王夫之对"义"有些什么样的论述。王夫之在《春秋家说》中说："《春秋》有大义，有微言。义也者，以治事也；言也者，以显义也。"[⑤] "义"是用来治事的规则。有时也从反面来强调其重要，如说"故人心之害，莫大乎不能于义"[⑥]。有时从某一方面阐述"义"。王夫之说："君子之道，仕其义也，隐者其常也，知仕则知隐矣。"[⑦] 这是从仕与隐的对比中阐述出仕也是君子应遵守的"义"。"义"常常与"仁"对举，显示出二者的紧密关系。王夫之说："天地之大德曰生，而亲亲之仁出；圣人之大宝曰位，而尊尊之义立。斯二者

---

① 王夫之：《春秋家说》，《船山全书》第五册，长沙：岳麓书社 1996 年版，第 385—386 页。
② 王夫之：《春秋家说》，《船山全书》第五册，长沙：岳麓书社 1996 年版，第 387 页。
③ 王夫之：《黄书》，《思问录 俟解 黄书 噩梦》，北京：中华书局 2009 年版，第 136 页。
④ 王夫之：《春秋家说》，《船山全书》第五册，长沙：岳麓书社 1996 年版，第 293 页。
⑤ 王夫之：《春秋家说》，《船山全书》第五册，长沙：岳麓书社 1996 年版，第 109 页。
⑥ 王夫之：《春秋家说》，《船山全书》第五册，长沙：岳麓书社 1996 年版，第 287 页。
⑦ 王夫之：《宋论》，北京：中华书局 1964 年版，第 245 页。

同出而异建，异建则并行，同出则不悖，并行不悖而仁义合矣。”[①] 在此“尊尊”就是“义”，“义”与“位”有关，又重“尊尊”，显然指“义”为“尊尊”的规则。王夫之还说：“仁以自爱其类，义以自制其伦。”此处“义”为管理族群的规则。[②]“义”还与“智”有关。王夫之说：“立人之道，仁智而已矣。仁显乎礼，智贞乎义。”[③]

由上所述，在王夫之看来，“义”是管理族群的规则、原则。那么，“春秋大义”又是什么呢？司马迁《史记·孔子世家》中评论道：“夫春秋，上明三王之道，下辨人事之纪，别嫌疑，明是非，定犹豫，善善恶恶，贤贤贱不肖，存亡国，继绝世，补敝起废，王道之大者也。”王夫之在很大的程度上是认同“春秋大义”的传统说法。王夫之在《宋论》中说：“尝读《胡氏春秋传》而有憾焉。是书也，著攘夷尊周之大义。”[④] 明言春秋大义是指攘夷尊周。王夫之说：“说《春秋》者，贵王贱霸，王之贵，以伯之贱贵之也；伯之贱，以王之贵贱之也。”[⑤] 王夫之在《春秋世论》中说：“王道衰而《春秋》作。《春秋》者，以续王道之绝也。”[⑥] 这就是说春秋之义在明王道、续王道。王夫之在《读通鉴论》中说得更详细，他说：“《春秋》之义何义也？适庶明，长幼序，尊卑别，刑赏定，重农抑末，进贤远奸，贵义贱利，端本清源，自治而物正之义也。”[⑦] 其说与《史记》大体相同。不同的地方是增加了“重农抑末”“正本清源”等义。然而，王夫之的“春秋大义”又与前人的区别在于不仅增加了一些内容，而且有所创新。王夫之在《读通鉴论》提出了“正义”“大义”“通义”三义之说：

> 有一人之正义，有一时之大义，有古今之通义。轻重之衡，公私之辨，三者不可不察。以一人之义视一时之大义，而一人之义私矣；以一时之义，视古今之通义，而一时之义私矣。公者重，私者轻矣，权衡之所自定也。三者有时而合，合则亘千古、通天下、而协于一人之正，则

---

① 王夫之：《春秋家说》，《船山全书》第五册，长沙：岳麓书社 1996 年版，第 121 页。
② 王夫之：《黄书》，《船山全书》第十二册，长沙：岳麓书社 1996 年版，第 538 页。
③ 王夫之：《春秋家说》，《船山全书》第五册，长沙：岳麓书社 1996 年版，第 145 页。
④ 王夫之：《宋论》，北京：中华书局 1964 年版，第 184 页。
⑤ 王夫之：《春秋家说》，《船山全书》第五册，长沙：岳麓书社 1996 年版，第 296 页。
⑥ 王夫之：《春秋世论》，《船山全书》第五册，长沙：岳麓书社 1996 年版，第 387 页。
⑦ 王夫之：《读通鉴论》，《船山全书》第十册，长沙：岳麓书社 1996 年版，第 768 页。

以一人之义裁之，而古今天下不能越。有时而不能交全也，则不可以一时废千古，不可以一人废天下。执其一义以求伸，其义虽伸，而非万世不易之公理，是非愈严，而义愈病。①

对“正义”“大义”和“通义”进行比较，指出一人之正义与一时之大义相比较是为私，一时之“大义”与古今之“通义”比较亦为私。如果不弄清其理，那么就会造成恶劣的结果：“执其一义以求伸，其义虽伸，而非万世不易之公理，是非愈严，而义愈病。”王夫之还进一步阐释了什么是“正义”，什么是“大义”，什么是古今之“通义”。关于“正义”，王夫之说：

事是君而为是君死，食焉不避其难，义之正也。然有为其主者，非天下所共奉以宜为主者也，则一人之私也。子路死于卫辄，而不得为义，卫辄者，一时之乱人也。推此，则事偏方割据之主不足以为天下君者，守之以死，而抗大公至正之主，许以为义而义乱；去之以就有道，而讥其不义，而义愈乱。何也？君臣者，义之正者也，然而君非天下之君，一时之人心不属焉，则义徙矣；此一人之义，不可废天下之公也。②

王夫之首先给“正义”下定义，说：“事是君而为是君死，食焉不避其难，义之正也。”忠君而为君死是为“义之正”。这种“正义”是有其不足的：“然有为其主者，非天下所共奉以宜为主者，则一人之私也。”并举子路之事说：“子路死于卫辄，而不得为义，卫辄者一时之乱人也。”由此而推之，割据之主不足以为天下君者，守之以死，而抗公至正之主，许之为义而义的涵义就混乱了。关于“大义”，王夫之说：

为天下所共奉之君，君令而臣共，义也；而夷夏者，义之尤严者也。五帝、三王，劳其神明，殚其智勇，为天分气，为地分理，以绝夷于夏，即以绝禽于人，万世守之而不可易，义之确乎不拔而无可徙者也。春秋者，精义以立极者也，诸侯不奉王命而擅兴师则贬之；齐桓公次陉之师，晋文公城濮之战，非奉王命，则序其绩而予之；乃至楚子伐陆浑之戎，犹书爵以进之；郑伯奉惠王之命抚以从楚，则书逃归以贱之；不以一时

① 王夫之：《读通鉴论》，《船山全书》第十册，长沙：岳麓书社 1996 年版，第 535 页。
② 王夫之：《读通鉴论》，《船山全书》第十册，长沙：岳麓书社 1996 年版，第 535—536 页。

之君臣，废古今夷夏之通义也。[①]

一时之“大义”就是所谓“为天下所共奉之君，君令而臣共，义也”。这就是说忠于天下所共奉的国君就是一时之“大义”。关于古今之“通义”，王夫之说：

> 桓温抗表而伐李势，讨贼也。李势之僭，溃君臣之分也；温不奉命而伐之，温无以异于势。论者恶其不臣，是也，天下之义伸也。刘裕抗表以伐南燕，南燕，鲜卑也。慕容氏世载凶德以乱中夏，晋之君臣弗能问，而裕始有事，暗主不足与谋，具臣不足与议，裕无所可奉也。论者亦援温以责裕，一时之义伸，而古今之义屈矣。如裕者，以春秋之义予之，可也。若其后之终于篡晋，而后伸君臣之义以诛之，斯得矣。于此而遽夺焉，将听鲜卑之终污此土，而君尚得为君，臣尚得为臣乎?[②]

通过举例说明何为古今之“通义”，王夫之说：“五帝、三王，劳其神明，殚其智勇，为天分气，为地分理，以绝夷于夏，即以绝禽于人，万世守之而不可易，义之确乎不拔而无可徙者也。”[③] 并举刘裕之事说明：“刘裕抗表以伐南燕，南燕，鲜卑也。慕容氏世载凶德以乱中夏，晋之君臣弗能问，而裕始有事，暗主不足与谋，具臣不足与议，裕无所可奉也。论者亦援温以责裕，一时之义伸，而古今之义屈矣。”[④] 由此似乎可推断：夷夏之防是为古今之“通义”。王夫之在《读通鉴论》中也明言：“攘夷复中原，大义也。”[⑤] 在《黄书》中还说：“故仁以自爱其类，义以自制其伦，强干自辅，所以凝黄中之絪缊也。今族类之不能自固，而何他仁义之云云也哉?”

如果仅仅只注意“夷夏之防”的意义，显然就低估了王夫之古今之“通义”的价值，“通义”中除了夷夏之防“固其族类”的为其重要内容外，还有以天下为公必须重视“生民”。王夫之在《黄书原极》中说：

> 夫奠三极，长中区，智周乎四皇，心尽乎来许。清露零柯而场圃入

---

① 王夫之：《读通鉴论》，《船山全书》第十册，长沙：岳麓书社 1996 年版，第 536 页。

② 王夫之：《读通鉴论》，《船山全书》第十册，长沙：岳麓书社 1996 年版，第 536 页。

③ 王夫之：《读通鉴论》，《船山全书》第十册，长沙：岳麓书社 1996 年版，第 536 页。

④ 王夫之：《读通鉴论》，《船山全书》第十册，长沙：岳麓书社 1996 年版，第 535—536 页。

⑤ 王夫之：《读通鉴论》，《船山全书》第十册，长沙：岳麓书社 1996 年版，第 1181 页。

保，片云合岱而金堤戒滥，吴呼好冠而晋视命圭，杞用夷礼而胄绌神禹，莫不逆警萌甲而先靖宫庭。是故智小一身，力举天下，保其类者为之长，卫其群者为之邱。故圣人先号万姓而示之以独贵，保其所贵，匡其终乱，施于孙子，须于后圣，可禅，可继，可革，而不可使夷类间之。①

国君之所以为国君是因为他们保其类、卫其群，而且不可使夷类间之。这主要是就其“夷夏之防”来说的，但是，也有就其初起的价值的申说：国君的产生是为了保卫族群。正因为是保卫族群，所以国家就不是私人之物。王夫之在《黄书古仪》中说：“是岂有私神器以贻曾玄之心哉！而天贶不舍，灵光来集者，盖建美意以垂家法，传流云昆，不丧初旨，群甿蒸蒸，必以得此而后足于凭依，故屡滨播弃，而卒不能舍去以外求宗主。”② “神器”即国家政权，不能私赠，而必须保其群。这样，民众也就是古今“通义”中必须有的内容。王夫之说：“以在上之仁而言之，则一姓之兴亡，私也，而生民之生死，公也。”③ “生民之生死”是“公”亦即古今“通义”中的重要内容。王夫之又说：“天下者，非一姓之私也，兴亡之修短有恒数，苟易姓而无原野流血之惨，则轻授他人而民不病。魏之授晋，上虽逆而下固安，无乃不可乎！”④ 相对于一时之义来说，魏之授晋是为“逆”，但“民不病”“无乃不可乎”。为此，王夫之甚至指责帝王以仁义为桎梏天下之具，说：“限也者，均也；均也者，公也。天子无大公之德以立于人上，独灭裂小民而使之公，是仁义中正为帝王桎梏天下之具，而躬行藏恕为迂远之过计矣。”⑤

由上可知，王夫之关于“春秋大义”的认识及其对原有内容的改造而形成了关于民族精神的主要涵义。虽然仍然有继承传统的说法的地方，但由于他特别强调“固其族类”和重“生民”，因而突破了传统“春秋大义”的局限而赋予其新的内容。

三、王夫之基于春秋大义价值观的社会评判与民族精神认知的完成

为了充分推广应用基于“春秋大义”而形成的古今之通义，王夫之在方

① 王夫之：《黄书》，《船山全书》第十二册，长沙：岳麓书社 1996 年版，第 503 页。
② 王夫之：《黄书》，《船山全书》第十二册，长沙：岳麓书社 1996 年版，第 504 页。
③ 王夫之：《读通鉴论》，《船山全书》第十册，长沙：岳麓书社 1996 年版，第 669 页。
④ 王夫之：《读通鉴论》，《船山全书》第十册，长沙：岳麓书社 1996 年版，第 416 页。
⑤ 王夫之：《读通鉴论》，《船山全书》第十册，长沙：岳麓书社 1996 年版，第 194 页。

法论上又特别重视“权衡”。这种“权衡”来自《春秋》。王夫之引王通氏之言曰：“《春秋》，王道之权衡。”又说：“权衡者，无所激昂，恒平以待人之求也。”[①] 王夫之甚至直言：“正大义者，其惟权乎。权，轻重之准也。移轻于重，则重者轻；委重于轻，轻者代重而重者虚矣。《春秋》之法，不舍贼而求贼，弗移轻于重也；不许贼之治贼，无委重于轻也。曰：可与权者，其唯圣人乎！义正焉耳矣。”[②] 正大义必须依靠“权衡”，而且这种“权衡”必须准确不能将轻重弄反。这种“权衡”之能似乎只有圣人才能具备。事实上，王夫之以《春秋》为“权”亦即新的古今通义权衡各种现象。王夫之在《读通鉴论》中说：“制天下有权，权者，轻重适如其分之准也，非诡重为轻、诡轻为重，以欺世而行其私者也。重也，而予之以重，适如其数；轻也，而予之以轻，适如其数；持其平而不忧其忒，权之所审，物莫能越也。”[③]王夫之在《春秋家说》中说：“是非之准，得失之数，可否之别，应违之衡，理事之合离，情文之乖比，有惟君子之察之者，庸人茫贸而不知。有即庸人与知之者，而贤智之士凿以为之说，而顾成乎僻。圣人之教，因众人之可知而精，君子之义，斯以至矣。”[④] 用以衡人亦需要认真权衡、分析，不可简单从事，故王夫之说：“论人之衡有三：正邪也，是非也，功罪也。正邪存乎人，是非存乎言，功罪存乎事。三者相因，而抑不必于相值。正者其言恒是，而亦有非；邪者其言恒非，而亦有是；故人不可以废言。是者有功，而功不必如其所期；非者无功，而功固已施于世。”[⑤]

王夫之运用古今通义之新的“春秋大义”观对各种观念、思潮以及社会现象进行研究和批判。“天下之大防”原是儒家旧有之范畴，“防”字一义原是“堤”引申为“防护”，再引申为“原则”，“天下之大防”可以解释为天下最大的防护的原则。从这个角度来说，也是关乎价值的最高标准。王夫之在《读通鉴论》中明确地说：“天下之大防二：中国、夷狄也，君子、小人也。”[⑥] 何谓“中国、夷狄”之防，王夫之说：“非本末有别，而先王强为之

---

① 王夫之：《春秋家说》，《船山全书》第五册，长沙：岳麓书社 1996 年版，第 232 页。
② 王夫之：《春秋家说》，《船山全书》第五册，长沙：岳麓书社 1996 年版，第 225 页。
③ 王夫之：《读通鉴论》，《船山全书》第十册，长沙：岳麓书社 1996 年版，第 736 页。
④ 王夫之：《春秋家说》，《船山全书》第五册，长沙：岳麓书社 1996 年版，第 146—147 页。
⑤ 王夫之：《宋论》，北京：中华书局 1964 年版，第 131 页。
⑥ 王夫之：《读通鉴论》，《船山全书》第十册，长沙：岳麓书社 1996 年版，第 502 页。

防也。中国之与夷狄，所生异地，其地异，其气异矣；气异而习异，习异而所知所行蔑不异焉。”[①] 中国与夷狄之防重在分治，不能乱，如果乱，那么其后果就非常不好，故王夫之说：“乱则人极毁，中国之生民亦受其吞噬而憔悴。防之于早，所以定人极而保人之生，因乎天也。”[②] 从这个解释，我们可以看到王夫之“天下之大防”中仍然贯穿着“保生民”之意。正因为夷夏要“防”，要分治，故王夫之说：“谓沙漠而北，河、洮而西，日南而南，辽海而东，天有殊气，地有殊理，人有殊质，物有殊产，各生其所生，养其所养，君长其君长，部落其部落，彼无我侵，我无彼虞，各安其纪而不相渎耳。……且夫九州以内之有夷，非夷也。”[③] “故王者之于夷狄，暴则惩之，顺则远之，各安其所，我不尔侵，而后尔不我虐，《旅獒》之戒，白雉之却，圣人之虑，非中主具臣所测也。”[④] 又说：“夷狄，非我族类者也，蝨贼我而捕诛之，则多杀而不伤吾仁；如其困穷而依我，远之防之，犹必矜而全其生；非可乘约肆淫、役之残之、而夫为利也。”[⑤] 因而诱夷而入中国的必受谴责。王夫之分析北宋之亡时说：“靖康之祸，自童贯始。狡夷不可信而信之，叛臣不可庸而庸之，逞志于必亡之契丹，而授国于方张之女直，其后理宗复寻其覆轨，以讫其大命。垂至于后，犹有持以夷攻夷之说取败亡者，此其自蹈于凶危之阱，昭然人所共喻矣。”[⑥] 夷狄侵入中国必然不受保护，或驱除或歼灭。何谓“君子、小人”之防，王夫之说：“君子与小人，所生异种，异种者，其质异也；质异而习异，习异而所知所行蔑不异焉。乃于其中亦自有其巧拙焉，特所产殊类，所尚殊方，而不可乱；乱则人理悖，贫弱之民亦受其吞噬而憔悴。”[⑦] 小人中拙者为农圃，自困而害未及人。巧者为商贾，蔑人之性、贼人之生为已亟者也。王夫之说：“儒而小人，则天下无君子。”为何要防小人呢？这是因为“夫夷之乱华久矣，狎而召之，利而安之者，嗜利之小人也，而商

① 王夫之：《读通鉴论》，《船山全书》第十册，长沙：岳麓书社 1996 年版，第 502 页。
② 王夫之：《读通鉴论》，《船山全书》第十册，长沙：岳麓书社 1996 年版，第 502 页。
③ 王夫之：《宋论》，北京：中华书局 1964 年版，第 132 页。
④ 王夫之：《读通鉴论》，《船山全书》第十册，长沙：岳麓书社 1996 年版，第 286 页。
⑤ 王夫之：《读通鉴论》，《船山全书》第十册，长沙：岳麓书社 1996 年版，第 450 页。
⑥ 王夫之：《宋论》，北京：中华书局 1964 年版，第 150 页。
⑦ 王夫之：《读通鉴论》，《船山全书》第十册，长沙：岳麓书社 1996 年版，第 502 页。

贾为其最”[①]。也因为“小人无惮之儒，害风俗以陆沈天下，祸烈于蛇龙猛兽”[②]。

虽然说，天下之大防有二，王夫之都强调两者的重要性，但其偏重的还是中国夷狄之防。王夫之明确地说：“天下之大防，人禽之大辨，五帝、三王之大统，即令桓温功成而篡，犹贤于戴异类以为中国主，况仅王导之与庾亮争权势而分水火哉！则晋之所谓贤，宋之所谓奸，不心深察其情，而绳以古今之大义，则一也。蔡谟、孙绰、王羲之恶得不与汪、黄、秦、汤同受名教之诛乎！”[③] 这里直言“即令桓温功成而篡，犹贤于戴异类以为中国主”，亦即“可禅、可继、可革，而不可以夷类间之”。[④] 王夫之就是以这种标准来评价历史上的人物。在对历史人物的臧否中，王夫之对桑维翰的抨击是最猛烈的。王夫之说：“谋国而贻天下之大患，斯为天下之罪人，而差等焉。祸在一时之天下，则一时之罪人，卢杞是也；祸及一代，则一代之罪人，李林甫是也；祸及万世，则万世之罪人，自生民以来，唯桑维翰当之。”[⑤] 桑维翰起家文墨，为石敬瑭书记，本为唐教养之士人，他所为何事而被定为“万世之罪人”呢？王夫之说：“刘知远决策以劝石敬瑭之反，倚河山之险，恃士马之强，而知李从珂之浅软无难摧拉，其计定矣；而维翰急请屈节以事契丹，敬瑭智劣胆虚，遽从其策，称臣割地，授予夺之权于夷狄知远争之而不胜。于是而生民之肝脑，五帝三王之衣冠礼乐，驱以入于狂流。契丹弱而女直乘之，女直弱而蒙古乘之，贻祸无穷，人胥为夷，非敬瑭之始念也，维翰尸之。”[⑥] 契丹而女真，女真而蒙古，直到王夫之当前之清朝，真是“贻祸无穷，人胥为夷”，皆是桑维翰之影响，所以桑维翰为万世之罪人。

王夫之还对一些热门人物进行了不同流俗的评判。王夫之对在《读通鉴论》《宋论》等多部著作中评价苏轼。《读通鉴论》卷二云：

> 贾谊、陆贽、苏轼，之三子者，迹相类也。贽与轼，自以为谊也，人之称之者，亦以为类也。贽盖希谊矣，而不能为谊，然有愈于谊者矣。

① 王夫之：《读通鉴论》，《船山全书》第十册，长沙：岳麓书社 1996 年版，第 503 页。
② 王夫之：《读通鉴论》，《船山全书》第十册，长沙：岳麓书社 1996 年版，第 203 页。
③ 王夫之：《读通鉴论》，《船山全书》第十册，长沙：岳麓书社 1996 年版，第 487 页。
④ 王夫之：《黄书》，《思问录 俟解 黄书 噩梦》，北京：中华书局 2009 年版，第 103 页。
⑤ 王夫之：《读通鉴论》，《船山全书》第十册，长沙：岳麓书社 1996 年版，第 1131 页。
⑥ 王夫之：《读通鉴论》，《船山全书》第十册，长沙：岳麓书社 1996 年版，第 1131 页。

轼且希贽矣，而不能为贽，况乎其犹欲希谊也。

奚以明其然邪？谊之说：豫教太子以端本，奖廉隅以善俗，贽弗逮焉。而不但此，傅梁怀王，王堕马毙，谊不食死，贽弗能也。所以知其不能者，与窦参为难之情，胜于忧国也。顾谊之为学，犄而不纯，几与贽等。而任智任法，思以制匈奴、削诸侯，其三表五饵之术，是婴稚之巧也；其削吴、楚而益齐，私所亲而不虑贻他日莫大之忧，是仆妾之智也；贽之所勿道也。故辅少主、婴孤城、仗节守义，以不丧其贞者，贽不如谊；而出入纷错之中，调御轻重之势，斟酌张弛以出险而经远也，谊不如贽。是何也？谊年少，愤盈之气，未履艰屯，而性之贞者略恒疏，则本有余而末不足，斯谊与贽轻重之衡，有相低昂者矣。

若夫轼者，恶足以颉颃二子乎！酒肉也，佚游也，情夺其性者久矣。宠禄也，祸福也，利胜其命者深矣。志役于雕虫之技，以耸天下而矜其慧。学不出于揣摩之术，以荧天下而售其能。习于其父仪、秦、鞅、斯之邪说，遂欲以揽天下而生事于平康之世。文饰以经术，而自曰吾谊矣；诡测夫利害，而自曰吾贽矣；迷失其心而听其徒之推戴，且曰吾孟子矣。俄而取道于异端，抑曰吾老聃矣，吾瞿昙矣。若此者，谊之所不屑，抑贽之所不屑也。绛、灌之非谊曰："擅权纷乱。"于谊为诬，于轼允当之矣。藉授以幼主危邦，恶足以知其所终哉！乃欲推而上之，列于谊与贽之间，宋玉所云"相者举肥"也。

王安石之于谊，似矣，而谊正。谊之于方正学，似矣，而正学醇。正学凌谊而上之，且不能以戢祸乱，而几为咎首。然则世无所求于己，己未豫图其变，端居臆度，而欲取四海而经营之，未有能济者也。充谊之志，当正学之世，尽抒其所蕴，见诸施行，殆可与齐、黄并驱乎！贽且不能，而轼之淫邪也勿论已。故抗言天下者，人主弗用而不足惜。惟贽也，能因事纳忠，则明君所衔勒而使驰驱者也。①

王夫之将贾谊、陆贽、苏轼三人进行比较，独对苏轼进行贬评，苏轼之过：习邪说，溺异端，倡率性任情。其结果可以导致亡国。因此，王夫之说："眉山之学不熄，君子之道不伸，祸迄于人伦，败贻于家国，禁讲说，毁书

① 王夫之：《读通鉴论》，《船山全书》第十册，长沙：岳麓书社 1996 年版，第 100 页。

院，不旋踵而中国沦亡，人胥相食。”①

王夫之不仅以古今通义评判历史人物，而且以此来评价朝代。王夫之在《黄书·古仪第二》中历数了汉以下各个朝代的得失，重点抨击了“秦”与“宋”。王夫之评秦朝说：“迄于孤秦，家法沦坠，胶胶然固天下于揽握，顾盼惊猜，恐强有力者旦夕崛起，效己而劫其藏。故翼者翦之，机者撞之，腴者割之，贰人主者不能藉尺土，长亭邑者不能橐寸金。欲以凝固鸿业，长久一姓，而偾败旋趾。”② 秦之所以孤是因为其特别自私，因此王夫之说：“秦之所以获罪于万世者，私己而已矣。”③ 秦所做的一切都围绕着如何谋求其一姓政权的长久稳固，其他的就不是秦人考虑的了。后代的君王只是指责秦之私，“而欲私其子孙以长存，又岂天下之大公哉！”④ 春秋大义必须考虑“固族”，必须考虑“生民”，这就是大公，不然就是私。王夫之评赵宋说：“宋以藩臣暴兴鼎祚，意表所授，不寐而惊。赵普斗宵菲姿，负乘铉器，贡谋苟且，肘枕生猜。于是假杯酒以固欢，托孔云而媚下，削节镇，领宿卫，改易藩武，建置文弱，收总禁军，衰老填籍，孤立于强虏之侧，亭亭然无十世之谋。纵佚文吏，拘法牵縶，一传而弱，再传而靡。赵保吉之去来，刘六符之恫喝，玩在廷于偶线之中而莫之或省。城下受盟，金缯岁益，偷息视肉，崇以将阶，推毂建牙，遗风澌灭。狄青以枢副之任，稍自掀举，苟异一切，而密席未温，嫌疑指斥，是以英流屏足，巨室寒心。降及南渡，犹祖前谋，蕲、循仅于货酒，岳氏遽陨于风波，挠栋触藩，莫斯为甚！”⑤ 宋之君王所为虽与秦有所不同，没有秦之暴烈，但其只为一姓王朝之稳固谋苟且生猜忌屈膝于夷狄而不知耻，因此被王夫之贬为“陋”。其陋之甚，莫过于宋高宗：“高宗之畏女直也，窜身而不耻，屈膝而无惭，直不可谓有生人之气矣。”⑥ 宋之罪较秦为大：“汉、唐之亡，皆自亡也。宋亡，则举黄帝、尧、舜以来道法相传之天下而亡之也。”⑦ 虽然，“秦”“宋”皆有罪，故云：“卒使中区趋靡，形势解散，一

① 王夫之：《宋论》，北京：中华书局 1964 年版，第 228 页。
② 王夫之：《黄书》，《思问录 俟解 黄书 噩梦》，北京：中华书局 2009 年版，第 103 页。
③ 王夫之：《读通鉴论》，《船山全书》第十册，长沙：岳麓书社 1996 年版，第 68 页。
④ 王夫之：《读通鉴论》，《船山全书》第十册，长沙：岳麓书社 1996 年版，第 68 页。
⑤ 王夫之：《黄书》，《思问录 俟解 黄书 噩梦》，北京：中华书局 2009 年版，第 106 页。
⑥ 王夫之：《宋论》，北京：中华书局 1964 年版，第 169 页。
⑦ 王夫之：《宋论》，《船山全书》第十一册，长沙：岳麓书社 1996 年版，第 335 页。

折而入于女直，再折而入于鞑靼，以三、五、汉、唐之区宇，尽辫发负笠，澌丧残剐，以溃败无穷之防，生民以来未有之祸，秦开之而宋成之也。”① 如要民族复兴，那就只能“非大反孤秦、陋宋之为不得延，固以天下为神器，毋凝滞而尽私之”②。

如果不以“固族”为春秋大义之本而死守传统的琐碎的春秋大义，那显然是错误的。王夫之对死守春秋之义的人和事进行了不留情面的批评，其中于李纲之愚是三致意。王夫之一说：“守《春秋》之义而不知别，挟天子以为孤注，骈首都邑而就敌禽，寒万方之胆而不可卒收，则甚矣李纲之愚也。”③次云：“呜呼，祸宋君民者，非纲而谁耶?”然后说：“彼为纲者之说者且曰：‘《春秋》之义，国君死社稷。’蒙其文，不知其别，以是而读圣人之书，不知其无读也。”④ 王夫之由此而批评胡安国对春秋大义的理解的偏颇。王夫之对胡安国的贡献是加以充分肯定的：“三代以还，道莫明于宋，而溯其所始，则孙明复、胡安定实开其先，至于程、朱而大著，朱子固尝推孙、胡之功矣。”⑤ 王夫之在《宋论》评《胡氏春秋传》：“是书也，著攘夷尊周之大义，入告高宗，出传天下，以正人心而雪靖康之耻，超建炎之衰，诚当时之龟鉴矣。”⑥ 但也感到胡传的不足：“尝读《胡氏春秋传》而有憾焉。”⑦ 王夫之在《春秋家说》《读通鉴论》中多处指责胡传之不足，云：“顾抑思之，夷不攘，则王不可得而尊。王之尊，非唯诺趋伏之能尊；夷之攘，非一身两臂之可攘。师之武，臣之力，上所知，上所任者也。而胡氏之说经也，于公子翚之伐郑，公子庆父之代余邱，两发‘兵不可假人’之说。不幸而翚与庆父终于弑逆，其说伸焉。而考古验今，人君驭将之道，夫岂然哉？前之胤侯之于夏，方叔、召虎、南仲之于周；后之周亚夫、赵充国之于汉，郭子仪、李光弼之于唐；抑岂履霜弗戒，而必于‘今将’也乎？……唯胡氏之言如此，故与秦桧贤奸迥异，而以志合相奖。非知人之明不至也，其所执以为道非也。”⑧ 又说：

① 王夫之：《黄书》，《思问录 俟解 黄书 噩梦》，北京：中华书局2009年版，第103页。
② 王夫之：《黄书》，《思问录 俟解 黄书 噩梦》，北京：中华书局2009年版，第107页。
③ 王夫之：《春秋家说》，《船山全书》第五册，长沙：岳麓书社1996年版，第143页。
④ 王夫之：《春秋家说》，《船山全书》第五册，长沙：岳麓书社1996年版，第144页。
⑤ 王夫之：《读通鉴论》，《船山全书》第十册，长沙：岳麓书社1996年版，第529页。
⑥ 王夫之：《宋论》，北京：中华书局1964年版，第184页。
⑦ 王夫之：《宋论》，北京：中华书局1964年版，第184页。
⑧ 王夫之：《宋论》，北京：中华书局1964年版，第184页。

“权臣，国之蠹也，而非天下之害也，小则擅而大则篡，圣人岂不虑焉，而《五经》之文无防制权臣之道。胡氏传《春秋》，始惴惴然制之如槛虎，宋人猜忌之习，卒以自弱，而授天下于夷狄。……以在下之义而言之，则寇贼之扰为小，而篡弑之逆为大；以在上之仁而言之，则一姓之兴亡，私也，而生民之生死，公也。……故以知胡氏之说，宋人之陋习也。”①

王夫之还以古今之通义为价值标准评价、批判各种思想理论。王夫之说：“盖尝论之，古今之大害有三：老、庄也，浮屠也，申、韩也。”② 王夫之批判老、庄、申、韩、浮屠之论，主要见于史论著作《读通鉴论》和《老庄申韩论》文章。《老庄申韩论》云：

> 建之为道术，推之为治法，内以求心，勿损其心，出以安天下，勿贼天下，古之圣人仁及万世，儒者修明之而见诸行事，唯此而已。求合于此而不能，因流于诐者，老、庄也。损其心以任气，贼天下以立权，明与圣人之道背驰而毒及万世者，申、韩也。与圣人之道背驰则峻拒之者，儒者之责，勿容辞也。
>
> 拒其说，必力绝其所为，绝其所为，必厚戒于其心，而后许之为君子儒。言治道者吾惑焉。于老、庄则远之惟恐不夙，于申、韩则暗袭其所为而阴挟其心，吾是以惑，而甚惑其惑之甚也。夫师老、庄以应天下，吾闻之汉文、景矣。其终远于圣人之治而不能合者，老、庄乱之也。然而心犹人之心，天下则已异乎食荼卧棘之天下矣。下此则何晏、王戎以弛天下而使乱。然其所为，求之圣人之道而不得，求之老、庄而亦不得。虚与诞，圣人之所弗尚；躁与贪，亦老、庄之所弗尚；则远之必夙者正也。老、庄之所弗尚，则不得举何晏、王戎之罪罪老、庄也。夫申、韩而岂但此哉！
>
> 韩愈氏曰：“仁义之言，蔼如也。”圣人之欲正天下也亟，其论治也详。今读其书，绎其言，蔑不蔼如也。其言蔼如也，其政油如也，患天下之相贼，而不以贼惩贼，惩天下之贼，规乎其大凡而止。虽有刀锯，而不损其不忍人之心。略其毫毛，掩其幽隐，以使容于覆载之间，而民

① 王夫之：《读通鉴论》，《船山全书》第十册，长沙：岳麓书社 1996 年版，第 669 页。

② 王夫之：《读通鉴论》，《船山全书》第十册，长沙：岳麓书社 1996 年版，第 651 页。

气以静。是故匹夫之蹶然以恶怒，非可逆也；匹夫之蹶然以愉快，非不可获誉也；然而圣人不忍徇之，以致善治之名。有人于此，匹夫蹶然而怒，其可杀邪，从而杀之；匹夫蹶然而喜，喜怒如匹夫之心；则明断之誉蹶然而兴，而气茀然，而权赫然。静反诸心，而心固怵然；起视天下，而天下纭然。为君子儒者以此为愉快，则抑不得为圣人之徒矣。闻之曰恶不仁者不使不仁加于其身，未闻恶不仁者，不使不仁者之留遗种于天下也。

悲夫！自宋以来，为君子儒者，言则圣人而行则申、韩也。抑以圣人之言文申、韩而为言也。曹操之雄也，申、韩术行而驱天下以思媚于司马氏，不劳而夺诸几席。诸葛孔明之贞也，扶刘氏之裔以申大义，申、韩术行而不能再世。申、韩之效，亦昭然矣。宋之儒者，胡憯莫惩而潜用之以徇匹夫一往之情。吾闻以闺房醉饱之过掠治妇人，以征士大夫之罪矣。吾闻其闻有赦而急取罪人屠割之矣。非申、韩孰与任此？而为君子儒者以为愉快，复何望夫袴褶之夫、刀笔之吏乎！是其为术也，三代以上，无尚之者也；仲尼之徒，无道之者也；三苗之所以分北也；邓析之所以服刑也。自申、韩起，而言治者一不审而即趋于其涂。申、韩以矫老、庄，而拒老、庄者揖进之。夫老、庄则固盭然伤心于此矣。老、庄非也，其盭然伤心于此者，未尝非也。仲尼不以徇鲁、卫，而老于下位。文王不以徇商纣，而囚于羑里。我知其盭然伤心者倍甚于老、庄，则已知老、庄之贱名法以蕲安天下，未能合圣人之道，而固不敢背以驰也，愈于申、韩远矣。

画之以一定之法，申之以繁重之科，临之以愤盈之气，出之以戍削之词，督之以违心之奔走，迫之以畏死之忧患，如是以使之仁不忘亲，义不背长。不率，则毅然以委之霜刃之锋，曰：吾以使人履仁而戴义也。夫申、韩固亦曰，吾以使人履仁而戴义也。何患乎无名，而要岂有不忍人之心者所幸有其名，以弹压群论乎！

易动而难戢者，气也。往而不易反者，恶怒之情也。群起而荧人以逞者，匹夫蹶然之恩怨也。是以君子贵知择焉。弗择，而圣人之道且以文邪慝而有余。以文老、庄而有老、庄之儒，以文浮屠而有浮屠之儒，以文申、韩而有申、韩之儒。下至于申、韩之儒，而贼天下以贼其心者甚矣。后世之天下死于申、韩者积焉，为君子儒者潜移其心于彼者，实致之也。[1]

王夫之《读通鉴论》卷十七云：

盖尝论之，古今之大害有三：老、庄也，浮屠也，申、韩也。三者之致祸异，而相沿以生者，其归必合于一。不相济则祸犹浅，而相沿则祸必烈。庄生之教，得其氾滥者，则荡而丧志，何晏、王衍之所以败也；节取其大略而不淫，以息苛烦之天下，则王道虽不足以兴，而犹足以小康，则文、景是已。若张道陵、寇谦之、叶法善、林灵素、陶仲文之流，则巫也。巫而托于老、庄，非老、庄也。浮屠之修塔庙以事胡鬼，设齐供以饲髡徒，鸣钟吹螺，焚香呗呪，亦巫风尔；非其创以诬民，充塞仁义者也。浮屠之始入中国，用诳愚氓者，亦此而已矣。故浅尝其说而为害亦小，石虎之事图澄，姚兴之奉摩什，以及武帝之糜财力于同泰，皆此而已。害未及于人心，而未大伤于国脉，亦奚足为深患乎？其大者求深于其说，而西夷之愚鄙，猥而不逮。自晋以后，清谈之士，始附会之以老、庄之微词，而陵蔑忠孝、解散廉隅之说，始熺然而与君子之道相抗。唐、宋以还，李翱、张九成之徒，更诬圣人性天之旨，使窜入以相乱。夫其为言，以父母之爱为贪癡之本障，则既全乎梟獍之逆，而小儒狂惑，不知恶也，乐举吾道以殉之。于是而以无善无恶、销人伦、灭天理者，谓之良知；于是而以事事无碍之邪行，恣其奔欲无度者为率性，而双空人法之圣证；于是而以廉耻为桎梏，以君父为萍梗，无所不为为游戏，可夷狄，可盗贼，随类现身为方便。无一而不本于庄生之绪论，无一而不印以浮屠之宗旨。萧氏父子所以相戕相噬而亡其家国者，后世儒者，沿染千年，以芟夷人伦而召匪类。呜呼！烈矣！是正弘景、敬容之所长太息者，岂但饰金碧以营塔庙，恣坐食以侈罢民，为国民之蝥螣矣哉？

夫二氏固与申、韩为对垒矣，而人之有心，犹水之易波，激而岂有定哉？心一失其大中至正之则，则此倡而彼随，疾相报而以相济。佛、老之于申、韩，犹鼙鼓之相应也，应之以申、韩，而与治道弥相近矣。汉之所谓酷吏，后世之所谓贤臣也，至是而民之弱者死、疆者寇，民乃

① 王夫之：《老庄申韩论》，《船山全书》第十五册，长沙：岳麓书社 1996 年，第 85—87 页。

> 以殄而国乃以亡。呜呼！其教佛、老者，其法必申、韩。故朱异以亡梁，王安石、张商英以乱宋。何也？虚寂之甚，百为必无以应用，一委于一切之法，督责天下以自逸，而后心以不操而自遂。其上申、韩者，其下必佛、老。故张居正蹙天下于科条，而王畿、李贽之流，益横而无忌。何也？夫人重足以立，则退而托于虚玄以逃咎责，法急而下怨其上，则乐叛弃君亲之说以自便，而心亡罪灭，抑可谓叛逆汩没，初不伤其本无一物之天真。繇此言之，祸至于申、韩而发乃大，源起于佛、老而害必生，而浮屠之淫邪，附庄生而始滥。端本之法，自虚玄始，区区巫鬼侈靡之风，不足诛也。斯陶、何二子所为舍浮屠而恶玄谈，未为不知本也。①

王夫之对老、庄、申、韩、浮屠进行了比较细致的分析。巫托于老、庄，不能把它看作老、庄，其害不是很大。佛教修塔庙以事胡鬼，设斋供以饲僧尼，鸣钟吹螺，焚香呗呪，也是一种巫风。其始愚民，但其害亦小。后来与佛教与老、庄相结合，尤其是与“圣人性天之旨”相结合，害人心、伤国脉为深患。申、韩之害是指什么呢？王夫之说：“损其心以任气，贼天下以立权，明与圣人之道背驰而毒及万世者，申、韩也。”② 申、韩依靠严刑峻法，不以生民为虑。自宋以来，为君子儒者，言则圣人而行则申韩，以圣人之言文申韩而为言，也由此曹操、诸葛孔明乃至宋之儒者，均无成效。③ 用申、韩之术申、韩害与佛、老又有何关系呢？王夫之说：“其教佛、老者，其法必申、韩。故朱异以亡梁，王安石、张商英以乱宋。何也？虚寂之甚，百为必无以应用，一委于一切之法，督责天下以自逸，而后心以不操而自遂。其上申、韩者，其下必佛、老。”④ 老、庄，浮屠，坏人心，使人“可夷狄，可盗贼”，于天下之大防有害；而申、韩贼人心，严刑峻法而使天下崩坏，都必须严加痛斥进而消除其恶劣影响。无论佛、老，还是申、韩之术，都是属于思想理论形态的东西，这种东西，王夫之都称之为“异端”，必须反对，故云：“辟异端者，学者之任，治道之本也。乃所谓异端者，诡天地之经，叛先王之

---

① 王夫之：《读通鉴论》，《船山全书》第十册，长沙：岳麓书社 1996 年版，第 651—653 页。
② 王夫之：《老庄申韩论》，《船山全书》第十五册，长沙：岳麓书社 1996 年版，第 85 页。
③ 王夫之：《老庄申韩论》，《船山全书》第十五册，长沙：岳麓书社 1996 年版，第 86 页。
④ 王夫之：《读通鉴论》，《船山全书》第十册，长沙：岳麓书社 1996 年版，第 653 页。

宪，离析《六经》之微言，以诬心性而毁大义者也。”[①] 凡属异端者，如佛、老、申、韩，乃至儒而沾染异端，苏轼之学，陆王心学，王夫之一律加以攘辟，决不留情。如批阳明之学云：“至姚江之学出，更横拈圣言之近似者，摘一句一字以为要妙，窜入禅宗，尤为无忌惮之至。”[②] “语学而有云秘传密语者，不必更问而即知其为邪说。……王龙溪、钱绪山天泉传道一事，乃摹仿慧能、神秀而为之，其‘无善无恶’四句，即‘身是菩提树’四句转语。”[③] 甚至连朱子有沾染异端的地方，也被批评。

综上所述，王夫之《春秋》学承自父，故谓之“家说”，其春秋大义价值观亦出自家学，其主要内容还是传统内容，但是，由于特殊的社会遭遇，“今族类之不能自固，而何他仁义之云云也哉”，因此，王夫之春秋大义价值观中出现了“固族”和以“生民之生死”为重的内容，成为“古今之通义”的核心，以此为标准，衡量、评判历朝历代的许多社会现象，提出加强“中国、夷狄”“人禽之别”二大防，揭露佛、老庄、申韩三大害以及一切有碍于儒家思想传播的异端的危害，从而构建了中华民族精神的新的理论阐述。

---

① 王夫之：《读通鉴论》，《船山全书》第十册，长沙：岳麓书社 1996 年版，第 279 页。

② 王夫之：《俟解》，《思问录 俟解 黄书 噩梦》，北京：中华书局 2009 年版，第 92 页。

③ 王夫之：《俟解》，《思问录 俟解 黄书 噩梦》，北京：中华书局 2009 年版，第 90 页。